2017年世界绿色数据手册

世界银行 编
中国财政经济出版社 组织翻译

中国财经出版传媒集团
中国财政经济出版社

The Little Green Data Book 2017

Copyright © 2017 by International Bank for Reconstruction and Development/ The World Bank

© 2017 版权所有
国际复兴开发银行/世界银行

本书原版由世界银行于2017年以英文出版，书名为The Little Green Data Book 2017。中文版由中国财政经济出版社安排翻译并对译文的质量负责。中文版与英文版在内容上如有任何差异，以英文版为准。

本书所阐述的任何研究成果、诠释和结论未必反映世界银行、其执行董事会及其所代表的政府的观点。

世界银行不保证本书所包含的数据的准确性。本书所附地图的疆界、颜色、名称及其他信息，并不代表世界银行对任何领土的法律地位的判断，也不意味着对这些疆界的认可或接受。

目 录

致谢	iv
前言	v
数据说明	vi

地区篇 1
  世界 2
  东亚和太平洋地区 3
  欧洲和中亚地区 4
  拉丁美洲和加勒比地区 5
  中东和北非地区 6
  北美地区 7
  南亚地区 8
  撒哈拉以南非洲地区 9

收入组别篇 10
  低收入 11
  中低收入 12
  中高收入 13
  高收入 14

国别篇（以国名的英文字母顺序排列） 15

注释 233

词汇表 234

参考文献 240

致　谢

《2017年世界绿色数据手册》基于《2017年世界发展指标》及其在线数据库。国际统计数据的界定、收集和传播是许多个人和组织共同努力的结果。《世界发展指标》中的各种指标是数十年来许多不同层次工作人员共同工作的成果，这包括从进行人口普查和家庭调查的工作人员到为国际统计系统的术语、分类以及基本标准的发展做出努力的各国和国际统计机构的委员会及其工作人员。非政府组织也做出了重要的贡献。我们对《世界发展指标》表示感谢，更多相关内容见《2017年世界发展指标》。

《2017年世界绿色数据手册》是世界银行发展经济学副行长发展数据组成员和环境与自然资源全球发展实践局紧密合作的结果。Charlotte De Fontaubert，Mahyar Eshragh-Tabary，Laura Ivers，Esther Naikal，Ana Florina Pirlea，William Prince，Jomo Tariku 等为本书做了很多前期工作。Jomo Tariku 负责协调本书的出版。Barton Matheson Willse & Worthington 负责排版。本书得到了 Haishan Fu 和 Karin Kemper 的指导。世界银行负责正式出版计划的工作人员监督了本书的出版和发行。

前　言

欢迎阅读《2017年世界绿色数据手册》，本书用50多个指标跟踪世界所有国家在发展和环境方面的变化。2017年版强调"蓝色经济"，并提供了关于渔业捕捞量、水产产出以及其他与海洋相关领域的指标。我们强调这一领域，是为了吸引人们关注渔业对于可持续发展而言的经济重要性。

根据联合国粮农组织（FAO）的研究，全世界有约十分之一的人口依赖渔业及水产业为生。与此同时，全球近90%的鱼类资源已经处于充分捕捞或过度捕捞状态，这意味着只有10%的鱼类资源仍能维持现状，并用于供养全球不断增长的人口数量。

海洋鱼类资源状况，1974－2003年

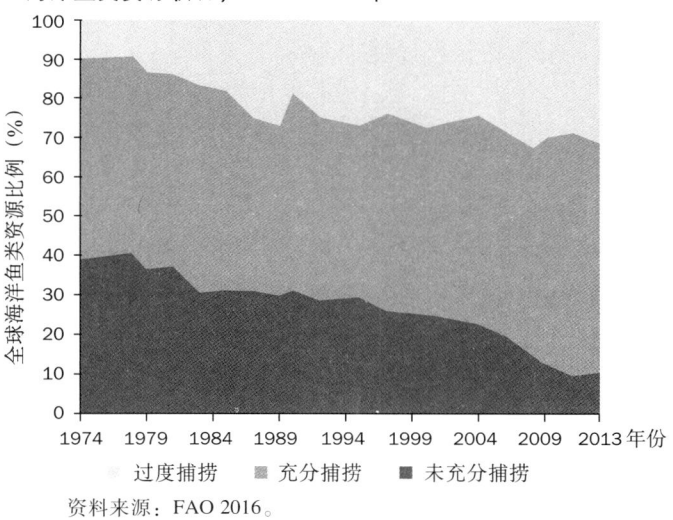

资料来源：FAO 2016。

尽管渔业具有重要的全球性意义，但用于衡量和评估渔业的数据基础却常常是不完整的、有限的，甚至是不准确的。这妨碍了各国有效评估渔业部门在可持续发展路径中的重要性，也妨碍了各国对这一重要自然资源进行有效管理。最近的一些倡议提升了我们对于"什么资源真正处于危险之中"问题的认识。

前　言

世界银行和 FAO 在 2009 年联合发布的报告《沉没的几亿》（The Sunken Billions）首次评估了 2004 年因过度捕捞带来的收入损失，损失达 510 亿美元。2017 年，利用改善的数据，《再次沉没的几亿》估计 2004 年因过度捕捞带来的收入损失为 880 亿美元，2012 年为 830 亿美元。这些更新的数据显示每年有超过 800 亿美元本可以通过可持续渔业管理而获得的收入损失掉了。此外，报告发现通过全球削减渔业捕捞 44% 来进行渔业改革，可以使鱼类种群数量增加 2.7 倍，从约 2.15 亿吨增加到超过 5.8 亿吨。渔业捕捞减少但鱼类生物量增加，可以使得渔业高效得多，年渔获量事实上可以增加 13%，卸鱼价格可以增加 24%。

另一项相关的讨论是世界银行将全球海洋渔业作为一种自然财富账户。这一账户创立于 2012 年，用于记录渔业现值，并估计如果得到更好、更可持续的管理，其价值为何。现状堪忧，表明全球渔业的经济表现大大低于最佳状态，而重塑渔业可以使全球渔业财富增加，从 1200 亿美元增加到 9000 亿美元。这些数据现在正在更新，将会出现在即将出版的《2017 年国家财富变化》（The Changing Wealth of Nations 2017）之中。

这些发现在国家层面带来了很大的机遇。例如，在毛里塔尼亚，一项对其资本资源进行的研究（Mele，2014）发现自然资本比预想的多得多，占全国总财富估计值的 44%。这一新估计强调了自然资本作为经济增长引擎的重要性，显示了渔业是一条更可持续的发展路径。目前，渔业占这个国家自然资本的 25%，但仅占 GDP 的 3%，表明对这一可再生自然资本进行更好的管理能为食品安全、营养、就业等提供机会。

正如这些新研究确认的，基于大量减少过度捕

前言

捞而进行的渔业改革,可以显著增加从渔业中获得的总体经济收益。我们希望本版《绿色数据手册》中关于渔业的数据有助于提高全球对于"如何更好地管理这一自然资源为可持续经济增长、减贫、保障食品安全等目标服务"的认识。

Karin Kemper
环境与自然资源全球
发展实践局高级主管

Haishan Fu
发展数据组主管

关于数据的说明

本书中的数据如词汇表所述,是最近可获年份的数据。
- 增长率以年均计,以百分比表示。
- 斜体数字表示并非词汇表中给出的年份或时间段的数据。

符号用法:

..	表示数据未获得,或因有缺失数据而无法得到加总值。
0 或 0.0	表示为零,或表示数据过小,在有效分位数范围内接近于零
$	表示美元现值

国别(经济体)篇中的字母注释见第233页的注释。数据显示了人口在3万以上的经济体,以及人口在3万以下但属于世界银行成员的经济体。这里的"国家"(等于经济体)不意味着政治独立或世界银行的官方认可,仅代表当局独立报告社会或经济数据的经济体。

一些指标是用于监测可持续发展目标完成状况的。对于17个发展目标——终结贫困、保护地球、到2030年确保所有人的福祉等,请见《2017年世界发展指标》系列的其他图书及在线资源。

数据截止日期为2017年5月11日。

地区篇

各地区包括哪些国家是基于世界银行为分析而进行的划分,可能与通用的地理划分有别。

东亚和太平洋地区
美属萨摩亚、澳大利亚、文莱、柬埔寨、中国、斐济、法属波利尼西亚、关岛、中国香港、印度尼西亚、日本、基里巴斯、朝鲜、韩国、老挝、中国澳门、马来西亚、马绍尔群岛、密克罗尼西亚联邦、蒙古、缅甸、瑙鲁、新喀里多尼亚、新西兰、北马里亚纳群岛、帕劳、巴布亚新几内亚、菲律宾、萨摩亚、新加坡、所罗门群岛、泰国、东帝汶、汤加、图瓦卢、瓦努阿图、越南

欧洲和中亚
阿尔巴尼亚、安道尔、亚美尼亚、奥地利、阿塞拜疆、白罗斯、比利时、波斯尼亚和黑塞哥维那、保加利亚、海峡群岛、克罗地亚、塞浦路斯、捷克共和国、丹麦、爱沙尼亚、法罗群岛、芬兰、法国、格鲁吉亚、德国、直布罗陀、希腊、格陵兰、匈牙利、冰岛、爱尔兰、马恩岛、意大利、哈萨克斯坦、科索沃、吉尔吉斯共和国、拉脱维亚、列支敦士登、立陶宛、卢森堡、前南马其顿、摩尔多瓦、摩纳哥、黑山、荷兰、挪威、波兰、葡萄牙、罗马尼亚、俄罗斯联邦、圣马力诺、塞尔维亚、斯洛伐克共和国、斯洛文尼亚、西班牙、瑞典、瑞士、塔吉克斯坦、土耳其、土库曼斯坦、乌克兰、英国、乌兹别克斯坦

拉丁美洲和加勒比地区
安提瓜和巴布达、阿根廷、阿鲁巴、巴哈马、巴巴多斯、伯利兹、玻利维亚、巴西、英属维尔京群岛、开曼群岛、智利、哥伦比亚、哥斯达黎加、古巴、库拉索、多米尼克、多米尼加共和国、厄瓜多尔、萨尔瓦多、格林纳达、危地马拉、圭亚那、海地、洪都拉斯、牙买加、墨西哥、尼加拉瓜、巴拿马、巴拉圭、秘鲁、波多黎各、荷属圣马丁、圣基茨和尼维斯、圣卢西亚、法属圣马丁、圣文森特和格林纳丁斯、苏里南、特立尼达和多巴哥、特克斯和凯科斯群岛、乌拉圭、委内瑞拉、美属维尔京群岛

中东和北非
阿尔及利亚、巴林、吉布提、埃及、伊朗、伊拉克、以色列、约旦、科威特、黎巴嫩、利比亚、马耳他、摩洛哥、阿曼、卡塔尔、沙特阿拉伯、叙利亚、突尼斯、阿拉伯联合酋长国、西岸和加沙、也门

北美地区
百慕大、加拿大、美国

南亚地区
阿富汗、孟加拉国、不丹、印度、马尔代夫、尼泊尔、巴基斯坦、斯里兰卡

撒哈拉以南非洲地区
安哥拉、贝宁、博茨瓦纳、布基纳法索、布隆迪、佛得角、喀麦隆、中非共和国、乍得、科摩罗、刚果民主共和国、刚果共和国、科特迪瓦、赤道几内亚、厄立特里亚、埃塞俄比亚、加蓬、冈比亚、加纳、几内亚、几内亚比绍、肯尼亚、莱索托、利比里亚、马达加斯加、马拉维、马里、毛里塔尼亚、毛里求斯、莫桑比克、纳米比亚、尼日尔、尼日利亚、卢旺达、圣多美和普林西比、塞内加尔、塞舌尔、塞拉利昂、索马里、南非、南苏丹、苏丹、斯威士兰、坦桑尼亚、多哥、乌干达、赞比亚、津巴布韦

世界

人口(百万)	7,346.7	土地面积(千平方千米)	129,733	GDP(10亿美元)	74,292.3

人均GNI,世界银行图表集法(美元)	10,551
调整后的人均国民净收入(美元)	8,383
城市人口(占总人口的百分比)	53.9
农业	
农业用地面积(占土地面积的百分比)	38
灌溉地面积(占总农业用地面积的百分比)	..
农业生产力,以每农业工作者增加值计(2010年美元)	1,983
谷物产量(每公顷千克数)	3,907
森林和生物多样性	
森林面积(占土地面积的百分比)	30.8
森林采伐(2000—2015年年均百分比)	0.1
陆地保护区面积(占土地面积的百分比)	14.8
濒危物种,哺乳动物	3,406
濒危物种,鸟类	4,393
濒危物种,鱼类	8,124
濒危物种,高等植物	15,056
海洋	
渔业总产量(千吨)	199,741
渔获增长率(2000—2015年年均百分比)	-0.1
水产养殖业增长率(2000—2015年年均百分比)	6.4
海洋保护区面积(占领海面积的百分比)	12.2
珊瑚礁区域面积(平方千米)	284,300
红树林区域面积(平方千米)	150,398
能源与排放	
人均能源使用量(千克石油当量)	1,929
废物和生物质能产生的能源(占总能源量的百分比)	10.1
人均耗电量(千瓦时)	3,144
化石燃料发电量(占总量的百分比)	66.3
水力发电量(占总量的百分比)	16.2
人均二氧化碳排放量(吨)	5.0
水与卫生	
人均淡水资源(立方米)	5,926
淡水使用总量(占淡水资源总量的百分比)	9.3
农业(占淡水使用总量的百分比)	70
获得改善的水源的人口(占总人口的百分比)	91
农村(占农村人口的百分比)	85
城市(占城市人口的百分比)	96
获得改善的卫生设施的人口(占总人口的百分比)	68
农村(占农村人口的百分比)	50
城市(占城市人口的百分比)	82
环境与健康	
PM2.5污染,年平均接触值(微克每立方米)	44
PM2.5接触(超过世界卫生组织指导线的人口百分比)	92
急性呼吸道感染发病率(占五岁以下儿童的百分比)	..
腹泻发病率(占五岁以下儿童的百分比)	..
五岁以下儿童的死亡率(每千名活产儿)	43
国民账户汇编——储蓄,消耗与退化	
总储蓄(占GNI的百分比)	26.4
固定资本消费(占GNI的百分比)	16.4
教育支出(占GNI的百分比)	4.2
能源消耗(占GNI的百分比)	0.5
矿产消耗(占GNI的百分比)	0.2
净森林消耗(占GNI的百分比)	0.1
二氧化碳的损害(占GNI的百分比)	1.4
空气污染的损害(占GNI的百分比)	0.2
调整后的净储蓄(占GNI的百分比)	11.7

东亚和太平洋地区

| 人口(百万) | 2,279.1 | 土地面积(千平方千米) | 24,387 | GDP(10亿美元) | 21,738.0 |

人均GNI,世界银行图表集法(美元)	9,771
调整后的人均国民净收入(美元)	7,546
城市人口(占总人口的百分比)	56.6
农业	
农业用地面积(占土地面积的百分比)	49
灌溉地面积(占总农业用地面积的百分比)	..
农业生产力,以每农业工作者增加值计(2010年美元)	1,657
谷物产量(每公顷千克数)	4,958
森林和生物多样性	
森林面积(占土地面积的百分比)	26.3
森林采伐(2000—2015年年均百分比)	-0.2
陆地保护区面积(占土地面积的百分比)	15.6
濒危物种,哺乳动物	918
濒危物种,鸟类	1,097
濒危物种,鱼类	1,549
濒危物种,高等植物	3,515
海洋	
渔业总产量(千吨)	132,587
渔获增长率(2000—2015年年均百分比)	0.9
水产养殖业增长率(2000—2015年年均百分比)	6.5
海洋保护区面积(占领海面积的百分比)	17.0
珊瑚礁区域面积(平方千米)	203,050
红树林区域面积(平方千米)	67,121
能源与排放	
人均能源使用量(千克石油当量)	2,137
废物和生物质能产生的能源(占总能源量的百分比)	7.7
人均耗电量(千瓦时)	3,682
化石燃料发电量(占总量的百分比)	76.4
水力发电量(占总量的百分比)	15.0
人均二氧化碳排放量(吨)	6.3
水与卫生	
人均淡水资源(立方米)	4,529
淡水使用总量(占淡水资源总量的百分比)	11.3
农业(占淡水使用量的百分比)	71
获得改善的水源的人口(占总人口的百分比)	94
农村(占农村人口的百分比)	90
城市(占城市人口的百分比)	97
获得改善的卫生设施的人口(占总人口的百分比)	77
农村(占农村人口的百分比)	64
城市(占城市人口的百分比)	87
环境与健康	
PM2.5污染,年平均接触值(微克每立方米)	44
PM2.5接触(超过世界卫生组织指导线的人口百分比)	97
急性呼吸道感染发病率(占五岁以下儿童的百分比)	..
腹泻病发病率(占五岁以下儿童的百分比)	..
五岁以下儿童的死亡率(每千名活产儿)	17
国民账户汇编——储蓄,消耗与退化	
总储蓄(占GNI的百分比)	39.1
固定资本消费(占GNI的百分比)	20.7
教育支出(占GNI的百分比)	2.7
能源消耗(占GNI的百分比)	0.3
矿产消耗(占GNI的百分比)	0.2
净森林消耗(占GNI的百分比)	0.0
二氧化碳的损害(占GNI的百分比)	2.1
空气污染的损害(占GNI的百分比)	0.3
调整后的净储蓄(占GNI的百分比)	18.1

欧洲和中亚地区

| 人口(百万) | 907.8 | 土地面积(千平方千米) | 27,440 | GDP(10亿美元) | 20,114.8 |

人均GNI,世界银行图表集法(美元)	24,275
调整后的人均国民净收入(美元)	18,328
城市人口(占总人口的百分比)	70.9
农业	
农业用地面积(占土地面积的百分比)	29
灌溉地面积(占总农业用地面积的百分比)	..
农业生产力,以每农业工作者增加值计(2010年美元)	14,018
谷物产量(每公顷千克数)	3,910
森林和生物多样性	
森林面积(占土地面积的百分比)	38.0
森林采伐(2000—2015年年均百分比)	-0.1
陆地保护区面积(占土地面积的百分比)	12.6
濒危物种,哺乳动物	350
濒危物种,鸟类	638
濒危物种,鱼类	1,220
濒危物种,高等植物	1,032
海洋	
渔业总产量(千吨)	18,438
渔获增长率(2000—2015年年均百分比)	-0.9
水产养殖业增长率(2000—2015年年均百分比)	2.9
海洋保护区面积(占领海面积的百分比)	13.0
珊瑚礁区域面积(平方千米)	..
红树林区域面积(平方千米)	..
能源与排放	
人均能源使用量(千克石油当量)	3,157
废物和生物质能产生的能源(占总能源量的百分比)	5.9
人均耗电量(千瓦时)	5,369
化石燃料发电量(占总量的百分比)	49.8
水力发电量(占总量的百分比)	16.6
人均二氧化碳排放量(吨)	7.3
水与卫生	
人均淡水资源(立方米)	7,850
淡水使用总量(占淡水资源总量的百分比)	7.4
农业(占淡水使用总量的百分比)	47
获得改善的水源的人口(占总人口的百分比)	98
农村(占农村人口的百分比)	96
城市(占城市人口的百分比)	99
获得改善的卫生设施的人口(占总人口的百分比)	93
农村(占农村人口的百分比)	89
城市(占城市人口的百分比)	95
环境与健康	
PM2.5污染,年平均接触值(微克每立方米)	19
PM2.5接触(超过世界卫生组织指导线的人口百分比)	89
急性呼吸道感染发病率(占五岁以下儿童的百分比)	..
腹泻发病率(占五岁以下儿童的百分比)	..
五岁以下儿童的死亡率(每千名活产儿)	11
国民账户汇编——储蓄,消耗与退化	
总储蓄(占GNI的百分比)	22.5
固定资本消费(占GNI的百分比)	16.1
教育支出(占GNI的百分比)	4.8
能源消耗(占GNI的百分比)	0.6
矿产消耗(占GNI的百分比)	0.1
净森林消耗(占GNI的百分比)	0.0
二氧化碳的损害(占GNI的百分比)	1.0
空气污染的损害(占GNI的百分比)	0.1
调整后的净储蓄(占GNI的百分比)	9.5

拉丁美洲和加勒比地区

| 人口(百万) | 633.0 | 土地面积(千平方千米) | 20,039 | GDP(10亿美元) | 5,349.3 |

人均GNI,世界银行图表集法(美元)	8,968
调整后的人均国民净收入(美元)	7,249
城市人口(占总人口的百分比)	79.9
农业	
农业用地面积(占土地面积的百分比)	38
灌溉地面积(占总农业用地面积的百分比)	..
农业生产力,以每农业工作者增加值计(2010年美元)	7,188
谷物产量(每公顷千克数)	4,169
森林和生物多样性	
森林面积(占土地面积的百分比)	46.3
森林采伐(2000—2015年年均百分比)	0.4
陆地保护区面积(占土地面积的百分比)	23.3
濒危物种,哺乳动物	622
濒危物种,鸟类	1,011
濒危物种,鱼类	1,642
濒危物种,高等植物	5,108
海洋	
渔业总产量(千吨)	14,416
渔获增长率(2000—2015年年均百分比)	-3.5
水产养殖业增长率(2000—2015年年均百分比)	7.7
海洋保护区面积(占领海面积的百分比)	15.5
珊瑚礁区域面积(平方千米)	20,320
红树林区域面积(平方千米)	41,330
能源与排放	
人均能源使用量(千克石油当量)	1,337
废物和生物质能产生的能源(占总能源量的百分比)	17.1
人均耗电量(千瓦时)	2,122
化石燃料发电量(占总量的百分比)	43.1
水力发电量(占总量的百分比)	46.5
人均二氧化碳排放量(吨)	3.0
水与卫生	
人均淡水资源(立方米)	22,160
淡水使用总量(占淡水资源总量的百分比)	2.4
农业(占淡水使用量的百分比)	71
获得改善的水源的人口(占总人口的百分比)	95
农村(占农村人口的百分比)	84
城市(占城市人口的百分比)	97
获得改善的卫生设施的人口(占总人口的百分比)	83
农村(占农村人口的百分比)	64
城市(占城市人口的百分比)	88
环境与健康	
PM2.5污染,年平均接触值(微克每立方米)	18
PM2.5接触(超过世界卫生组织指导线的人口百分比)	85
急性呼吸道感染发病率(占五岁以下儿童的百分比)	..
腹泻发病率(占五岁以下儿童的百分比)	..
五岁以下儿童的死亡率(每千名活产儿)	18
国民账户汇编——储蓄,消耗与退化	
总储蓄(占GNI的百分比)	17.7
固定资本消费(占GNI的百分比)	10.2
教育支出(占GNI的百分比)	4.9
能源消耗(占GNI的百分比)	0.9
矿产消耗(占GNI的百分比)	0.9
净森林消耗(占GNI的百分比)	0.1
二氧化碳的损害(占GNI的百分比)	1.1
空气污染的损害(占GNI的百分比)	0.2
调整后的净储蓄(占GNI的百分比)	9.4

中东和北非地区

| 人口(百万) | 424.2 | 土地面积(千平方千米) | 11,236 | GDP(10亿美元) | 3,138.6 |

人均GNI,世界银行图表集法(美元)	8,229
调整后的人均国民净收入(美元)	6,251
城市人口(占总人口的百分比)	64.2
农业	
农业用地面积(占土地面积的百分比)	33
灌溉地面积(占总农业用地面积的百分比)	..
农业生产力,以每农业工作者增加值计(2010年美元)	6,275
谷物产量(每公顷千克数)	2,299
森林和生物多样性	
森林面积(占土地面积的百分比)	2.1
森林采伐(2000—2015年年均百分比)	-0.8
陆地保护区面积(占土地面积的百分比)	11.7
濒危物种,哺乳动物	224
濒危物种,鸟类	279
濒危物种,鱼类	610
濒危物种,高等植物	290
海洋	
渔业总产量(千吨)	4,857
渔获增长率(2000—2015年年均百分比)	2.0
水产养殖业增长率(2000—2015年年均百分比)	9.4
海洋保护区面积(占领海面积的百分比)	3.8
珊瑚礁区域面积(平方千米)	15,470
红树林区域面积(平方千米)	513
能源与排放	
人均能源使用量(千克石油当量)	2,365
废物和生物质能产生的能源(占总能源量的百分比)	0.6
人均耗电量(千瓦时)	2,906
化石燃料发电量(占总量的百分比)	96.3
水力发电量(占总量的百分比)	2.6
人均二氧化碳排放量(吨)	6.0
水与卫生	
人均淡水资源(立方米)	555
淡水使用总量(占淡水资源总量的百分比)	138.4
农业(占淡水使用总量的百分比)	85
获得改善的水源的人口(占总人口的百分比)	93
农村(占农村人口的百分比)	89
城市(占城市人口的百分比)	96
获得改善的卫生设施的人口(占总人口的百分比)	91
农村(占农村人口的百分比)	87
城市(占城市人口的百分比)	93
环境与健康	
PM2.5污染,年平均接触值(微克每立方米)	61
PM2.5接触(超过世界卫生组织指导线的人口百分比)	100
急性呼吸道感染发病率(占五岁以下儿童的百分比)	..
腹泻发病率(占五岁以下儿童的百分比)	..
五岁以下儿童的死亡率(每千名活产)	23
国民账户汇编——储蓄,消耗与退化	
总储蓄(占GNI的百分比)	24.7
固定资本消费(占GNI的百分比)	9.9
教育支出(占GNI的百分比)	5.2
能源消耗(占GNI的百分比)	4.7
矿产消耗(占GNI的百分比)	0.0
净森林消耗(占GNI的百分比)	0.1
二氧化碳的损害(占GNI的百分比)	2.1
空气污染的损害(占GNI的百分比)	0.2
调整后的净储蓄(占GNI的百分比)	12.9

北美地区

人口(百万)	**357.3** 土地面积(千平方千米)	**18,241** GDP(10亿美元)	**19,595.3**

人均GNI,世界银行图表集法(美元)	55,117
调整后的人均国民净收入(美元)	47,319
城市人口(占总人口的百分比)	81.6
农业	
农业用地面积(占土地面积的百分比)	26
灌溉地面积(占总农业用地面积的百分比)	..
农业生产力,以每农业工作者增加值计(2010年美元)	78,898
谷物产量(每公顷千克数)	6,867
森林和生物多样性	
森林面积(占土地面积的百分比)	36.0
森林采伐(2000—2015年年均百分比)	-0.1
陆地保护区面积(占土地面积的百分比)	11.6
濒危物种,哺乳动物	53
濒危物种,鸟类	93
濒危物种,鱼类	318
濒危物种,高等植物	480
海洋	
渔业总产量(千吨)	6,522
渔获增长率(2000—2015年年均百分比)	0.1
水产养殖业增长率(2000—2015年年均百分比)	0.3
海洋保护区面积(占领海面积的百分比)	16.4
珊瑚礁区域面积(平方千米)	1,620
红树林区域面积(平方千米)	3,030
能源与排放	
人均能源使用量(千克石油当量)	6,871
废物和生物质能产生的能源(占总能源量的百分比)	4.8
人均耗电量(千瓦时)	13,230
化石燃料发电量(占总量的百分比)	61.2
水力发电量(占总量的百分比)	12.9
人均二氧化碳排放量(吨)	16.1
水与卫生	
人均淡水资源(立方米)	15,991
淡水使用总量(占淡水资源总量的百分比)	9.3
农业(占淡水使用总量的百分比)	34
获得改善的水源的人口(占总人口的百分比)	99
农村(占农村人口的百分比)	98
城市(占城市人口的百分比)	99
获得改善的卫生设施的人口(占总人口的百分比)	100
农村(占农村人口的百分比)	100
城市(占城市人口的百分比)	100
环境与健康	
PM2.5污染,年平均接触值(微克每立方米)	8
PM2.5接触(超过世界卫生组织指导线的人口百分比)	8
急性呼吸道感染发病率(占五岁以下儿童的百分比)	..
腹泻发病率(占五岁以下儿童的百分比)	..
五岁以下儿童的死亡率(每千名活产儿)	6
国民账户汇编——储蓄,消耗与退化	
总储蓄(占GNI的百分比)	18.8
固定资本消费(占GNI的百分比)	15.5
教育支出(占GNI的百分比)	5.0
能源消耗(占GNI的百分比)	0.1
矿产消耗(占GNI的百分比)	0.1
净森林消耗(占GNI的百分比)	..
二氧化碳的损害(占GNI的百分比)	0.9
空气污染的损害(占GNI的百分比)	0.1
调整后的净储蓄(占GNI的百分比)	7.3

2017年世界绿色数据手册

南亚地区

人口(百万)	1,744.2	土地面积(千平方千米)	4,772	GDP(10亿美元)	2,683.3

人均GNI,世界银行图表集法(美元)	1,535
调整后的人均国民净收入(美元)	1,365
城市人口(占总人口的百分比)	33.0
农业	
农业用地面积(占土地面积的百分比)	57
灌溉地面积(占总农业用地面积的百分比)	..
农业生产力,以每农业工作者增加值计(2010年美元)	1,131
谷物产量(每公顷千克数)	3,083
森林和生物多样性	
森林面积(占土地面积的百分比)	17.5
森林采伐(2000—2015年年均百分比)	-0.4
陆地保护区面积(占土地面积的百分比)	6.6
濒危物种,哺乳动物	251
濒危物种,鸟类	238
濒危物种,鱼类	383
濒危物种,高等植物	752
海洋	
渔业总产量(千吨)	15,171
渔获增长率(2000—2015年年均百分比)	1.9
水产养殖业增长率(2000—2015年年均百分比)	7.3
海洋保护区面积(占领海面积的百分比)	2.3
珊瑚礁区域面积(平方千米)	15,440
红树林区域面积(平方千米)	10,343
能源与排放	
人均能源使用量(千克石油当量)	576
废物和生物质能产生的能源(占总能源量的百分比)	25.6
人均耗电量(千瓦时)	707
化石燃料发电量(占总量的百分比)	80.0
水力发电量(占总量的百分比)	11.6
人均二氧化碳排放量(吨)	1.4
水与卫生	
人均淡水资源(立方米)	1,152
淡水使用总量(占淡水资源总量的百分比)	51.6
农业(占淡水使用总量的百分比)	91
获得改善的水源的人口(占总人口的百分比)	92
农村(占农村人口的百分比)	91
城市(占城市人口的百分比)	95
获得改善的卫生设施的人口(占总人口的百分比)	45
农村(占农村人口的百分比)	35
城市(占城市人口的百分比)	65
环境与健康	
PM2.5污染,年平均接触值(微克每立方米)	74
PM2.5接触(超过世界卫生组织指导线的人口百分比)	100
急性呼吸道感染发病率(占五岁以下儿童的百分比)	..
腹泻发病率(占五岁以下儿童的百分比)	..
五岁以下儿童的死亡率(每千名活产儿)	53
国民账户汇编——储蓄,消耗与退化	
总储蓄(占GNI的百分比)	31.3
固定资本消费(占GNI的百分比)	10.5
教育支出(占GNI的百分比)	2.8
能源消耗(占GNI的百分比)	0.4
矿产消耗(占GNI的百分比)	0.1
净森林消耗(占GNI的百分比)	0.3
二氧化碳的损害(占GNI的百分比)	3.0
空气污染的损害(占GNI的百分比)	1.2
调整后的净储蓄(占GNI的百分比)	18.6

撒哈拉以南非洲地区

| 人口(百万) | 1,001.0 | 土地面积(千平方千米) | 23,618 | GDP(10亿美元) | 1,595.8 |

人均GNI,世界银行图表集法(美元)	1,631
调整后的人均国民净收入(美元)	1,239
城市人口(占总人口的百分比)	37.7
农业	
农业用地面积(占土地面积的百分比)	42
灌溉地面积(占总农业用地面积的百分比)	..
农业生产力,以每农业工作者增加值计(2010年美元)	1,219
谷物产量(每公顷千克数)	1,452
森林和生物多样性	
森林面积(占土地面积的百分比)	25.7
森林采伐(2000—2015年年均百分比)	0.5
陆地保护区(占土地面积的百分比)	15.3
濒危物种,哺乳动物	918
濒危物种,鸟类	876
濒危物种,鱼类	2,023
濒危物种,高等植物	3,740
海洋	
渔业总产量(千吨)	7,416
渔获增长率(2000—2015年年均百分比)	1.8
水产养殖增长率(2000—2015年年均百分比)	17.0
海洋保护区面积(占领海面积的百分比)	6.1
珊瑚礁区域面积(平方千米)	17,980
红树林区域面积(平方千米)	28,061
能源与排放	
人均能源使用量(千克石油当量)	701
废物和生物质产生的能源(占总能源量的百分比)	57.4
人均耗电量(千瓦时)	497
化石燃料发电量(占总量的百分比)	64.3
水力发电量(占总量的百分比)	21.2
人均二氧化碳排放量(吨)	0.8
水与卫生	
人均淡水资源(立方米)	3,986
淡水使用总量(占淡水资源总量的百分比)	3.2
农业(占淡水使用总量的百分比)	81
获得改善的水源的人口(占总人口的百分比)	68
农村(占农村人口的百分比)	56
城市(占城市人口的百分比)	87
获得改善的卫生设施的人口(占总人口的百分比)	30
农村(占农村人口的百分比)	23
城市(占城市人口的百分比)	40
环境与健康	
PM2.5污染,年平均接触值(微克每立方米)	36
PM2.5接触(超过世界卫生组织指导线的人口百分比)	99
急性呼吸道感染发病率(占五岁以下儿童的百分比)	5
腹泻发病率(占五岁以下儿童的百分比)	14
五岁以下儿童的死亡率(每千名活产儿)	83
国民账户汇编——储蓄,消耗与退化	
总储蓄(占GNI的百分比)	14.4
固定资本消费(占GNI的百分比)	13.8
教育支出(占GNI的百分比)	3.3
能源消耗(占GNI的百分比)	1.7
矿产消耗(占GNI的百分比)	0.9
净森林消耗(占GNI的百分比)	2.3
二氧化碳的损害(占GNI的百分比)	1.6
空气污染的损害(占GNI的百分比)	1.2
调整后的净储蓄(占GNI的百分比)	-3.9

收入组别篇

为便于操作和分析,世界银行对世界各经济体分组的主要标准是人均国民总收入(GNI)。本书中的经济体被分为低收入、中低收入、中高收入和高收入四组。注意:分组在世界银行财年(每年6月30日结束)内固定不变,因此经济体所属分类与财年内任何人均收入数据调整无关。

低收入经济体 2015 年人均 GNI 小于等于 1025 美元。
中低收入经济体 2015 年人均 GNI 在 1025 美元到 4035 美元之间。
中高收入经济体 2015 年人均 GNI 在 4035 美元到 12475 美元之间。
高收入经济体 2015 年人均 GNI 大于等于 12475 美元。

低收入

| 人口（百万） | 638.3 | 土地面积（千平方千米） | 13,382 | GDP（10亿美元） | 394.3 |

人均GNI，世界银行图表集法（美元）	619
调整后的人均国民净收入（美元）	497
城市人口（占总人口的百分比）	30.7
农业	
农业用地面积（占土地面积的百分比）	39
灌溉地面积（占总农业用地面积的百分比）	..
农业生产力，以每农业工作者增加值计（2010年美元）	504
谷物产量（每公顷千克数）	1,486
森林和生物多样性	
森林面积（占土地面积的百分比）	27.4
森林采伐（2000—2015年年均百分比）	0.5
陆地保护区面积（占土地面积的百分比）	15.2
濒危物种，哺乳动物	619
濒危物种，鸟类	599
濒危物种，鱼类	1,156
濒危物种，高等植物	1,962
海洋	
渔业总产量（千吨）	3,954
渔获增长率（2000—2015年年均百分比）	2.2
水产养殖增长率（2000—2015年年均百分比）	3.1
海洋保护区面积（占领海面积的百分比）	3.5
珊瑚礁区域面积（平方千米）	12,520
红树林区域面积（平方千米）	15,778
能源与排放	
人均能源使用量（千克石油当量）	..
废物和生物质能产生的能源（占总能源量的百分比）	79.1
人均耗电量（千瓦时）	..
化石燃料发电量（占总量的百分比）	..
水力发电量（占总量的百分比）	..
人均二氧化碳排放量（吨）	0.3
水与卫生	
人均淡水资源（立方米）	4,629
淡水使用总量（占淡水资源总量的百分比）	3.3
农业（占淡水使用总量的百分比）	90
获得改善的水源的人口（占总人口的百分比）	66
农村（占农村人口的百分比）	56
城市（占城市人口的百分比）	87
获得改善的卫生设施的人口（占总人口的百分比）	28
农村（占农村人口的百分比）	23
城市（占城市人口的百分比）	40
环境与健康	
PM2.5污染，年平均接触值（微克每立方米）	39
PM2.5接触（超过世界卫生组织指导线的人口百分比）	99
急性呼吸道感染发病率（占五岁以下儿童的百分比）	6
腹泻发病率（占五岁以下儿童的百分比）	16
五岁以下儿童的死亡率（每千名活产儿）	76
国民账户汇编——储蓄，消耗与退化	
总储蓄（占GNI的百分比）	*14.7*
固定资本消费（占GNI的百分比）	10.6
教育支出（占GNI的百分比）	3.2
能源消耗（占GNI的百分比）	0.4
矿产消耗（占GNI的百分比）	1.5
净森林消耗（占GNI的百分比）	6.6
二氧化碳的损害（占GNI的百分比）	1.2
空气污染的损害（占GNI的百分比）	1.7
调整后的净储蓄（占GNI的百分比）	-3.8

中低收入

人口（百万）	2,927.5	土地面积（千平方千米）	21,753	GDP（10亿美元）	5,860.3

人均 GNI，世界银行图表集法（美元）	2,029
调整后的人均国民净收入（美元）	1,767
城市人口（占总人口的百分比）	39.0
农业	
农业用地面积（占土地面积的百分比）	44
灌溉地面积（占总农业用地面积的百分比）	..
农业生产力，以每农业工作者增加值计（2010 年美元）	1,614
谷物产量（每公顷千克数）	3,185
森林和生物多样性	
森林面积（占土地面积的百分比）	24.3
森林采伐（2000—2015 年年均百分比）	0.4
陆地保护区面积（占土地面积的百分比）	12.0
濒危物种，哺乳动物	1,134
濒危物种，鸟类	1,199
濒危物种，鱼类	2,011
濒危物种，高等植物	3,971
海洋	
渔业总产量（千吨）	58,665
渔获增长率（2000—2015 年年均百分比）	2.4
水产养殖业增长率（2000—2015 年年均百分比）	12.0
海洋保护区面积（占领海面积的百分比）	5.0
珊瑚礁区域面积（平方千米）	128,580
红树林区域面积（平方千米）	68,563
能源与排放	
人均能源使用量（千克石油当量）	651
废物和生物质能产生的能源（占总能源量的百分比）	28.5
人均耗电量（千瓦时）	777
化石燃料发电量（占总量的百分比）	74.9
水力发电量（占总量的百分比）	14.9
人均二氧化碳排放量（吨）	1.4
水与卫生	
人均淡水资源（立方米）	3,003
淡水使用总量（占淡水资源总量的百分比）	18.4
农业（占淡水使用总量的百分比）	88
获得改善的水源的人口（占总人口的百分比）	90
农村（占农村人口的百分比）	87
城市（占城市人口的百分比）	94
获得改善的卫生设施的人口（占总人口的百分比）	52
农村（占农村人口的百分比）	42
城市（占城市人口的百分比）	67
环境与健康	
PM2.5 污染，年平均接触值（微克每立方米）	58
PM2.5 接触（超过世界卫生组织指导线的人口百分比）	99
急性呼吸道感染发病率（占五岁以下儿童的百分比）	..
腹泻发病率（占五岁以下儿童的百分比）	..
五岁以下儿童的死亡率（每千名活产儿）	53
国民账户汇编——储蓄，消耗与退化	
总储蓄（占 GNI 的百分比）	27.6
固定资本消费（占 GNI 的百分比）	9.7
教育支出（占 GNI 的百分比）	3.0
能源消耗（占 GNI 的百分比）	0.8
矿产消耗（占 GNI 的百分比）	0.3
净森林消耗（占 GNI 的百分比）	0.4
二氧化碳的损害（占 GNI 的百分比）	2.3
空气污染的损害（占 GNI 的百分比）	0.9
调整后的净储蓄（占 GNI 的百分比）	16.1

中高收入

人口（百万）	2,593.9	土地面积（千平方千米）	59,525	GDP（10亿美元）| 20,630.9

人均GNI，世界银行图表集法（美元）	8,263
调整后的人均国民净收入（美元）	6,302
城市人口（占总人口的百分比）	64.1
农业	
农业用地面积（占土地面积的百分比）	35
灌溉地面积（占总农业用地面积的百分比）	..
农业生产力，以每农业工作者增加值计（2010年美元）	2,208
谷物产量（每公顷千克数）	4,104
森林和生物多样性	
森林面积（占土地面积的百分比）	34.9
森林采伐（2000—2015年年均百分比）	0.0
陆地保护区面积（占土地面积的百分比）	15.2
濒危物种，哺乳动物	1,056
濒危物种，鸟类	1,511
濒危物种，鱼类	2,315
濒危物种，高等植物	6,808
海洋	
渔业总产量（千吨）	103,240
渔获增长率（2000—2015年年均百分比）	-0.5
水产养殖业增长率（2000—2015年年均百分比）	5.3
海洋保护区面积（占领海面积的百分比）	9.9
珊瑚礁区域面积（平方千米）	48,880
红树林区域面积（平方千米）	50,774
能源与排放	
人均能源使用量（千克石油当量）	2,192
废物和生物质能产生的能源（占总能源量的百分比）	7.3
人均耗电量（千瓦时）	3,495
化石燃料发电量（占总量的百分比）	71.1
水力发电量（占总量的百分比）	21.0
人均二氧化碳排放量（吨）	6.6
水与卫生	
人均淡水资源（立方米）	8,261
淡水使用总量（占淡水资源总量的百分比）	6.3
农业（占淡水使用总量的百分比）	68
获得改善的水源的人口（占总人口的百分比）	95
农村（占农村人口的百分比）	91
城市（占城市人口的百分比）	97
获得改善的卫生设施的人口（占总人口的百分比）	80
农村（占农村人口的百分比）	67
城市（占城市人口的百分比）	87
环境与健康	
PM2.5污染，年平均接触值（微克每立方米）	42
PM2.5接触（超过世界卫生组织指导线的人口百分比）	95
急性呼吸道感染发病率（占五岁以下儿童的百分比）	..
腹泻发病率（占五岁以下儿童的百分比）	..
五岁以下儿童的死亡率（每千名活产儿）	19
国民账户汇编——储蓄，消耗与退化	
总储蓄（占GNI的百分比）	36.6
固定资本消费（占GNI的百分比）	18.0
教育支出（占GNI的百分比）	3.0
能源消耗（占GNI的百分比）	1.1
矿产消耗（占GNI的百分比）	0.4
净森林消耗（占GNI的百分比）	0.0
二氧化碳的损害（占GNI的百分比）	2.6
空气污染的损害（占GNI的百分比）	0.3
调整后的净储蓄（占GNI的百分比）	17.2

高收入

人口（百万）	1,187.1	土地面积（千平方千米）	35,073	GDP（10亿美元）	47,418.1

人均 GNI，世界银行图表集法（美元）	41,932
调整后的人均国民净收入（美元）	33,454
城市人口（占总人口的百分比）	81.1
农业	
农业用地面积（占土地面积的百分比）	36
灌溉地面积（占总农业用地面积的百分比）	..
农业生产力，以每农业工作者增加值计（2010年美元）	30,017
谷物产量（每公顷千克数）	5,919
森林和生物多样性	
森林面积（占土地面积的百分比）	28.9
森林采伐（2000—2015年年均百分比）	-0.0
陆地保护区面积（占土地面积的百分比）	15.7
濒危物种，哺乳动物	527
濒危物种，鸟类	923
濒危物种，鱼类	2,263
濒危物种，高等植物	2,176
海洋	
渔业总产量（千吨）	33,549
渔获增长率（2000—2015年年均百分比）	-1.5
水产养殖增长率（2000—2015年年均百分比）	2.6
海洋保护区面积（占领海面积的百分比）	23.7
珊瑚礁区域面积（平方千米）	83,900
红树林区域面积（平方千米）	15,283
能源与排放	
人均能源使用量（千克石油当量）	4,605
废物和生物质能产生的能源（占总能源量的百分比）	5.3
人均耗电量（千瓦时）	9,066
化石燃料发电量（占总量的百分比）	60.7
水力发电量（占总量的百分比）	12.0
人均二氧化碳排放量（吨）	11.0
水与卫生	
人均淡水资源（立方米）	8,733
淡水使用总量（占淡水资源总量的百分比）	9.8
农业（占淡水使用总量的百分比）	41
获得改善的水源的人口（占总人口的百分比）	100
农村（占农村人口的百分比）	99
城市（占城市人口的百分比）	100
获得改善的卫生设施的人口（占总人口的百分比）	99
农村（占农村人口的百分比）	99
城市（占城市人口的百分比）	100
环境与健康	
PM2.5污染，年平均接触值（微克每立方米）	17
PM2.5接触（超过世界卫生组织指导线的人口百分比）	62
急性呼吸道感染发病率（占五岁以下儿童的百分比）	..
腹泻发病率（占五岁以下儿童的百分比）	..
五岁以下儿童的死亡率（每千名活产儿）	6
国民账户汇编——储蓄，消耗与退化	
总储蓄（占GNI的百分比）	22.2
固定资本消费（占GNI的百分比）	16.6
教育支出（占GNI的百分比）	4.8
能源消耗（占GNI的百分比）	0.3
矿产消耗（占GNI的百分比）	0.1
净森林消耗（占GNI的百分比）	0.0
二氧化碳的损害（占GNI的百分比）	0.8
空气污染的损害（占GNI的百分比）	0.1
调整后的净储蓄（占GNI的百分比）	9.1

国别篇

中国

除非特别注明,中国的数据不包括中国香港、中国澳门和中国台湾。

塞浦路斯

GNI 和 GDP 以及由此两者计算出的其他数据,根据塞浦路斯政府控制区域计算。

格鲁吉亚

GNI、GDP、人口以及由此三者计算出的其他数据,不包括阿布哈兹地区和南奥塞梯地区。

科索沃、黑山和塞尔维亚

在数据可获的情况下三个经济体分开表示。2006 年以前塞尔维亚的一些指标包括黑山的数据;这些数据已在表中注明。此外,1999 年以来塞尔维亚的大多数指标不包括科索沃的数据,此地区在 1999 年开始按照联合国安理会第 1244 号决议(1999)受国际管理。科索沃在 2009 年 6 月 29 日成为世界银行成员,如可获,其数据将单独显示。

摩尔多瓦

GNI、GDP、人口以及由此三者计算出的其他数据,不包括德涅斯特河沿岸地区。

摩洛哥

GNI 和 GDP 以及由此两者计算出的其他数据包括前西属撒哈拉地区。

南苏丹和苏丹

南苏丹于 2011 年 7 月 9 日宣布独立。如可获,其数据单独显示。除非特别注明,苏丹的数据不包括南苏丹。

坦桑尼亚

GNI 和 GDP 以及由此两者计算出的其他数据仅包括坦桑尼亚大陆地区。

更多信息见《2017 年世界发展指标》或 data.worldbank.org.

阿富汗

人口（百万）	32.5	土地面积（千平方千米）	653	GDP（10 亿美元）	19.3

	经济体数据	南亚地区组别	低收入组别
人均 GNI，世界银行图表集法（美元）	610	1,535	619
调整后的人均国民净收入（美元）	525	1,365	497
城市人口（占总人口的百分比）	26.7	33.0	30.7
农业			
农业用地面积（占土地面积的百分比）	58	57	39
灌溉地面积（占总农业用地面积的百分比）	5.7	..	..
农业生产力，以每农业工作者增加值计（2010 年美元）	613	1,131	504
谷物产量（每公顷千克数）	2,018	3,083	1,486
森林和生物多样性			
森林面积（占土地面积的百分比）	2.1	17.5	27.4
森林采伐（2000—2015 年年均百分比）	0.0	-0.4	0.5
陆地保护区面积（占土地面积的百分比）	0.5	6.6	15.2
濒危物种，哺乳动物	11	251	619
濒危物种，鸟类	17	238	599
濒危物种，鱼类	5	383	1,156
濒危物种，高等植物	5	752	1,962
海洋			
渔业总产量（千吨）	2.2	15,171	3,954
渔获增长率（2000—2015 年年均百分比）	0.0	1.9	2.2
水产养殖业增长率（2000—2015 年年均百分比）	9.4	7.3	3.1
海洋保护区面积（占领海面积的百分比）	0.0	2.3	3.5
珊瑚礁区域面积（平方千米）	..	15,440	12,520
红树林区域面积（平方千米）	..	10,343	15,778
能源与排放			
人均能源使用量（千克石油当量）	..	576	..
废物和生物质能产生的能源（占总能源量的百分比）	..	25.6	79.1
人均耗电量（千瓦时）	..	707	..
化石燃料发电量（占总量的百分比）	..	80.0	..
水力发电量（占总量的百分比）	..	11.6	..
人均二氧化碳排放量（吨）	0.7	1.4	0.3
水与卫生			
人均淡水资源（立方米）	1,491	1,152	4,629
淡水使用总量（占淡水资源总量的百分比）	43.0	51.6	3.3
农业（占淡水使用总量的百分比）	99	91	90
获得改善的水源的人口（占总人口的百分比）	55	92	66
农村（占农村人口的百分比）	47	91	56
城市（占城市人口的百分比）	78	95	87
获得改善的卫生设施的人口（占总人口的百分比）	32	45	28
农村（占农村人口的百分比）	27	35	23
城市（占城市人口的百分比）	45	65	40
环境与健康			
PM2.5 污染，年平均接触值（微克每立方米）	48	74	39
PM2.5 接触（超过世界卫生组织指导线的人口百分比）	100	100	99
急性呼吸道感染发病率（占五岁以下儿童的百分比）	13	..	6
腹泻发病率（占五岁以下儿童的百分比）	29	..	16
五岁以下儿童的死亡率（每千名活产儿）	91	53	76
国民账户汇编——储蓄，消耗与退化			
总储蓄（占 GNI 的百分比）	-11.9	31.3	14.7
固定资本消费（占 GNI 的百分比）	12.2	10.5	10.6
教育支出（占 GNI 的百分比）	1.6	2.8	3.2
能源消耗（占 GNI 的百分比）	0.1	0.4	0.4
矿产消耗（占 GNI 的百分比）	0.0	0.1	1.5
净森林消耗（占 GNI 的百分比）	..	..	6.6
二氧化碳的损害（占 GNI 的百分比）	5.9	3.0	1.2
空气污染的损害（占 GNI 的百分比）	4.5	1.2	1.7
调整后的净储蓄（占 GNI 的百分比）	-33.2	18.6	-3.8

阿尔巴尼亚

| 人口（百万） | **2.9** | 土地面积（千平方千米） | **27** | GDP（10亿美元） | **11.4** |

	经济体数据	欧洲和中亚地区组别	中高收入组别
人均 GNI，世界银行图表集法（美元）	4,280	24,275	8,263
调整后的人均国民净收入（美元）	3,450	18,328	6,302
城市人口（占总人口的百分比）	57.4	70.9	64.1
农业			
农业用地面积（占土地面积的百分比）	43	29	35
灌溉地面积（占总农业用地面积的百分比）	17.8	..	..
农业生产力，以每农业工作者增加值计（2010 年美元）	3,854	14,018	2,208
谷物产量（每公顷千克数）	4,893	3,910	4,104
森林和生物多样性			
森林面积（占土地面积的百分比）	28.2	38.0	34.9
森林采伐（2000—2015 年年均百分比）	-0.0	-0.1	0.0
陆地保护区面积（占土地面积的百分比）	2.3	12.6	15.2
濒危物种，哺乳动物	3	350	1,056
濒危物种，鸟类	10	638	1,511
濒危物种，鱼类	44	1,220	2,315
濒危物种，高等植物	0	1,032	6,808
海洋			
渔业总产量（千吨）	7.9	18,438	103,240
渔获增长率（2000—2015 年年均百分比）	4.3	-0.9	-0.5
水产养殖增长率（2000—2015 年年均百分比）	11.6	2.9	5.3
海洋保护区面积（占领海面积的百分比）	1.5	13.0	9.9
珊瑚礁区域面积（平方千米）	..	..	48,880
红树林区域面积（平方千米）	..	..	50,774
能源与排放			
人均能源使用量（千克石油当量）	807	3,157	2,192
废物和生物质能产生的能源（占能源总量的百分比）	9.4	5.9	7.3
人均耗电量（千瓦时）	2,306	5,369	3,495
化石燃料发电量（占总量的百分比）	0.0	49.8	71.1
水力发电量（占总量的百分比）	100.0	16.6	21.0
人均二氧化碳排放量（吨）	1.7	7.3	6.6
水与卫生			
人均淡水资源（立方米）	9,296	7,850	8,261
淡水使用总量（占淡水资源总量的百分比）	4.9	7.4	6.3
农业（占淡水使用总量的百分比）	39	47	68
获得改善的水源的人口（占总人口的百分比）	95	98	95
农村（占农村人口的百分比）	95	96	91
城市（占城市人口的百分比）	95	99	95
获得改善的卫生设施的人口（占总人口的百分比）	93	93	80
农村（占农村人口的百分比）	90	89	67
城市（占城市人口的百分比）	96	94	87
环境与健康			
PM2.5 污染，年平均接触值（微克每立方米）	18	19	42
PM2.5 接触（超过世界卫生组织指导线的人口百分比）	100	89	95
急性呼吸道感染发病率（占五岁以下儿童的百分比）	5	..	..
腹泻发病率（占五岁以下儿童的百分比）	5	..	..
五岁以下儿童的死亡率（每千名活产儿）	14	11	19
国民账户汇编——储蓄，消耗与退化			
总储蓄（占 GNI 的百分比）	16.0	22.5	36.6
固定资本消费（占 GNI 的百分比）	10.1	16.1	18.0
教育支出（占 GNI 的百分比）	3.2	4.8	3.0
能源消耗（占 GNI 的百分比）	1.0	0.6	1.1
矿产消耗（占 GNI 的百分比）	0.1	0.1	0.4
净森林消耗（占 GNI 的百分比）	0.1	0.0	0.0
二氧化碳的损害（占 GNI 的百分比）	1.3	1.0	2.6
空气污染的损害（占 GNI 的百分比）	0.2	0.1	0.3
调整后的净储蓄（占 GNI 的百分比）	6.4	9.5	17.2

阿尔及利亚

人口（百万）	39.7	土地面积（千平方千米）	2,382	GDP（10亿美元）	164.8

	经济体数据	中东和北非地区组别	中高收入组别
人均GNI，世界银行图表集法（美元）	4,850	8,229	8,263
调整后的人均国民净收入（美元）	3,449	6,251	6,302
城市人口（占总人口的百分比）	70.7	64.2	64.1
农业			
农业用地面积（占土地面积的百分比）	17	33	35
灌溉地面积（占总农业用地面积的百分比）	2.8	..	..
农业生产力，以每农业工作者增加值计（2010年美元）	6,061	6,275	2,208
谷物产量（每公顷千克数）	1,369	2,299	4,104
森林和生物多样性			
森林面积（占土地面积的百分比）	0.8	2.1	34.9
森林采伐（2000—2015年年均百分比）	-1.4	-0.8	0.0
陆地保护区面积（占土地面积的百分比）	7.9	11.7	15.2
濒危物种，哺乳动物	14	224	1,056
濒危物种，鸟类	14	279	1,511
濒危物种，鱼类	40	610	2,315
濒危物种，高等植物	18	290	6,808
海洋			
渔业总产量（千吨）	97.7	4,857	103,240
渔获增长率（2000—2015年年均百分比）	-1.1	2.0	-0.5
水产养殖业增长率（2000—2015年年均百分比）	9.3	9.4	5.3
海洋保护区面积（占领海面积的百分比）	1.2	3.8	9.9
珊瑚礁区域面积（平方千米）	..	15,470	48,880
红树林区域面积（平方千米）	..	513	50,774
能源与排放			
人均能源使用量（千克石油当量）	1,327	2,365	2,192
废物和生物质能产生的能源（占总能源量的百分比）	0.0	0.6	7.3
人均耗电量（千瓦时）	1,362	2,906	3,495
化石燃料发电量（占总量的百分比）	99.6	96.3	71.1
水力发电量（占总量的百分比）	0.4	2.6	21.0
人均二氧化碳排放量（吨）	3.5	6.0	6.6
水与卫生			
人均淡水资源（立方米）	289	555	8,261
淡水使用总量（占淡水资源总量的百分比）	74.9	138.4	6.3
农业（占淡水使用总量的百分比）	59	85	68
获得改善的水源的人口（占总人口的百分比）	84	93	95
农村（占农村人口的百分比）	82	89	91
城市（占城市人口的百分比）	84	96	97
获得改善的卫生设施的人口（占总人口的百分比）	88	91	80
农村（占农村人口的百分比）	82	87	67
城市（占城市人口的百分比）	90	93	87
环境与健康			
PM2.5污染，年平均接触值（微克每立方米）	36	61	42
PM2.5接触（超过世界卫生组织指导线的人口百分比）	100	100	95
急性呼吸道感染发病率（占五岁以下儿童的百分比）	..	..	..
腹泻发病率（占五岁以下儿童的百分比）	..	..	..
五岁以下儿童的死亡率（每千名活产儿）	26	23	19
国民账户汇编——储蓄，消耗与退化			
总储蓄（占GNI的百分比）	37.8	24.7	36.6
固定资本消费（占GNI的百分比）	8.0	9.9	18.0
教育支出（占GNI的百分比）	4.5	5.2	3.0
能源消耗（占GNI的百分比）	6.6	4.7	1.1
矿产消耗（占GNI的百分比）	0.0	0.0	0.4
净森林消耗（占GNI的百分比）	0.2	0.1	0.0
二氧化碳的损害（占GNI的百分比）	2.8	2.1	2.6
空气污染的损害（占GNI的百分比）	0.1	0.2	0.3
调整后的净储蓄（占GNI的百分比）	24.7	12.9	17.2

美属萨摩亚

人口（千） **56** 土地面积（平方千米） **200** GDP（百万美元） **641.0**

	经济体数据	东亚和太平洋地区组别	中高收入组别
人均 GNI，世界银行图表集法（美元）	..	9,771	8,263
调整后的人均国民净收入（美元）	..	7,546	6,302
城市人口（占总人口的百分比）	87.2	56.6	64.1
农业			
农业用地面积（占土地面积的百分比）	25	49	35
灌溉地面积（占总农业用地面积的百分比）	..	..	..
农业生产力，以每农业工作者增加值计（2010 年美元）	..	1,657	2,208
谷物产量（每公顷千克数）	..	4,958	4,104
森林和生物多样性			
森林面积（占土地面积的百分比）	87.7	26.3	34.9
森林采伐（2000—2015 年年均百分比）	0.2	-0.2	0.0
陆地保护区面积（占土地面积的百分比）	12.6	15.6	15.2
濒危物种，哺乳动物	1	918	1,056
濒危物种，鸟类	8	1,097	1,511
濒危物种，鱼类	12	1,549	2,315
濒危物种，高等植物	1	3,515	6,808
海洋			
渔业总产量（千吨）	3.0	132,587	103,240
渔获增长率（2000—2015 年年均百分比）	8.9	0.9	-0.5
水产养殖业增长率（2000—2015 年年均百分比）	9.7	6.5	5.3
海洋保护区面积（占领海面积的百分比）	17.3	17.0	9.9
珊瑚礁区域面积（平方千米）	220	203,050	48,880
红树林区域面积（平方千米）	0.52	67,121	50,774
能源与排放			
人均能源使用量（千克石油当量）	..	2,137	2,192
废物和生物质产生的能源（占总能源量的百分比）	..	7.7	7.3
人均耗电量（千瓦时）	..	3,682	3,495
化石燃料发电量（占总量的百分比）	..	76.4	71.1
水力发电量（占总量的百分比）	..	15.0	21.0
人均二氧化碳排放量（吨）	..	6.3	6.6
水与卫生			
人均淡水资源（立方米）	..	4,529	8,261
淡水使用总量（占淡水资源总量的百分比）	..	11.3	6.3
农业（占淡水使用总量的百分比）	..	71	68
获得改善的水源的人口（占总人口的百分比）	100	94	95
农村（占农村人口的百分比）	100	90	91
城市（占城市人口的百分比）	100	97	97
获得改善的卫生设施的人口（占总人口的百分比）	63	77	80
农村（占农村人口的百分比）	63	64	67
城市（占城市人口的百分比）	63	87	87
环境与健康			
PM2.5 污染，年平均接触值（微克每立方米）	4	44	42
PM2.5 接触（超过世界卫生组织指导线的人口百分比）	0	97	95
急性呼吸道感染发病率（占五岁以下儿童的百分比）	..	..	..
腹泻发病率（占五岁以下儿童的百分比）	..	..	..
五岁以下儿童的死亡率（每千名活产儿）	..	17	19
国民账户汇编——储蓄，消耗与退化			
总储蓄（占 GNI 的百分比）	..	39.1	36.6
固定资本消费（占 GNI 的百分比）	..	20.7	18.0
教育支出（占 GNI 的百分比）	11.8	2.7	3.0
能源消耗（占 GNI 的百分比）	..	0.3	1.1
矿产消耗（占 GNI 的百分比）	..	0.2	0.4
净森林消耗（占 GNI 的百分比）	..	0.0	0.0
二氧化碳的损害（占 GNI 的百分比）	..	2.1	2.6
空气污染的损害（占 GNI 的百分比）	..	0.3	0.3
调整后的净储蓄（占 GNI 的百分比）	..	18.1	17.2

安道尔

人口（千）	**70**	土地面积（平方千米）	**470**	GDP（10亿美元）	**3.2**

	经济体数据	欧洲和中亚地区组别	高收入组别
人均 GNI，世界银行图表集法（美元）	43,270	24,275	41,932
调整后的人均国民净收入（美元）	..	18,328	33,454
城市人口（占总人口的百分比）	85.1	70.9	81.1
农业			
农业用地面积（占土地面积的百分比）	44	29	36
灌溉地面积（占总农业用地面积的百分比）	..	..	..
农业生产力，以每农业工作者增加值计（2010年美元）	7,762	14,018	30,017
谷物产量（每公顷千克数）		3,910	5,919
森林和生物多样性			
森林面积（占土地面积的百分比）	34.0	38.0	28.9
森林采伐（2000—2015年年均百分比）	0.0	-0.1	-0.0
陆地保护区面积（占土地面积的百分比）	19.5	12.6	15.7
濒危物种，哺乳动物	2	350	527
濒危物种，鸟类	2	638	923
濒危物种，鱼类	0	1,220	2,263
濒危物种，高等植物	0	1,032	2,176
海洋			
渔业总产量（千吨）	..	18,438	33,549
渔获增长率（2000—2015年年均百分比）	..	-0.9	-1.5
水产养殖业增长率（2000—2015年年均百分比）	..	2.9	2.6
海洋保护区面积（占领海面积的百分比）	0.0	13.0	23.7
珊瑚礁区域面积（平方千米）	..	..	83,900
红树林区域面积（平方千米）	..	..	15,283
能源与排放			
人均能源使用量（千克石油当量）	..	3,157	4,745
废物和生物质能产生的能源（占总能源量的百分比）	..	5.9	5.3
人均耗电量（千瓦时）	..	5,369	9,066
化石燃料发电量（占总量的百分比）	..	49.8	60.7
水力发电量（占总量的百分比）	..	16.6	12.0
人均二氧化碳排放量（吨）	6.5	7.3	11.0
水与卫生			
人均淡水资源（立方米）	4,336	7,850	8,733
淡水使用总量（占淡水资源总量的百分比）	..	7.4	9.8
农业（占淡水使用总量的百分比）	..	47	41
获得改善的水源的人口（占总人口的百分比）	100	98	100
农村（占农村人口的百分比）	100	96	99
城市（占城市人口的百分比）	100	99	100
获得改善的卫生设施的人口（占总人口的百分比）	100	93	99
农村（占农村人口的百分比）	100	89	99
城市（占城市人口的百分比）	100	95	100
环境与健康			
PM2.5污染，年平均接触值（微克每立方米）	10	19	17
PM2.5接触（超过世界卫生组织指导线的人口百分比）	35	89	62
急性呼吸道感染发病率（占五岁以下儿童的百分比）	..	..	..
腹泻发病率（占五岁以下儿童的百分比）	..	..	..
五岁以下儿童的死亡率（每千名活产儿）	3	11	6
国民账户汇编——储蓄，消耗与退化			
总储蓄（占GNI的百分比）	..	22.5	22.2
固定资本消费（占GNI的百分比）	10.3	16.1	16.6
教育支出（占GNI的百分比）	2.4	4.8	4.8
能源消耗（占GNI的百分比）	..	0.6	0.3
矿产消耗（占GNI的百分比）	0.0	0.1	0.1
净森林消耗（占GNI的百分比）	..	0.0	0.0
二氧化碳的损害（占GNI的百分比）	..	1.0	0.8
空气污染的损害（占GNI的百分比）	..	0.1	0.1
调整后的净储蓄（占GNI的百分比）	..	9.5	9.1

安哥拉

| 人口（百万） | 25.0 | 土地面积（千平方千米） | 1,247 | GDP（10亿美元） | 102.6 |

	经济体数据	撒哈拉以南非洲地区组别	中高收入组别
人均 GNI，世界银行图表集法（美元）	4,180	1,631	8,263
调整后的人均国民净收入（美元）	2,024	1,239	6,302
城市人口（占总人口的百分比）	44.1	37.7	64.1
农业			
农业用地面积（占土地面积的百分比）	47	42	35
灌溉地面积（占总农业用地面积的百分比）	..	..	..
农业生产力，以每名农业工作者增加值计（2010年美元）	..	1,219	2,208
谷物产量（每公顷千克数）	888	1,452	4,104
森林和生物多样性			
森林面积（占土地面积的百分比）	46.4	25.7	34.9
森林采伐（2000—2015 年年均百分比）	0.2	0.5	0.0
陆地保护区面积（占土地面积的百分比）	7.0	15.3	15.2
濒危物种，哺乳动物	17	918	1,056
濒危物种，鸟类	26	876	1,511
濒危物种，鱼类	51	2,023	2,315
濒危物种，高等植物	34	3,740	6,808
海洋			
渔业总产量（千吨）	497	7,416	103,240
渔获增长率（2000—2015 年年均百分比）	5.0	1.8	-0.5
水产养殖增长率（2000—2015 年年均百分比）	41.1	17.0	5.3
海洋保护区面积（占领海面积的百分比）	0.1	6.1	9.9
珊瑚礁区域面积（平方千米）	..	17,980	48,880
红树林区域面积（平方千米）	312	28,061	50,774
能源与排放			
人均能源使用量（千克石油当量）	606	701	2,192
废物和生物质能产生的能源（占总能源量的百分比）	48.8	57.4	7.3
人均耗电量（千瓦时）	347	497	3,495
化石燃料发电量（占总量的百分比）	46.8	64.3	71.1
水力发电量（占总量的百分比）	53.2	21.2	21.0
人均二氧化碳排放量（吨）	1.4	0.8	6.6
水与卫生			
人均淡水资源（立方米）	6,109	3,986	8,261
淡水使用总量（占淡水资源总量的百分比）	0.5	3.2	6.3
农业（占淡水使用总量的百分比）	21	81	68
获得改善的水源的人口（占总人口的百分比）	49	68	95
农村（占农村人口的百分比）	28	56	91
城市（占城市人口的百分比）	75	87	97
获得改善的卫生设施的人口（占总人口的百分比）	52	30	80
农村（占农村人口的百分比）	23	23	67
城市（占城市人口的百分比）	89	40	87
环境与健康			
PM2.5 污染，年平均接触值（微克每立方米）	36	36	42
PM2.5 接触（超过世界卫生组织指导线的人口百分比）	100	99	95
急性呼吸道感染发病率（占五岁以下儿童的百分比）	..	5	..
腹泻发病率（占五岁以下儿童的百分比）	..	14	..
五岁以下儿童的死亡率（每千名活产儿）	157	83	19
国民账户汇编——储蓄，消耗与退化			
总储蓄（占 GNI 的百分比）	-7.2	14.4	36.6
固定资本消费（占 GNI 的百分比）	34.5	13.8	18.0
教育支出（占 GNI 的百分比）	3.6	3.3	3.0
能源消耗（占 GNI 的百分比）	8.7	1.7	1.1
矿产消耗（占 GNI 的百分比）	0.0	0.9	0.4
净森林消耗（占 GNI 的百分比）	0.4	2.3	0.0
二氧化碳的损害（占 GNI 的百分比）	1.1	1.6	2.6
空气污染的损害（占 GNI 的百分比）	1.2	1.2	0.3
调整后的净储蓄（占 GNI 的百分比）	-49.6	-3.9	17.2

安提瓜和巴布达

| 人口（千） | 92 | 土地面积（平方千米） | 440 | GDP（10亿美元） | 1.3 |

	经济体数据	拉丁美洲和加勒比地区组别	高收入组别
人均 GNI，世界银行图表集法（美元）	13,270	8,968	41,932
调整后的人均国民净收入（美元）	..	7,249	33,454
城市人口（占总人口的百分比）	23.8	79.9	81.1
农业			
农业用地面积（占土地面积的百分比）	20	38	36
灌溉地面积（占总农业用地面积的百分比）	..		
农业生产力，以每农业工作者增加值计（2010年美元）	2,734	7,188	30,017
谷物产量（每公顷千克数）	1,593	4,169	5,919
森林和生物多样性			
森林面积（占土地面积的百分比）	22.3	46.3	28.9
森林采伐（2000—2015年年均百分比）	0.1	0.4	-0.0
陆地保护区面积（占土地面积的百分比）	5.5	23.3	15.7
濒危物种，哺乳动物	2	622	527
濒危物种，鸟类	1	1,011	923
濒危物种，鱼类	29	1,642	2,263
濒危物种，高等植物	4	5,108	2,176
海洋			
渔业总产量（千吨）	3.0	14,416	33,549
渔获增长率（2000—2015年年均百分比）	3.8	-3.5	-1.5
水产养殖业增长率（2000—2015年年均百分比）	..	7.7	2.6
海洋保护区面积（占领海面积的百分比）	1.4	15.5	23.7
珊瑚礁区域面积（平方千米）	240	20,320	83,900
红树林区域面积（平方千米）	8.4	41,330	15,283
能源与排放			
人均能源使用量（千克石油当量）	..	1,337	4,745
废物和生物质能产生的能源（占总能源量的百分比）	..	17.1	5.3
人均耗电量（千瓦时）	..	2,122	9,066
化石燃料发电量（占总量的百分比）	..	43.1	60.7
水力发电量（占总量的百分比）	..	46.5	12.0
人均二氧化碳排放量（吨）	5.8	3.0	11.0
水与卫生			
人均淡水资源（立方米）	572	22,160	8,733
淡水使用总量（占淡水资源总量的百分比）	22.1	2.4	9.8
农业（占淡水使用总量的百分比）	16	71	41
获得改善的水源的人口（占总人口的百分比）	98	95	100
农村（占农村人口的百分比）	98	84	99
城市（占城市人口的百分比）	98	97	100
获得改善的卫生设施的人口（占总人口的百分比）	91	83	99
农村（占农村人口的百分比）	91	64	99
城市（占城市人口的百分比）	91	88	100
环境与健康			
PM2.5污染，年平均接触值（微克每立方米）	14	18	17
PM2.5接触（超过世界卫生组织指导线的人口百分比）	100	85	62
急性呼吸道感染发病率（占五岁以下儿童的百分比）	..	..	..
腹泻发病率（占五岁以下儿童的百分比）	..	..	..
五岁以下儿童的死亡率（每千名活产儿）	8	18	6
国民账户汇编——储蓄，消耗与退化			
总储蓄（占GNI的百分比）	8.9	17.7	22.2
固定资本消费（占GNI的百分比）	11.4	10.2	16.6
教育支出（占GNI的百分比）	2.3	4.9	4.8
能源消耗（占GNI的百分比）	0.0	0.9	0.3
矿产消耗（占GNI的百分比）	0.0	0.9	0.1
净森林消耗（占GNI的百分比）	..	0.1	0.0
二氧化碳的损害（占GNI的百分比）	1.5	1.1	0.8
空气污染的损害（占GNI的百分比）	..	0.2	0.1
调整后的净储蓄（占GNI的百分比）	..	9.4	9.1

阿根廷

人口（百万）	43.4	土地面积（千平方千米） 2,737	GDP（10亿美元） 584.7

	经济体数据	拉丁美洲和加勒比地区组别	中高收入组别
人均GNI，世界银行图表集法（美元）	12,450	8,968	8,263
调整后的人均国民净收入（美元）	11,749	7,249	6,302
城市人口（占总人口的百分比）	91.8	79.9	64.1
农业			
农业用地面积（占土地面积的百分比）	54	38	35
灌溉地面积（占总农业用地面积的百分比）	1.5	..	..
农业生产力，以每农业工作者增加值计（2010美元）	23,361	7,188	2,208
谷物产量（每公顷千克数）	4,823	4,169	4,104
森林和生物多样性			
森林面积（占土地面积的百分比）	9.9	46.3	34.9
森林采伐（2000—2015年年均百分比）	1.1	0.4	0.0
陆地保护区面积（占土地面积的百分比）	6.8	23.3	15.2
濒危物种，哺乳动物	37	622	1,056
濒危物种，鸟类	50	1,011	1,511
濒危物种，鱼类	39	1,642	2,315
濒危物种，高等植物	70	5,108	6,808
海洋			
渔业总产量（千吨）	818	14,416	103,240
渔获增长率（2000—2015年年均百分比）	-0.8	-3.5	-0.5
水产养殖业增长率（2000—2015年年均百分比）	4.9	7.7	5.3
海洋保护区面积（占领海面积的百分比）	8.9	15.5	9.9
珊瑚礁区域面积（平方千米）	..	20,320	48,880
红树林区域面积（平方千米）	..	41,330	50,774
能源与排放			
人均能源使用量（千克石油当量）	2,015	1,337	2,192
废物和生物质能产生的能源（占总能源量的百分比）	4.6	17.1	7.3
人均耗电量（千瓦时）	3,052	2,122	3,495
化石燃料发电量（占总量的百分比）	64.4	43.1	71.1
水力发电量（占总量的百分比）	29.0	46.5	21.0
人均二氧化碳排放量（吨）	4.5	3.0	6.6
水与卫生			
人均淡水资源（立方米）	6,794	22,160	8,261
淡水使用总量（占淡水资源总量的百分比）	12.9	2.4	6.3
农业（占淡水使用总量的百分比）	74	71	68
获得改善的水源的人口（占总人口的百分比）	99	95	95
农村（占农村人口的百分比）	100	84	91
城市（占城市人口的百分比）	99	97	97
获得改善的卫生设施的人口（占总人口的百分比）	96	83	80
农村（占农村人口的百分比）	98	64	67
城市（占城市人口的百分比）	96	88	87
环境与健康			
PM2.5污染，年平均接触值（微克每立方米）	13	18	42
PM2.5接触，超过世界卫生组织指导线的人口百分比	97	85	95
急性呼吸道感染发病率（占五岁以下儿童的百分比）	..	..	..
腹泻发病率（占五岁以下儿童的百分比）	..	..	..
五岁以下儿童的死亡率（每千名活产儿）	13	18	19
国民账户汇编——储蓄，消耗与退化			
总储蓄（占GNI的百分比）	14.5	17.7	36.6
固定资本消费（占GNI的百分比）	10.3	10.2	18.0
教育支出（占GNI的百分比）	5.1	4.9	3.0
能源消耗（占GNI的百分比）	0.7	0.9	1.1
矿产消耗（占GNI的百分比）	0.2	0.9	0.4
净森林消耗（占GNI的百分比）	0.0	0.1	0.0
二氧化碳的损害（占GNI的百分比）	1.0	1.1	2.6
空气污染的损害（占GNI的百分比）	0.1	0.2	0.3
调整后的净储蓄（占GNI的百分比）	7.3	9.4	17.2

亚美尼亚

人口（百万）	3.0	土地面积（千平方千米）	28	GDP（10 亿美元）	10.5

	经济体数据	欧洲和中亚地区组别	中低收入组别
人均 GNI，世界银行图集法（美元）	3,880	24,275	2,029
调整后的人均国民净收入（美元）	3,116	18,328	1,767
城市人口（占总人口的百分比）	62.7	70.9	39.0
农业			
农业用地面积（占土地面积的百分比）	59	29	44
灌溉地面积（占总农业用地面积的百分比）	9.2	..	..
农业生产力，以每农业工作者增加值计（2010 年美元）	19,094	14,018	1,614
谷物产量（每公顷千克数）	3,147	3,910	3,185
森林和生物多样性			
森林面积（占土地面积的百分比）	11.7	38.0	24.3
森林采伐（2000—2015 年年均百分比）	0.0	-0.1	0.4
陆地保护区面积（占土地面积的百分比）	24.8	12.6	12.0
濒危物种，哺乳动物	9	350	1,134
濒危物种，鸟类	15	638	1,199
濒危物种，鱼类	3	1,220	2,011
濒危物种，高等植物	71	1,032	3,971
海洋			
渔业总产量（千吨）	23.3	18,438	58,665
渔获增长率（2000—2015 年年均百分比）	14.0	-0.9	2.4
水产养殖业增长率（2000—2015 年年均百分比）	20.8	2.9	12.0
海洋保护区面积（占领海面积的百分比）	0.0	13.0	5.0
珊瑚礁区域面积（平方千米）	..	..	128,580
红树林区域面积（平方千米）	..	..	68,563
能源与排放			
人均能源使用量（千克石油当量）	984	3,157	651
废物和生物质能产生的能源（占总能源量的百分比）	1.1	5.9	28.5
人均耗电量（千瓦时）	1,900	5,369	777
化石燃料发电量（占总量的百分比）	42.4	49.8	74.9
水力发电量（占总量的百分比）	25.7	16.6	14.9
人均二氧化碳排放量（吨）	1.8	7.3	1.4
水与卫生			
人均淡水资源（立方米）	2,282	7,850	3,003
淡水使用总量（占淡水资源总量的百分比）	42.9	7.4	18.4
农业（占淡水使用总量的百分比）	39	47	88
获得改善的水源的人口（占总人口的百分比）	100	98	90
农村（占农村人口的百分比）	100	96	87
城市（占城市人口的百分比）	100	99	94
获得改善的卫生设施的人口（占总人口的百分比）	90	93	52
农村（占农村人口的百分比）	78	89	42
城市（占城市人口的百分比）	96	95	67
环境与健康			
PM2.5 污染，年平均接触值（微克每立方米）	26	19	58
PM2.5 接触（超过世界卫生组织指导线的人口百分比）	100	89	99
急性呼吸道感染发病率（占五岁以下儿童的百分比）	5	..	..
腹泻发病率（占五岁以下儿童的百分比）	9	..	..
五岁以下儿童的死亡率（每千名活产儿）	14	11	53
国民账户汇编——储蓄，消耗与退化			
总储蓄（占 GNI 的百分比）	17.4	22.5	27.6
固定资本消费（占 GNI 的百分比）	12.2	16.1	9.7
教育支出（占 GNI 的百分比）	2.1	4.8	3.0
能源消耗（占 GNI 的百分比）	0.0	0.6	0.8
矿产消耗（占 GNI 的百分比）	1.8	0.1	0.3
净森林消耗（占 GNI 的百分比）	0.0	0.0	0.4
二氧化碳的损害（占 GNI 的百分比）	1.6	1.0	2.3
空气污染的损害（占 GNI 的百分比）	0.5	0.1	0.9
调整后的净储蓄（占 GNI 的百分比）	3.2	9.5	16.1

阿鲁巴

| 人口（千） | 104 | 土地面积（平方千米） | 180 | GDP（10亿美元） | 2.6 |

	经济体数据	拉丁美洲和加勒比地区组别	高收入组别
人均 GNI，世界银行图表集法（美元）	..	8,968	41,932
调整后的人均国民净收入（美元）	..	7,249	33,454
城市人口（占总人口的百分比）	41.5	79.9	81.1
农业			
农业用地面积（占土地面积的百分比）	11	38	36
灌溉地面积（占总农业用地面积的百分比）	..		
农业生产力，以每农业工作者增加值计（2010 年美元）	1,232	7,188	30,017
谷物产量（每公顷千克数）	..	4,169	5,919
森林和生物多样性			
森林面积（占土地面积的百分比）	2.3	46.3	28.9
森林采伐（2000—2015 年年均百分比）	0.0	0.4	-0.0
陆地保护区面积（占土地面积的百分比）	0.5	23.3	15.7
濒危物种，哺乳动物	2	622	527
濒危物种，鸟类	1	1,011	923
濒危物种，鱼类	23	1,642	2,263
濒危物种，高等植物	2	5,108	2,176
海洋			
渔业总产量（千吨）	0.14	14,416	33,549
渔获增长率（2000—2015 年年均百分比）	-0.9	-3.5	-1.5
水产养殖业增长率（2000—2015 年年均百分比）	..	7.7	2.6
海洋保护区面积（占领海面积的百分比）	0.0	15.5	23.7
珊瑚礁区域面积（平方千米）	<50	20,320	83,900
红树林区域面积（平方千米）	0.71	41,330	15,283
能源与排放			
人均能源使用量（千克石油当量）	..	1,337	4,745
废物和生物质能产生的能源（占总能源量的百分比）	..	17.1	5.3
人均耗电量（千瓦时）	..	2,122	9,066
化石燃料发电量（占总量的百分比）	..	43.1	60.7
水力发电量（占总量的百分比）	..	46.5	12.0
人均二氧化碳排放量（吨）	8.5	3.0	11.0
水与卫生			
人均淡水资源（立方米）	..	22,160	8,733
淡水使用总量（占淡水资源总量的百分比）	..	2.4	9.8
农业（占淡水使用总量的百分比）	..	71	41
获得改善的水源的人口（占总人口的百分比）	98	95	100
农村（占农村人口的百分比）	98	84	99
城市（占城市人口的百分比）	98	97	100
获得改善的卫生设施的人口（占总人口的百分比）	98	83	99
农村（占农村人口的百分比）	98	64	99
城市（占城市人口的百分比）	98	88	100
环境与健康			
PM2.5 污染，年平均接触值（微克每立方米）	..	18	17
PM2.5 接触（超过世界卫生组织指导线的人口百分比）	..	85	62
急性呼吸道感染发病率（占五岁以下儿童的百分比）	..	..	..
腹泻发病率（占五岁以下儿童的百分比）	..	..	..
五岁以下儿童的死亡率（每千名活产儿）	..	18	6
国民账户汇编——储蓄，消耗与退化			
总储蓄（占 GNI 的百分比）	..	17.7	22.2
固定资本消费（占 GNI 的百分比）	..	10.2	16.6
教育支出（占 GNI 的百分比）	5.8	4.9	4.8
能源消耗（占 GNI 的百分比）	..	0.9	0.3
矿产消耗（占 GNI 的百分比）	..	0.9	0.1
净森林消耗（占 GNI 的百分比）	..	0.1	0.0
二氧化碳的损害（占 GNI 的百分比）	..	1.1	0.8
空气污染的损害（占 GNI 的百分比）	..	0.2	0.1
调整后的净储蓄（占 GNI 的百分比）	..	9.4	9.1

澳大利亚

| 人口（百万） | 23.8 | 土地面积（千平方千米） | 7,682 | GDP（10亿美元） | 1,339.1 |

	经济体数据	东亚和太平洋地区组别	高收入组别
人均GNI，世界银行图表集法（美元）	60,050	9,771	41,932
调整后的人均国民净收入（美元）	44,339	7,546	33,454
城市人口（占总人口的百分比）	89.4	56.6	81.1
农业			
农业用地面积（占土地面积的百分比）	53	49	36
灌溉地面积（占总农业用地面积的百分比）	0.6	..	..
农业生产力，以每农业工作者增加值计（2010年美元）	58,574	1,657	30,017
谷物产量（每公顷千克数）	2,137	4,958	5,919
森林和生物多样性			
森林面积（占土地面积的百分比）	16.2	26.3	28.9
森林采伐（2000—2015年年均百分比）	0.2	-0.2	-0.0
陆地保护区面积（占土地面积的百分比）	14.6	15.6	15.7
濒危物种，哺乳动物	63	918	527
濒危物种，鸟类	50	1,097	923
濒危物种，鱼类	118	1,549	2,263
濒危物种，高等植物	92	3,515	2,176
海洋			
渔业总产量（千吨）	246	132,587	33,549
渔获增长率（2000—2015年年均百分比）	-1.9	0.9	-1.5
水产养殖业增长率（2000—2015年年均百分比）	7.3	6.5	2.6
海洋保护区面积（占领海面积的百分比）	48.5	17.0	23.7
珊瑚礁区域面积（平方千米）	48,960	203,050	83,900
红树林区域面积（平方千米）	9,910	67,121	15,283
能源与排放			
人均能源使用量（千克石油当量）	5,338	2,137	4,745
废物和生物质能产生的能源（占总能源量的百分比）	4.1	7.7	5.3
人均耗电量（千瓦时）	10,078	3,682	9,066
化石燃料发电量（占总量的百分比）	85.1	76.4	60.7
水力发电量（占总量的百分比）	7.4	15.0	12.0
人均二氧化碳排放量（吨）	16.3	6.3	11.0
水与卫生			
人均淡水资源（立方米）	20,971	4,529	8,733
淡水使用总量（占淡水资源总量的百分比）	4.0	11.3	9.8
农业（占淡水使用总量的百分比）	66	71	41
获得改善的水源的人口（占总人口的百分比）	100	94	100
农村（占农村人口的百分比）	100	90	99
城市（占城市人口的百分比）	100	97	100
获得改善的卫生设施的人口（占总人口的百分比）	100	77	99
农村（占农村人口的百分比）	100	64	99
城市（占城市人口的百分比）	100	87	100
环境与健康			
PM2.5污染，年平均接触值（微克每立方米）	6	44	17
PM2.5接触（超过世界卫生组织指导线的人口百分比）	0	97	62
急性呼吸道感染发病率（占五岁以下儿童的百分比）	..	..	..
腹泻发病率（占五岁以下儿童的百分比）	..	..	..
五岁以下儿童的死亡率（每千名活产儿）	4	17	6
国民账户汇编——储蓄，消耗与退化			
总储蓄（占GNI的百分比）	23.5	39.1	22.2
固定资本消费（占GNI的百分比）	18.0	20.7	16.6
教育支出（占GNI的百分比）	5.1	2.7	4.8
能源消耗（占GNI的百分比）	0.2	0.3	0.3
矿产消耗（占GNI的百分比）	1.3	0.2	0.1
净森林消耗（占GNI的百分比）	0.0	0.0	0.0
二氧化碳的损害（占GNI的百分比）	0.9	2.1	0.8
空气污染的损害（占GNI的百分比）	0.0	0.3	0.1
调整后的净储蓄（占GNI的百分比）	8.1	18.1	9.1

	经济体数据	欧洲和中亚地区组别	高收入组别
人口（百万） 8.6 土地面积（千平方千米） 83 GDP（10亿美元）377.0			
人均 GNI，世界银行图表集法（美元）	47,260	24,275	41,932
调整后的人均国民净收入（美元）	35,490	18,328	33,454
城市人口（占总人口的百分比）	66.0	70.9	81.1
农业			
农业用地面积（占土地面积的百分比）	33	29	36
灌溉地面积（占总农业用地面积的百分比）	1.9	..	..
农业生产力，以每农业工作者增加值计（2010年美元）	44,740	14,018	30,017
谷物产量（每公顷千克数）	7,276	3,910	5,919
森林和生物多样性			
森林面积（占土地面积的百分比）	46.9	38.0	28.9
森林采伐（2000—2015 年年均百分比）	-0.1	-0.1	-0.0
陆地保护区面积（占土地面积的百分比）	28.4	12.6	15.7
濒危物种，哺乳动物	3	350	527
濒危物种，鸟类	12	638	923
濒危物种，鱼类	11	1,220	2,263
濒危物种，高等植物	13	1,032	2,176
海洋			
渔业总产量（千吨）	3.9	18,438	33,549
渔获增长率（2000—2015 年年均百分比）	-1.5	-0.9	-1.5
水产养殖业增长率（2000—2015 年年均百分比）	1.4	2.9	2.6
海洋保护区面积（占领海面积的百分比）	0.0	13.0	23.7
珊瑚礁区域面积（平方千米）	..	..	83,900
红树林区域面积（平方千米）	..	..	15,283
能源与排放			
人均能源使用量（千克石油当量）	3,765	3,157	4,745
废物和生物质能产生的能源（占总能源量的百分比）	19.7	5.9	5.3
人均耗电量（千瓦时）	8,361	5,369	9,066
化石燃料发电量（占总量的百分比）	17.7	49.8	60.7
水力发电量（占总量的百分比）	66.6	16.6	12.0
人均二氧化碳排放量（吨）	7.4	7.3	11.0
水与卫生			
人均淡水资源（立方米）	6,439	7,850	8,733
淡水使用总量（占淡水资源总量的百分比）	6.3	7.4	9.8
农业（占淡水使用总量的百分比）	2	47	41
获得改善的水源的人口（占总人口的百分比）	100	98	100
农村（占农村人口的百分比）	100	96	99
城市（占城市人口的百分比）	100	99	100
获得改善的卫生设施的人口（占总人口的百分比）	100	93	99
农村（占农村人口的百分比）	100	89	99
城市（占城市人口的百分比）	100	95	100
环境与健康			
PM2.5 污染，年平均接触值（微克每立方米）	17	19	17
PM2.5 接触（超过世界卫生组织指导线的人口百分比）	100	89	62
急性呼吸道感染发病率（占五岁以下儿童的百分比）	..	..	..
腹泻发病率（占五岁以下儿童的百分比）	..	..	..
五岁以下儿童的死亡率（每千名活产儿）	4	11	6
国民账户汇编——储蓄，消耗与退化			
总储蓄（占 GNI 的百分比）	26.1	22.5	22.2
固定资本消费（占 GNI 的百分比）	18.2	16.1	16.6
教育支出（占 GNI 的百分比）	5.3	4.8	4.8
能源消耗（占 GNI 的百分比）	0.1	0.6	0.3
矿产消耗（占 GNI 的百分比）	0.0	0.1	0.1
净森林消耗（占 GNI 的百分比）	0.0	0.0	0.0
二氧化碳的损害（占 GNI 的百分比）	0.5	1.0	0.8
空气污染的损害（占 GNI 的百分比）	0.1	0.1	0.1
调整后的净储蓄（占 GNI 的百分比）	12.6	9.5	8.5

阿塞拜疆

人口（百万）	9.6	土地面积（千平方千米）	83	GDP（10 亿美元）	**53.0**

	经济体数据	欧洲和中亚地区组别	中高收入组别
人均 GNI，世界银行图表集法（美元）	6,560	24,275	8,263
调整后的人均国民净收入（美元）	4,537	18,328	6,302
城市人口（占总人口的百分比）	54.6	70.9	64.1
农业			
农业用地面积（占土地面积的百分比）	58	29	35
灌溉地面积（占总农业用地面积的百分比）	29.7		
农业生产力，以每农业工作者增加值计（2010 年美元）	3,339	14,018	2,208
谷物产量（每公顷千克数）	2,386	3,910	4,104
森林和生物多样性			
森林面积（占土地面积的百分比）	13.8	38.0	34.9
森林采伐（2000—2015 年年均百分比）	-1.8	-0.1	0.0
陆地保护区面积（占土地面积的百分比）	14.0	12.6	15.2
濒危物种，哺乳动物	8	350	1,056
濒危物种，鸟类	18	638	1,511
濒危物种，鱼类	12	1,220	2,315
濒危物种，高等植物	42	1,032	6,808
海洋			
渔业总产量（千吨）	1.1	18,438	103,240
渔获增长率（2000—2015 年年均百分比）	-20.8	-0.9	-0.5
水产养殖增长率（2000—2015 年年均百分比）	9.7	2.6	5.3
海洋保护区面积（占领海面积的百分比）	0.0	13.0	9.9
珊瑚礁区域面积（平方千米）	..	..	48,880
红树林区域面积（平方千米）	..	..	50,774
能源与排放			
人均能源使用量（千克石油当量）	1,502	3,157	2,192
废物和生物质能产生的能源（占总能源量的百分比）	1.1	5.9	7.3
人均耗电量（千瓦时）	2,202	5,369	3,495
化石燃料发电量（占总量的百分比）	94.0	49.8	71.1
水力发电量（占总量的百分比）	5.3	16.6	21.0
人均二氧化碳排放量（吨）	3.8	7.3	6.6
水与卫生			
人均淡水资源（立方米）	851	7,850	8,261
淡水使用总量（占淡水资源总量的百分比）	147.5	7.4	6.3
农业（占淡水使用总量的百分比）	84	47	68
获得改善的水源的人口（占总人口的百分比）	87	98	95
农村（占农村人口的百分比）	78	96	91
城市（占城市人口的百分比）	95	99	97
获得改善的卫生设施的人口（占总人口的百分比）	89	93	80
农村（占农村人口的百分比）	87	89	67
城市（占城市人口的百分比）	92	95	87
环境与健康			
PM2.5 污染，年平均接触值（微克每立方米）	30	19	42
PM2.5 接触（超过世界卫生组织指导线的人口百分比）	100	89	95
急性呼吸道感染发病率（占五岁以下儿童的百分比）	..	..	..
腹泻发病率（占五岁以下儿童的百分比）	..	..	..
五岁以下儿童的死亡率（每千名活产儿）	32	11	19
国民账户汇编——储蓄，消耗与退化			
总储蓄（占 GNI 的百分比）	29.7	22.5	36.6
固定资本消费（占 GNI 的百分比）	6.2	16.1	18.0
教育支出（占 GNI 的百分比）	2.5	4.8	3.0
能源消耗（占 GNI 的百分比）	8.3	0.6	1.1
矿产消耗（占 GNI 的百分比）	0.1	0.1	0.4
净森林消耗（占 GNI 的百分比）	0.0	0.0	0.0
二氧化碳的损害（占 GNI 的百分比）	1.7	1.0	2.6
空气污染的损害（占 GNI 的百分比）	0.2	0.1	0.3
调整后的净储蓄（占 GNI 的百分比）	15.7	9.5	17.2

| 人口（千） | **388** | 土地面积（千平方千米） | **10** | GDP（10亿美元） | **8.9** |

	经济体数据	拉丁美洲和加勒比地区组别	高收入组别
人均GNI，世界银行图表集法（美元）	20,740	8,968	41,932
调整后的人均国民总收入（美元）	19,754	7,249	33,454
城市人口（占总人口的百分比）	82.9	79.9	81.1
农业			
农业用地面积（占土地面积的百分比）	1	38	36
灌溉地面积（占总农业用地面积的百分比）	..	..	..
农业生产力，以每农业工作者增加值计（2010年美元）	29,405	7,188	30,017
谷物产量（每公顷千克数）	8,187	4,169	5,919
森林和生物多样性			
森林面积（占土地面积的百分比）	51.4	46.3	28.9
森林采伐（2000—2015年年均百分比）	0.0	0.4	-0.0
陆地保护区面积（占土地面积的百分比）	13.3	23.3	15.7
濒危物种，哺乳动物	6	622	527
濒危物种，鸟类	7	1,011	923
濒危物种，鱼类	44	1,642	2,263
濒危物种，高等植物	8	5,108	2,176
海洋			
渔业总产量（千吨）	11.3	14,416	33,549
渔获增长率（2000—2015年年均百分比）	-2.1	-3.5	-1.5
水产养殖增长率（2000—2015年年均百分比）	10.0	7.7	2.6
海洋保护区面积（占领海面积的百分比）	0.4	15.5	23.7
珊瑚礁区域面积（平方千米）	3,150	20,320	83,900
红树林区域面积（平方千米）	875	41,330	15,283
能源与排放			
人均能源使用量（千克石油当量）	..	1,337	4,745
废物和生物质能产生的能源（占总能源量的百分比）	..	17.1	5.3
人均耗电量（千瓦时）	..	2,122	9,066
化石燃料发电量（占总量的百分比）	..	43.1	60.7
水力发电量（占总量的百分比）	..	46.5	12.0
人均二氧化碳排放量（吨）	8.2	3.0	11.0
水与卫生			
人均淡水资源（立方米）	1,827	22,160	8,733
淡水使用总量（占淡水资源总量的百分比）	..	2.4	9.8
农业（占淡水使用总量的百分比）	..	71	41
获得改善的水源的人口（占总人口的百分比）	98	95	100
农村（占农村人口的百分比）	98	84	99
城市（占城市人口的百分比）	98	97	100
获得改善的卫生设施的人口（占总人口的百分比）	92	83	99
农村（占农村人口的百分比）	92	64	99
城市（占城市人口的百分比）	92	88	100
环境与健康			
PM2.5污染，年平均接触值（微克每立方米）	14	18	17
PM2.5接触（超过世界卫生组织指导线的人口百分比）	100	85	62
急性呼吸道感染发病率（占五岁以下儿童的百分比）	..	..	..
腹泻发病率（占五岁以下儿童的百分比）	..	..	..
五岁以下儿童的死亡率（每千名活产儿）	12	18	6
国民账户汇编——储蓄，消耗与退化			
总储蓄（占GNI的百分比）	14.3	17.7	22.2
固定资本消费（占GNI的百分比）	9.3	10.2	16.6
教育支出（占GNI的百分比）	3.8	4.9	4.8
能源消耗（占GNI的百分比）	0.0	0.9	0.3
矿产消耗（占GNI的百分比）	0.0	0.9	0.1
净森林消耗（占GNI的百分比）	0.0	0.1	0.0
二氧化碳的损害（占GNI的百分比）	1.2	1.1	0.8
空气污染的损害（占GNI的百分比）	0.1	0.2	0.1
调整后的净储蓄（占GNI的百分比）	7.4	9.4	9.1

巴林

| 人口（百万） | 1.4 | 土地面积（平方千米） | 771 | GDP（10 亿美元） | 31.1 |

	经济体数据	中东和北非地区组别	高收入组别
人均 GNI，世界银行图表集法（美元）	19,840	8,229	41,932
调整后的人均国民净收入（美元）	16,428	6,251	33,454
城市人口（占总人口的百分比）	88.8	64.2	81.1
农业			
农业用地面积（占土地面积的百分比）	11	33	36
灌溉地面积（占总农业用地面积的百分比）	..	..	..
农业生产力，以每农业工作者增加值计（2010 年美元）	28,972	6,275	30,017
谷物产量（每公顷千克数）	..	2,299	5,919
森林和生物多样性			
森林面积（占土地面积的百分比）	0.8	2.1	28.9
森林采伐（2000—2015 年年均百分比）	-3.3	-0.8	-0.0
陆地保护区面积（占土地面积的百分比）	2.9	11.7	15.7
濒危物种，哺乳动物	3	224	527
濒危物种，鸟类	6	279	923
濒危物种，鱼类	10	610	2,263
濒危物种，高等植物	0	290	2,176
海洋			
渔业总产量（千吨）	15.0	4,857	33,549
渔获增长率（2000—2015 年年均百分比）	1.7	2.0	-1.5
水产养殖业增长率（2000—2015 年年均百分比）	-4.5	9.4	2.6
海洋保护区面积（占领海面积的百分比）	7.6	3.8	23.7
珊瑚礁区域面积（平方千米）	570	15,470	83,900
红树林区域面积（平方千米）	0.65	513	15,283
能源与排放			
人均能源使用量（千克石油当量）	10,395	2,365	4,745
废物和生物质能产生的能源（占总能源量的百分比）	0.0	0.6	5.3
人均耗电量（千瓦时）	19,225	2,906	9,066
化石燃料发电量（占总量的百分比）	100.0	96.3	60.7
水力发电量（占总量的百分比）	0.0	2.6	12.0
人均二氧化碳排放量（吨）	23.7	6.0	11.0
水与卫生			
人均淡水资源（立方米）	3	555	8,733
淡水使用总量（占淡水资源总量的百分比）	8,935.0	138.4	9.8
农业（占淡水使用总量的百分比）	45	85	41
获得改善的水源的人口（占总人口的百分比）	100	93	100
农村（占农村人口的百分比）	100	89	99
城市（占城市人口的百分比）	100	96	100
获得改善的卫生设施的人口（占总人口的百分比）	99	91	99
农村（占农村人口的百分比）	99	87	99
城市（占城市人口的百分比）	99	93	100
环境与健康			
PM2.5 污染，年平均接触值（微克每立方米）	55	61	17
PM2.5 接触（超过世界卫生组织指导线的人口百分比）	100	100	62
急性呼吸道感染发病率（占五岁以下儿童的百分比）	..	..	..
腹泻发病率（占五岁以下儿童的百分比）	..	..	..
五岁以下儿童的死亡率（每千名活产儿）	6	23	6
国民账户汇编——储蓄，消耗与退化			
总储蓄（占 GNI 的百分比）	24.0	24.7	22.2
固定资本消费（占 GNI 的百分比）	7.2	9.9	16.6
教育支出（占 GNI 的百分比）	2.9	5.2	4.8
能源消耗（占 GNI 的百分比）	5.2	4.7	0.3
矿产消耗（占 GNI 的百分比）	0.0	0.5	0.1
净森林消耗（占 GNI 的百分比）	0.0	0.1	0.0
二氧化碳的损害（占 GNI 的百分比）	4.2	2.1	0.8
空气污染的损害（占 GNI 的百分比）	0.1	0.2	0.1
调整后的净储蓄（占 GNI 的百分比）	8.5	12.9	9.1

孟加拉国

人口（百万）	**161.0**	土地面积（千平方千米）	**130**	GDP（10亿美元）	**195.1**

	经济体数据	南亚地区组别	中低收入组别
人均GNI，世界银行图表集法（美元）	1,190	1,535	2,029
调整后的人均国民净收入（美元）	1,175	1,365	1,767
城市人口（占总人口的百分比）	34.3	33.0	39.0
农业			
农业用地面积（占土地面积的百分比）	70	57	44
灌溉地面积（占总农业用地面积的百分比）	..	..	..
农业生产力（以每名农业工作者增加值计，2010年美元）	743	1,131	1,614
谷物产量（每公顷千克数）	4,618	3,083	3,185
森林和生物多样性			
森林面积（占土地面积的百分比）	11.0	17.5	24.3
森林采伐（2000—2015年年均百分比）	0.2	-0.4	0.4
陆地保护区面积（占土地面积的百分比）	4.6	6.6	12.0
濒危物种，哺乳动物	36	251	1,134
濒危物种，鸟类	33	238	1,199
濒危物种，鱼类	27	383	2,011
濒危物种，高等植物	21	752	3,971
海洋			
渔业总产量（千吨）	3,684	15,171	58,665
渔获增长率（2000—2015年年均百分比）	3.3	1.9	2.4
水产养殖业增长率（2000—2015年年均百分比）	7.9	7.3	12.0
海洋保护区面积（占领海面积的百分比）	2.5	2.3	5.0
珊瑚礁区域面积（平方千米）	<50	15,440	128,580
红树林区域面积（平方千米）	4,951	10,343	68,563
能源与排放			
人均能源使用量（千克石油当量）	223	576	651
废物和生物质能产生的能源（占总能源量的百分比）	26.1	25.6	28.5
人均耗电量（千瓦时）	311	707	777
化石燃料发电量（占总量的百分比）	98.7	80.0	74.9
水力发电量（占总量的百分比）	1.1	11.6	14.9
人均二氧化碳排放量（吨）	0.4	1.4	1.4
水与卫生			
人均淡水资源（立方米）	660	1,152	3,003
淡水使用总量（占淡水资源总量的百分比）	34.2	51.6	18.4
农业（占淡水使用总量的百分比）	88	91	88
获得改善的水源的人口（占总人口的百分比）	87	92	90
农村（占农村人口的百分比）	87	91	87
城市（占城市人口的百分比）	87	95	94
获得改善的卫生设施的人口（占总人口的百分比）	61	45	52
农村（占农村人口的百分比）	62	35	42
城市（占城市人口的百分比）	58	65	65
环境与健康			
PM2.5污染，年平均接触值（微克每立方米）	89	74	58
PM2.5接触（超过世界卫生组织指导线的人口百分比）	100	100	99
急性呼吸道感染发病率（占五岁以下儿童的百分比）	5	..	..
腹泻发病率（占五岁以下儿童的百分比）	6	..	..
五岁以下儿童的死亡率（每千名活产儿）	38	53	53
国民账户汇编——储蓄，消耗与退化			
总储蓄（占GNI的百分比）	33.9	31.3	27.6
固定资本消费（占GNI的百分比）	8.1	10.5	9.7
教育支出（占GNI的百分比）	1.6	2.8	3.0
能源消耗（占GNI的百分比）	0.6	0.4	0.8
矿产消耗（占GNI的百分比）	0.0	0.1	0.3
净森林消耗（占GNI的百分比）	0.3	0.3	0.4
二氧化碳的损害（占GNI的百分比）	1.2	3.0	2.3
空气污染的损害（占GNI的百分比）	1.2	1.2	0.9
调整后的净储蓄（占GNI的百分比）	24.2	18.6	16.1

巴巴多斯

| 人口（千） | **284** | 土地面积（平方千米） | **430** | GDP（10亿美元） | **4.4** |

	经济体数据	拉丁美洲和加勒比地区组别	高收入组别
人均 GNI，世界银行图表集法（美元）	14,510	8,968	41,932
调整后的人均国民净收入（美元）	13,073	7,249	33,454
城市人口（占总人口的百分比）	31.5	79.9	81.1
农业			
农业用地面积（占土地面积的百分比）	33	38	36
灌溉地面积（占总农业用地面积的百分比）	..	..	..
农业生产力，以每农业工作者增加值计（2010年美元）	*15,125*	7,188	30,017
谷物产量（每公顷千克数）	2,700	4,169	5,919
森林和生物多样性			
森林面积（占土地面积的百分比）	14.7	46.3	28.9
森林采伐（2000—2015年年均百分比）	0.0	0.4	-0.0
陆地保护区面积（占土地面积的百分比）	0.2	23.3	15.7
濒危物种，哺乳动物	3	622	527
濒危物种，鸟类	2	1,011	923
濒危物种，鱼类	29	1,642	2,263
濒危物种，高等植物	3	5,108	2,176
海洋			
渔业总产量（千吨）	3.1	14,416	33,549
渔获增长率（2000—2015年年均百分比）	-0.2	-3.5	-1.5
水产养殖业增长率（2000—2015年年均百分比）	..	7.7	2.6
海洋保护区面积（占领海面积的百分比）	0.1	15.5	23.7
珊瑚礁区域面积（平方千米）	<100	20,320	83,900
红树林区域面积（平方千米）	0.04	41,330	15,283
能源与排放			
人均能源使用量（千克石油当量）	..	1,337	4,745
废物和生物质能产生的能源（占总能源量的百分比）	..	17.1	5.3
人均耗电量（千瓦时）	..	2,122	9,066
化石燃料发电量（占总量的百分比）	..	43.1	60.7
水力发电量（占总量的百分比）	..	46.5	12.0
人均二氧化碳排放量（吨）	5.1	3.0	11.0
水与卫生			
人均淡水资源（立方米）	282	22,160	8,733
淡水使用总量（占淡水资源总量的百分比）	101.3	2.4	9.8
农业（占淡水使用总量的百分比）	68	71	41
获得改善的水源的人口（占总人口的百分比）	100	95	100
农村（占农村人口的百分比）	100	84	99
城市（占城市人口的百分比）	100	97	100
获得改善的卫生设施的人口（占总人口的百分比）	96	83	99
农村（占农村人口的百分比）	96	64	99
城市（占城市人口的百分比）	96	88	100
环境与健康			
PM2.5污染，年平均接触值（微克每立方米）	15	18	17
PM2.5接触（超过世界卫生组织指导线的人口百分比）	100	85	62
急性呼吸道感染发病率（占五岁以下儿童的百分比）	..	..	..
腹泻发病率（占五岁以下儿童的百分比）	..	..	..
五岁以下儿童的死亡率（每千名活产儿）	13	18	6
国民账户汇编——储蓄，消耗与退化			
总储蓄（占GNI的百分比）	-5.4	17.7	22.2
固定资本消费（占GNI的百分比）	10.9	10.2	16.6
教育支出（占GNI的百分比）	6.8	4.9	4.8
能源消耗（占GNI的百分比）	0.0	0.3	0.3
矿产消耗（占GNI的百分比）	0.0	0.9	0.1
净森林消耗（占GNI的百分比）	0.0	0.1	0.0
二氧化碳的损害（占GNI的百分比）	1.1	1.1	0.8
空气污染的损害（占GNI的百分比）	0.2	0.2	0.1
调整后的净储蓄（占GNI的百分比）	-11.9	9.4	9.1

白罗斯

| 人口（百万） | 9.5 | 土地面积（千平方千米） | 203 | GDP（10亿美元） | 54.6 |

	经济体数据	欧洲和中亚地区组别	中高收入组别
人均GNI，世界银行图表集法（美元）	6,470	24,275	8,263
调整后的人均国民净收入（美元）	4,986	18,328	6,302
城市人口（占总人口的百分比）	76.7	70.9	64.1
农业			
农业用地面积（占土地面积的百分比）	43	29	35
灌溉地面积（占总农业用地面积的百分比）	0.3	..	..
农业生产力，以每农业工作者增加值计（2010年美元）	15,814	14,018	2,208
谷物产量（每公顷千克数）	3,721	3,910	4,104
森林和生物多样性			
森林面积（占土地面积的百分比）	42.5	38.0	34.9
森林采伐（2000—2015年年均百分比）	-0.3	-0.1	0.1
陆地保护区面积（占土地面积的百分比）	8.6	12.6	15.2
濒危物种，哺乳动物	4	350	1,056
濒危物种，鸟类	9	638	1,511
濒危物种，鱼类	2	1,220	2,315
濒危物种，高等植物	1	1,032	6,808
海洋			
渔业总产量（千吨）	10.0	18,438	103,240
渔获增长率（2000—2015年年均百分比）	3.1	-0.9	-0.5
水产养殖增长率（2000—2015年年均百分比）	2.1	2.9	5.3
海洋保护区面积（占领海面积的百分比）	0.0	13.0	9.9
珊瑚礁区域面积（平方千米）	..	..	48,880
红树林区域面积（平方千米）	..	..	50,774
能源与排放			
人均能源使用量（千克石油当量）	2,929	3,157	2,192
废物和生物质能产生的能源（占总能源量的百分比）	5.3	5.9	7.3
人均耗电量（千瓦时）	3,680	5,369	3,495
化石燃料发电量（占总量的百分比）	99.2	49.8	71.1
水力发电量（占总量的百分比）	0.3	16.6	21.0
人均二氧化碳排放量（吨）	6.7	7.3	6.6
水与卫生			
人均淡水资源（立方米）	3,589	7,850	8,261
淡水使用总量（占水资源总量的百分比）	4.5	7.4	6.3
农业（占淡水使用总量的百分比）	32	47	68
获得改善的水源的人口（占总人口的百分比）	100	98	95
农村（占农村人口的百分比）	99	96	91
城市（占城市人口的百分比）	100	99	97
获得改善的卫生设施的人口（占总人口的百分比）	94	93	80
农村（占农村人口的百分比）	95	89	67
城市（占城市人口的百分比）	94	95	87
环境与健康			
PM2.5污染，年平均接触值（微克每立方米）	20	19	42
PM2.5接触（超过世界卫生组织指导线的人口百分比）	100	89	95
急性呼吸道感染发病率（占五岁以下儿童的百分比）	..	..	..
腹泻发病率（占五岁以下儿童的百分比）	..	..	..
五岁以下儿童的死亡率（每千名活产儿）	5	11	19
国民账户汇编——储蓄，消耗与退化			
总储蓄（占GNI的百分比）	27.4	22.5	36.6
固定资本消费（占GNI的百分比）	8.9	16.1	18.0
教育支出（占GNI的百分比）	4.7	4.8	3.0
能源消耗（占GNI的百分比）	0.2	0.6	1.1
矿产消耗（占GNI的百分比）	0.0	0.1	0.4
净森林消耗（占GNI的百分比）	0.1	0.0	0.0
二氧化碳的损害（占GNI的百分比）	3.3	1.0	2.6
空气污染的损害（占GNI的百分比）	0.3	0.1	0.3
调整后的净储蓄（占GNI的百分比）	19.3	9.5	17.2

比利时

人口（百万）	11.2	土地面积（千平方千米）	30	GDP（10亿美元）	455.1

	经济体数据	欧洲和中亚地区组别	高收入组别
人均GNI，世界银行图表集法（美元）	44,510	24,275	41,932
调整后的人均国民净收入（美元）	32,260	18,328	33,454
城市人口（占总人口的百分比）	97.9	70.9	81.1
农业			
农业用地面积（占土地面积的百分比）	44	29	36
灌溉地面积（占总农业用地面积的百分比）	0.4	..	..
农业生产力，以每农业工作者增加值计（2010年美元）	70,550	14,018	30,017
谷物产量（每公顷千克数）	9,539	3,910	5,919
森林和生物多样性			
森林面积（占土地面积的百分比）	22.6	38.0	28.9
森林采伐（2000—2015年年均百分比）	-0.2	-0.1	-0.0
陆地保护区面积（占土地面积的百分比）	22.9	12.6	15.7
濒危物种，哺乳动物	2	350	527
濒危物种，鸟类	8	638	923
濒危物种，鱼类	13	1,220	2,263
濒危物种，高等植物	0	1,032	2,176
海洋			
渔业总产量（千吨）	24.8	18,438	33,549
渔获增长率（2000—2015年年均百分比）	-1.2	-0.9	-1.5
水产养殖业增长率（2000—2015年年均百分比）	-18.8	2.9	2.6
海洋保护区面积（占领海面积的百分比）	56.1	13.0	23.7
珊瑚礁区域面积（平方千米）	..	..	83,900
红树林区域面积（平方千米）	..	..	15,283
能源与排放			
人均能源使用量（千克石油当量）	4,699	3,157	4,745
废物和生物质能产生的能源（占总能源量的百分比）	6.3	5.9	5.3
人均耗电量（千瓦时）	7,694	5,369	9,066
化石燃料发电量（占总量的百分比）	33.5	49.8	60.7
水力发电量（占总量的百分比）	0.4	16.6	12.0
人均二氧化碳排放量（吨）	8.4	7.3	11.0
水与卫生			
人均淡水资源（立方米）	1,068	7,850	8,733
淡水使用总量（占淡水资源总量的百分比）	50.0	7.4	9.8
农业（占淡水使用量的百分比）	1	47	41
获得改善的水源的人口（占总人口的百分比）	100	98	100
农村（占农村人口的百分比）	100	96	99
城市（占城市人口的百分比）	100	99	100
获得改善的卫生设施的人口（占总人口的百分比）	100	93	99
农村（占农村人口的百分比）	99	89	99
城市（占城市人口的百分比）	100	95	100
环境与健康			
PM2.5污染，年平均接触值（微克每立方米）	16	19	17
PM2.5接触（超过世界卫生组织指导线的人口百分比）	100	89	62
急性呼吸道感染发病率（占五岁以下儿童的百分比）	..	..	..
腹泻发病率（占五岁以下儿童的百分比）	..	..	..
五岁以下儿童的死亡率（每千名活产儿）	4	11	6
国民账户汇编——储蓄，消耗与退化			
总储蓄（占GNI的百分比）	23.3	22.5	22.2
固定资本消费（占GNI的百分比）	20.3	16.1	16.6
教育支出（占GNI的百分比）	6.1	4.8	4.8
能源消耗（占GNI的百分比）	0.0	0.6	0.3
矿产消耗（占GNI的百分比）	0.0	0.1	0.1
净森林消耗（占GNI的百分比）	0.0	0.0	0.0
二氧化碳的损害（占GNI的百分比）	0.6	1.0	0.8
空气污染的损害（占GNI的百分比）	0.1	0.1	0.1
调整后的净储蓄（占GNI的百分比）	8.4	9.5	9.1

伯利兹

| 人口（千） | 359 | 土地面积（千平方千米） | 23 | GDP（10亿美元） | 1.8 |

	经济体数据	拉丁美洲和加勒比地区组别	中高收入组别
人均GNI，世界银行图表集法（美元）	4,490	8,968	8,263
调整后的人均国民净收入（美元）	3,839	7,249	6,302
城市人口（占总人口的百分比）	44.0	79.9	64.1
农业			
农业用地面积（占土地面积的百分比）	7	38	35
灌溉地面积（占总农业用地面积的百分比）	..	..	..
农业生产力，以每农业工作者增加值计（2010年美元）	4,543	7,188	2,208
谷物产量（每公顷千克数）	3,595	4,169	4,104
森林和生物多样性			
森林面积（占土地面积的百分比）	59.9	46.3	34.9
森林采伐（2000—2015年年均百分比）	0.4	0.4	0.0
陆地保护区面积（占土地面积的百分比）	36.7	23.3	15.2
濒危物种，哺乳动物	9	622	1,056
濒危物种，鸟类	5	1,011	1,511
濒危物种，鱼类	43	1,642	2,315
濒危物种，高等植物	36	5,108	6,808
海洋			
渔业总产量（千吨）	103	14,416	103,240
渔获增长率（2000—2015年年均百分比）	8.1	-3.5	-0.5
水产养殖业增长率（2000—2015年年均百分比）	2.4	7.7	5.3
海洋保护区面积（占领海面积的百分比）	14.2	15.5	9.9
珊瑚礁区域面积（平方千米）	1,330	20,320	48,880
红树林区域面积（平方千米）	958	41,330	50,774
能源与排放			
人均能源使用量（千克石油当量）	..	1,337	2,192
废物和生物质能产生的能源（占总能源量的百分比）	..	17.1	7.3
人均耗电量（千瓦时）	..	2,122	3,495
化石燃料发电量（占总量的百分比）	..	43.1	71.1
水力发电量（占总量的百分比）	..	46.5	21.0
人均二氧化碳排放量（吨）	1.5	3.0	6.6
水与卫生			
人均淡水资源（立方米）	43,389	22,160	8,261
淡水使用总量（占淡水资源总量的百分比）	0.7	2.4	6.3
农业（占淡水使用总量的百分比）	68	71	68
获得改善的水源的人口（占总人口的百分比）	100	95	95
农村（占农村人口的百分比）	100	84	91
城市（占城市人口的百分比）	99	97	97
获得改善的卫生设施的人口（占总人口的百分比）	91	83	80
农村（占农村人口的百分比）	88	64	67
城市（占城市人口的百分比）	94	88	87
环境与健康			
PM2.5污染，年平均接触值（微克每立方米）	27	18	42
PM2.5接触：超过世界卫生组织指导线的人口百分比	100	85	95
急性呼吸道感染发病率（占五岁以下儿童的百分比）	..	..	..
腹泻发病率（占五岁以下儿童的百分比）	..	..	..
五岁以下儿童的死亡率（每千名活产儿）	17	18	19
国民账户汇编——储蓄，消耗与退化			
总储蓄（占GNI的百分比）	14.5	17.7	36.6
固定资本消费（占GNI的百分比）	16.5	10.2	18.0
教育支出（占GNI的百分比）	6.4	4.9	3.0
能源消耗（占GNI的百分比）	0.3	0.9	1.1
矿产消耗（占GNI的百分比）	0.0	0.9	0.4
净森林消耗（占GNI的百分比）	0.0	0.1	0.0
二氧化碳的损害（占GNI的百分比）	1.0	1.1	2.6
空气污染的损害（占GNI的百分比）	0.3	0.2	0.3
调整后的净储蓄（占GNI的百分比）	2.8	9.4	17.2

贝宁

| 人口（百万） | **10.9** | 土地面积（千平方千米） | **113** | GDP（10 亿美元） | **8.3** |

	经济体数据	撒哈拉以南非洲地区组别	低收入组别
人均 GNI，世界银行图表集法（美元）	840	1,631	619
调整后的人均国民净收入（美元）	634	1,239	497
城市人口（占总人口的百分比）	44.0	37.7	30.7
农业			
农业用地面积（占土地面积的百分比）	33	42	39
灌溉地面积（占总农业用地面积的百分比）	..	..	..
农业生产力，以每农业工作者增加值计（2010 年美元）	1,024	1,219	504
谷物产量（每公顷千克数）	1,460	1,452	1,486
森林和生物多样性			
森林面积（占土地面积的百分比）	38.2	25.7	27.4
森林采伐（2000—2015 年年均百分比）	1.1	0.5	0.5
陆地保护区面积（占土地面积的百分比）	28.1	15.3	15.2
濒危物种，哺乳动物	13	918	619
濒危物种，鸟类	10	876	599
濒危物种，鱼类	38	2,023	1,156
濒危物种，高等植物	17	3,740	1,962
海洋			
渔业总产量（千吨）	37.7	7,416	3,954
渔获增长率（2000—2015 年年均百分比）	0.8	1.8	2.2
水产养殖增长率（2000—2015 年年均百分比）	..	17.0	3.1
海洋保护区面积（占领海面积的百分比）	0.0	6.1	3.5
珊瑚礁区域面积（平方千米）	..	17,980	12,520
红树林区域面积（平方千米）	65.7	28,061	15,778
能源与排放			
人均能源使用量（千克石油当量）	405	701	..
废物和生物质能产生的能源（占总能源量的百分比）	53.4	57.4	79.1
人均耗电量（千瓦时）	97	497	..
化石燃料发电量（占总量的百分比）	99.5	64.3	..
水力发电量（占总量的百分比）	0.0	21.2	..
人均二氧化碳排放量（吨）	0.6	0.8	0.3
水与卫生			
人均淡水资源（立方米）	972	3,986	4,629
淡水使用总量（占淡水资源总量的百分比）	1.3	3.2	3.3
农业（占淡水使用总量的百分比）	45	81	90
获得改善的水源的人口（占总人口的百分比）	78	68	66
农村（占农村人口的百分比）	72	56	56
城市（占城市人口的百分比）	85	87	87
获得改善的卫生设施的人口（占总人口的百分比）	20	30	28
农村（占农村人口的百分比）	7	23	23
城市（占城市人口的百分比）	36	40	40
环境与健康			
PM2.5 污染，年平均接触值（微克每立方米）	35	36	39
PM2.5 接触（超过世界卫生组织指导线的人口百分比）	100	99	99
急性呼吸道感染发病率（占五岁以下儿童的百分比）	1	5	6
腹泻发病率（占五岁以下儿童的百分比）	6	14	16
五岁以下儿童的死亡率（每千名活产儿）	100	83	76
国民账户汇编——储蓄，消耗与退化			
总储蓄（占 GNI 的百分比）	*18.7*	14.4	*14.7*
固定资本消费（占 GNI 的百分比）	14.4	13.8	10.6
教育支出（占 GNI 的百分比）	4.6	3.3	3.2
能源消耗（占 GNI 的百分比）	0.0	1.7	0.4
矿产消耗（占 GNI 的百分比）	0.0	0.9	1.5
净森林消耗（占 GNI 的百分比）	2.1	2.3	6.6
二氧化碳的损害（占 GNI 的百分比）	2.6	1.6	1.2
空气污染的损害（占 GNI 的百分比）	1.8	1.2	1.7
调整后的净储蓄（占 GNI 的百分比）	*3.7*	-3.9	*-3.8*

百慕大

人口（千）	**65**	土地面积（平方千米）	**50**	GDP（10亿美元）	**5.6**

	经济体数据	北美地区组别	高收入组别
人均 GNI，世界银行图表集法（美元）	106,140	55,117	41,932
调整后的人均国民净收入（美元）	..	47,319	33,454
城市人口（占总人口的百分比）	100.0	81.6	81.1
农业			
农业用地面积（占土地面积的百分比）	6	26	36
灌溉地面积（占总农业用地面积的百分比）	..	..	..
农业生产力，以每农业工作者增加值计（2010年美元）	38,254	78,898	30,017
谷物产量（每公顷千克数）	..	6,867	5,919
森林和生物多样性			
森林面积（占土地面积的百分比）	20.0	36.0	28.9
森林采伐（2000—2015年年均百分比）	0.0	-0.1	-0.0
陆地保护区面积（占土地面积的百分比）	5.8	11.6	15.7
濒危物种，哺乳动物	4	53	527
濒危物种，鸟类	1	93	923
濒危物种，鱼类	26	318	2,263
濒危物种，高等植物	8	480	2,176
海洋			
渔业总产量（千吨）	0.41	6,522	33,549
渔获增长率（2000—2015年年均百分比）	2.3	0.1	-1.5
水产养殖业增长率（2000—2015年年均百分比）	..	0.3	2.6
海洋保护区面积（占领海面积的百分比）	5.1	16.4	23.7
珊瑚礁区域面积（平方千米）	370	1,620	83,900
红树林区域面积（平方千米）	0.18	3,030	15,283
能源与排放			
人均能源使用量（千克石油当量）	..	7,042	4,745
废物和生物质能产生的能源（占总能源量的百分比）	..	4.8	5.3
人均耗电量（千瓦时）	..	13,230	9,066
化石燃料发电量（占总量的百分比）	..	61.2	60.7
水力发电量（占总量的百分比）	..	12.9	12.0
人均二氧化碳排放量（吨）	5.6	16.1	11.0
水与卫生			
人均淡水资源（立方米）	..	15,991	8,733
淡水使用总量（占淡水资源总量的百分比）	..	9.3	9.8
农业（占淡水使用总量的百分比）	..	34	41
获得改善的水源的人口（占总人口的百分比）	..	99	100
农村（占农村人口的百分比）	..	98	99
城市（占城市人口的百分比）	..	99	100
获得改善的卫生设施的人口（占总人口的百分比）	..	100	99
农村（占农村人口的百分比）	..	100	99
城市（占城市人口的百分比）	..	100	100
环境与健康			
PM2.5污染，年平均接触值（微克每立方米）	9	8	17
PM2.5接触（超过世界卫生组织指导线的人口百分比）	0	8	62
急性呼吸道感染发病率（占五岁以下儿童的百分比）	..	..	..
腹泻发病率（占五岁以下儿童的百分比）	..	..	..
五岁以下儿童的死亡率（每千名活产儿）	..	6	6
国民账户汇编——储蓄，消耗与退化			
总储蓄（占GNI的百分比）	42.6	18.8	22.2
固定资本消费（占GNI的百分比）	3.9	15.5	16.6
教育支出（占GNI的百分比）	2.1	5.0	4.8
能源消耗（占GNI的百分比）	0.0	0.1	0.3
矿产消耗（占GNI的百分比）	0.0	0.1	0.1
净森林消耗（占GNI的百分比）	..	0.0	0.0
二氧化碳的损害（占GNI的百分比）	0.1	0.9	0.8
空气污染的损害（占GNI的百分比）	..	0.1	0.1
调整后的净储蓄（占GNI的百分比）	..	7.3	9.1

不丹

| 人口(千) | 775 | 土地面积(千平方千米) | 38 | GDP(10亿美元) | 2.1 |

	经济体 数据	南亚地区 组别	中低收入 组别
人均 GNI,世界银行图表集法(美元)	2,380	1,535	2,029
调整后的人均国民净收入(美元)	2,083	1,365	1,767
城市人口(占总人口的百分比)	38.6	33.0	39.0
农业			
农业用地面积(占土地面积的百分比)	14	57	44
灌溉地面积(占总农业用地面积的百分比)	..	..	..
农业生产力,以每农业工作者增加值计(2010年美元)	866	1,131	1,614
谷物产量(每公顷千克数)	3,130	3,083	3,185
森林和生物多样性			
森林面积(占土地面积的百分比)	72.3	17.5	24.3
森林采伐(2000—2015年年均百分比)	-0.4	-0.4	0.4
陆地保护区面积(占土地面积的百分比)	47.3	6.6	12.0
濒危物种,哺乳动物	26	251	1,134
濒危物种,鸟类	20	238	1,199
濒危物种,鱼类	3	383	2,011
濒危物种,高等植物	18	752	3,971
海洋			
渔业总产量(千吨)	0.16	15,171	58,665
渔获增长率(2000—2015年年均百分比)	-12.3	1.9	2.4
水产养殖业增长率(2000—2015年年均百分比)	11.3	7.3	12.0
海洋保护区面积(占领海面积的百分比)	0.0	2.3	5.0
珊瑚礁区域面积(平方千米)	..	15,440	128,580
红树林区域面积(平方千米)	..	10,343	68,563
能源与排放			
人均能源使用量(千克石油当量)	..	576	651
废物和生物质能产生的能源(占总能源量的百分比)	..	25.6	28.5
人均耗电量(千瓦时)	..	707	777
化石燃料发电量(占总量的百分比)	..	80.0	74.9
水力发电量(占总量的百分比)	..	11.6	14.9
人均二氧化碳排放量(吨)	1.2	1.4	1.4
水与卫生			
人均淡水资源(立方米)	.01,960	1,152	3,003
淡水使用总量(占淡水资源总量的百分比)	0.4	51.6	18.4
农业(占淡水使用总量的百分比)	94	91	88
获得改善的水源的人口(占总人口的百分比)	100	92	90
农村(占农村人口的百分比)	100	91	87
城市(占城市人口的百分比)	100	95	94
获得改善的卫生设施的人口(占总人口的百分比)	50	45	52
农村(占农村人口的百分比)	33	35	42
城市(占城市人口的百分比)	78	65	67
环境与健康			
PM2.5污染,年平均接触值(微克每立方米)	56	74	58
PM2.5接触(超过世界卫生组织指导线的人口百分比)	100	100	99
急性呼吸道感染发病率(占五岁以下儿童的百分比)	..	..	..
腹泻发病率(占五岁以下儿童的百分比)	..	..	..
五岁以下儿童的死亡率(每千名活产儿)	33	53	53
国民账户汇编——储蓄,消耗与退化			
总储蓄(占 GNI 的百分比)	24.1	31.3	27.6
固定资本消费(占 GNI 的百分比)	10.2	10.5	9.7
教育支出(占 GNI 的百分比)	3.4	2.8	3.0
能源消耗(占 GNI 的百分比)	0.0	0.4	0.8
矿产消耗(占 GNI 的百分比)	0.0	0.1	0.3
净森林消耗(占 GNI 的百分比)	3.8	0.3	0.4
二氧化碳的损害(占 GNI 的百分比)	1.7	3.0	2.3
空气污染的损害(占 GNI 的百分比)	1.1	1.2	0.9
调整后的净储蓄(占 GNI 的百分比)	10.7	18.6	16.1

玻利维亚

| 人口（百万） | **10.7** | 土地面积（千平方千米） | **1,083** | GDP（10亿美元） | **33.0** |

	经济体数据	拉丁美洲和加勒比地区组别	中低收入组别
人均 GNI，世界银行图表集法（美元）	3,000	8,968	2,029
调整后的人均国民净收入（美元）	2,427	7,249	1,767
城市人口（占总人口的百分比）	68.5	79.9	39.0
农业			
农业用地面积（占土地面积的百分比）	35	38	44
灌溉地面积（占总农业用地面积的百分比）	0.7	..	..
农业生产力，以每农业工作者增加值计（2010 年美元）	1,147	7,188	1,614
谷物产量（每公顷千克数）	2,054	4,169	3,185
森林和生物多样性			
森林面积（占土地面积的百分比）	50.6	46.3	24.3
森林采伐（2000—2015 年年均百分比）	0.6	0.4	0.4
陆地保护区面积（占土地面积的百分比）	24.8	23.3	12.0
濒危物种，哺乳动物	21	622	1,134
濒危物种，鸟类	55	1,011	1,199
濒危物种，鱼类	8	1,642	2,011
濒危物种，高等植物	104	5,108	3,971
海洋			
渔业总产量（千吨）	10.0	14,416	58,665
渔获增长率（2000—2015 年年均百分比）	0.9	-3.5	2.4
水产养殖增长率（2000—2015 年年均百分比）	14.3	7.7	12.0
海洋保护区面积（占领海面积的百分比）	0.0	15.5	5.0
珊瑚礁区域面积（平方千米）	..	20,320	128,580
红树林区域面积（平方千米）	..	41,330	68,563
能源与排放			
人均能源使用量（千克石油当量）	789	1,337	651
废物和生物质能产生的能源（占总能源量的百分比）	12.5	17.1	28.5
人均耗电量（千瓦时）	753	2,122	777
化石燃料发电量（占总量的百分比）	72.0	43.1	74.9
水力发电量（占总量的百分比）	25.7	46.5	14.9
人均二氧化碳排放量（吨）	1.9	3.0	1.4
水与卫生			
人均淡水资源（立方米）	28,735	22,160	3,003
淡水使用总量（占淡水资源总量的百分比）	0.7	2.4	18.4
农业（占淡水使用总量的百分比）	92	71	88
获得改善的水源的人口（占总人口的百分比）	90	95	90
农村（占农村人口的百分比）	76	84	87
城市（占城市人口的百分比）	97	97	94
获得改善的卫生设施的人口（占总人口的百分比）	50	83	52
农村（占农村人口的百分比）	28	64	42
城市（占城市人口的百分比）	61	88	67
环境与健康			
PM2.5 污染，年平均接触值（微克每立方米）	28	18	58
PM2.5 接触（超过世界卫生组织指导线的人口百分比）	100	85	99
急性呼吸道感染发病率（占五岁以下儿童的百分比）	20	..	..
腹泻发病率（占五岁以下儿童的百分比）	26	..	..
五岁以下儿童的死亡率（每千名活产儿）	38	18	53
国民账户汇编——储蓄，消耗与退化			
总储蓄（占 GNI 的百分比）	13.6	17.7	27.6
固定资本消费（占 GNI 的百分比）	12.2	10.2	9.7
教育支出（占 GNI 的百分比）	6.1	4.9	3.0
能源消耗（占 GNI 的百分比）	2.7	0.9	0.8
矿产消耗（占 GNI 的百分比）	3.3	0.9	0.3
净森林消耗（占 GNI 的百分比）	0.0	0.1	0.1
二氧化碳的损害（占 GNI 的百分比）	2.1	1.1	2.3
空气污染的损害（占 GNI 的百分比）	..	0.2	0.9
调整后的净储蓄（占 GNI 的百分比）	..	9.4	16.1

波斯尼亚和黑塞哥维那

| 人口（百万） | 3.8 | 土地面积（千平方千米） | 51 | GDP（10亿美元） | 16.2 |

	经济体数据	欧洲和中亚地区组别	中高收入组别
人均GNI，世界银行图表集法（美元）	4,670	24,275	8,263
调整后的人均国民净收入（美元）	3,674	18,328	6,302
城市人口（占总人口的百分比）	39.8	70.9	64.1
农业			
农业用地面积（占土地面积的百分比）	42	29	35
灌溉地面积（占总农业用地面积的百分比）	..	..	..
农业生产力，以每农业工作者增加值计（2010年美元）	38,794	14,018	2,208
谷物产量（每公顷千克数）	3,977	3,910	4,104
森林和生物多样性			
森林面积（占土地面积的百分比）	42.7	38.0	34.9
森林采伐（2000—2015年年均百分比）	0.0	-0.1	-0.1
陆上保护区面积（占土地面积的百分比）	1.3	12.6	15.2
濒危物种，哺乳动物	4	350	1,056
濒危物种，鸟类	8	638	1,511
濒危物种，鱼类	35	1,220	2,315
濒危物种，高等植物	1	1,032	6,808
海洋			
渔业总产量（千吨）	4.8	18,438	103,240
渔获增长率（2000—2015年年均百分比）	1.2	-0.9	-0.5
水产养殖业增长率（2000—2015年年均百分比）	..	2.9	5.3
海洋保护区面积（占领海面积的百分比）	8.3	13.0	9.9
珊瑚礁区域面积（平方千米）	..	..	48,880
红树林区域面积（平方千米）	..	..	50,774
能源与排放			
人均能源使用量（千克石油当量）	2,049	3,157	2,192
废物和生物质能产生的能源（占总能源量的百分比）	19.1	5.9	7.3
人均耗电量（千瓦时）	3,144	5,369	3,495
化石燃料发电量（占总量的百分比）	63.3	49.8	71.1
水力发电量（占总量的百分比）	36.7	16.6	21.0
人均二氧化碳排放量（吨）	5.7	7.3	6.6
水与卫生			
人均淡水资源（立方米）	9,299	7,850	8,261
淡水使用总量（占淡水资源总量的百分比）	0.9	7.4	6.3
农业（占淡水使用总量的百分比）	..	47	68
获得改善的水源的人口（占总人口的百分比）	100	98	95
农村（占农村人口的百分比）	100	96	91
城市（占城市人口的百分比）	100	99	97
获得改善的卫生设施的人口（占总人口的百分比）	95	93	80
农村（占农村人口的百分比）	92	89	67
城市（占城市人口的百分比）	99	95	87
环境与健康			
PM2.5污染，年平均接触值（微克每立方米）	47	19	42
PM2.5接触（超过世界卫生组织指导线的人口百分比）	100	89	95
急性呼吸道感染发病率（占五岁以下儿童的百分比）	..	..	..
腹泻发病率（占五岁以下儿童的百分比）	..	..	..
五岁以下儿童的死亡率（每千名活产儿）	5	11	19
国民账户汇编——储蓄，消耗与退化			
总储蓄（占GNI的百分比）	*10.6*	22.5	36.6
固定资本消费（占GNI的百分比）	13.7	16.1	18.0
教育支出（占GNI的百分比）	..	4.8	3.0
能源消耗（占GNI的百分比）	0.0	0.6	1.1
矿产消耗（占GNI的百分比）	0.1	0.1	0.4
净森林消耗（占GNI的百分比）	0.2	0.0	0.0
二氧化碳的损害（占GNI的百分比）	4.4	1.0	2.6
空气污染的损害（占GNI的百分比）	0.4	0.1	0.3
调整后的净储蓄（占GNI的百分比）	..	9.5	17.2

博茨瓦纳

人口（百万）	2.3	土地面积（千平方千米）	567	GDP（10亿美元）	14.4

	经济体数据	撒哈拉以南非洲地区组别	中高收入组别
人均 GNI，世界银行图表集法（美元）	6,460	1,631	8,263
调整后的人均国民净收入（美元）	4,784	1,239	6,302
城市人口（占总人口的百分比）	57.4	37.7	64.1
农业			
农业用地面积（占土地面积的百分比）	46	42	35
灌溉地面积（占总农业用地面积的百分比）	0.0	..	..
农业生产力（以每农业工作者增加值计，2010年美元）	876	1,219	2,208
谷物产量（每公顷千克数）	304	1,452	4,104
森林和生物多样性			
森林面积（占土地面积的百分比）	19.1	25.7	34.9
森林采伐（2000—2015 年年均百分比）	1.0	0.5	0.0
陆地保护区面积（占土地面积的百分比）	29.2	15.3	15.2
濒危物种，哺乳动物	9	918	1,056
濒危物种，鸟类	13	876	1,511
濒危物种，鱼类	2	2,023	2,315
濒危物种，高等植物	2	3,740	6,808
海洋			
渔业总产量（千吨）	0.20	7,416	103,240
渔获增长率（2000—2015 年年均百分比）	-4.7	1.8	-0.5
水产养殖业增长率（2000—2015 年年均百分比）	..	17.0	5.3
海洋保护区面积（占领海面积的百分比）	0.0	6.1	9.9
珊瑚礁区域面积（平方千米）	..	17,980	48,880
红树林区域面积（平方千米）	..	28,061	50,774
能源与排放			
人均能源使用量（千克石油当量）	1,224	701	2,192
废物和生物质能产生的能源（占总能源量的百分比）	20.0	57.4	7.3
人均耗电量（千瓦时）	1,708	497	3,495
化石燃料发电量（占总量的百分比）	100.0	64.3	71.1
水力发电量（占总量的百分比）	0.0	21.2	21.0
人均二氧化碳排放量（吨）	2.5	0.8	6.6
水与卫生			
人均淡水资源（立方米）	1,081	3,986	8,261
淡水使用总量（占淡水资源总量的百分比）	8.1	3.2	6.3
农业（占淡水使用总量的百分比）	41	81	68
获得改善的水源的人口（占总人口的百分比）	96	68	95
农村（占农村人口的百分比）	92	56	91
城市（占城市人口的百分比）	99	87	97
获得改善的卫生设施的人口（占总人口的百分比）	63	30	80
农村（占农村人口的百分比）	43	23	71
城市（占城市人口的百分比）	79	40	87
环境与健康			
PM2.5 污染，年平均接触值（微克每立方米）	18	36	42
PM2.5 接触（超过世界卫生组织指导线的人口百分比）	99	99	95
急性呼吸道感染发病率（占五岁以下儿童的百分比）	..	5	..
腹泻发病率（占五岁以下儿童的百分比）	..	14	..
五岁以下儿童的死亡率（每千名活产儿）	44	83	19
国民账户汇编——储蓄，消耗与退化			
总储蓄（占 GNI 的百分比）	39.7	14.4	36.6
固定资本消费（占 GNI 的百分比）	21.9	13.8	18.0
教育支出（占 GNI 的百分比）	9.5	3.3	3.0
能源消耗（占 GNI 的百分比）	0.2	1.7	1.1
矿产消耗（占 GNI 的百分比）	1.1	0.9	0.4
净森林消耗（占 GNI 的百分比）	0.0	2.3	0.0
二氧化碳的损害（占 GNI 的百分比）	1.2	1.6	2.6
空气污染的损害（占 GNI 的百分比）	0.3	1.2	0.3
调整后的净储蓄（占 GNI 的百分比）	24.5	-3.9	17.2

巴西

| 人口（百万） | 207.8 | 土地面积（千平方千米） | 8,358 | GDP（10亿美元） | 1,803.7 |

	经济体数据	拉丁美洲和加勒比地区组别	中高收入组别
人均 GNI，世界银行图表集法（美元）	9,990	8,968	8,263
调整后的人均国民净收入（美元）	7,650	7,249	6,302
城市人口（占总人口的百分比）	85.7	79.9	64.1
农业			
农业用地面积（占土地面积的百分比）	34	38	35
灌溉地面积（占总农业用地面积的百分比）	..	..	..
农业生产力，以每农业工作者增加值计（2010年美元）	11,150	7,188	2,208
谷物产量（每公顷千克数）	4,640	4,169	4,104
森林和生物多样性			
森林面积（占土地面积的百分比）	59.0	46.3	34.9
森林采伐（2000—2015年年均百分比）	0.4	0.4	0.0
陆地保护区面积（占土地面积的百分比）	28.4	23.3	15.2
濒危物种，哺乳动物	81	622	1,056
濒危物种，鸟类	165	1,011	1,511
濒危物种，鱼类	86	1,642	2,315
濒危物种，高等植物	521	5,108	6,808
海洋			
渔业总产量（千吨）	1,275	14,416	103,240
渔获增长率（2000—2015年年均百分比）	0.3	-3.5	-0.5
水产养殖业增长率（2000—2015年年均百分比）	8.4	7.7	5.3
海洋保护区面积（占领海面积的百分比）	20.5	15.5	9.9
珊瑚礁区域面积（平方千米）	1,200	20,320	48,880
红树林区域面积（平方千米）	12,999	41,330	50,774
能源与排放			
人均能源使用量（千克石油当量）	1,471	1,337	2,192
废物和生物质能产生的能源（占总能源量的百分比）	27.4	17.1	7.3
人均耗电量（千瓦时）	2,578	2,122	3,495
化石燃料发电量（占总量的百分比）	24.3	43.1	71.1
水力发电量（占总量的百分比）	63.2	46.5	21.0
人均二氧化碳排放量（吨）	2.5	3.0	6.6
水与卫生			
人均淡水资源（立方米）	27,470	22,160	8,261
淡水使用总量（占淡水资源总量的百分比）	1.3	2.4	6.3
农业（占淡水使用总量的百分比）	60	71	68
获得改善的水源的人口（占总人口的百分比）	98	95	95
农村（占农村人口的百分比）	87	84	91
城市（占城市人口的百分比）	100	97	97
获得改善的卫生设施的人口（占总人口的百分比）	83	83	80
农村（占农村人口的百分比）	52	64	67
城市（占城市人口的百分比）	88	88	88
环境与健康			
PM2.5 污染，年平均接触值（微克每立方米）	11	18	42
PM2.5 接触（超过世界卫生组织指导线的人口百分比）	56	85	95
急性呼吸道感染发病率（占五岁以下儿童的百分比）	..	..	..
腹泻发病率（占五岁以下儿童的百分比）	..	..	..
五岁以下儿童的死亡率（每千名活产儿）	16	18	19
国民账户汇编——储蓄，消耗与退化			
总储蓄（占 GNI 的百分比）	14.7	17.7	36.6
固定资本消费（占 GNI 的百分比）	8.6	10.2	18.0
教育支出（占 GNI 的百分比）	5.5	4.9	3.0
能源消耗（占 GNI 的百分比）	0.7	0.9	1.1
矿产消耗（占 GNI 的百分比）	0.5	0.9	0.4
净森林消耗（占 GNI 的百分比）	0.1	0.1	0.0
二氧化碳的损害（占 GNI 的百分比）	0.8	1.1	2.6
空气污染的损害（占 GNI 的百分比）	0.2	0.2	0.3
调整后的净储蓄（占 GNI 的百分比）	9.4	9.4	17.2

英属维尔京群岛

| | 人口（千） | **30** | 土地面积（平方千米） | **150** | GDP（百万美元） | .. |

	经济体数据	拉丁美洲和加勒比地区组别	高收入组别
人均 GNI，世界银行图表集法（美元）	..	8,968	41,932
调整后的人均国民净收入（美元）	..	7,249	33,454
城市人口（占总人口的百分比）	46.2	79.9	81.1
农业			
农业用地面积（占土地面积的百分比）	47	38	36
灌溉地面积（占总农业用地面积的百分比）	..	..	..
农业生产力，以每农业工作者增加值计（2010 年美元）	..	7,188	30,017
谷物产量（每公顷千克数）	..	4,169	5,919
森林和生物多样性			
森林面积（占土地面积的百分比）	24.1	46.3	28.9
森林采伐（2000—2015 年年均百分比）	0.1	0.4	-0.0
陆地保护区面积（占土地面积的百分比）	8.8	23.3	15.7
濒危物种，哺乳动物	1	622	527
濒危物种，鸟类	1	1,011	923
濒危物种，鱼类	28	1,642	2,263
濒危物种，高等植物	10	5,108	2,176
海洋			
渔业总产量（千吨）	1.2	14,416	33,549
渔获增长率（2000—2015 年年均百分比）	24.8	-3.5	-1.5
水产养殖业增长率（2000—2015 年年均百分比）	..	7.7	2.6
海洋保护区面积（占领海面积的百分比）	2.1	15.5	23.7
珊瑚礁区域面积（平方千米）	..	20,320	83,900
红树林区域面积（平方千米）	..	41,330	15,283
能源与排放			
人均能源使用量（千克石油当量）	..	1,337	4,745
废物和生物质能产生的能源（占总能源量的百分比）	..	17.1	5.3
人均耗电量（千瓦时）	..	2,122	9,066
化石燃料发电量（占总量的百分比）	..	43.1	60.7
水力发电量（占总量的百分比）	..	46.5	12.0
人均二氧化碳排放量（吨）	6.1	3.0	11.0
水与卫生			
人均淡水资源（立方米）	..	22,160	8,733
淡水使用总量（占淡水资源总量的百分比）	..	2.4	9.8
农业（占淡水使用总量的百分比）	..	71	41
获得改善的水源的人口（占总人口的百分比）	..	95	100
农村（占农村人口的百分比）	..	84	99
城市（占城市人口的百分比）	..	97	100
获得改善的卫生设施的人口（占总人口的百分比）	98	83	99
农村（占农村人口的百分比）	98	64	99
城市（占城市人口的百分比）	98	88	100
环境与健康			
PM2.5 污染，年平均接触值（微克每立方米）	..	18	17
PM2.5 接触（超过世界卫生组织指导线的人口百分比）	..	85	62
急性呼吸道感染发病率（占五岁以下儿童的百分比）	..	..	..
腹泻发病率（占五岁以下儿童的百分比）	..	18	6
五岁以下儿童的死亡率（每千名活产儿）	..	..	..
国民账户汇编——储蓄，消耗与退化			
总储蓄（占 GNI 的百分比）	..	17.7	22.2
固定资本消费（占 GNI 的百分比）	..	10.2	16.6
教育支出（占 GNI 的百分比）	..	4.9	4.8
能源消耗（占 GNI 的百分比）	..	0.9	0.3
矿产消耗（占 GNI 的百分比）	..	0.9	0.1
净森林消耗（占 GNI 的百分比）	..	0.1	0.00
二氧化碳的损害（占 GNI 的百分比）	..	1.1	0.8
空气污染的损害（占 GNI 的百分比）	..	0.2	0.1
调整后的净储蓄（占 GNI 的百分比）	..	9.4	9.1

文莱

| 人口（千） | 423 | 土地面积（千平方千米） | 5.3 | GDP（10亿美元） | 12.9 |

	经济体数据	东亚和太平洋地区组别	高收入组别
人均GNI，世界银行图表集法（美元）	38,010	9,771	41,932
调整后的人均国民净收入（美元）	27,257	7,546	33,454
城市人口（占总人口的百分比）	77.2	56.6	81.1
农业			
农业用地面积（占土地面积的百分比）	3	49	36
灌溉地面积（占总农业用地面积的百分比）	..	..	..
农业生产力，以每农业工作者增加值计（2010年美元）	98,276	1,657	30,017
谷物产量（每公顷千克数）	836	4,958	5,919
森林和生物多样性			
森林面积（占土地面积的百分比）	72.1	26.3	28.9
森林采伐（2000—2015年年均百分比）	0.3	-0.2	-0.0
陆地保护区面积（占土地面积的百分比）	44.1	15.6	15.7
濒危物种，哺乳动物	33	918	527
濒危物种，鸟类	24	1,097	923
濒危物种，鱼类	12	1,549	2,263
濒危物种，高等植物	104	3,515	2,176
海洋			
渔业总产量（千吨）	4.4	132,587	33,549
渔获增长率（2000—2015年年均百分比）	2.0	0.9	-1.5
水产养殖增长率（2000—2015年年均百分比）	15.5	6.5	2.6
海洋保护区面积（占领海面积的百分比）	1.5	17.0	23.7
珊瑚礁区域面积（平方千米）	210	203,050	83,900
红树林区域面积（平方千米）	173	67,121	15,283
能源与排放			
人均能源使用量（千克石油当量）	8,515	2,137	4,745
废物和生物质能产生的能源（占总能源量的百分比）	0.0	7.7	5.3
人均耗电量（千瓦时）	10,103	3,682	9,066
化石燃料发电量（占总量的百分比）	100.0	76.4	60.7
水力发电量（占总量的百分比）	0.0	15.0	12.0
人均二氧化碳排放量（吨）	18.9	6.3	11.0
水与卫生			
人均淡水资源（立方米）	20,364	4,529	8,733
淡水使用总量（占淡水资源总量的百分比）	1.1	11.3	9.8
农业（占淡水使用总量的百分比）	..	71	41
获得改善的水源的人口（占总人口的百分比）	..	94	100
农村（占农村人口的百分比）	..	90	99
城市（占城市人口的百分比）	..	97	100
获得改善的卫生设施的人口（占总人口的百分比）	..	77	99
农村（占农村人口的百分比）	..	64	99
城市（占城市人口的百分比）	..	87	100
环境与健康			
PM2.5污染，年平均接触值（微克每立方米）	5	44	17
PM2.5接触（超过世界卫生组织指导线的人口百分比）	0	97	62
急性呼吸道感染发病率（占五岁以下儿童的百分比）	..	..	..
腹泻发病率（占五岁以下儿童的百分比）	..	..	..
五岁以下儿童的死亡率（每千名活产）	10	17	6
国民账户汇编——储蓄，消耗与退化			
总储蓄（占GNI的百分比）	53.5	39.1	22.2
固定资本消费（占GNI的百分比）	9.6	20.7	16.6
教育支出（占GNI的百分比）	2.0	2.7	4.8
能源消耗（占GNI的百分比）	5.3	0.3	0.3
矿产消耗（占GNI的百分比）	0.0	0.2	0.1
净森林消耗（占GNI的百分比）	0.0	0.0	0.0
二氧化碳的损害（占GNI的百分比）	1.9	2.1	0.8
空气污染的损害（占GNI的百分比）	0.0	0.3	0.1
调整后的净储蓄（占GNI的百分比）	38.7	18.1	9.1

保加利亚

| 人口（百万） | 7.2 | 土地面积（千平方千米） | 109 | GDP（10亿美元） | 50.2 |

	经济体数据	欧洲和中亚地区组别	中高收入组别
人均GNI，世界银行图集法（美元）	7,480	24,275	8,263
调整后的人均国民净收入（美元）	5,930	18,328	6,302
城市人口（占总人口的百分比）	73.9	70.9	64.1
农业			
农业用地面积（占土地面积的百分比）	46	29	35
灌溉地面积（占总农业用地面积的百分比）	2.0	..	..
农业生产力，以每农业工作者增加值计（2010年美元）	23,003	14,018	2,208
谷物产量（每公顷千克数）	4,861	3,910	4,104
森林和生物多样性			
森林面积（占土地面积的百分比）	35.2	38.0	34.9
森林采伐（2000—2015年年均百分比）	-0.8	-0.1	0.0
陆上保护区面积（占土地面积的百分比）	40.5	12.6	15.2
濒危物种，哺乳动物	8	350	1,056
濒危物种，鸟类	18	638	1,511
濒危物种，鱼类	22	1,220	2,315
濒危物种，高等植物	6	1,032	6,808
海洋			
渔业总产量（千吨）	22.4	18,438	103,240
渔获增长率（2000—2015年年均百分比）	0.1	-0.9	-0.5
水产养殖增长率（2000—2015年年均百分比）	9.1	2.9	5.3
海洋保护区面积（占领海面积的百分比）	15.3	13.0	9.9
珊瑚礁区域面积（平方千米）	..	..	48,880
红树林区域面积（平方千米）	..	..	50,774
能源与排放			
人均能源使用量（千克石油当量）	2,478	3,157	2,192
废物和生物质能产生的能源（占总能源量的百分比）	6.3	5.9	7.3
人均耗电量（千瓦时）	4,709	5,369	3,495
化石燃料发电量（占总量的百分比）	50.4	49.8	71.1
水力发电量（占总量的百分比）	9.8	16.6	21.0
人均二氧化碳排放量（吨）	5.4	7.3	6.6
水与卫生			
人均淡水资源（立方米）	2,907	7,850	8,261
淡水使用总量（占淡水资源总量的百分比）	26.0	7.4	6.3
农业（占淡水使用总量的百分比）	14	47	68
获得改善的水源的人口（占总人口的百分比）	99	98	95
农村（占农村人口的百分比）	99	96	91
城市（占城市人口的百分比）	100	99	97
获得改善的卫生设施的人口（占总人口的百分比）	86	93	80
农村（占农村人口的百分比）	84	89	67
城市（占城市人口的百分比）	87	95	87
环境与健康			
PM2.5污染，年平均接触值（微克每立方米）	28	19	42
PM2.5接触（超过世界卫生组织指导线的人口百分比）	100	89	95
急性呼吸道感染发病率（占五岁以下儿童的百分比）	..	..	..
腹泻发病率（占五岁以下儿童的百分比）	..	..	..
五岁以下儿童的死亡率（每千名活产儿）	10	11	19
国民账户汇编——储蓄，消耗与退化			
总储蓄（占GNI的百分比）	23.4	22.5	36.6
固定资本消费（占GNI的百分比）	12.5	16.1	18.0
教育支出（占GNI的百分比）	3.6	4.8	3.0
能源消耗（占GNI的百分比）	0.1	0.6	1.1
矿产消耗（占GNI的百分比）	0.9	0.1	0.4
净森林消耗（占GNI的百分比）	0.0	0.0	0.1
二氧化碳的损害（占GNI的百分比）	2.4	1.0	2.6
空气污染的损害（占GNI的百分比）	0.3	0.1	0.3
调整后的净储蓄（占GNI的百分比）	10.8	9.5	17.2

布基纳法索

| 人口（百万） | 18.1 | 土地面积（千平方千米） | 274 | GDP（10亿美元） | 10.7 |

	经济体数据	撒哈拉以南非洲地区组别	低收入组别
人均 GNI，世界银行图表集法（美元）	640	1,631	619
调整后的人均国民净收入（美元）	530	1,239	497
城市人口（占总人口的百分比）	29.9	37.7	30.7
农业			
农业用地面积（占土地面积的百分比）	44	42	39
灌溉地面积（占总农业用地面积的百分比）	..	..	..
农业生产力，以每名农业工作者增加值计（2010 年美元）	386	1,219	504
谷物产量（每公顷千克数）	1,226	1,452	1,486
森林和生物多样性			
森林面积（占土地面积的百分比）	19.6	25.7	27.4
森林采伐（2000—2015 年年均百分比）	1.0	0.5	0.5
陆地保护区面积（占土地面积的百分比）	15.5	15.3	15.2
濒危物种，哺乳动物	10	918	619
濒危物种，鸟类	11	876	599
濒危物种，鱼类	4	2,023	1,156
濒危物种，高等植物	3	3,740	1,962
海洋			
渔业总产量（千吨）	21.0	7,416	3,954
渔获增长率（2000—2015 年年均百分比）	6.1	1.8	2.2
水产养殖增长率（2000—2015 年年均百分比）	30.8	17.0	3.1
海洋保护区面积（占领海面积的百分比）	0.0	6.1	3.5
珊瑚礁区域面积（平方千米）	..	17,980	12,520
红树林区域面积（平方千米）	..	28,061	15,778
能源与排放			
人均能源使用量（千克石油当量）	..	701	..
废物和生物质能产生的能源（占总能源量的百分比）	..	57.4	79.1
人均耗电量（千瓦时）	..	497	..
化石燃料发电量（占总量的百分比）	..	64.3	..
水力发电量（占总量的百分比）	..	21.2	..
人均二氧化碳排放量（吨）	0.2	0.8	0.3
水与卫生			
人均淡水资源（立方米）	711	3,986	4,629
淡水使用总量（占淡水资源总量的百分比）	6.5	3.2	3.3
农业（占淡水使用总量的百分比）	51	81	90
获得改善的水源的人口（占总人口的百分比）	82	68	66
农村（占农村人口的百分比）	76	56	56
城市（占城市人口的百分比）	98	87	87
获得改善的卫生设施的人口（占总人口的百分比）	20	30	28
农村（占农村人口的百分比）	7	23	23
城市（占城市人口的百分比）	50	40	40
环境与健康			
PM2.5 污染，年平均接触值（微克每立方米）	40	36	39
PM2.5 接触（超过世界卫生组织指导线的人口百分比）	100	99	99
急性呼吸道感染发病率（占五岁以下儿童的百分比）	2	5	6
腹泻发病率（占五岁以下儿童的百分比）	15	14	16
五岁以下儿童的死亡率（每千名活产儿）	89	83	76
国民账户汇编——储蓄，消耗与退化			
总储蓄（占 GNI 的百分比）	*18.6*	14.4	*14.7*
固定资本消费（占 GNI 的百分比）	10.1	13.8	10.6
教育支出（占 GNI 的百分比）	4.3	3.3	3.2
能源消耗（占 GNI 的百分比）	*0.0*	1.7	0.4
矿产消耗（占 GNI 的百分比）	7.6	0.9	1.5
净森林消耗（占 GNI 的百分比）	7.9	2.3	6.6
二氧化碳的损害（占 GNI 的百分比）	1.1	1.6	1.2
空气污染的损害（占 GNI 的百分比）	1.7	1.2	1.7
调整后的净储蓄（占 GNI 的百分比）	5.2	-3.9	-3.8

布隆迪

| 人口（百万） | **11.2** | 土地面积（千平方千米） | **26** | GDP（10亿美元） | **3.1** |

	经济体数据	撒哈拉以南非洲地区组别	低收入组别
人均 GNI，世界银行图表集法（美元）	260	1,631	619
调整后的人均国民净收入（美元）	*175*	1,239	497
城市人口（占总人口的百分比）	12.1	37.7	30.7
农业			
农业用地面积（占土地面积的百分比）	79	42	39
灌溉地面积（占总农业用地面积的百分比）	..	..	..
农业生产力，以每农业工作者增加值计（2010 年美元）	229	1,219	504
谷物产量（每公顷千克数）	1,332	1,452	1,486
森林和生物多样性			
森林面积（占土地面积的百分比）	10.7	25.7	27.4
森林采伐（2000—2015 年年均百分比）	-2.2	0.5	0.5
陆地保护区面积（占土地面积的百分比）	6.9	15.3	15.2
濒危物种，哺乳动物	14	918	619
濒危物种，鸟类	13	876	599
濒危物种，鱼类	17	2,023	1,156
濒危物种，高等植物	8	3,740	1,962
海洋			
渔业总产量（千吨）	21.4	7,416	3,954
渔获增长率（2000—2015 年年均百分比）	1.0	1.8	2.2
水产养殖增长率（2000—2015 年年均百分比）	24.4	17.0	3.1
海洋保护区面积（占领海面积的百分比）	0.0	6.1	3.5
珊瑚礁区域面积（平方千米）	..	17,980	12,520
红树林区域面积（平方千米）	..	28,061	15,778
能源与排放			
人均能源使用量（千克石油当量）	..	701	..
废物和生物质能产生的能源（占总能源量的百分比）	..	57.4	79.1
人均耗电量（千瓦时）	..	497	..
化石燃料发电量（占总量的百分比）	..	64.3	..
水力发电量（占总量的百分比）	..	21.2	..
人均二氧化碳排放量（吨）	0.0	0.8	0.3
水与卫生			
人均淡水资源（立方米）	930	3,986	4,629
淡水使用总量（占淡水资源总量的百分比）	2.9	3.2	3.3
农业（占淡水使用总量的百分比）	77	81	90
获得改善的水源的人口（占总人口的百分比）	76	68	66
农村（占农村人口的百分比）	74	56	56
城市（占城市人口的百分比）	91	87	87
获得改善的卫生设施的人口（占总人口的百分比）	48	30	28
农村（占农村人口的百分比）	49	23	23
城市（占城市人口的百分比）	44	40	40
环境与健康			
PM2.5 污染，年平均接触值（微克每立方米）	46	36	39
PM2.5 接触（超过世界卫生组织指导线的人口百分比）	100	99	99
急性呼吸道感染发病率（占五岁以下儿童的百分比）	17	5	6
腹泻发病率（占五岁以下儿童的百分比）	25	14	16
五岁以下儿童的死亡率（每千名活产儿）	82	83	76
国民账户汇编——储蓄，消耗与退化			
总储蓄（占 GNI 的百分比）	2.0	14.4	*14.7*
固定资本消费（占 GNI 的百分比）	11.9	13.8	10.6
教育支出（占 GNI 的百分比）	5.2	3.3	3.2
能源消耗（占 GNI 的百分比）	*0.0*	1.7	0.4
矿产消耗（占 GNI 的百分比）	0.3	0.9	1.5
净森林消耗（占 GNI 的百分比）	16.4	2.3	6.6
二氧化碳的损害（占 GNI 的百分比）	0.3	1.6	1.2
空气污染的损害（占 GNI 的百分比）	1.9	1.2	1.7
调整后的净储蓄（占 GNI 的百分比）	-6.7	-3.9	-3.8

佛得角

| 人口（千） | | 521 土地面积（千平方千米） | 4.0 GDP（10亿美元） | 1.6 |

	经济体数据	撒哈拉以南非洲地区组别	中低收入组别
人均GNI，世界银行图表集法（美元）	3,280	1,631	2,029
调整后的人均国民净收入（美元）	*2,605*	1,239	1,767
城市人口（占总人口的百分比）	65.5	37.7	39.0
农业			
农业用地面积（占土地面积的百分比）	21	42	44
灌溉地面积（占总农业用地面积的百分比）	..	..	..
农业生产力，以每农业工作者增加值计（2010年美元）	5,137	1,219	1,614
谷物产量（每公顷千克数）	202	1,452	3,185
森林和生物多样性			
森林面积（占土地面积的百分比）	22.3	25.7	24.3
森林采伐（2000—2015年年均百分比）	-0.6	0.5	0.4
陆地保护区面积（占土地面积的百分比）	2.6	15.3	12.0
濒危物种，哺乳动物	4	918	1,134
濒危物种，鸟类	5	876	1,199
濒危物种，鱼类	34	2,023	2,011
濒危物种，高等植物	3	3,740	3,971
海洋			
渔业总产量（千吨）	34.2	7,416	58,665
渔获增长率（2000—2015年年均百分比）	8.1	1.8	2.4
水产养殖增长率（2000—2015年年均百分比）	..	17.0	12.0
海洋保护区面积（占领海面积的百分比）	0.0	6.1	5.0
珊瑚礁区域面积（平方千米）	..	17,980	128,580
红树林区域面积（平方千米）	..	28,061	68,563
能源与排放			
人均能源使用量（千克石油当量）	..	701	651
废物和生物质能产生的能源（占总能源量的百分比）	..	57.4	28.5
人均耗电量（千瓦时）	..	497	777
化石燃料发电量（占总量的百分比）	..	64.3	74.9
水力发电量（占总量的百分比）	..	21.2	14.9
人均二氧化碳排放量（吨）	0.9	0.8	1.4
水与卫生			
人均淡水资源（立方米）	584	3,986	3,003
淡水使用总量（占淡水资源总量的百分比）	7.3	3.2	18.4
农业（占淡水使用总量的百分比）	91	81	88
获得改善的水源的人口（占总人口的百分比）	92	68	90
农村（占农村人口的百分比）	87	56	87
城市（占城市人口的百分比）	94	87	94
获得改善的卫生设施的人口（占总人口的百分比）	72	30	52
农村（占农村人口的百分比）	54	23	42
城市（占城市人口的百分比）	82	40	67
环境与健康			
PM2.5污染，年平均接触值（微克每立方米）	40	36	58
PM2.5接触（超过世界卫生组织指导线的人口百分比）	100	99	99
急性呼吸道感染发病率（占五岁以下儿童的百分比）	..	5	..
腹泻病发病率（占5岁以下儿童的百分比）	..	14	..
五岁以下儿童的死亡率（每千名活产儿）	25	83	53
国民账户汇编——储蓄，消耗与退化			
总储蓄（占GNI的百分比）	*29.7*	14.4	27.6
固定资本消费（占GNI的百分比）	22.1	13.8	9.7
教育支出（占GNI的百分比）	5.0	3.3	3.0
能源消耗（占GNI的百分比）	*0.0*	1.7	0.8
矿产消耗（占GNI的百分比）	0.0	0.9	0.3
净森林消耗（占GNI的百分比）	0.7	2.3	0.4
二氧化碳的损害（占GNI的百分比）	0.9	1.6	2.3
空气污染的损害（占GNI的百分比）	0.5	1.2	0.9
调整后的净储蓄（占GNI的百分比）	*11.1*	-3.9	16.1

柬埔寨

| 人口（百万） | **15.6** | 土地面积（千平方千米） | **177** | GDP（10亿美元） | **18.0** |

	经济体数据	东亚和太平洋地区组别	中低收入组别
人均GNI，世界银行图表集法（美元）	1,070	9,771	2,029
调整后的人均国民净收入（美元）	971	7,546	1,767
城市人口（占总人口的百分比）	20.7	56.6	39.0
农业			
农业用地面积（占土地面积的百分比）	31	49	44
灌溉地面积（占总农业用地面积的百分比）	..	..	..
农业生产力，以每农业工作者增加值计（2010年美元）	798	1,657	1,614
谷物产量（每公顷千克数）	3,319	4,958	3,185
森林和生物多样性			
森林面积（占土地面积的百分比）	53.6	26.3	24.3
森林采伐（2000—2015年年均百分比）	1.3	-0.2	0.4
陆上保护区面积（占土地面积的百分比）	26.0	15.6	12.0
濒危物种，哺乳动物	38	918	1,134
濒危物种，鸟类	27	1,097	1,199
濒危物种，鱼类	47	1,549	2,011
濒危物种，高等植物	36	3,515	3,971
海洋			
渔业总产量（千吨）	751	132,587	58,665
渔获增长率（2000—2015年年均百分比）	5.2	0.9	2.4
水产养殖增长率（2000—2015年年均百分比）	16.5	6.5	12.0
海洋保护区面积（占领海面积的百分比）	0.5	17.0	5.0
珊瑚礁区域面积（平方千米）	<50	203,050	128,580
红树林区域面积（平方千米）	728	67,121	68,563
能源与排放			
人均能源使用量（千克石油当量）	415	2,137	651
废物和生物质能产生的能源（占总能源量的百分比）	64.4	7.7	28.5
人均耗电量（千瓦时）	270	3,682	777
化石燃料发电量（占总量的百分比）	38.9	76.4	74.9
水力发电量（占总量的百分比）	60.5	15.0	14.9
人均二氧化碳排放量（吨）	0.4	6.3	1.4
水与卫生			
人均淡水资源（立方米）	7,868	4,529	3,003
淡水使用总量（占淡水资源总量的百分比）	1.8	11.3	18.4
农业（占淡水使用总量的百分比）	94	71	88
获得改善的水源的人口（占总人口的百分比）	76	94	90
农村（占农村人口的百分比）	69	90	87
城市（占城市人口的百分比）	100	97	94
获得改善的卫生设施的人口（占总人口的百分比）	42	77	52
农村（占农村人口的百分比）	31	64	42
城市（占城市人口的百分比）	88	87	67
环境与健康			
PM2.5污染，年平均接触值（微克每立方米）	29	44	58
PM2.5接触（超过世界卫生组织指导线的人口百分比）	100	97	99
急性呼吸道感染发病率（占五岁以下儿童的百分比）	6	..	..
腹泻发病率（占五岁以下儿童的百分比）	13	..	..
五岁以下儿童的死亡率（每千名活产儿）	29	17	53
国民账户汇编——储蓄，消耗与退化			
总储蓄（占GNI的百分比）	*16.4*	39.1	27.6
固定资本消费（占GNI的百分比）	10.2	20.7	9.7
教育支出（占GNI的百分比）	1.6	2.7	3.0
能源消耗（占GNI的百分比）	0.0	0.3	0.8
矿产消耗（占GNI的百分比）	0.0	0.2	0.3
净森林消耗（占GNI的百分比）	1.1	0.0	0.3
二氧化碳的损害（占GNI的百分比）	1.2	2.1	2.3
空气污染的损害（占GNI的百分比）	0.7	0.3	0.9
调整后的净储蓄（占GNI的百分比）	*4.6*	18.1	16.1

喀麦隆

人口（百万）	23.3	土地面积（千平方千米）	473	GDP（10亿美元）	28.4

	经济体数据	撒哈拉以南非洲地区组别	中低收入组别
人均 GNI，世界银行图表集法（美元）	1,320	1,631	2,029
调整后的人均国民净收入（美元）	1,031	1,239	1,767
城市人口（占总人口的百分比）	54.4	37.7	39.0
农业			
农业用地面积（占土地面积的百分比）	21	42	44
灌溉地面积（占总农业用地面积的百分比）	..	..	..
农业生产力，以每农业工作者增加值计（2010年美元）	1,736	1,219	1,614
谷物产量（每公顷千克数）	1,681	1,452	3,185
森林和生物多样性			
森林面积（占土地面积的百分比）	39.8	25.7	24.3
森林采伐（2000—2015年年均百分比）	1.1	0.5	0.4
陆地保护区面积（占土地面积的百分比）	10.9	15.3	12.0
濒危物种，哺乳动物	44	918	1,134
濒危物种，鸟类	26	876	1,199
濒危物种，鱼类	119	2,023	2,011
濒危物种，高等植物	490	3,740	3,971
海洋			
渔业总产量（千吨）	240	7,416	58,665
渔获增长率（2000—2015年年均百分比）	5.2	1.8	2.4
水产养殖业增长率（2000—2015年年均百分比）	20.7	17.0	12.0
海洋保护区面积（占领海面积的百分比）	6.8	6.1	5.0
珊瑚礁区域面积（平方千米）	..	17,980	128,580
红树林区域面积（平方千米）	1,962	28,061	68,563
能源与排放			
人均能源使用量（千克石油当量）	334	701	651
废物和生物质能产生的能源（占总能源量的百分比）	64.4	57.4	28.5
人均耗电量（千瓦时）	274	497	777
化石燃料发电量（占总量的百分比）	25.7	64.3	74.9
水力发电量（占总量的百分比）	73.2	21.2	14.9
人均二氧化碳排放量（吨）	0.3	0.8	1.4
水与卫生			
人均淡水资源（立方米）	11,988	3,986	3,003
淡水使用总量（占淡水资源总量的百分比）	0.4	3.2	18.4
农业（占淡水使用总量的百分比）	76	81	88
获得改善的水源的人口（占总人口的百分比）	76	68	90
农村（占农村人口的百分比）	53	56	87
城市（占城市人口的百分比）	95	87	94
获得改善的卫生设施的人口（占总人口的百分比）	46	30	52
农村（占农村人口的百分比）	27	23	42
城市（占城市人口的百分比）	62	40	67
环境与健康			
PM2.5污染，年平均接触量（微克每立方米）	66	36	58
PM2.5接触（超过世界卫生组织指导线的人口百分比）	100	99	99
急性呼吸道感染发病率（占五岁以下儿童的百分比）	5	5	..
腹泻发病率（占五岁以下儿童的百分比）	21	14	..
五岁以下儿童的死亡率（每千名活产儿）	88	83	53
国民账户汇编——储蓄，消耗与退化			
总储蓄（占GNI的百分比）	*10.4*	14.4	27.6
固定资本消费（占GNI的百分比）	12.6	13.8	9.7
教育支出（占GNI的百分比）	2.7	3.3	3.0
能源消耗（占GNI的百分比）	1.2	1.7	0.8
矿产消耗（占GNI的百分比）	0.1	0.9	0.3
净森林消耗（占GNI的百分比）	0.0	2.3	0.4
二氧化碳的损害（占GNI的百分比）	0.9	1.6	2.3
空气污染的损害（占GNI的百分比）	1.4	1.2	0.9
调整后的净储蓄（占GNI的百分比）	-7.4	-3.9	16.1

加拿大

| 人口（百万） | **35.8** | 土地面积（千平方千米） | **9,094** | GDP（10亿美元） | **1,552.8** |

	经济体数据	北美地区组别	高收入组别
人均GNI，世界银行图表集法（美元）	47,250	55,117	41,932
调整后的人均国民净收入（美元）	34,976	47,319	33,454
城市人口（占总人口的百分比）	81.8	81.6	81.1
农业			
农业用地面积（占土地面积的百分比）	7	26	36
灌溉地面积（占总农业用地面积的百分比）	1.2	..	..
农业生产力，以每农业工作者增加值计（2010年美元）	86,775	78,898	30,017
谷物产量（每公顷千克数）	3,669	6,867	5,919
森林和生物多样性			
森林面积（占土地面积的百分比）	38.2	36.0	28.9
森林采伐（2000—2015年年均百分比）	0.0	-0.1	-0.0
陆地保护区面积（占土地面积的百分比）	9.4	11.6	15.7
濒危物种，哺乳动物	14	53	527
濒危物种，鸟类	15	93	923
濒危物种，鱼类	43	318	2,263
濒危物种，高等植物	10	480	2,176
海洋			
渔业总产量（千吨）	1,050	6,522	33,549
渔获增长率（2000—2015年年均百分比）	-1.2	0.1	-1.5
水产养殖增长率（2000—2015年年均百分比）	2.6	0.3	2.6
海洋保护区面积（占领海面积的百分比）	1.4	16.4	23.7
珊瑚礁区域面积（平方千米）	..	1,620	83,900
红树林区域面积（平方千米）	..	3,030	15,283
能源与排放			
人均能源使用量（千克石油当量）	7,874	7,042	4,745
废物和生物质能产生的能源（占总能源量的百分比）	5.5	4.8	5.3
人均耗电量（千瓦时）	15,542	13,230	9,066
化石燃料发电量（占总量的百分比）	20.4	61.2	60.7
水力发电量（占总量的百分比）	58.3	12.9	12.0
人均二氧化碳排放量（吨）	13.5	16.1	11.0
水与卫生			
人均淡水资源（立方米）	80,181	15,991	8,733
淡水使用总量（占淡水资源总量的百分比）	1.4	9.3	9.8
农业（占淡水使用总量的百分比）	12	34	41
获得改善的水源的人口（占总人口的百分比）	100	99	100
农村（占农村人口的百分比）	99	98	99
城市（占城市人口的百分比）	100	99	100
获得改善的卫生设施的人口（占总人口的百分比）	100	100	99
农村（占农村人口的百分比）	99	100	99
城市（占城市人口的百分比）	100	100	100
环境与健康			
PM2.5污染，年平均接触值（微克每立方米）	7	8	17
PM2.5接触（超过世界卫生组织指导线的人口百分比）	0	8	62
急性呼吸道感染发病率（占五岁以下儿童的百分比）	..	..	..
腹泻发病率（占五岁以下儿童的百分比）	..	..	..
五岁以下儿童的死亡率（每千名活产儿）	5	6	6
国民账户汇编——储蓄，消耗与退化			
总储蓄（占GNI的百分比）	20.0	18.8	22.2
固定资本消费（占GNI的百分比）	17.5	15.5	16.6
教育支出（占GNI的百分比）	4.9	5.0	4.8
能源消耗（占GNI的百分比）	0.1	0.1	0.3
矿产消耗（占GNI的百分比）	0.4	0.1	0.1
净森林消耗（占GNI的百分比）	0.0	0.0	0.0
二氧化碳的损害（占GNI的百分比）	0.9	0.9	0.8
空气污染的损害（占GNI的百分比）	0.0	0.1	0.1
调整后的净储蓄（占GNI的百分比）	6.0	7.3	9.1

2017年世界绿色数据手册

开曼群岛

人口（千）	60	土地面积（平方千米）	240	GDP（百万美元）	..

	经济体数据	拉丁美洲和加勒比地区组别	高收入组别
人均 GNI，世界银行图表集法（美元）	..	8,968	41,932
调整后的人均国民净收入（美元）	..	7,249	33,454
城市人口（占总人口的百分比）	100.0	79.9	81.1
农业			
农业用地面积（占土地面积的百分比）	11	38	36
灌溉地面积（占总农业用地面积的百分比）	..		
农业生产力，以每农业工作者增加值计（2010 年美元）	..	7,188	30,017
谷物产量（每公顷千克数）	..	4,169	5,919
森林和生物多样性			
森林面积（占土地面积的百分比）	52.9	46.3	28.9
森林采伐（2000—2015 年年均百分比）	0.0	0.4	-0.0
陆地保护区面积（占土地面积的百分比）	8.7	23.3	15.7
濒危物种，哺乳动物	1	622	527
濒危物种，鸟类	1	1,011	923
濒危物种，鱼类	32	1,642	2,263
濒危物种，高等植物	22	5,108	2,176
海洋			
渔业总产量（千吨）	0.13	14,416	33,549
渔获增长率（2000—2015 年年均百分比）	0.0	-3.5	-1.5
水产养殖业增长率（2000—2015 年年均百分比）	..	7.7	2.6
海洋保护区面积（占领海面积的百分比）	1.2	15.5	23.7
珊瑚礁区域面积（平方千米）	230	20,320	83,900
红树林区域面积（平方千米）	78.3	41,330	15,283
能源与排放			
人均能源使用量（千克石油当量）	..	1,337	4,745
废物和生物质产生的能源（占总能源量的百分比）	..	17.1	5.3
人均耗电量（千瓦时）	..	2,122	9,066
化石燃料发电量（占总量的百分比）	..	43.1	60.7
水力发电量（占总量的百分比）	..	46.5	12.0
人均二氧化碳排放量（吨）	9.2	3.0	11.0
水与卫生			
人均淡水资源（立方米）	..	22,160	8,733
淡水使用总量（占淡水资源总量的百分比）	..	2.4	9.8
农业（占淡水使用总量的百分比）	..	71	41
获得改善的水源的人口（占总人口的百分比）	97	95	100
农村（占农村人口的百分比）		84	99
城市（占城市人口的百分比）	97	97	100
获得改善的卫生设施的人口（占总人口的百分比）	96	83	99
农村（占农村人口的百分比）		64	99
城市（占城市人口的百分比）	96	88	100
环境与健康			
PM2.5 污染，年平均接触值（微克每立方米）		18	17
PM2.5 接触（超过世界卫生组织指导线的人口百分比）		85	62
急性呼吸道感染发病率（占五岁以下儿童的百分比）		..	..
腹泻发病率（占五岁以下儿童的百分比）		..	..
五岁以下儿童的死亡率（每千名活产儿）		18	6
国民账户汇编——储蓄，消耗与退化			
总储蓄（占 GNI 的百分比）	..	17.7	22.2
固定资本消费（占 GNI 的百分比）	..	10.2	16.6
教育支出（占 GNI 的百分比）	..	4.9	4.8
能源消耗（占 GNI 的百分比）	..	0.9	0.3
矿产消耗（占 GNI 的百分比）	..	0.9	0.1
净森林消耗（占 GNI 的百分比）	..	0.1	0.0
二氧化碳的损害（占 GNI 的百分比）	..	1.1	0.8
空气污染的损害（占 GNI 的百分比）	..	0.2	0.1
调整后的净储蓄（占 GNI 的百分比）	..	9.4	9.1

中非共和国

人口（百万）	4.9	土地面积（千平方千米）	623	GDP（10亿美元）	1.6

	经济体数据	撒哈拉以南非洲地区组别	低收入组别
人均 GNI，世界银行图表集法（美元）	330	1,631	619
调整后的人均国民净收入（美元）	416	1,239	497
城市人口（占总人口的百分比）	40.0	37.7	30.7
农业			
农业用地面积（占土地面积的百分比）	8	42	39
灌溉地面积（占总农业用地面积的百分比）	..	..	..
农业生产力，以每农业工作者增加值计（2010年美元）	444	1,219	504
谷物产量（每公顷千克数）	1,480	1,452	1,486
森林和生物多样性			
森林面积（占土地面积的百分比）	35.6	25.7	27.4
森林采伐（2000—2015年年均百分比）	0.1	0.5	0.5
陆地保护区面积（占土地面积的百分比）	18.1	15.3	15.2
濒危物种，哺乳动物	14	918	619
濒危物种，鸟类	14	876	599
濒危物种，鱼类	3	2,023	1,156
濒危物种，高等植物	24	3,740	1,962
海洋			
渔业总产量（千吨）	28.2	7,416	3,954
渔获增长率（2000—2015年年均百分比）	4.2	1.8	2.2
水产养殖业增长率（2000—2015年年均百分比）	2.7	17.0	3.1
海洋保护区面积（占领海面积的百分比）	0.0	6.1	3.5
珊瑚礁区域面积（平方千米）	..	17,980	12,520
红树林区域面积（平方千米）	..	28,061	15,778
能源与排放			
人均能源使用量（千克石油当量）	..	701	..
废物和生物质能产生的能源（占总能源量的百分比）	..	57.4	79.1
人均耗电量（千瓦时）	..	497	..
化石燃料发电量（占总量的百分比）	..	64.3	..
水力发电量（占总量的百分比）	..	21.2	..
人均二氧化碳排放量（吨）	0.1	0.8	0.3
水与卫生			
人均淡水资源（立方米）	29,349	3,986	4,629
淡水使用总量（占淡水资源总量的百分比）	0.1	3.2	3.3
农业（占淡水使用总量的百分比）	1	81	90
获得改善的水源的人口（占总人口的百分比）	69	68	66
农村（占农村人口的百分比）	54	56	56
城市（占城市人口的百分比）	90	87	87
获得改善的卫生设施的人口（占总人口的百分比）	22	30	28
农村（占农村人口的百分比）	7	23	23
城市（占城市人口的百分比）	44	40	40
环境与健康			
PM2.5污染，年平均接触值（微克每立方米）	46	36	39
PM2.5接触（超过世界卫生组织指导线的人口百分比）	100	99	99
急性呼吸道感染发病率（占五岁以下儿童的百分比）	..	5	6
腹泻发病率（占五岁以下儿童的百分比）	..	14	16
五岁以下儿童的死亡率（每千名活产儿）	130	83	76
国民账户汇编——储蓄，消耗与退化			
总储蓄（占GNI的百分比）	..	14.4	14.7
固定资本消费（占GNI的百分比）	19.4	13.8	10.6
教育支出（占GNI的百分比）	1.2	3.3	3.2
能源消耗（占GNI的百分比）	0.0	1.7	0.4
矿产消耗（占GNI的百分比）	0.1	0.9	1.5
净森林消耗（占GNI的百分比）	0.0	2.3	6.6
二氧化碳的损害（占GNI的百分比）	0.6	1.6	1.2
空气污染的损害（占GNI的百分比）	1.0	1.2	1.7
调整后的净储蓄（占GNI的百分比）	..	-3.9	-3.8

乍得

| 人口（百万） | 14.0 | 土地面积（千平方千米） | 1,259 | GDP（10亿美元） | 10.9 |

	经济体数据	撒哈拉以南非洲地区组别	低收入组别
人均 GNI，世界银行图表集法（美元）	880	1,631	619
调整后的人均国民净收入（美元）	630	1,239	497
城市人口（占总人口的百分比）	22.5	37.7	30.7
农业			
农业用地面积（占土地面积的百分比）	40	42	39
灌溉地面积（占总农业用地面积的百分比）	..	..	..
农业生产力，以每农业工作者增加值计（2010 年美元）	2,097	1,219	504
谷物产量（每公顷千克数）	856	1,452	1,486
森林和生物多样性			
森林面积（占土地面积的百分比）	3.9	25.7	27.4
森林采伐（2000—2015 年年均百分比）	1.7	0.5	0.5
陆地保护区面积（占土地面积的百分比）	17.8	15.3	15.2
濒危物种，哺乳动物	14	918	619
濒危物种，鸟类	13	876	599
濒危物种，鱼类	1	2,023	1,156
濒危物种，高等植物	6	3,740	1,962
海洋			
渔业总产量（千吨）	110	7,416	3,954
渔获增长率（2000—2015 年年均百分比）	1.9	1.8	2.2
水产养殖增长率（2000—2015 年年均百分比）	..	17.0	3.1
海洋保护区面积（占领海面积的百分比）	0.0	6.1	3.5
珊瑚礁区域面积（平方千米）	..	17,980	12,520
红树林区域面积（平方千米）	..	28,061	15,778
能源与排放			
人均能源使用量（千克石油当量）	..	701	..
废物和生物质能产生的能源（占总能源量的百分比）	..	57.4	79.1
人均耗电量（千瓦时）	..	497	..
化石燃料发电量（占总量的百分比）	..	64.3	..
水力发电量（占总量的百分比）	..	21.2	..
人均二氧化碳排放量（吨）	0.0	0.8	0.3
水与卫生			
人均淡水资源（立方米）	1,104	3,986	4,629
淡水使用总量（占淡水资源总量的百分比）	5.9	3.2	3.3
农业（占淡水使用总量的百分比）	76	81	90
获得改善的水源的人口（占总人口的百分比）	51	68	66
农村（占农村人口的百分比）	45	56	56
城市（占城市人口的百分比）	72	87	87
获得改善的卫生设施的人口（占总人口的百分比）	12	30	28
农村（占农村人口的百分比）	7	23	23
城市（占城市人口的百分比）	31	40	40
环境与健康			
PM2.5 污染，年平均接触值（微克每立方米）	46	36	39
PM2.5 接触（超过世界卫生组织指导线的人口百分比）	100	99	99
急性呼吸道感染发病率（占五岁以下儿童的百分比）	8	5	6
腹泻发病率（占五岁以下儿童的百分比）	22	14	16
五岁以下儿童的死亡率（每千名活产儿）	139	83	76
国民账户汇编——储蓄，消耗与退化			
总储蓄（占 GNI 的百分比）	..	14.4	14.7
固定资本消费（占 GNI 的百分比）	8.7	13.8	10.6
教育支出（占 GNI 的百分比）	1.6	3.3	3.2
能源消耗（占 GNI 的百分比）	3.9	1.7	0.4
矿产消耗（占 GNI 的百分比）	0.0	0.9	1.5
净森林消耗（占 GNI 的百分比）	3.6	2.3	6.6
二氧化碳的损害（占 GNI 的百分比）	0.2	1.6	1.2
空气污染的损害（占 GNI 的百分比）	3.8	1.2	1.1
调整后的净储蓄（占 GNI 的百分比）	..	1.2	1.7

海峡群岛

人口（千）	164	土地面积（平方千米）	190	GDP（百万美元）	..

	经济体数据	欧洲和中亚地区组别	高收入组别
人均 GNI，世界银行图表集法（美元）	..	24,275	41,932
调整后的人均国民净收入（美元）	..	18,328	33,454
城市人口（占总人口的百分比）	31.5	70.9	81.1
农业			
农业用地面积（占土地面积的百分比）	50	29	36
灌溉地面积（占总农业用地面积的百分比）	3.6		
农业生产力，以每农业工作者增加值计（2010 年美元）	..	14,018	30,017
谷物产量（每公顷千克数）	..	3,910	5,919
森林和生物多样性			
森林面积（占土地面积的百分比）	4.2	38.0	28.9
森林采伐（2000—2015 年年均百分比）	0.0	-0.1	-0.0
陆地保护区面积（占土地面积的百分比）	..	12.6	15.7
濒危物种，哺乳动物	..	350	527
濒危物种，鸟类	..	638	923
濒危物种，鱼类	..	1,220	2,263
濒危物种，高等植物	..	1,032	2,176
海洋			
渔业总产量（千吨）	4.3	18,438	33,549
渔获增长率（2000—2015 年年均百分比）	-2.2	-0.9	-1.5
水产养殖业增长率（2000—2015 年年均百分比）	10.6	2.9	2.6
海洋保护区面积（占领海面积的百分比）	..	13.0	23.7
珊瑚礁区域面积（平方千米）	..	..	83,900
红树林区域面积（平方千米）	..	..	15,283
能源与排放			
人均能源使用量（千克石油当量）	..	3,157	4,745
废物和生物质能产生的能源（占总能源量的百分比）	..	5.9	5.3
人均耗电量（千瓦时）	..	5,369	9,066
化石燃料发电量（占总量的百分比）	..	49.8	60.7
水力发电量（占总量的百分比）	..	16.6	12.0
人均二氧化碳排放量（吨）	..	7.3	11.0
水与卫生			
人均淡水资源（立方米）	..	7,850	8,733
淡水使用总量（占淡水资源总量的百分比）	..	7.4	9.8
农业（占淡水使用总量的百分比）	..	47	41
获得改善的水源的人口（占总人口的百分比）	..	98	100
农村（占农村人口的百分比）	..	96	99
城市（占城市人口的百分比）	..	99	100
获得改善的卫生设施的人口（占总人口的百分比）	..	93	99
农村（占农村人口的百分比）	..	89	99
城市（占城市人口的百分比）	..	95	100
环境与健康			
PM2.5 污染，年平均接触值（微克每立方米）	..	19	17
PM2.5 接触（超过世界卫生组织指导线的人口百分比）	..	89	62
急性呼吸道感染病率（占五岁以下儿童的百分比）	..	..	..
腹泻发病率（占五岁以下儿童的百分比）	..	..	..
五岁以下儿童的死亡率（每千名活产儿）	..	11	6
国民账户汇编——储蓄，消耗与退化			
总储蓄（占 GNI 的百分比）	..	22.5	22.2
固定资本消费（占 GNI 的百分比）	..	16.1	16.6
教育支出（占 GNI 的百分比）	..	4.8	4.8
能源消耗（占 GNI 的百分比）	..	0.6	0.3
矿产消耗（占 GNI 的百分比）	..	0.1	0.1
净森林消耗（占 GNI 的百分比）	..	0.0	0.0
二氧化碳的损害（占 GNI 的百分比）	..	1.0	0.8
空气污染的损害（占 GNI 的百分比）	..	0.1	0.1
调整后的净储蓄（占 GNI 的百分比）	..	9.5	9.1

智利

人口（百万）	**17.9** 土地面积（千平方千米）	**744** GDP（10亿美元）	**240.8**

	经济体数据	拉丁美洲和加勒比地区组别	高收入组别
人均 GNI，世界银行图表集法（美元）	14,100	8,968	41,932
调整后的人均国民净收入（美元）	10,481	7,249	33,454
城市人口（占总人口的百分比）	89.5	79.9	81.1
农业			
农业用地面积（占土地面积的百分比）	21	38	36
灌溉地面积（占总农业用地面积的百分比）	..		
农业生产力，以每农业工作者增加值计（2010 年美元）	8,145	7,188	30,017
谷物产量（每公顷千克数）	6,128	4,169	5,919
森林和生物多样性			
森林面积（占土地面积的百分比）	23.9	46.3	28.9
森林采伐（2000—2015 年年均百分比）	-0.8	0.4	-0.0
陆地保护区面积（占土地面积的百分比）	18.3	23.3	15.7
濒危物种，哺乳动物	19	622	527
濒危物种，鸟类	33	1,011	923
濒危物种，鱼类	25	1,642	2,263
濒危物种，高等植物	72	5,108	2,176
海洋			
渔业总产量（千吨）	3,190	14,416	33,549
渔获增长率（2000—2015 年年均百分比）	-4.9	-3.5	-1.5
水产养殖增长率（2000—2015 年年均百分比）	6.3	4.7	2.6
海洋保护区面积（占领海面积的百分比）	3.9	15.5	23.7
珊瑚礁区域面积（平方千米）	..	20,320	83,900
红树林区域面积（平方千米）	..	41,330	15,283
能源与排放			
人均能源使用量（千克油当量）	2,033	1,337	4,745
废物和生物质能产生的能源（占总能源量的百分比）	20.4	17.1	5.3
人均耗电量（千瓦时）	3,879	2,122	9,066
化石燃料发电量（占总量的百分比）	58.4	43.1	60.7
水力发电量（占总量的百分比）	31.3	46.5	12.0
人均二氧化碳排放量（吨）	4.7	3.0	11.0
水与卫生			
人均淡水资源（立方米）	49,824	22,160	8,733
淡水使用总量（占淡水资源总量的百分比）	4.0	2.4	9.8
农业（占淡水使用总量的百分比）	83	71	41
获得改善的水源的人口（占总人口的百分比）	99	95	100
农村（占农村人口的百分比）	93	84	99
城市（占城市人口的百分比）	100	97	100
获得改善的卫生设施的人口（占总人口的百分比）	99	83	99
农村（占农村人口的百分比）	91	64	99
城市（占城市人口的百分比）	100	87	100
环境与健康			
PM2.5 污染，年平均接触值（微克每立方米）	21	18	17
PM2.5 接触（超过世界卫生组织指导线的人口百分比）	100	85	62
急性呼吸道感染发病率（占五岁以下儿童的百分比）	..	..	..
腹泻发病率（占五岁以下儿童的百分比）	..	..	..
五岁以下儿童的死亡率（每千名活产儿）	8	18	6
国民账户汇编—储蓄，消耗与退化			
总储蓄（占 GNI 的百分比）	20.8	17.7	22.2
固定资本消费（占 GNI 的百分比）	13.0	10.2	16.6
教育支出（占 GNI 的百分比）	4.6	4.9	4.8
能源消耗（占 GNI 的百分比）	0.0	0.9	0.3
矿产消耗（占 GNI 的百分比）	6.8	0.9	0.1
净森林消耗（占 GNI 的百分比）	0.0	0.1	0.0
二氧化碳的损害（占 GNI 的百分比）	1.1	1.1	0.8
空气污染的损害（占 GNI 的百分比）	0.1	0.2	0.1
调整后的净储蓄（占 GNI 的百分比）	4.3	9.4	9.1

	经济体数据	东亚和太平洋地区组别	中高收入组别
人口(百万) 1,371.2 土地面积(千平方千米) 9,388 GDP(10亿美元) 11,064.7			
人均 GNI,世界银行图表集法(美元)	7,900	9,771	8,263
调整后的人均国民净收入(美元)	6,098	7,546	6,302
城市人口(占总人口的百分比)	55.6	56.6	64.1
农业			
农业用地面积(占土地面积的百分比)	55	49	35
灌溉地面积(占总农业用地面积的百分比)	10.5	..	..
农业生产力,以每农业工作者增加值计(2010年美元)	1,465	1,657	2,208
谷物产量(每公顷千克)	5,886	4,958	4,104
森林和生物多样性			
森林面积(占土地面积的百分比)	22.2	26.3	34.9
森林采伐(2000—2015年年均百分比)	-1.1	-0.2	0.0
陆地保护区面积(占土地面积的百分比)	17.0	15.6	15.2
濒危物种,哺乳动物	74	918	1,056
濒危物种,鸟类	89	1,097	1,511
濒危物种,鱼类	133	1,549	2,315
濒危物种,高等植物	574	3,515	6,808
海洋			
渔业总产量(千吨)	79,389	132,587	103,240
渔获增长率(2000—2015年年均百分比)	1.2	0.9	-0.5
水产养殖业增长率(2000—2015年年均百分比)	5.3	6.5	5.3
海洋保护区面积(占领海面积的百分比)	2.3	17.0	9.9
珊瑚礁区域面积(平方千米)	1,510	203,050	48,880
红树林区域面积(平方千米)	208	67,121	50,774
能源与排放			
人均能源使用量(千克石油当量)	2,237	2,137	2,192
废物和生物质能产生的能源(占总能源量的百分比)	7.1	7.7	7.3
人均耗电量(千瓦时)	3,927	3,682	3,495
化石燃料发电量(占总量的百分比)	74.8	76.4	71.1
水力发电量(占总量的百分比)	18.6	15.0	21.0
人均二氧化碳排放量(吨)	7.6	6.3	6.6
水与卫生			
人均淡水资源(立方米)	2,062	4,529	8,261
淡水使用总量(占淡水资源总量的百分比)	21.6	11.3	6.3
农业(占淡水使用总量的百分比)	65	71	68
获得改善的水源的人口(占总人口的百分比)	96	94	95
农村(占农村人口的百分比)	93	90	91
城市(占城市人口的百分比)	98	97	97
获得改善的卫生设施的人口(占总人口的百分比)	77	77	80
农村(占农村人口的百分比)	64	64	67
城市(占城市人口的百分比)	87	87	87
环境与健康			
PM2.5污染,年平均接触值(微克每立方米)	58	44	42
PM2.5接触(超过世界卫生组织指导线的人口百分比)	100	97	95
急性呼吸道感染发病率(占五岁以下儿童的百分比)	..	..	..
腹泻发病率(占五岁以下儿童的百分比)	..	..	..
五岁以下儿童的死亡率(每千名活产儿)	11	17	19
国民账户汇编——储蓄,消耗与退化			
总储蓄(占GNI的百分比)	48.3	39.1	36.6
固定资本消费(占GNI的百分比)	23.0	20.7	18.0
教育支出(占GNI的百分比)	1.8	2.7	3.0
能源消耗(占GNI的百分比)	0.4	0.3	1.1
矿产消耗(占GNI的百分比)	0.3	0.2	0.4
净森林消耗(占GNI的百分比)	0.0	0.0	0.0
二氧化碳的损害(占GNI的百分比)	3.1	2.1	2.6
空气污染的损害(占GNI的百分比)	0.4	0.3	0.3
调整后的净储蓄(占GNI的百分比)	22.9	18.1	17.2

哥伦比亚

人口（百万）	48.2	土地面积（千平方千米）	1,110	GDP（10亿美元）	292.1

	经济体数据	拉丁美洲和加勒比地区组别	中高收入组别
人均 GNI，世界银行图表集法（美元）	7,140	8,968	8,263
调整后的人均国民净收入（美元）	5,036	7,249	6,302
城市人口（占总人口的百分比）	76.4	79.9	64.1
农业			
农业用地面积（占土地面积的百分比）	40	38	35
灌溉地面积（占总农业用地面积的百分比）	1.5	..	..
农业生产力，以每农业工作者增加值计（2010年美元）	6,536	7,188	2,208
谷物产量（每公顷千克数）	4,105	4,169	4,104
森林和生物多样性			
森林面积（占土地面积的百分比）	52.7	46.3	34.9
森林采伐（2000—2015年年均百分比）	0.4	0.4	0.0
陆地保护区面积（占土地面积的百分比）	23.1	23.3	15.2
濒危物种，哺乳动物	54	622	1,056
濒危物种，鸟类	119	1,011	1,511
濒危物种，鱼类	96	1,642	2,315
濒危物种，高等植物	257	5,108	6,808
海洋			
渔业总产量（千吨）	178	14,416	103,240
渔获增长率（2000—2015年年均百分比）	-3.4	-3.5	-0.5
水产养殖业增长率（2000—2015年年均百分比）	3.0	7.7	5.3
海洋保护区面积（占领海面积的百分比）	16.9	15.5	9.9
珊瑚礁区域面积（平方千米）	940	20,320	48,880
红树林区域面积（平方千米）	4,079	41,330	50,774
能源与排放			
人均能源使用量（千克石油当量）	712	1,337	2,192
废物和生物质能产生的能源（占总能源量的百分比）	10.9	17.1	7.3
人均耗电量（千瓦时）	1,290	2,122	3,495
化石燃料发电量（占总量的百分比）	25.8	43.1	71.1
水力发电量（占总量的百分比）	71.1	46.5	21.0
人均二氧化碳排放量（吨）	1.9	3.0	6.6
水与卫生			
人均淡水资源（立方米）	44,883	22,160	8,261
淡水使用总量（占淡水资源总量的百分比）	0.5	2.4	6.3
农业（占淡水使用总量的百分比）	54	71	68
获得改善的水源的人口（占总人口的百分比）	91	95	95
农村（占农村人口的百分比）	74	84	91
城市（占城市人口的百分比）	97	97	97
获得改善的卫生设施的人口（占总人口的百分比）	81	83	80
农村（占农村人口的百分比）	68	64	67
城市（占城市人口的百分比）	85	88	87
环境与健康			
PM2.5污染，年平均接触值（微克每立方米）	18	18	42
PM2.5接触（超过世界卫生组织指导线的人口百分比）	96	85	95
急性呼吸道感染发病率（占五岁以下儿童的百分比）	6	..	..
腹泻发病率（占五岁以下儿童的百分比）	13	..	..
五岁以下儿童的死亡率（每千名活产儿）	16	18	19
国民账户汇编——储蓄，消耗与退化			
总储蓄（占GNI的百分比）	18.3	17.7	36.6
固定资本消费（占GNI的百分比）	12.4	10.2	18.0
教育支出（占GNI的百分比）	3.5	4.9	3.0
能源消耗（占GNI的百分比）	2.3	0.9	1.1
矿产消耗（占GNI的百分比）	0.5	0.9	0.4
净森林消耗（占GNI的百分比）	0.0	0.0	0.0
二氧化碳的损害（占GNI的百分比）	1.0	1.1	2.6
空气污染的损害（占GNI的百分比）	0.2	0.3	0.3
调整后的净储蓄（占GNI的百分比）	5.4	9.4	17.2

人口（千） **788** 土地面积（千平方千米） **1.9** GDP（百万美元） **565.7**

	经济体数据	撒哈拉以南非洲地区组别	低收入组别
人均 GNI，世界银行图表集法（美元）	780	1,631	619
调整后的人均国民净收入（美元）	*698*	1,239	497
城市人口（占总人口的百分比）	28.3	37.7	30.7
农业			
农业用地面积（占土地面积的百分比）	71	42	39
灌溉地面积（占总农业用地面积的百分比）	..	..	..
农业生产力，每农业工作者增加值计（2010 年美元）	982	1,219	504
谷物产量（每公顷千克数）	1,370	1,452	1,486
森林和生物多样性			
森林面积（占土地面积的百分比）	19.9	25.7	27.4
森林采伐（2000—2015 年年均百分比）	1.3	0.5	0.5
陆地保护区面积（占土地面积的百分比）	10.2	15.3	15.2
濒危物种，哺乳动物	5	918	619
濒危物种，鸟类	10	876	599
濒危物种，鱼类	9	2,023	1,156
濒危物种，高等植物	7	3,740	1,962
海洋			
渔业总产量（千吨）	12.7	7,416	3,954
渔获增长率（2000—2015 年年均百分比）	0.4	1.8	2.2
水产养殖业增长率（2000—2015 年年均百分比）	..	17.0	3.1
海洋保护区面积（占领海面积的百分比）	0.3	6.1	3.5
珊瑚礁区域面积（平方千米）	430	17,980	12,520
红树林区域面积（平方千米）	1.2	28,061	15,778
能源与排放			
人均能源接触量（千克石油当量）	..	701	..
废物和生物质产生的能源（占总能源量的百分比）	..	57.4	79.1
人均耗电量（千瓦时）	..	497	..
化石燃料发电量（占总量的百分比）	..	64.3	..
水力发电量（占总量的百分比）	..	21.2	..
人均二氧化碳排放量（吨）	0.2	0.8	0.3
水与卫生			
人均淡水资源（立方米）	1,558	3,986	4,629
淡水使用总量（占淡水资源总量的百分比）	0.8	3.2	3.3
农业（占淡水使用总量的百分比）	47	81	90
获得改善的水源的人口（占总人口的百分比）	90	68	66
农村（占农村人口的百分比）	89	56	56
城市（占城市人口的百分比）	93	87	87
获得改善的卫生设施的人口（占总人口的百分比）	36	30	28
农村（占农村人口的百分比）	31	23	23
城市（占城市人口的百分比）	48	40	40
环境与健康			
PM2.5 污染，年平均接触值（微克每立方米）	17	36	39
PM2.5 接触（超过世界卫生组织指导线的人口百分比）	100	99	99
急性呼吸道感染发病率（占五岁以下儿童的百分比）	3	5	6
腹泻发病率（占五岁以下儿童的百分比）	17	14	16
五岁以下儿童的死亡率（每千名活产儿）	74	83	76
国民账户汇编——储蓄，消耗与退化			
总储蓄（占 GNI 的百分比）	*10.5*	14.4	*14.7*
固定资本消费（占 GNI 的百分比）	6.0	13.8	10.6
教育支出（占 GNI 的百分比）	3.6	3.3	3.2
能源消耗（占 GNI 的百分比）	0.0	1.7	0.4
矿产消耗（占 GNI 的百分比）	0.0	0.9	1.5
净森林消耗（占 GNI 的百分比）	3.4	2.3	6.6
二氧化碳的损害（占 GNI 的百分比）	0.9	1.6	1.2
空气污染的损害（占 GNI 的百分比）	1.6	1.2	1.7
调整后的净储蓄（占 GNI 的百分比）	*1.6*	-3.9	*-3.8*

刚果民主共和国

| 人口（百万） | 77.3 | 土地面积（千平方千米） | 2,267 | GDP（10亿美元） | 35.2 |

	经济体数据	撒哈拉以南非洲地区组别	低收入组别
人均GNI，世界银行图表集法（美元）	410	1,631	619
调整后的人均国民净收入（美元）	326	1,239	497
城市人口（占总人口的百分比）	42.5	37.7	30.7
农业			
农业用地面积（占土地面积的百分比）	12	42	39
灌溉地面积（占总农业用地面积的百分比）	..	..	..
农业生产力，以每农业工作者增加值计（2010年美元）	350	1,219	504
谷物产量（每公顷千克数）	772	1,452	1,486
森林和生物多样性			
森林面积（占土地面积的百分比）	67.3	25.7	27.4
森林采伐（2000—2015年年均百分比）	0.2	0.5	0.5
陆地保护区面积（占土地面积的百分比）	12.1	15.3	15.2
濒危物种，哺乳动物	36	918	619
濒危物种，鸟类	37	876	599
濒危物种，鱼类	93	2,023	1,156
濒危物种，高等植物	113	3,740	1,962
海洋			
渔业总产量（千吨）	234	7,416	3,954
渔获增长率（2000—2015年年均百分比）	-0.4	1.8	2.2
水产养殖业增长率（2000—2015年年均百分比）	2.2	17.0	3.1
海洋保护区面积（占领海面积的百分比）	4.3	6.1	3.5
珊瑚礁区域面积（平方千米）	..	17,980	12,520
红树林区域面积（平方千米）	193	28,061	15,778
能源与排放			
人均能源使用量（千克石油当量）	384	701	..
废物和生物质能产生的能源（占总能源量的百分比）	91.7	57.4	79.1
人均耗电量（千瓦时）	107	497	..
化石燃料发电量（占总量的百分比）	0.1	64.3	..
水力发电量（占总量的百分比）	99.9	21.2	..
人均二氧化碳排放量（吨）	0.0	0.8	0.3
水与卫生			
人均淡水资源（立方米）	12,020	3,986	4,629
淡水使用总量（占淡水资源总量的百分比）	0.1	3.2	3.3
农业（占淡水使用总量的百分比）	11	81	90
获得改善的水源的人口（占总人口的百分比）	52	68	66
农村（占农村人口的百分比）	31	56	56
城市（占城市人口的百分比）	81	87	87
获得改善的卫生设施的人口（占总人口的百分比）	29	30	28
农村（占农村人口的百分比）	29	23	23
城市（占城市人口的百分比）	29	40	40
环境与健康			
PM2.5污染，年平均接触值（微克每立方米）	46	36	39
PM2.5接触（超过世界卫生组织指导线的人口百分比）	100	99	99
急性呼吸道感染发病率（占五岁以下儿童的百分比）	7	5	6
腹泻发病率（占五岁以下儿童的百分比）	17	14	16
五岁以下儿童的死亡率（每千名活产儿）	98	83	76
国民账户汇编——储蓄，消耗与退化			
总储蓄（占GNI的百分比）	6.8	14.4	*14.7*
固定资本消费（占GNI的百分比）	2.0	13.8	10.6
教育支出（占GNI的百分比）	2.1	3.3	3.2
能源消耗（占GNI的百分比）	0.2	1.7	0.4
矿产消耗（占GNI的百分比）	3.6	0.9	1.5
净森林消耗（占GNI的百分比）	16.5	2.3	6.6
二氧化碳的损害（占GNI的百分比）	0.4	1.6	1.2
空气污染的损害（占GNI的百分比）	2.5	1.2	1.7
调整后的净储蓄（占GNI的百分比）	-16.4	-3.9	-3.8

刚果共和国

人口（百万） **4.6**	土地面积（千平方千米） **342**	GDP（10亿美元） **8.6**	

	经济体数据	撒哈拉以南非洲地区组别	中低收入组别
人均 GNI，世界银行图表集法（美元）	2,540	1,631	2,029
调整后的人均国民净收入（美元）	1,186	1,239	1,767
城市人口（占总人口的百分比）	65.4	37.7	39.0
农业			
农业用地面积（占土地面积的百分比）	31	42	44
灌溉地面积（占总农业用地面积的百分比）	..	..	..
农业生产力，以每农业工作者增加值计（2010年美元）	1,217	1,219	1,614
谷物产量（每公顷千克数）	824	1,452	3,185
森林和生物多样性			
森林面积（占土地面积的百分比）	65.4	25.7	24.3
森林采伐（2000—2015年年均百分比）	0.1	0.5	0.4
陆地保护区面积（占土地面积的百分比）	35.2	15.3	12.0
濒危物种，哺乳动物	17	918	1,134
濒危物种，鸟类	5	876	1,199
濒危物种，鱼类	55	2,023	2,011
濒危物种，高等植物	45	3,740	3,971
海洋			
渔业总产量（千吨）	69.4	7,416	58,665
渔获增长率（2000—2015年年均百分比）	2.8	1.8	2.4
水产养殖业增长率（2000—2015年年均百分比）	5.8	17.0	12.0
海洋保护区面积（占领海面积的百分比）	33.6	6.1	5.0
珊瑚礁区域面积（平方千米）	..	17,980	128,580
红树林区域面积（平方千米）	16.7	28,061	68,563
能源与排放			
人均能源使用量（千克石油当量）	583	701	651
废物和生物质能产生的能源（占总能源量的百分比）	56.4	57.4	28.5
人均耗电量（千瓦时）	213	497	777
化石燃料发电量（占总量的百分比）	45.3	64.3	74.9
水力发电量（占总量的百分比）	54.7	21.2	14.9
人均二氧化碳排放量（吨）	0.6	0.8	1.4
水与卫生			
人均淡水资源（立方米）	49,279	3,986	3,003
淡水使用总量（占淡水资源总量的百分比）	0.0	3.2	18.4
农业（占淡水使用总量的百分比）	9	81	88
获得改善的水源的人口（占总人口的百分比）	77	68	90
农村（占农村人口的百分比）	40	56	87
城市（占城市人口的百分比）	96	87	94
获得改善的卫生设施的人口（占总人口的百分比）	15	30	52
农村（占农村人口的百分比）	6	23	42
城市（占城市人口的百分比）	20	40	67
环境与健康			
PM2.5污染，年平均接触值（微克每立方米）	53	36	58
PM2.5接触（超过世界卫生组织指导线的人口百分比）	100	99	99
急性呼吸道感染发病率（占五岁以下儿童的百分比）	5	5	..
腹泻发病率（占五岁以下儿童的百分比）	19	14	..
五岁以下儿童的死亡率（每千名活产儿）	45	83	53
国民账户汇编——储蓄，消耗与退化			
总储蓄（占GNI的百分比）	..	14.4	27.6
固定资本消费（占GNI的百分比）	21.7	13.8	9.7
教育支出（占GNI的百分比）	2.5	3.3	3.0
能源消耗（占GNI的百分比）	13.5	1.7	0.8
矿产消耗（占GNI的百分比）	0.0	0.5	0.3
净森林消耗（占GNI的百分比）	0.0	2.3	0.4
二氧化碳的损害（占GNI的百分比）	1.1	1.6	2.3
空气污染的损害（占GNI的百分比）	1.2	1.2	0.4
调整后的净储蓄（占GNI的百分比）	..	-3.9	16.1

哥斯达黎加

人口（百万）	4.8	土地面积（千平方千米）	51	GDP（10亿美元）	54.1

	经济体数据	拉丁美洲和加勒比地区组别	中高收入组别
人均 GNI，世界银行图表集法（美元）	10,400	8,968	8,263
调整后的人均国民净收入（美元）	10,019	7,249	6,302
城市人口（占总人口的百分比）	76.8	79.9	64.1
农业			
农业用地面积（占土地面积的百分比）	35	38	35
灌溉地面积（占总农业用地面积的百分比）	1.5	..	..
农业生产力，以每农业工作者增加值计（2010年美元）	8,250	7,188	2,208
谷物产量（每公顷千克数）	3,727	4,169	4,104
森林和生物多样性			
森林面积（占土地面积的百分比）	54.0	46.3	34.9
森林采伐（2000—2015年年均百分比）	-1.0	0.4	0.0
陆上保护区面积（占土地面积的百分比）	27.4	23.3	15.2
濒危物种，哺乳动物	10	622	1,056
濒危物种，鸟类	23	1,011	1,511
濒危物种，鱼类	60	1,642	2,315
濒危物种，高等植物	140	5,108	6,808
海洋			
渔业总产量（千吨）	38.2	14,416	103,240
渔获增长率（2000—2015年年均百分比）	-5.3	-3.5	-0.5
水产养殖业增长率（2000—2015年年均百分比）	5.8	7.7	5.3
海洋保护区面积（占领海面积的百分比）	15.8	15.5	9.9
珊瑚礁区域面积（平方千米）	970	20,320	48,880
红树林区域面积（平方千米）	418	41,330	50,774
能源与排放			
人均能源使用量（千克石油当量）	1,031	1,337	2,192
废物和生物质能产生的能源（占总能源量的百分比）	13.4	17.1	7.3
人均耗电量（千瓦时）	1,958	2,122	3,495
化石燃料发电量（占总量的百分比）	10.2	43.1	71.1
水力发电量（占总量的百分比）	65.7	46.5	21.0
人均二氧化碳排放量（吨）	1.6	3.0	6.6
水与卫生			
人均淡水资源（立方米）	23,751	22,160	8,261
淡水使用总量（占淡水资源总量的百分比）	2.1	2.4	6.3
农业（占淡水使用总量的百分比）	57	71	68
获得改善的水源的人口（占总人口的百分比）	98	95	95
农村（占农村人口的百分比）	92	84	91
城市（占城市人口的百分比）	100	97	97
获得改善的卫生设施的人口（占总人口的百分比）	95	83	80
农村（占农村人口的百分比）	92	64	67
城市（占城市人口的百分比）	95	88	87
环境与健康			
PM2.5 污染，年平均接触值（微克每立方米）	20	18	42
PM2.5 接触（超过世界卫生组织指导线的人口百分比）	100	85	95
急性呼吸道感染发病率（占五岁以下儿童的百分比）	..	..	..
腹泻发病率（占五岁以下儿童的百分比）	..	..	..
五岁以下儿童的死亡率（每千名活产儿）	10	18	19
国民账户汇编——储蓄，消耗与退化			
总储蓄（占 GNI 的百分比）	..	17.7	36.6
固定资本消费（占 GNI 的百分比）	5.7	10.2	18.0
教育支出（占 GNI 的百分比）	7.1	4.9	3.0
能源消耗（占 GNI 的百分比）	0.0	0.9	1.1
矿产消耗（占 GNI 的百分比）	0.0	0.9	0.4
净森林消耗（占 GNI 的百分比）	1.2	0.1	0.1
二氧化碳的损害（占 GNI 的百分比）	0.4	1.1	2.6
空气污染的损害（占 GNI 的百分比）	0.1	0.2	0.3
调整后的净储蓄（占 GNI 的百分比）	..	9.4	17.2

科特迪瓦

人口（百万）	22.7	土地面积（千平方千米）	318	GDP（10 亿美元）	31.8

	经济体数据	撒哈拉以南非洲地区组别	中低收入组别
人均 GNI，世界银行图表集法（美元）	1,420	1,631	2,029
调整后的人均国民净收入（美元）	1,171	1,239	1,767
城市人口（占总人口的百分比）	54.2	37.7	39.0
农业			
农业用地面积（占土地面积的百分比）	65	42	44
灌溉地面积（占总农业用地面积的百分比）	..	..	..
农业生产力，以每农业工作者增加值计（2010 年美元）	2,796	1,219	1,614
谷物产量（每公顷千克数）	2,139	1,452	3,185
森林和生物多样性			
森林面积（占土地面积的百分比）	32.7	25.7	24.3
森林采伐（2000—2015 年年均百分比）	-0.0	0.5	0.4
陆地保护区面积（占土地面积的百分比）	22.9	15.3	12.0
濒危物种，哺乳动物	30	918	1,134
濒危物种，鸟类	20	876	1,199
濒危物种，鱼类	57	2,023	2,011
濒危物种，高等植物	112	3,740	3,971
海洋			
渔业总产量（千吨）	73.8	7,416	58,665
渔获增长率（2000—2015 年年均百分比）	-0.9	1.8	2.4
水产养殖业增长率（2000—2015 年年均百分比）	8.0	17.0	12.0
海洋保护区面积（占领海面积的百分比）	2.1	6.1	5.0
珊瑚礁区域面积（平方千米）	..	17,980	128,580
红树林区域面积（平方千米）	99.6	28,061	68,563
能源与排放			
人均能源使用量（千克石油当量）	626	701	651
废物和生物质能产生的能源（占总能源量的百分比）	72.9	57.4	28.5
人均耗电量（千瓦时）	281	497	777
化石燃料发电量（占总量的百分比）	76.1	64.3	74.9
水力发电量（占总量的百分比）	23.1	21.2	14.9
人均二氧化碳排放量（吨）	0.4	0.8	1.4
水与卫生			
人均淡水资源（立方米）	3,468	3,986	3,003
淡水使用总量（占淡水资源总量的百分比）	2.0	3.2	18.4
农业（占淡水使用总量的百分比）	38	81	88
获得改善的水源的人口（占总人口的百分比）	82	68	90
农村（占农村人口的百分比）	69	56	81
城市（占城市人口的百分比）	93	87	94
获得改善的卫生设施的人口（占总人口的百分比）	23	30	52
农村（占农村人口的百分比）	10	23	42
城市（占城市人口的百分比）	33	40	67
环境与健康			
PM2.5 污染，年平均接触值（微克每立方米）	24	36	58
PM2.5 接触（超过世界卫生组织指导线的人口百分比）	100	99	99
急性呼吸道感染发病率（占五岁以下儿童的百分比）	4	5	..
腹泻发病率（占五岁以下儿童的百分比）	18	14	..
五岁以下儿童的死亡率（每千名活产儿）	93	83	53
国民账户汇编——储蓄，消耗与退化			
总储蓄（占 GNI 的百分比）	*18.6*	14.4	27.6
固定资本消费（占 GNI 的百分比）	7.8	13.8	9.7
教育支出（占 GNI 的百分比）	4.6	3.3	3.0
能源消耗（占 GNI 的百分比）	0.5	1.7	0.8
矿产消耗（占 GNI 的百分比）	1.3	0.9	0.3
净森林消耗（占 GNI 的百分比）	0.0	2.3	0.0
二氧化碳的损害（占 GNI 的百分比）	1.1	1.6	2.3
空气污染的损害（占 GNI 的百分比）	1.6	1.2	0.9
调整后的净储蓄（占 GNI 的百分比）	*10.1*	-3.9	16.1

克罗地亚

| 人口（百万） | **4.2** | 土地面积（千平方千米） | **56** | GDP（10亿美元） | **48.7** |

	经济体数据	欧洲和中亚地区组别	高收入组别
人均 GNI，世界银行图表集法（美元）	12,760	24,275	41,932
调整后的人均国民净收入（美元）	9,657	18,328	33,454
城市人口（占总人口的百分比）	59.0	70.9	81.1
农业			
农业用地面积（占土地面积的百分比）	27	29	36
灌溉地面积（占总农业用地面积的百分比）	0.9	..	..
农业生产力，以每名农业工作者增加值计（2010 年美元）	34,197	14,018	30,017
谷物产量（每公顷千克数）	6,037	3,910	5,919
森林和生物多样性			
森林面积（占土地面积的百分比）	34.3	38.0	28.9
森林采伐（2000—2015 年年均百分比）	-0.1	-0.1	-0.0
陆地保护区面积（占土地面积的百分比）	37.7	12.6	15.7
濒危物种，哺乳动物	9	350	527
濒危物种，鸟类	15	638	923
濒危物种，鱼类	64	1,220	2,263
濒危物种，高等植物	8	1,032	2,176
海洋			
渔业总产量（千吨）	88.3	18,438	33,549
渔获增长率（2000—2015 年年均百分比）	8.6	-0.9	-1.5
水产养殖增长率（2000—2015 年年均百分比）	5.6	2.9	2.6
海洋保护区面积（占领海面积的百分比）	16.3	13.0	23.7
珊瑚礁区域面积（平方千米）	..	..	83,900
红树林区域面积（平方千米）	..	..	15,283
能源与排放			
人均能源使用量（千克石油当量）	1,898	3,157	4,745
废物和生物质能产生的能源（占总能源量的百分比）	14.4	5.9	5.3
人均耗电量（千瓦时）	3,714	5,369	9,066
化石燃料发电量（占总量的百分比）	26.0	49.8	60.7
水力发电量（占总量的百分比）	67.0	16.6	12.0
人均二氧化碳排放量（吨）	4.2	7.3	11.0
水与卫生			
人均淡水资源（立方米）	8,895	7,850	8,733
淡水使用总量（占淡水资源总量的百分比）	1.7	7.4	9.8
农业（占淡水使用总量的百分比）	1	47	41
获得改善的水源的人口（占总人口的百分比）	100	98	100
农村（占农村人口的百分比）	100	96	99
城市（占城市人口的百分比）	100	99	100
获得改善的卫生设施的人口（占总人口的百分比）	97	93	99
农村（占农村人口的百分比）	96	89	99
城市（占城市人口的百分比）	98	95	100
环境与健康			
PM2.5 污染，年平均接触值（微克每立方米）	22	19	17
PM2.5 接触（超过世界卫生组织指导线的人口百分比）	100	89	62
急性呼吸道感染发病率（占五岁以下儿童的百分比）	..	..	..
腹泻发病率（占五岁以下儿童的百分比）	..	..	..
五岁以下儿童的死亡率（每千名儿童）	4	11	6
国民账户汇编——储蓄，消耗与退化			
总储蓄（占 GNI 的百分比）	23.4	22.5	22.2
固定资本消费（占 GNI 的百分比）	15.9	16.1	16.6
教育支出（占 GNI 的百分比）	4.2	4.8	4.8
能源消耗（占 GNI 的百分比）	0.3	0.6	0.3
矿产消耗（占 GNI 的百分比）	0.0	0.1	0.1
净森林消耗（占 GNI 的百分比）	0.0	0.0	0.0
二氧化碳的损害（占 GNI 的百分比）	1.1	1.0	0.8
空气污染的损害（占 GNI 的百分比）	0.2	0.1	0.1
调整后的净储蓄（占 GNI 的百分比）	10.2	9.5	9.1

古巴

人口（百万）	**11.4** 土地面积（千平方千米）	**104** GDP（10 亿美元）	**87.1**

	经济体数据	拉丁美洲和加勒比地区组别	中高收入组别
人均 GNI，世界银行图表集法（美元）	6,600	8,968	8,263
调整后的人均国民净收入（美元）	6,010	7,249	6,302
城市人口（占总人口的百分比）	77.1	79.9	64.1
农业			
农业用地面积（占土地面积的百分比）	60	38	35
灌溉地面积（占总农业用地面积的百分比）	..	..	..
农业生产力，以每农业工作者增加值计（2010 年美元）	5,085	7,188	2,208
谷物产量（每公顷千克数）	2,814	4,169	4,104
森林和生物多样性			
森林面积（占土地面积的百分比）	30.8	46.3	34.9
森林采伐（2000—2015 年年均百分比）	-1.8	0.4	0.0
陆地保护区面积（占土地面积的百分比）	12.4	23.3	15.2
濒危物种，哺乳动物	12	622	1,056
濒危物种，鸟类	17	1,011	1,511
濒危物种，鱼类	44	1,642	2,315
濒危物种，高等植物	179	5,108	6,808
海洋			
渔业总产量（千吨）	54.6	14,416	103,240
渔获增长率（2000—2015 年年均百分比）	-6.7	-3.5	-0.5
水产养殖业增长率（2000—2015 年年均百分比）	-0.5	7.7	5.3
海洋保护区面积（占领海面积的百分比）	7.6	15.5	9.9
珊瑚礁区域面积（平方千米）	3,020	20,320	48,880
红树林区域面积（平方千米）	4,944	41,330	50,774
能源与排放			
人均能源使用量（千克石油当量）	1,028	1,337	2,192
废物和生物质能产生的能源（占总能源量的百分比）	14.1	17.1	7.3
人均耗电量（千瓦时）	1,442	2,122	3,495
化石燃料发电量（占总量的百分比）	96.0	43.1	71.1
水力发电量（占总量的百分比）	0.5	46.5	21.0
人均二氧化碳排放量（吨）	3.5	3.0	6.6
水与卫生			
人均淡水资源（立方米）	3,350	22,160	8,261
淡水使用总量（占淡水资源总量的百分比）	18.3	2.4	6.3
农业（占淡水使用总量的百分比）	65	71	68
获得改善的水源的人口（占总人口的百分比）	95	95	95
农村（占农村人口的百分比）	90	84	91
城市（占城市人口的百分比）	96	97	97
获得改善的卫生设施的人口（占总人口的百分比）	93	83	80
农村（占农村人口的百分比）	89	64	67
城市（占城市人口的百分比）	94	88	87
环境与健康			
PM2.5 污染，年平均接触值（微克每立方米）	18	18	42
PM2.5 接触（超过世界卫生组织指导线的人口百分比）	100	85	95
急性呼吸道感染发病率（占五岁以下儿童的百分比）	..	..	..
腹泻发病率（占五岁以下儿童的百分比）	..	..	..
五岁以下儿童的死亡率（每千名活产儿）	6	18	19
国民账户汇编——储蓄，消耗与退化			
总储蓄（占 GNI 的百分比）	..	17.7	36.6
固定资本消费（占 GNI 的百分比）	8.9	10.2	18.0
教育支出（占 GNI 的百分比）	13.0	4.9	3.0
能源消耗（占 GNI 的百分比）	1.3	0.9	1.1
矿产消耗（占 GNI 的百分比）	0.2	0.5	0.4
净森林消耗（占 GNI 的百分比）	0.0	0.1	0.0
二氧化碳的损害（占 GNI 的百分比）	1.4	1.1	2.6
空气污染的损害（占 GNI 的百分比）	0.1	0.2	0.3
调整后的净储蓄（占 GNI 的百分比）	..	9.4	17.2

库拉索

人口（千）	**158**	土地面积（平方千米）	**444**	GDP（百万美元）	..

	经济体数据	拉丁美洲和加勒比地区组别	高收入组别
人均 GNI，世界银行图表集法（美元）	..	8,968	41,932
调整后的人均国民净收入（美元）	..	7,249	33,454
城市人口（占总人口的百分比）	89.3	79.9	81.1
农业			
农业用地面积（占土地面积的百分比）	..	38	36
灌溉地面积（占总农业用地面积的百分比）	..	..	..
农业生产力，以每农业工作者增加值计（2010 年美元）	..	7,188	30,017
谷物产量（每公顷千克数）	..	4,169	5,919
森林和生物多样性			
森林面积（占土地面积的百分比）	..	46.3	28.9
森林采伐（2000—2015 年均百分比）	..	0.4	-0.0
陆地保护区面积（占土地面积的百分比）	..	23.3	15.7
濒危物种，哺乳动物	3	622	527
濒危物种，鸟类	1	1,011	923
濒危物种，鱼类	28	1,642	2,263
濒危物种，高等植物	2	5,108	2,176
海洋			
渔业总产量（千吨）	30.2	14,416	33,549
渔获增长率（2000—2015 年年均百分比）	..	-3.5	-1.5
水产养殖业增长率（2000—2015 年年均百分比）	..	7.7	2.6
海洋保护区面积（占领海面积的百分比）	..	15.5	23.7
珊瑚礁区域面积（平方千米）	..	20,320	83,900
红树林区域面积（平方千米）	..	41,330	15,283
能源与排放			
人均能源使用量（千克石油当量）	12,651	1,337	4,745
废物和生物质能产生的能源（占总能源量的百分比）	0.0	17.1	5.3
人均耗电量（千瓦时）	4,798	2,122	9,066
化石燃料发电量（占总量的百分比）	96.4	43.1	60.7
水力发电量（占总量的百分比）	0.0	46.5	12.0
人均二氧化碳排放量（吨）	34.2	3.0	11.0
水与卫生			
人均淡水资源（立方米）	..	22,160	8,733
淡水使用总量（占淡水资源总量的百分比）	..	2.4	9.8
农业（占淡水使用总量的百分比）	..	71	41
获得改善的水源的人口（占总人口的百分比）	..	95	100
农村（占农村人口的百分比）	..	84	99
城市（占城市人口的百分比）	..	97	100
获得改善的卫生设施的人口（占总人口的百分比）	..	83	99
农村（占农村人口的百分比）	..	64	99
城市（占城市人口的百分比）	..	88	100
环境与健康			
PM2.5 污染，年平均接触值（微克每立方米）	..	18	17
PM2.5 接触（超过世界卫生组织指导线的人口百分比）	..	85	62
急性呼吸道感染发病率（占五岁以下儿童的百分比）	..	..	..
腹泻病发病率（占五岁以下儿童的百分比）	..	..	..
五岁以下儿童的死亡率（每千名活产儿）	..	18	6
国民账户汇编——储蓄，消耗与退化			
总储蓄（占 GNI 的百分比）	..	17.7	22.2
固定资本消费（占 GNI 的百分比）	..	10.2	16.6
教育支出（占 GNI 的百分比）	..	4.9	4.8
能源消耗（占 GNI 的百分比）	..	0.9	0.3
矿产消耗（占 GNI 的百分比）	..	0.9	0.1
净森林消耗（占 GNI 的百分比）	..	0.1	0.0
二氧化碳的损害（占 GNI 的百分比）	..	1.1	0.8
空气污染的损害（占 GNI 的百分比）	..	0.2	0.1
调整后的净储蓄（占 GNI 的百分比）	..	9.4	9.1

塞浦路斯

| 人口（百万） | 1.2 | 土地面积（千平方千米） | 9.2 | GDP（10亿美元） | 19.6 |

	经济体数据	欧洲和中亚地区组别	高收入组别
人均 GNI，世界银行图表集法（美元）	25,810	24,275	41,932
调整后的人均国民净收入（美元）	19,572	18,328	33,454
城市人口（占总人口的百分比）	66.9	70.9	81.1
农业			
农业用地面积（占土地面积的百分比）	12	29	36
灌溉地面积（占总农业用地面积的百分比）	21.2	..	..
农业生产力，以每农业工作者增加值计（2010 年美元）	18,925	14,018	30,017
谷物产量（每公顷千克数）	291	3,910	5,919
森林和生物多样性			
森林面积（占土地面积的百分比）	18.7	38.0	28.9
森林采伐（2000—2015 年年均百分比）	-0.0	-0.1	-0.0
陆地保护区面积（占土地面积的百分比）	18.4	12.6	15.7
濒危物种，哺乳动物	6	350	527
濒危物种，鸟类	7	638	923
濒危物种，鱼类	24	1,220	2,263
濒危物种，高等植物	18	1,032	2,176
海洋			
渔业总产量（千吨）	7.0	18,438	33,549
渔获增长率（2000—2015 年年均百分比）	-22.5	-0.9	-1.5
水产养殖增长率（2000—2015 年年均百分比）	7.4	2.9	2.6
海洋保护区面积（占领海面积的百分比）	0.9	13.0	23.7
珊瑚礁区域面积（平方千米）	..	..	83,900
红树林区域面积（平方千米）	..	..	15,283
能源与排放			
人均能源使用量（千克石油当量）	1,710	3,157	4,745
废物和生物质能产生的能源（占总能源量的百分比）	2.5	5.9	5.3
人均耗电量（千瓦时）	3,621	5,369	9,066
化石燃料发电量（占总量的百分比）	92.7	49.8	60.7
水力发电量（占总量的百分比）	0.0	16.6	12.0
人均二氧化碳排放量（吨）	5.2	7.3	11.0
水与卫生			
人均淡水资源（立方米）	676	7,850	8,733
淡水使用总量（占淡水资源总量的百分比）	32.7	7.4	9.8
农业（占淡水使用总量的百分比）	66	47	41
获得改善的水源的人口（占总人口的百分比）	100	98	100
农村（占农村人口的百分比）	100	96	99
城市（占城市人口的百分比）	100	99	100
获得改善的卫生设施的人口（占总人口的百分比）	100	93	99
农村（占农村人口的百分比）	100	89	99
城市（占城市人口的百分比）	100	95	100
环境与健康			
PM2.5 污染，年平均接触值（微克每立方米）	18	19	17
PM2.5 接触（超过世界卫生组织指导线的人口百分比）	100	89	62
急性呼吸道感染发病率（占五岁以下儿童的百分比）	..	..	..
腹泻发病率（占五岁以下儿童的百分比）	..	..	..
五岁以下儿童的死亡率（每千名活产儿）	3	11	6
国民账户汇编——储蓄，消耗与退化			
总储蓄（占 GNI 的百分比）	11.6	22.5	22.2
固定资本消费（占 GNI 的百分比）	14.8	16.1	16.6
教育支出（占 GNI 的百分比）	5.9	4.8	4.8
能源消耗（占 GNI 的百分比）	0.0	0.6	0.3
矿产消耗（占 GNI 的百分比）	0.0	0.1	0.1
净森林消耗（占 GNI 的百分比）	0.0	0.0	0.0
二氧化碳的损害（占 GNI 的百分比）	0.4	1.0	0.8
空气污染的损害（占 GNI 的百分比）	0.1	0.1	0.1
调整后的净储蓄（占 GNI 的百分比）	1.7	9.5	9.1

捷克共和国

| 人口（百万） | **10.5** | 土地面积（千平方千米） | **77** | GDP（10亿美元） | **185.2** |

	经济体数据	欧洲和中亚地区组别	高收入组别
人均GNI，世界银行图表集法（美元）	18,150	24,275	41,932
调整后的人均国民净收入（美元）	*14,309*	18,328	33,454
城市人口（占总人口的百分比）	73.0	70.9	81.1
农业			
农业用地面积（占土地面积的百分比）	55	29	36
灌溉地面积（占总农业用地面积的百分比）	0.4	..	..
农业生产力，以每农业工作者增加值计（2010年美元）	13,251	14,018	30,017
谷物产量（每公顷千克数）	6,222	3,910	5,919
森林和生物多样性			
森林面积（占土地面积的百分比）	34.5	38.0	28.9
森林采伐（2000—2015年年均百分比）	-0.1	-0.1	-0.0
陆地保护区面积（占土地面积的百分比）	21.1	12.6	15.7
濒危物种，哺乳动物	3	350	527
濒危物种，鸟类	10	638	923
濒危物种，鱼类	2	1,220	2,263
濒危物种，高等植物	10	1,032	2,176
海洋			
渔业总产量（千吨）	24.0	18,438	33,549
渔获增长率（2000—2015年年均百分比）	-1.3	-0.9	-1.5
水产养殖业增长率（2000—2015年年均百分比）	0.2	2.9	2.6
海洋保护区面积（占领海面积的百分比）	0.0	13.0	23.7
珊瑚礁区域面积（平方千米）	..	..	83,900
红树林区域面积（平方千米）	..	..	15,283
能源与排放			
人均能源使用量（千克石油当量）	3,915	3,157	4,745
废物和生物质能产生的能源（占总能源量的百分比）	8.4	5.9	5.3
人均耗电量（千瓦时）	6,259	5,369	9,066
化石燃料发电量（占总量的百分比）	53.4	49.8	60.7
水力发电量（占总量的百分比）	2.2	16.6	12.0
人均二氧化碳排放量（吨）	9.4	7.3	11.0
水与卫生			
人均淡水资源（立方米）	1,249	7,850	8,733
淡水使用总量（占淡水资源总量的百分比）	12.5	7.4	9.8
农业（占淡水使用总量的百分比）	3	47	41
获得改善的水源的人口（占总人口的百分比）	100	98	100
农村（占农村人口的百分比）	100	96	99
城市（占城市人口的百分比）	100	99	100
获得改善的卫生设施的人口（占总人口的百分比）	99	93	99
农村（占农村人口的百分比）	99	89	99
城市（占城市人口的百分比）	99	95	100
环境与健康			
PM2.5污染，年平均接触值（微克每立方米）	21	19	17
PM2.5接触（超过世界卫生组织指导线的人口百分比）	100	89	62
急性呼吸道感染发病率（占五岁以下儿童的百分比）	..	..	..
腹泻发病率（占五岁以下儿童的百分比）	..	..	..
五岁以下儿童的死亡率（每千名活产儿）	3	11	6
国民账户汇编——储蓄，消耗与退化			
总储蓄（占GNI的百分比）	28.8	22.5	22.2
固定资本消费（占GNI的百分比）	23.1	16.1	16.6
教育支出（占GNI的百分比）	4.1	4.8	4.8
能源消耗（占GNI的百分比）	0.0	0.6	0.3
矿产消耗（占GNI的百分比）	0.0	0.1	0.1
净森林消耗（占GNI的百分比）	*0.0*	0.0	0.0
二氧化碳的损害（占GNI的百分比）	1.7	1.0	0.8
空气污染的损害（占GNI的百分比）	0.1	0.1	0.1
调整后的净储蓄（占GNI的百分比）	*4.7*	9.5	9.1

丹麦

| 人口（百万） | 5.7 | 土地面积（千平方千米） | 42 | GDP（10 亿美元） | 301.3 |

	经济体数据	欧洲和中亚地区组别	高收入组别
人均 GNI，世界银行图表集法（美元）	60,270	24,275	41,932
调整后的人均国民净收入（美元）	45,505	18,328	33,454
城市人口（占总人口的百分比）	87.7	70.9	81.1
农业			
农业用地面积（占土地面积的百分比）	62	29	36
灌溉地面积（占总农业用地面积的百分比）	9.3	..	..
农业生产力，以每农业工作者增加值计（2010 年美元）	74,766	14,018	30,017
谷物产量（每公顷千克数）	6,752	3,910	5,919
森林和生物多样性			
森林面积（占土地面积的百分比）	14.5	38.0	28.9
森林采伐（2000—2015 年年均百分比）	-0.3	-0.1	-0.0
陆地保护区面积（占土地面积的百分比）	18.3	12.6	15.7
濒危物种，哺乳动物	2	350	527
濒危物种，鸟类	7	638	923
濒危物种，鱼类	18	1,220	2,263
濒危物种，高等植物	1	1,032	2,176
海洋			
渔业总产量（千吨）	905	18,438	33,549
渔获增长率（2000—2015 年年均百分比）	-3.7	-0.9	-1.5
水产养殖业增长率（2000—2015 年年均百分比）	-1.3	2.9	2.6
海洋保护区面积（占领海面积的百分比）	29.2	13.0	23.7
珊瑚礁区域面积（平方千米）	..	..	83,900
红树林区域面积（平方千米）		..	15,283
能源与排放			
人均能源使用量（千克石油当量）	2,873	3,157	4,745
废物和生物质能产生的能源（占总能源量的百分比）	22.5	5.9	5.3
人均耗电量（千瓦时）	5,859	5,369	9,066
化石燃料发电量（占总量的百分比）	41.9	49.8	60.7
水力发电量（占总量的百分比）	0.0	16.6	12.0
人均二氧化碳排放量（吨）	6.8	7.3	11.0
水与卫生			
人均淡水资源（立方米）	1,063	7,850	8,733
淡水使用总量（占淡水资源总量的百分比）	10.9	7.4	9.8
农业（占淡水使用总量的百分比）	25	47	41
获得改善的水源的人口（占总人口的百分比）	100	98	100
农村（占农村人口的百分比）	100	96	99
城市（占城市人口的百分比）	100	99	100
获得改善的卫生设施的人口（占总人口的百分比）	100	93	99
农村（占农村人口的百分比）	100	89	99
城市（占城市人口的百分比）	100	95	100
环境与健康			
PM2.5 污染，年平均接触值（微克每立方米）	11	19	17
PM2.5 接触（超过世界卫生组织指导线的人口百分比）	79	89	62
急性呼吸道感染发病率（占五岁以下儿童的百分比）	..	..	..
腹泻病发病率（占五岁以下儿童的百分比）	..	..	..
五岁以下儿童的死亡率（每千名活产儿）	4	11	6
国民账户汇编——储蓄，消耗与退化			
总储蓄（占 GNI 的百分比）	27.8	22.5	22.2
固定资本消费（占 GNI 的百分比）	16.5	16.1	16.6
教育支出（占 GNI 的百分比）	8.1	4.8	4.8
能源消耗（占 GNI 的百分比）	0.4	0.6	0.3
矿产消耗（占 GNI 的百分比）	0.0	0.1	0.1
净森林消耗（占 GNI 的百分比）	0.0	0.1	0.1
二氧化碳的损害（占 GNI 的百分比）	0.4	1.0	0.8
空气污染的损害（占 GNI 的百分比）	0.1	0.1	0.1
调整后的净储蓄（占 GNI 的百分比）	18.5	9.5	9.1

吉布提

人口（千）	**888**	土地面积（千平方千米）	**23**	GDP（10亿美元）	**1.7**

	经济体数据	中东和北非地区组别	中低收入组别
人均 GNI，世界银行图表集法（美元）	..	8,229	2,029
调整后的人均国民净收入（美元）	..	6,251	1,767
城市人口（占总人口的百分比）	77.3	64.2	39.0
农业			
农业用地面积（占土地面积的百分比）	73	33	44
灌溉地面积（占总农业用地面积的百分比）	..	..	..
农业生产力，以每农业工作者增加值计（2010年美元）	..	6,275	1,614
谷物产量（每公顷千克数）	1,938	2,299	3,185
森林和生物多样性			
森林面积（占土地面积的百分比）	0.2	2.1	24.3
森林采伐（2000—2015 年年均变化）	0.0	-0.8	0.4
陆地保护区面积（占土地面积的百分比）	1.3	11.7	12.0
濒危物种，哺乳动物	8	224	1,134
濒危物种，鸟类	11	279	1,199
濒危物种，鱼类	18	610	2,011
濒危物种，高等植物	3	290	3,971
海洋			
渔业总产量（千吨）	2.0	4,857	58,665
渔获增长率（2000—2015 年年均百分比）	6.3	2.0	2.4
水产养殖业增长率（2000—2015 年年均百分比）	..	9.4	12.0
海洋保护区面积（占领海面积的百分比）	0.2	3.8	5.0
珊瑚礁区域面积（平方千米）	450	15,470	128,580
红树林区域面积（平方千米）	10.0	513	68,563
能源与排放			
人均能源使用量（千克石油当量）	..	2,365	651
废物和生物质能产生的能源（占总能源量的百分比）	..	0.6	28.5
人均耗电量（千瓦时）	..	2,906	777
化石燃料发电量（占总量的百分比）	..	96.3	74.9
水力发电量（占总量的百分比）	..	2.6	14.9
人均二氧化碳排放量（吨）	0.7	6.0	1.4
水与卫生			
人均淡水资源（立方米）	342	555	3,003
淡水使用总量（占淡水资源总量的百分比）	6.3	138.4	18.4
农业（占淡水使用总量的百分比）	16	85	88
获得改善的水源的人口（占总人口的百分比）	90	93	90
农村（占农村人口的百分比）	65	89	87
城市（占城市人口的百分比）	97	96	94
获得改善的卫生设施的人口（占总人口的百分比）	47	91	52
农村（占农村人口的百分比）	5	87	42
城市（占城市人口的百分比）	60	93	67
环境与健康			
PM2.5 污染，年平均接触值（微克每立方米）	52	61	58
PM2.5 接触（超过世界卫生组织指导线的人口百分比）	100	100	99
急性呼吸道感染病率（占五岁以下儿童的百分比）	..	..	..
腹泻病率（占五岁以下儿童的百分比）	..	..	..
五岁以下儿童的死亡率（每千名活产儿）	65	23	53
国民账户汇编——储蓄，消耗与退化			
总储蓄（占 GNI 的百分比）	..	24.7	27.6
固定资本消费（占 GNI 的百分比）	..	9.9	9.7
教育支出（占 GNI 的百分比）	7.4	5.2	3.0
能源消耗（占 GNI 的百分比）	..	4.7	0.8
矿产消耗（占 GNI 的百分比）	..	0.0	0.3
净森林消耗（占 GNI 的百分比）	..	0.0	0.4
二氧化碳的损害（占 GNI 的百分比）	..	2.1	2.3
空气污染的损害（占 GNI 的百分比）	..	0.2	0.9
调整后的净储蓄（占 GNI 的百分比）	..	12.9	16.1

多米尼克

| 人口（千） | 73 | 土地面积（平方千米） | 750 | GDP（百万美元） | 517.2 |

	经济体数据	拉丁美洲和加勒比地区组别	中高收入组别
人均 GNI, 世界银行图表集法（美元）	6,800	8,968	8,263
调整后的人均国民净收入（美元）	5,530	7,249	6,302
城市人口（占总人口的百分比）	69.5	79.9	64.1
农业			
农业用地面积（占土地面积的百分比）	33	38	35
灌溉地面积（占总农业用地面积的百分比）	..	..	..
农业生产力，以每农业工作者增加值计（2010年美元）	10,938	7,188	2,208
谷物产量（每公顷千克数）	1,626	4,169	4,104
森林和生物多样性			
森林面积（占土地面积的百分比）	57.8	46.3	34.9
森林采伐（2000—2015 年年均百分比）	0.6	0.4	0.0
陆上保护区面积（占土地面积的百分比）	21.5	23.3	15.2
濒危物种，哺乳动物	3	622	1,056
濒危物种，鸟类	4	1,011	1,511
濒危物种，鱼类	29	1,642	2,315
濒危物种，高等植物	11	5,108	6,808
海洋			
渔业总产量（千吨）	0.95	14,416	103,240
渔获增长率（2000—2015 年年均百分比）	-1.6	-3.5	-0.5
水产养殖业增长率（2000—2015 年年均百分比）	-1.0	7.7	5.3
海洋保护区面积（占领海面积的百分比）	0.1	15.5	9.9
珊瑚礁区域面积（平方千米）	<100	20,320	48,880
红树林区域面积（平方千米）	0.10	41,330	50,774
能源与排放			
人均能源使用量（千克石油当量）	..	1,337	2,192
废物和生物质能产生的能源（占总能源量的百分比）	..	17.1	7.3
人均耗电量（千瓦时）	..	2,122	3,495
化石燃料发电量（占总量的百分比）	..	43.1	71.1
水力发电量（占总量的百分比）	..	46.5	21.0
人均二氧化碳排放量（吨）	1.8	3.0	6.6
水与卫生			
人均淡水资源（立方米）	2,765	22,160	8,261
淡水使用总量（占淡水资源总量的百分比）	10.0	2.4	6.3
农业（占淡水使用总量的百分比）	5	71	68
获得改善的水源的人口（占总人口的百分比）	..	95	95
农村（占农村人口的百分比）	..	84	91
城市（占城市人口的百分比）	96	97	97
获得改善的卫生设施的人口（占总人口的百分比）	..	83	80
农村（占农村人口的百分比）	..	64	67
城市（占城市人口的百分比）	..	88	87
环境与健康			
PM2.5 污染，年平均接触值（微克每立方米）	14	18	42
PM2.5 接触（超过世界卫生组织指导线的人口百分比）	100	85	95
急性呼吸道感染发病率（占五岁以下儿童的百分比）	..	..	..
腹泻发病率（占五岁以下儿童的百分比）	..	..	..
五岁以下儿童的死亡率（每千名活产儿）	21	18	19
国民账户汇编——储蓄，消耗与退化			
总储蓄（占 GNI 的百分比）	5.4	17.7	36.6
固定资本消费（占 GNI 的百分比）	19.6	10.2	18.0
教育支出（占 GNI 的百分比）	5.0	4.9	3.0
能源消耗（占 GNI 的百分比）	0.0	0.9	1.1
矿产消耗（占 GNI 的百分比）	0.0	0.9	0.4
净森林消耗（占 GNI 的百分比）	0.0	0.0	0.0
二氧化碳的损害（占 GNI 的百分比）	0.8	1.1	2.6
空气污染的损害（占 GNI 的百分比）	..	0.2	0.3
调整后的净储蓄（占 GNI 的百分比）	..	9.4	17.2

多米尼加共和国

人口（百万）	10.5	土地面积（千平方千米）	48	GDP（10亿美元）	68.1

	经济体数据	拉丁美洲和加勒比地区组别	中高收入组别
人均 GNI，世界银行图表集法（美元）	6,240	8,968	8,263
调整后的人均国民净收入（美元）	5,784	7,249	6,302
城市人口（占总人口的百分比）	79.0	79.9	64.1
农业			
农业用地面积（占土地面积的百分比）	49	38	35
灌溉地面积（占总农业用地面积的百分比）	8.7	..	..
农业生产力，以每农业工作者增加值计（2010年美元）	9,347	7,188	2,208
谷物产量（每公顷千克数）	4,007	4,169	4,104
森林和生物多样性			
森林面积（占土地面积的百分比）	41.0	46.3	34.9
森林采伐（2000—2015年年均百分比）	-1.9	0.4	0.0
陆地保护区面积（占土地面积的百分比）	23.0	23.3	15.2
濒危物种，哺乳动物	6	622	1,056
濒危物种，鸟类	14	1,011	1,511
濒危物种，鱼类	29	1,642	2,315
濒危物种，高等植物	42	5,108	6,808
海洋			
渔业总产量（千吨）	14.1	14,416	103,240
渔获增长率（2000—2015年年均百分比）	0.5	-3.5	-0.5
水产养殖业增长率（2000—2015年年均百分比）	0.2	7.7	5.3
海洋保护区面积（占领海面积的百分比）	31.4	15.5	9.9
珊瑚礁区域面积（平方千米）	610	20,320	48,880
红树林区域面积（平方千米）	212	41,330	50,774
能源与排放			
人均能源使用量（千克石油当量）	734	1,337	2,192
废物和生物质产生的能源（占总能源量的百分比）	10.7	17.1	7.3
人均耗电量（千瓦时）	1,578	2,122	3,495
化石燃料发电量（占总量的百分比）	86.7	43.1	71.1
水力发电量（占总量的百分比）	8.5	46.5	21.0
人均二氧化碳排放量（吨）	2.1	3.0	6.6
水与卫生			
人均淡水资源（立方米）	2,258	22,160	8,261
淡水使用总量（占淡水资源总量的百分比）	30.5	2.4	6.3
农业（占淡水使用总量的百分比）	80	71	68
获得改善的水源的人口（占总人口的百分比）	85	95	95
农村（占农村人口的百分比）	82	84	91
城市（占城市人口的百分比）	85	97	97
获得改善的卫生设施的人口（占总人口的百分比）	84	83	80
农村（占农村人口的百分比）	76	64	67
城市（占城市人口的百分比）	86	88	87
环境与健康			
PM2.5污染，年平均接触值（微克每立方米）	20	18	42
PM2.5接触（超过世界卫生组织指导线的人口百分比）	100	85	95
急性呼吸道感染发病率（占五岁以下儿童的百分比）	10	..	..
腹泻发病率（占五岁以下儿童的百分比）	18	..	..
五岁以下儿童的死亡率（每千名活产儿）	31	18	19
国民账户汇编——储蓄，消耗与退化			
总储蓄（占GNI的百分比）	22.3	17.7	36.6
固定资本消费（占GNI的百分比）	5.0	10.2	18.0
教育支出（占GNI的百分比）	2.5	4.9	3.0
能源消耗（占GNI的百分比）	0.0	0.9	1.1
矿产消耗（占GNI的百分比）	1.4	0.9	0.4
净森林消耗（占GNI的百分比）	0.0	0.1	0.0
二氧化碳的损害（占GNI的百分比）	1.1	1.1	2.6
空气污染的损害（占GNI的百分比）	0.3	0.2	0.3
调整后的净储蓄（占GNI的百分比）	17.0	9.4	17.2

厄瓜多尔

人口（百万）	16.1	土地面积（千平方千米）	248	GDP（10亿美元）	100.2

	经济体数据	拉丁美洲和加勒比地区组别	中高收入组别
人均 GNI，世界银行图集法（美元）	6,030	8,968	8,263
调整后的人均国民净收入（美元）	5,144	7,249	6,302
城市人口（占总人口的百分比）	63.7	79.9	64.1
农业			
农业用地面积（占土地面积的百分比）	23	38	35
灌溉地面积（占农业用地面积的百分比）	16.8	..	..
农业生产力，以每农业工作者增加值计（2010年美元）	7,100	7,188	2,208
谷物产量（每公顷千克数）	3,526	4,169	4,104
森林和生物多样性			
森林面积（占土地面积的百分比）	50.5	46.3	34.9
森林采伐（2000—2015年年均百分比）	0.6	0.4	0.0
陆地保护区面积（占土地面积的百分比）	25.8	23.3	15.2
濒危物种，哺乳动物	45	622	1,056
濒危物种，鸟类	98	1,011	1,511
濒危物种，鱼类	59	1,642	2,315
濒危物种，高等植物	1,856	5,108	6,808
海洋			
渔业总产量（千吨）	1,068	14,416	103,240
渔获增长率（2000—2015年年均百分比）	0.5	-3.5	-0.5
水产养殖业增长率（2000—2015年年均百分比）	13.8	7.7	5.3
海洋保护区面积（占领海面积的百分比）	75.7	15.5	9.9
珊瑚礁区域面积（平方千米）	<50	20,320	48,880
红树林区域面积（平方千米）	1,583	41,330	50,774
能源与排放			
人均能源使用量（千克石油当量）	892	1,337	2,192
废物和生物质能产生的能源（占总能源量的百分比）	5.6	17.1	7.3
人均耗电量（千瓦时）	1,381	2,122	3,495
化石燃料发电量（占总量的百分比）	50.8	43.1	71.1
水力发电量（占总量的百分比）	47.1	46.5	21.0
人均二氧化碳排放量（吨）	2.8	3.0	6.6
水与卫生			
人均淡水资源（立方米）	27,819	22,160	8,261
淡水使用总量（占淡水资源总量的百分比）	2.2	2.4	6.3
农业（占淡水使用总量的百分比）	81	71	68
获得改善的水源的人口（占总人口的百分比）	87	95	95
农村（占农村人口的百分比）	76	84	91
城市（占城市人口的百分比）	93	97	97
获得改善的卫生设施的人口（占总人口的百分比）	85	83	80
农村（占农村人口的百分比）	81	64	64
城市（占城市人口的百分比）	87	88	87
环境与健康			
PM2.5污染，年平均接触值（微克每立方米）	13	18	42
PM2.5接触（超过世界卫生组织指导线的人口百分比）	92	85	95
急性呼吸道感染发病率（占五岁以下儿童的百分比）	..	..	..
腹泻发病率（占五岁以下儿童的百分比）	..	..	..
五岁以下儿童的死亡率（每千名活产儿）	22	18	19
国民账户汇编——储蓄，消耗与退化			
总储蓄（占GNI的百分比）	24.6	17.7	36.6
固定资本消费（占GNI的百分比）	13.6	10.2	18.0
教育支出（占GNI的百分比）	3.9	4.9	3.0
能源消耗（占GNI的百分比）	1.7	0.9	1.1
矿产消耗（占GNI的百分比）	0.1	0.9	0.4
净森林消耗（占GNI的百分比）	0.2	0.1	0.0
二氧化碳的损害（占GNI的百分比）	1.4	1.1	2.6
空气污染的损害（占GNI的百分比）	0.1	0.2	0.3
调整后的净储蓄（占GNI的百分比）	11.4	9.4	17.2

埃及

人口（百万）	91.5	土地面积（千平方千米）	995	GDP（10亿美元）	330.8

	经济体数据	中东和北非地区组别	中低收入组别
人均 GNI，世界银行图表集法（美元）	3,340	8,229	2,029
调整后的人均国民净收入（美元）	3,256	6,251	1,767
城市人口（占总人口的百分比）	43.1	64.2	39.0
农业			
农业用地面积（占土地面积的百分比）	4	33	44
灌溉地面积（占总农业用地面积的百分比）	..	..	..
农业生产力，以每农业工作者增加值计（2010年美元）	5,241	6,275	1,614
谷物产量（每公顷千克数）	7,231	2,299	3,185
森林和生物多样性			
森林面积（占土地面积的百分比）	0.1	2.1	24.3
森林采伐（2000—2015 年年均百分比）	-1.4	-0.8	0.4
陆地保护区面积（占土地面积的百分比）	11.2	11.7	12.0
濒危物种，哺乳动物	19	224	1,134
濒危物种，鸟类	14	279	1,199
濒危物种，鱼类	51	610	2,011
濒危物种，高等植物	3	290	3,971
海洋			
渔业总产量（千吨）	1,519	4,857	58,665
渔获增长率（2000—2015 年年均百分比）	-0.7	2.0	2.4
水产养殖业增长率（2000—2015 年年均百分比）	8.6	9.4	12.0
海洋保护区面积（占领海面积的百分比）	13.2	3.8	5.0
珊瑚礁区域面积（平方千米）	3,800	15,470	128,580
红树林区域面积（平方千米）	5.1	513	68,563
能源与排放			
人均能源使用量（千克石油当量）	835	2,365	651
废物和生物质能产生的能源（占能源量的百分比）	2.3	0.6	28.5
人均耗电量（千瓦时）	1,699	2,906	777
化石燃料发电量（占总量的百分比）	91.0	96.3	74.9
水力发电量（占总量的百分比）	8.1	2.6	14.9
人均二氧化碳排放量（吨）	2.4	6.0	1.4
水与卫生			
人均淡水资源（立方米）	20	555	3,003
淡水使用总量（占淡水资源总量的百分比）	4,333.3	138.4	18.4
农业（占淡水使用总量的百分比）	86	85	88
获得改善的水源的人口（占总人口的百分比）	99	93	90
农村（占农村人口的百分比）	99	89	87
城市（占城市人口的百分比）	100	96	94
获得改善的卫生设施的人口（占总人口的百分比）	95	91	52
农村（占农村人口的百分比）	93	87	42
城市（占城市人口的百分比）	97	93	67
环境与健康			
PM2.5 污染，年平均接触值（微克每立方米）	105	61	58
PM2.5 接触（超过世界卫生组织指导线的人口百分比）	100	100	99
急性呼吸道感染发病率（占五岁以下儿童的百分比）	14	..	..
腹泻发病率（占五岁以下儿童的百分比）	14	..	..
五岁以下儿童的死亡率（每千名活产儿）	24	23	53
国民账户汇编——储蓄，消耗与退化			
总储蓄（占 GNI 的百分比）	9.8	24.7	27.6
固定资本消费（占 GNI 的百分比）	5.4	9.9	9.7
教育支出（占 GNI 的百分比）	4.4	5.2	3.0
能源消耗（占 GNI 的百分比）	2.4	4.7	0.8
矿产消耗（占 GNI 的百分比）	0.1	0.0	0.3
净森林消耗（占 GNI 的百分比）	0.2	0.1	0.4
二氧化碳的损害（占 GNI 的百分比）	2.1	2.1	2.3
空气污染的损害（占 GNI 的百分比）	0.6	0.2	0.9
调整后的净储蓄（占 GNI 的百分比）	3.3	12.9	16.1

萨尔瓦多

人口（百万）	6.1	土地面积（千平方千米）	21	GDP（10亿美元）	25.9

	经济体数据	拉丁美洲和加勒比地区组别	中低收入组别
人均 GNI，世界银行图表集法（美元）	3,940	8,968	2,029
调整后的人均国民净收入（美元）	3,639	7,249	1,767
城市人口（占总人口的百分比）	66.7	79.9	39.0
农业			
农业用地面积（占土地面积的百分比）	77	38	44
灌溉面积（占总农业用地面积的百分比）	1.3	..	..
农业生产力，以每农业工作者增加值计（2010年美元）	4,547	7,188	1,614
谷物产量（每公顷千克数）	2,486	4,169	3,185
森林和生物多样性			
森林面积（占土地面积的百分比）	12.8	46.3	24.3
森林采伐（2000–2015年年均百分比）	1.5	0.4	0.4
陆上保护区面积（占土地面积的百分比）	8.4	23.3	12.0
濒危物种，哺乳动物	6	622	1,134
濒危物种，鸟类	6	1,011	1,199
濒危物种，鱼类	15	1,642	2,011
濒危物种，高等植物	29	5,108	3,971
海洋			
渔业总产量（千吨）	59.2	14,416	58,665
渔获增长率（2000–2015年年均百分比）	12.0	-3.5	2.4
水产养殖增长率（2000–2015年年均百分比）	24.2	7.7	12.0
海洋保护区面积（占领海面积的百分比）	9.5	15.5	5.0
珊瑚礁区域面积（平方千米）	..	20,320	128,580
红树林区域面积（平方千米）	252	41,330	68,563
能源与排放			
人均能源使用量（千克石油当量）	666	1,337	651
废物和生物质能产生的能源（占总能源量的百分比）	14.2	17.1	28.5
人均耗电量（千瓦时）	966	2,122	777
化石燃料发电量（占总量的百分比）	40.3	43.1	74.9
水力发电量（占总量的百分比）	27.6	46.5	14.9
人均二氧化碳排放量（吨）	1.0	3.0	1.4
水与卫生			
人均淡水资源（立方米）	2,559	22,160	3,003
淡水使用总量（占淡水资源总量的百分比）	13.6	2.4	18.4
农业（占淡水使用总量的百分比）	68	71	88
获得改善的水源的人口（占总人口的百分比）	94	95	90
农村（占农村人口的百分比）	87	84	87
城市（占城市人口的百分比）	98	97	94
获得改善的卫生设施的人口（占总人口的百分比）	75	83	52
农村（占农村人口的百分比）	60	64	42
城市（占城市人口的百分比）	82	88	67
环境与健康			
PM2.5 污染，年平均接触值（微克每立方米）	37	18	58
PM2.5 接触（超过世界卫生组织指导线的人口百分比）	100	85	99
急性呼吸道感染发病率（占五岁以下儿童的百分比）	..	..	..
腹泻发病率（占五岁以下儿童的百分比）	17	18	53
五岁以下儿童的死亡率（每千名活产儿）			
国民账户汇编——储蓄，消耗与退化			
总储蓄（占GNI的百分比）	10.9	17.7	27.6
固定资本消费（占GNI的百分比）	8.9	10.2	9.7
教育支出（占GNI的百分比）	3.2	4.9	3.0
能源消耗（占GNI的百分比）	0.0	0.9	0.8
矿产消耗（占GNI的百分比）	0.0	0.1	0.3
净森林消耗（占GNI的百分比）	0.9	0.1	0.4
二氧化碳的损害（占GNI的百分比）	0.8	1.1	2.3
空气污染的损害（占GNI的百分比）	0.4	0.2	0.9
调整后的净储蓄（占GNI的百分比）	3.1	9.4	16.1

赤道几内亚

| 人口(千) | 845 | 土地面积(千平方千米) | 28 | GDP(10亿美元) | 12.2 |

	经济体数据	撒哈拉以南非洲地区组别	中高收入组别
人均 GNI,世界银行图表集法(美元)	12,820	1,631	8,263
调整后的人均国民净收入(美元)	6,205	1,239	6,302
城市人口(占总人口的百分比)	39.9	37.7	64.1
农业			
农业用地面积(占土地面积的百分比)	10	42	35
灌溉地面积(占总农业用地面积的百分比)	..	..	..
农业生产力,以每农业工作者增加值计(2010年美元)	1,293	1,219	2,208
谷物产量(每公顷千克数)	..	1,452	4,104
森林和生物多样性			
森林面积(占土地面积的百分比)	55.9	25.7	34.9
森林采伐(2000—2015年年均百分比)	0.7	0.5	0.0
陆地保护区面积(占土地面积的百分比)	25.0	15.3	15.2
濒危物种,哺乳动物	24	918	1,056
濒危物种,鸟类	7	876	1,511
濒危物种,鱼类	42	2,023	2,315
濒危物种,高等植物	88	3,740	6,808
海洋			
渔业总产量(千吨)	7.9	7,416	103,240
渔获增长率(2000—2015年年均百分比)	5.3	1.8	-0.5
水产养殖业增长率(2000—2015年年均百分比)	..	17.0	5.3
海洋保护区面积(占领海面积的百分比)	2.7	6.1	9.9
珊瑚礁区域面积(平方千米)	..	17,980	48,880
红树林区域面积(平方千米)	253	28,061	50,774
能源与排放			
人均能源使用量(千克石油当量)	..	701	2,192
废物和生物质能产生的能源(占总能源量的百分比)	..	57.4	7.3
人均耗电量(千瓦时)	..	497	3,495
化石燃料发电量(占总量的百分比)	..	64.3	71.1
水力发电量(占总量的百分比)	..	21.2	21.0
人均二氧化碳排放量(吨)	6.8	0.8	6.6
水与卫生			
人均淡水资源(立方米)	31,673	3,986	8,261
淡水使用总量(占淡水资源总量的百分比)	0.1	3.2	6.3
农业(占淡水使用总量的百分比)	6	81	68
获得改善的水源的人口(占总人口的百分比)	48	68	95
农村(占农村人口的百分比)	32	56	91
城市(占城市人口的百分比)	73	87	97
获得改善的卫生设施的人口(占总人口的百分比)	75	30	80
农村(占农村人口的百分比)	71	23	67
城市(占城市人口的百分比)	80	40	87
环境与健康			
PM2.5污染,年平均接触值(微克每立方米)	47	36	42
PM2.5接触(超过世界卫生组织指导线的人口百分比)	100	99	95
急性呼吸道感染发病率(占五岁以下儿童的百分比)	..	5	..
腹泻发病率(占五岁以下儿童的百分比)	..	14	..
五岁以下儿童的死亡率(每千名活产儿)	94	83	19
国民账户汇编——储蓄,消耗与退化			
总储蓄(占GNI的百分比)	..	14.4	36.6
固定资本消费(占GNI的百分比)	17.2	13.8	18.0
教育支出(占GNI的百分比)	1.0	3.3	3.0
能源消耗(占GNI的百分比)	18.4	1.7	1.1
矿产消耗(占GNI的百分比)	0.0	0.9	0.4
净森林消耗(占GNI的百分比)	0.0	2.3	0.0
二氧化碳的损害(占GNI的百分比)	1.7	1.6	2.6
空气污染的损害(占GNI的百分比)	1.9	1.2	0.3
调整后的净储蓄(占GNI的百分比)	..	-3.9	17.2

厄立特里亚

| 人口（百万） | 5.2 | 土地面积（千平方千米） | 101 | GDP（10亿美元） | 2.6 |

	经济体数据	撒哈拉以南非洲地区组别	中低收入组别
人均 GNI，世界银行图表集法（美元）	480	1,631	619
调整后的人均国民净收入（美元）	391	1,239	497
城市人口（占总人口的百分比）	22.6	37.7	30.7
农业			
农业用地面积（占土地面积的百分比）	75	42	39
灌溉地面积（占总农业用地面积的百分比）	..	..	..
农业生产力，以每农业工作者增加值计（2010年美元）	..	1,219	504
谷物产量（每公顷千克数）	600	1,452	1,486
森林和生物多样性			
森林面积（占土地面积的百分比）	15.0	25.7	27.4
森林采伐（2000—2015年年均百分比）	0.3	0.5	0.5
陆地保护面积（占土地面积的百分比）	5.0	15.3	15.2
濒危物种，哺乳动物	11	918	619
濒危物种，鸟类	18	876	599
濒危物种，鱼类	23	2,023	1,156
濒危物种，高等植物	4	3,740	1,962
海洋			
渔业总产量（千吨）	4.0	7,416	3,954
渔获增长率（2000—2015年年均百分比）	-7.4	1.8	2.2
水产养殖业增长率（2000—2015年年均百分比）	..	17.0	3.1
海洋保护区面积（占领海面积的百分比）	0.0	6.1	3.5
珊瑚礁区域面积（平方千米）	3,260	17,980	12,520
红树林区域面积（平方千米）	102	28,061	15,778
能源与排放			
人均能源使用量（千克石油当量）	159	701	..
废物和生物质能产生的能源（占总能源量的百分比）	77.7	57.4	79.1
人均耗电量（千瓦时）	63	497	..
化石燃料发电量（占总量的百分比）	99.5	64.3	..
水力发电量（占总量的百分比）	0.0	21.2	..
人均二氧化碳排放量（吨）	0.1	0.8	0.3
水与卫生			
人均淡水资源（立方米）	548	3,986	4,629
淡水使用总量（占淡水资源总量的百分比）	20.8	3.2	3.3
农业（占淡水使用总量的百分比）	95	81	90
获得改善的水源的人口（占总人口的百分比）	58	68	66
农村（占农村人口的百分比）	53	56	56
城市（占城市人口的百分比）	73	87	87
获得改善的卫生设施的人口（占总人口的百分比）	16	30	28
农村（占农村人口的百分比）	7	23	23
城市（占城市人口的百分比）	45	40	40
环境与健康			
PM2.5 污染，年平均接触值（微克每立方米）	43	36	39
PM2.5 接触（超过世界卫生组织指导线的人口百分比）	100	99	99
急性呼吸道感染发病率（占五岁以下儿童的百分比）	..	5	6
腹泻发病率（占五岁以下儿童的百分比）	..	14	16
五岁以下儿童的死亡率（每千名活产儿）	47	83	76
国民账户汇编——储蓄，消耗与退化			
总储蓄（占 GNI 的百分比）	..	14.4	14.7
固定资本消费（占 GNI 的百分比）	12.3	13.8	10.6
教育支出（占 GNI 的百分比）	1.7	3.3	3.2
能源消耗（占 GNI 的百分比）	0.0	1.7	0.4
矿产消耗（占 GNI 的百分比）	13.4	0.9	1.5
净森林消耗（占 GNI 的百分比）	1.8	2.3	6.6
二氧化碳的损害（占 GNI 的百分比）	0.6	1.6	1.2
空气污染的损害（占 GNI 的百分比）	1.9	1.2	1.7
调整后的净储蓄（占 GNI 的百分比）	..	-3.9	-3.8

爱沙尼亚

人口（百万）	**1.3**	土地面积（千平方千米）	42	GDP（10 亿美元）	**22.5**

	经济体数据	欧洲和中亚地区组别	高收入组别
人均 GNI，世界银行图表集法（美元）	18,320	24,275	41,932
调整后的人均国民净收入（美元）	13,966	18,328	33,454
城市人口（占总人口的百分比）	67.5	70.9	81.1
农业			
农业用地面积（占土地面积的百分比）	23	29	36
灌溉地面积（占总农业用地面积的百分比）	0.0	..	..
农业生产力，以每农业工作者增加值计（2010 年美元）	14,636	14,018	30,017
谷物产量（每公顷千克数）	3,670	3,910	5,919
森林和生物多样性			
森林面积（占土地面积的百分比）	52.7	38.0	28.9
森林采伐（2000—2015 年年均百分比）	0.0	-0.1	-0.0
陆地保护区面积（占土地面积的百分比）	20.7	12.6	15.7
濒危物种，哺乳动物	1	350	527
濒危物种，鸟类	8	638	923
濒危物种，鱼类	5	1,220	2,263
濒危物种，高等植物	0	1,032	2,176
海洋			
渔业总产量（千吨）	74.4	18,438	33,549
渔获增长率（2000—2015 年年均百分比）	-2.8	-0.9	-1.5
水产养殖业增长率（2000—2015 年年均百分比）	8.8	2.9	2.6
海洋保护区面积（占领海面积的百分比）	27.5	13.0	23.7
珊瑚礁区域面积（平方千米）	..	..	83,900
红树林区域面积（平方千米）	..	..	15,283
能源与排放			
人均能源使用量（千克石油当量）	4,593	3,157	4,745
废物和生物质能产生的能源（占总能源量的百分比）	14.5	5.9	5.3
人均耗电量（千瓦时）	6,732	5,369	9,066
化石燃料发电量（占总量的百分比）	88.3	49.8	60.7
水力发电量（占总量的百分比）	0.2	16.6	12.0
人均二氧化碳排放量（吨）	15.1	7.3	11.0
水与卫生			
人均淡水资源（立方米）	9,669	7,850	8,733
淡水使用总量（占淡水资源总量的百分比）	13.5	7.4	9.8
农业（占淡水使用总量的百分比）	0	47	41
获得改善的水源的人口（占总人口的百分比）	100	98	100
农村（占农村人口的百分比）	99	96	99
城市（占城市人口的百分比）	100	99	100
获得改善的卫生设施的人口（占总人口的百分比）	97	93	99
农村（占农村人口的百分比）	97	89	99
城市（占城市人口的百分比）	98	95	100
环境与健康			
PM2.5 污染，年平均接触值（微克每立方米）	9	19	17
PM2.5 接触（超过世界卫生组织指导线的人口百分比）	15	89	62
急性呼吸道感染发病率（占五岁以下儿童的百分比）	..	..	..
腹泻发病率（占五岁以下儿童的百分比）	..	..	..
五岁以下儿童的死亡率（每千名活产儿）	3	11	6
国民账户汇编——储蓄，消耗与退化			
总储蓄（占 GNI 的百分比）	27.5	22.5	22.2
固定资本消费（占 GNI 的百分比）	16.4	16.1	16.6
教育支出（占 GNI 的百分比）	4.4	4.8	4.8
能源消耗（占 GNI 的百分比）	0.1	0.6	0.3
矿产消耗（占 GNI 的百分比）	0.0	0.1	0.1
净森林消耗（占 GNI 的百分比）	0.0	0.0	0.0
二氧化碳的损害（占 GNI 的百分比）	2.9	1.0	0.8
空气污染的损害（占 GNI 的百分比）	0.1	0.1	0.1
调整后的净储蓄（占 GNI 的百分比）	12.3	9.5	9.1

埃塞俄比亚

人口（百万）	99.4	土地面积（千平方千米）	1,000	GDP（10亿美元）	61.5

	经济体数据	撒哈拉以南非洲地区组别	低收入组别
人均GNI，世界银行图表集法（美元）	590	1,631	619
调整后的人均国民净收入（美元）	452	1,239	497
城市人口（占总人口的百分比）	19.5	37.7	30.7
农业			
农业用地面积（占土地面积的百分比）	36	42	39
灌溉地面积（占总农业用地面积的百分比）	0.5	..	
农业生产力，以每农业工作者增加值计（2010年美元）	483	1,219	504
谷物产量（每公顷千克数）	2,325	1,452	1,486
森林和生物多样性			
森林面积（占土地面积的百分比）	12.5	25.7	27.4
森林采伐（2000—2015年年均百分比）	0.6	0.5	0.5
陆地保护区面积（占土地面积的百分比）	18.4	15.3	15.2
濒危物种，哺乳动物	33	918	619
濒危物种，鸟类	32	876	599
濒危物种，鱼类	14	2,023	1,156
濒危物种，高等植物	41	3,740	1,962
海洋			
渔业总产量（千吨）	45.6	7,416	3,954
渔获增长率（2000—2015年年均百分比）	7.4	1.8	2.2
水产养殖业增长率（2000—2015年年均百分比）	12.7	17.0	3.1
海洋保护区面积（占领海面积的百分比）	0.0	6.1	3.5
珊瑚礁区域面积（平方千米）	..	17,980	12,520
红树林区域面积（平方千米）	..	28,061	15,778
能源与排放			
人均能源使用量（千克石油当量）	499	701	..
废物和物质能产生的能源（占总能源量的百分比）	92.3	57.4	79.1
人均耗电量（千瓦时）	70	497	..
化石燃料发电量（占总量的百分比）	0.1	64.3	..
水力发电量（占总量的百分比）	95.6	21.2	..
人均二氧化碳排放量（吨）	0.1	0.8	0.3
水与卫生			
人均淡水资源（立方米）	1,258	3,986	4,629
淡水使用总量（占淡水资源总量的百分比）	8.6	3.2	3.3
农业（占淡水使用总量的百分比）	92	81	90
获得改善的水源的人口（占总人口的百分比）	57	68	66
农村（占农村人口的百分比）	49	56	56
城市（占城市人口的百分比）	93	87	87
获得改善的卫生设施的人口（占总人口的百分比）	28	30	28
农村（占农村人口的百分比）	28	23	23
城市（占城市人口的百分比）	27	40	40
环境与健康			
PM2.5污染，年平均接触值（微克每立方米）	36	36	39
PM2.5接触（超过世界卫生组织指导线的人口百分比）	100	99	99
急性呼吸道感染发病率（占五岁以下儿童的百分比）	7	5	6
腹泻发病率（占五岁以下儿童的百分比）	13	14	16
五岁以下儿童的死亡率（每千名活产儿）	59	83	76
国民账户汇编——储蓄，消耗与退化			
总储蓄（占GNI的百分比）	31.2	14.4	14.7
固定资本消费（占GNI的百分比）	14.1	13.8	10.6
教育支出（占GNI的百分比）	2.9	3.3	3.2
能源消耗（占GNI的百分比）	0.0	1.7	0.4
矿产消耗（占GNI的百分比）	0.4	0.9	1.5
净森林消耗（占GNI的百分比）	12.2	2.3	6.6
二氧化碳的损害（占GNI的百分比）	0.6	1.6	1.2
空气污染的损害（占GNI的百分比）	0.8	1.2	1.7
调整后的净储蓄（占GNI的百分比）	8.6	-3.9	-3.8

法罗群岛

| 人口（千） | **48** | 土地面积（千平方千米） | **1.4** | GDP（10亿美元） | **2.6** |

	经济体数据	欧洲和中亚地区组别	高收入组别
人均 GNI，世界银行图表集法（美元）	..	24,275	41,932
调整后的人均国民净收入（美元）	..	18,328	33,454
城市人口（占总人口的百分比）	42.0	70.9	81.1
农业			
农业用地面积（占土地面积的百分比）	2	29	36
灌溉地面积（占总农业用地面积的百分比）	..	..	..
农业生产力，以每农业工作者增加值计（2010年美元）	..	14,018	30,017
谷物产量（每公顷千克数）	..	3,910	5,919
森林和生物多样性			
森林面积（占土地面积的百分比）	0.1	38.0	28.9
森林采伐（2000—2015年年均百分比）	0.0	-0.1	-0.0
陆地保护区面积（占土地面积的百分比）	0.0	12.6	15.7
濒危物种，哺乳动物	4	350	527
濒危物种，鸟类	4	638	923
濒危物种，鱼类	12	1,220	2,263
濒危物种，高等植物	0	1,032	2,176
海洋			
渔业总产量（千吨）	666	18,438	33,549
渔获增长率（2000—2015年年均百分比）	1.7	-0.9	-1.5
水产养殖业增长率（2000—2015年年均百分比）	5.8	2.9	2.6
海洋保护区面积（占领海面积的百分比）	0.0	13.0	23.7
珊瑚礁区域面积（平方千米）	..	..	83,900
红树林区域面积（平方千米）	..	..	15,283
能源与排放			
人均能源使用量（千克石油当量）	..	3,157	4,745
废物和生物质能产生的能源（占总能源量的百分比）	..	5.9	5.3
人均耗电量（千瓦时）	..	5,369	9,066
化石燃料发电量（占总量的百分比）	..	49.8	60.7
水力发电量（占总量的百分比）	..	16.6	12.0
人均二氧化碳排放量（吨）	12.3	7.3	11.0
水与卫生			
人均淡水资源（立方米）	..	7,850	8,733
淡水使用总量（占淡水资源总量的百分比）	..	7.4	9.8
农业（占淡水使用总量的百分比）	..	47	41
获得改善的水源的人口（占总人口的百分比）	..	98	100
农村（占农村人口的百分比）	..	96	99
城市（占城市人口的百分比）	..	99	100
获得改善的卫生设施的人口（占总人口的百分比）	..	93	99
农村（占农村人口的百分比）	..	89	99
城市（占城市人口的百分比）	..	95	100
环境与健康			
PM2.5 污染，年平均接触值（微克每立方米）	..	19	17
PM2.5 接触（超过世界卫生组织指导线的人口百分比）	..	89	62
急性呼吸道感染发病率（占五岁以下儿童的百分比）	..	..	..
腹泻发病率（占五岁以下儿童的百分比）	..	..	..
五岁以下儿童的死亡率（每千名活产儿）	..	11	6
国民账户汇编——储蓄、消耗与退化			
总储蓄（占 GNI 的百分比）	24.1	22.5	22.2
固定资本消费（占 GNI 的百分比）	..	16.1	16.6
教育支出（占 GNI 的百分比）	..	4.8	4.8
能源消耗（占 GNI 的百分比）	..	0.6	0.3
矿产消耗（占 GNI 的百分比）	0.0	0.1	0.1
净森林消耗（占 GNI 的百分比）	..	0.0	0.0
二氧化碳的损害（占 GNI 的百分比）	0.6	1.0	0.8
空气污染的损害（占 GNI 的百分比）	..	0.1	0.1
调整后的净储蓄（占 GNI 的百分比）	..	9.5	9.1

斐济

人口（千）	**892**	土地面积（千平方千米）	**18**	GDP（10亿美元）	**4.4**

	经济体数据	东亚和太平洋地区组别	中高收入组别
人均GNI，世界银行图表集法（美元）	4,830	9,771	8,263
调整后的人均国民净收入（美元）	3,968	7,546	6,302
城市人口（占总人口的百分比）	53.7	56.6	64.1
农业			
农业用地面积（占土地面积的百分比）	23	49	35
灌溉地面积（占总农业用地面积的百分比）	..		
农业生产力，以每农业工作者增加值计（2010年美元）	2,800	1,657	2,208
谷物产量（每公顷千克数）	2,406	4,958	4,104
森林和生物多样性			
森林面积（占土地面积的百分比）	55.7	26.3	34.9
森林采伐（2000—2015年均百分比）	-0.2	-0.2	0.0
陆地保护区面积（占土地面积的百分比）	4.4	15.6	15.2
濒危物种，哺乳动物	6	918	1,056
濒危物种，鸟类	12	1,097	1,511
濒危物种，鱼类	18	1,549	2,315
濒危物种，高等植物	65	3,515	6,808
海洋			
渔业总产量（千吨）	43.6	132,587	103,240
渔获增长率（2000—2015年均百分比）	0.1	0.9	-0.5
水产养殖业增长率（2000—2015年均百分比）	-13.9	6.5	5.3
海洋保护区面积（占领海面积的百分比）	6.2	17.0	9.9
珊瑚礁区域面积（平方千米）	10,020	203,050	48,880
红树林区域面积（平方千米）	425	67,121	50,774
能源与排放			
人均能源使用量（千克石油当量）	..	2,137	2,192
废物和生物质产生的能源（占总能源量的百分比）	..	7.7	7.3
人均耗电量（千瓦时）	..	3,682	3,495
化石燃料发电量（占总量的百分比）	..	76.4	71.1
水力发电量（占总量的百分比）	..	15.0	21.0
人均二氧化碳排放量（吨）	1.9	6.3	6.6
水与卫生			
人均淡水资源（立方米）	32,207	4,529	8,261
淡水使用总量（占淡水资源总量的百分比）	0.3	11.3	6.3
农业（占淡水使用总量的百分比）	59	71	68
获得改善的水源的人口（占总人口的百分比）	96	94	95
农村（占农村人口的百分比）	91	90	91
城市（占城市人口的百分比）	100	97	97
获得改善的卫生设施的人口（占总人口的百分比）	91	77	80
农村（占农村人口的百分比）	88	64	67
城市（占城市人口的百分比）	93	87	87
环境与健康			
PM2.5污染，年平均接触值（微克每立方米）	8	44	42
PM2.5接触（超过世界卫生组织指导线的人口百分比）	0	97	95
急性呼吸道感染发病率（占五岁以下儿童的百分比）	..	..	..
腹泻发病率（占五岁以下儿童的百分比）	..	..	..
五岁以下儿童的死亡率（每千名活产儿）	22	17	19
国民账户汇编——储蓄，消耗与退化			
总储蓄（占GNI的百分比）	13.7	39.1	36.6
固定资本消费（占GNI的百分比）	15.3	20.7	18.0
教育支出（占GNI的百分比）	3.9	2.7	3.0
能源消耗（占GNI的百分比）	0.0	0.3	1.1
矿产消耗（占GNI的百分比）	0.5	0.2	0.4
净森林消耗（占GNI的百分比）	0.0	0.0	0.0
二氧化碳的损害（占GNI的百分比）	1.5	2.1	2.6
空气污染的损害（占GNI的百分比）	0.4	0.3	0.3
调整后的净储蓄（占GNI的百分比）	0.0	18.1	17.2

芬兰

| 人口（百万） | 5.5 | 土地面积（千平方千米） | 304 | GDP（10亿美元） | 232.4 |

	经济体数据	欧洲和中亚地区组别	高收入组别
人均 GNI，世界银行图表集法（美元）	46,560	24,275	41,932
调整后的人均国民净收入（美元）	34,551	18,328	33,454
城市人口（占总人口的百分比）	84.2	70.9	81.1
农业			
农业用地面积（占土地面积的百分比）	7	29	36
灌溉地面积（占总农业用地面积的百分比）	0.4	..	..
农业生产力，以每农业工作者增加值计（2010 年美元）	80,693	14,018	30,017
谷物产量（每公顷千克数）	3,692	3,910	5,919
森林和生物多样性			
森林面积（占土地面积的百分比）	73.1	38.0	28.9
森林采伐（2000—2015 年年均百分比）	0.1	-0.1	-0.0
陆地保护区面积（占土地面积的百分比）	14.8	12.6	15.7
濒危物种，哺乳动物	2	350	527
濒危物种，鸟类	9	638	923
濒危物种，鱼类	6	1,220	2,263
濒危物种，高等植物	2	1,032	2,176
海洋			
渔业总产量（千吨）	198	18,438	33,549
渔获增长率（2000—2015 年年均百分比）	1.0	-0.9	-1.5
水产养殖业增长率（2000—2015 年年均百分比）	-0.2	2.9	2.6
海洋保护区面积（占领海面积的百分比）	16.7	13.0	23.7
珊瑚礁区域面积（平方千米）	..	..	83,900
红树林区域面积（平方千米）	..	..	15,283
能源与排放			
人均能源使用量（千克石油当量）	6,213	3,157	4,745
废物和生物质能产生的能源（占总能源量的百分比）	26.9	5.9	5.3
人均耗电量（千瓦时）	15,250	5,369	9,066
化石燃料发电量（占总量的百分比）	25.8	49.8	60.7
水力发电量（占总量的百分比）	19.7	16.6	12.0
人均二氧化碳排放量（吨）	8.5	7.3	11.0
水与卫生			
人均淡水资源（立方米）	19,592	7,850	8,733
淡水使用总量（占淡水资源总量的百分比）	6.1	7.4	9.8
农业（占淡水使用总量的百分比）	1	47	41
获得改善的水源的人口（占总人口的百分比）	100	98	100
农村（占农村人口的百分比）	100	96	99
城市（占城市人口的百分比）	100	99	100
获得改善的卫生设施的人口（占总人口的百分比）	98	93	99
农村（占农村人口的百分比）	88	89	99
城市（占城市人口的百分比）	99	95	100
环境与健康			
PM2.5 污染，年年均接触值（微克每立方米）	7	19	17
PM2.5 接触（超过世界卫生组织指导线的人口百分比）	0	89	62
急性呼吸道感染发病率（占五岁以下儿童的百分比）	..	..	..
腹泻发病率（占五岁以下儿童的百分比）	..	..	..
五岁以下儿童的死亡率（每千名活产儿）	2	11	6
国民账户汇编——储蓄，消耗与退化			
总储蓄（占 GNI 的百分比）	20.3	22.5	22.2
固定资本消费（占 GNI 的百分比）	18.9	16.1	16.6
教育支出（占 GNI 的百分比）	6.7	4.8	4.8
能源消耗（占 GNI 的百分比）	0.0	0.6	0.3
矿产消耗（占 GNI 的百分比）	0.2	0.1	0.1
净森林消耗（占 GNI 的百分比）	0.0	0.0	0.0
二氧化碳的损害（占 GNI 的百分比）	0.6	1.0	0.8
空气污染的损害（占 GNI 的百分比）	0.0	0.1	0.1
调整后的净储蓄（占 GNI 的百分比）	7.3	9.5	9.1

法国

| 人口（百万） | 66.5 | 土地面积（千平方千米） | 548 | GDP（10亿美元） | 2,418.8 |

	经济体数据	欧洲和中亚地区组别	高收入组别
人均 GNI，世界银行图表集法（美元）	40,710	24,275	41,932
调整后的人均国民净收入（美元）	30,443	18,328	33,454
城市人口（占总人口的百分比）	79.5	70.9	81.1
农业			
农业用地面积（占土地面积的百分比）	53	29	36
灌溉地面积（占总农业用地面积的百分比）	4.9	..	..
农业生产力，以每农业工作者增加值计（2010年美元）	95,420	14,018	30,017
谷物产量（每公顷千克数）	7,634	3,910	5,919
森林和生物多样性			
森林面积（占土地面积的百分比）	31.0	38.0	28.9
森林采伐（2000—2015年年均百分比）	-0.7	-0.1	-0.0
陆地保护区面积（占土地面积的百分比）	25.3	12.6	15.7
濒危物种，哺乳动物	9	350	527
濒危物种，鸟类	13	638	923
濒危物种，鱼类	52	1,220	2,263
濒危物种，高等植物	35	1,032	2,176
海洋			
渔业总产量（千吨）	712	18,438	33,549
渔获增长率（2000—2015年年均百分比）	-2.1	-0.9	-1.5
水产养殖业增长率（2000—2015年年均百分比）	-1.7	2.9	2.6
海洋保护区面积（占领海面积的百分比）	62.9	13.0	23.7
珊瑚礁区域面积（平方千米）	..	..	83,900
红树林区域面积（平方千米）	..	..	15,283
能源与排放			
人均能源使用量（千克石油当量）	3,661	3,157	4,745
废物和生物质能产生的能源（占总能源量的百分比）	6.1	5.9	5.3
人均耗电量（千瓦时）	6,944	5,369	9,066
化石燃料发电量（占总量的百分比）	4.8	49.8	60.7
水力发电量（占总量的百分比）	11.3	16.6	12.0
人均二氧化碳排放量（吨）	5.1	7.3	11.0
水与卫生			
人均淡水资源（立方米）	3,018	7,850	8,733
淡水使用总量（占淡水资源总量的百分比）	15.1	7.4	9.8
农业（占淡水使用总量的百分比）	10	47	41
获得改善的水源的人口（占总人口的百分比）	100	98	100
农村（占农村人口的百分比）	100	96	99
城市（占城市人口的百分比）	100	99	100
获得改善的卫生设施的人口（占总人口的百分比）	99	93	99
农村（占农村人口的百分比）	99	89	99
城市（占城市人口的百分比）	99	95	100
环境与健康			
PM2.5污染，年平均接触值（微克每立方米）	12	19	17
PM2.5接触（超过世界卫生组织指导线的人口百分比）	92	89	62
急性呼吸道感染发病率（占五岁以下儿童的百分比）	..	..	..
腹泻发病率（占五岁以下儿童的百分比）	..	..	..
五岁以下儿童的死亡率（每千名活产儿）	4	11	6
国民账户汇编——储蓄，消耗与退化			
总储蓄（占GNI的百分比）	20.4	22.5	22.2
固定资本消费（占GNI的百分比）	17.6	16.1	16.6
教育支出（占GNI的百分比）	5.0	4.8	4.8
能源消耗（占GNI的百分比）	0.0	0.6	0.3
矿产消耗（占GNI的百分比）	0.0	0.1	0.1
净森林消耗（占GNI的百分比）	0.0	0.0	0.0
二氧化碳的损害（占GNI的百分比）	0.4	1.0	0.8
空气污染的损害（占GNI的百分比）	0.0	0.1	0.1
调整后的净储蓄（占GNI的百分比）	7.4	9.5	9.1

法属波利尼西亚

人口（千）	**283** 土地面积（千平方千米）	**3.7** GDP（百万美元）	..

	经济体数据	东亚和太平洋地区组别	高收入组别
人均 GNI，世界银行图表集法（美元）	..	9,771	41,932
调整后的人均国民净收入（美元）	..	7,546	33,454
城市人口（占总人口的百分比）	55.9	56.6	81.1
农业			
农业用地面积（占土地面积的百分比）	12	49	36
灌溉地面积（占总农业用地面积的百分比）	..		
农业生产力，以每农业工作者增加值计（2010 年美元）		1,657	30,017
谷物产量（每公顷千克数）		4,958	5,919
森林和生物多样性			
森林面积（占土地面积的百分比）	42.3	26.3	28.9
森林采伐（2000—2015 年年均百分比）	-2.6	-0.2	-0.0
陆地保护区面积（占土地面积的百分比）	2.0	15.6	15.7
濒危物种，哺乳动物	0	918	527
濒危物种，鸟类	32	1,097	923
濒危物种，鱼类	28	1,549	2,263
濒危物种，高等植物	47	3,515	2,176
海洋			
渔业总产量（千吨）	16.6	132,587	33,549
渔获增长率（2000—2015 年年均百分比）	0.4	0.6	-1.5
水产养殖业增长率（2000—2015 年年均百分比）	5.9	6.5	2.6
海洋保护区面积（占领海面积的百分比）	0.1	17.0	23.7
珊瑚礁区域面积（平方千米）	6,000	203,050	83,900
红树林区域面积（平方千米）	..	67,121	15,283
能源与排放			
人均能源使用量（千克石油当量）	..	2,137	4,745
废物和生物质能产生的能源（占总能源量的百分比）		7.7	5.3
人均耗电量（千瓦时）	..	3,682	9,066
化石燃料发电量（占总量的百分比）		76.4	60.7
水力发电量（占总量的百分比）		15.0	12.0
人均二氧化碳排放量（吨）	3.0	6.3	11.0
水与卫生			
人均淡水资源（立方米）	..	4,529	8,733
淡水使用总量（占淡水资源总量的百分比）	..	11.3	9.8
农业（占淡水使用总量的百分比）		71	41
获得改善的水源的人口（占总人口的百分比）	100	94	100
农村（占农村人口的百分比）	100	90	99
城市（占城市人口的百分比）	100	97	100
获得改善的卫生设施的人口（占总人口的百分比）	99	77	99
农村（占农村人口的百分比）	99	64	99
城市（占城市人口的百分比）	99	87	100
环境与健康			
PM2.5 污染，年平均接触值（微克每立方米）		44	17
PM2.5 接触（超过世界卫生组织指导线的人口百分比）		97	62
急性呼吸道感染发病率（占五岁以下儿童的百分比）		..	..
腹泻发病率（占五岁以下儿童的百分比）		..	..
五岁以下儿童的死亡率（每千名活产儿）		17	6
国民账户汇编——储蓄，消耗与退化			
总储蓄（占 GNI 的百分比）	..	39.1	22.2
固定资本消费（占 GNI 的百分比）		20.7	16.6
教育支出（占 GNI 的百分比）	0.5	2.7	4.8
能源消耗（占 GNI 的百分比）	..	0.3	0.3
矿产消耗（占 GNI 的百分比）	..	0.2	0.1
净森林消耗（占 GNI 的百分比）	..	0.0	0.0
二氧化碳的损害（占 GNI 的百分比）	..	2.1	0.8
空气污染的损害（占 GNI 的百分比）	..	0.3	0.1
调整后的净储蓄（占 GNI 的百分比）	..	18.1	9.1

加蓬

| 人口（百万） | 1.7 | 土地面积（千平方千米） | 258 | GDP（10亿美元） | 14.3 |

	经济体数据	撒哈拉以南非洲地区组别	中高收入组别
人均 GNI，世界银行图表集法（美元）	9,200	1,631	8,263
调整后的人均国民净收入（美元）	5,958	1,239	6,302
城市人口（占总人口的百分比）	87.2	37.7	64.1
农业			
农业用地面积（占土地面积的百分比）	20	42	35
灌溉地面积（占总农业用地面积的百分比）	..	..	..
农业生产力，以每农业工作者增加值计（2010年美元）	3,962	1,219	2,208
谷物产量（每公顷千克数）	1,605	1,452	4,104
森林和生物多样性			
森林面积（占土地面积的百分比）	89.3	25.7	34.9
森林采伐（2000—2015年均百分比）	-0.3	0.5	0.0
陆地保护区面积（占土地面积的百分比）	20.5	15.3	15.2
濒危物种，哺乳动物	20	918	1,056
濒危物种，鸟类	6	876	1,511
濒危物种，鱼类	71	2,023	2,315
濒危物种，高等植物	162	3,740	6,808
海洋			
渔业总产量（千吨）	33.0	7,416	103,240
渔获增长率（2000—2015年年均百分比）	-2.4	1.8	-0.5
水产养殖增长率（2000—2015年年均百分比）	-15.5	17.0	5.3
海洋保护区面积（占领海面积的百分比）	9.3	6.1	9.9
珊瑚礁区域面积（平方千米）	..	17,980	48,880
红树林区域面积（平方千米）	1,598	28,061	50,774
能源与排放			
人均能源使用量（千克石油当量）	3,007	701	2,192
废物和生物质能产生的能源（占总能源量的百分比）	73.8	57.4	7.3
人均耗电量（千瓦时）	1,304	497	3,495
化石燃料发电量（占总量的百分比）	65.9	64.3	71.1
水力发电量（占总量的百分比）	33.6	21.2	21.0
人均二氧化碳排放量（吨）	2.9	0.8	6.6
水与卫生			
人均淡水资源（立方米）	97,175	3,986	8,261
淡水使用总量（占淡水资源总量的百分比）	0.1	3.2	6.3
农业（占淡水使用总量的百分比）	29	81	68
获得改善的水源的人口（占总人口的百分比）	93	68	95
农村（占农村人口的百分比）	67	56	91
城市（占城市人口的百分比）	97	87	97
获得改善的卫生设施的人口（占总人口的百分比）	42	30	80
农村（占农村人口的百分比）	32	23	67
城市（占城市人口的百分比）	43	42	87
环境与健康			
PM2.5 污染，年平均接触值（微克每立方米）	40	36	42
PM2.5 接触（超过世界卫生组织指导线的人口百分比）	100	99	95
急性呼吸道感染发病率（占五岁以下儿童的百分比）	8	5	..
腹泻发病率（占五岁以下儿童的百分比）	16	14	..
五岁以下儿童的死亡率（每千名活产儿）	51	83	19
国民账户汇编——储蓄，消耗与退化			
总储蓄（占GNI的百分比）	..	14.4	36.6
固定资本消费（占GNI的百分比）	16.2	13.8	18.0
教育支出（占GNI的百分比）	3.1	3.3	3.0
能源消耗（占GNI的百分比）	6.9	1.7	1.1
矿产消耗（占GNI的百分比）	0.2	0.9	0.4
净森林消耗（占GNI的百分比）	0.0	2.3	0.0
二氧化碳的损害（占GNI的百分比）	1.1	1.6	2.6
空气污染的损害（占GNI的百分比）	0.4	1.2	0.3
调整后的净储蓄（占GNI的百分比）	..	-3.9	17.2

冈比亚

| 人口（百万） | **2.0** | 土地面积（千平方千米） | **10** | GDP（百万美元） | **938.8** |

	经济体数据	撒哈拉以南非洲地区组别	低收入组别
人均 GNI，世界银行图表集法（美元）	460	1,631	619
调整后的人均国民净收入（美元）	353	1,239	497
城市人口（占总人口的百分比）	59.6	37.7	30.7
农业			
农业用地面积（占土地面积的百分比）	60	42	39
灌溉地面积（占总农业用地面积的百分比）	..	..	..
农业生产力，以每农业工作者增加值计（2010 年美元）	311	1,219	504
谷物产量（每公顷千克数）	747	1,452	1,486
森林和生物多样性			
森林面积（占土地面积的百分比）	48.2	25.7	27.4
森林采伐（2000—2015 年年均百分比）	-0.4	0.5	0.5
陆地保护区面积（占土地面积的百分比）	4.2	15.3	15.2
濒危物种，哺乳动物	9	918	619
濒危物种，鸟类	12	876	599
濒危物种，鱼类	34	2,023	1,156
濒危物种，高等植物	5	3,740	1,962
海洋			
渔业总产量（千吨）	56.7	7,416	3,954
渔获增长率（2000—2015 年年均百分比）	4.6	1.8	2.2
水产养殖业增长率（2000—2015 年年均百分比）	13.9	17.0	3.1
海洋保护区面积（占领海面积的百分比）	1.2	6.1	3.5
珊瑚礁区域面积（平方千米）	..	17,980	12,520
红树林区域面积（平方千米）	581	28,061	15,778
能源与排放			
人均能源使用量（千克石油当量）	..	701	..
废物和生物质能产生的能源（占总能源量的百分比）	..	57.4	79.1
人均耗电量（千瓦时）	..	497	..
化石燃料发电量（占总量的百分比）	..	64.3	..
水力发电量（占总量的百分比）	..	21.2	..
人均二氧化碳排放量（吨）	0.3	0.8	0.3
水与卫生			
人均淡水资源（立方米）	1,556	3,986	4,629
淡水使用总量（占淡水资源总量的百分比）	3.0	3.2	3.3
农业（占淡水使用总量的百分比）	43	81	90
获得改善的水源的人口（占总人口的百分比）	90	68	66
农村（占农村人口的百分比）	84	56	56
城市（占城市人口的百分比）	94	87	87
获得改善的卫生设施的人口（占总人口的百分比）	59	30	28
农村（占农村人口的百分比）	55	23	23
城市（占城市人口的百分比）	62	40	40
环境与健康			
PM2.5 污染，年平均接触值（微克每立方米）	61	36	39
PM2.5 接触（超过世界卫生组织指导线的人口百分比）	100	99	99
急性呼吸道感染发病率（占五岁以下儿童的百分比）	5	5	6
腹泻发病率（占五岁以下儿童的百分比）	17	14	16
五岁以下儿童的死亡率（每千名活产儿）	69	83	76
国民账户汇编——储蓄，消耗与退化			
总储蓄（占 GNI 的百分比）	28.5	14.4	14.7
固定资本消费（占 GNI 的百分比）	22.1	13.8	10.6
教育支出（占 GNI 的百分比）	2.7	3.3	3.2
能源消耗（占 GNI 的百分比）	0.0	1.7	0.4
矿产消耗（占 GNI 的百分比）	0.0	0.9	1.5
净森林消耗（占 GNI 的百分比）	7.0	2.3	6.6
二氧化碳的损害（占 GNI 的百分比）	1.8	1.6	1.2
空气污染的损害（占 GNI 的百分比）	2.3	1.2	1.7
调整后的净储蓄（占 GNI 的百分比）	-1.6	-3.9	-3.8

格鲁吉亚

人口（百万）	3.7	土地面积（千平方千米）	69	GDP（10 亿美元）	14.0

	经济体数据	欧洲和中亚地区组别	中高收入组别
人均 GNI，世界银行图表集法（美元）	4,120	24,275	8,263
调整后的人均国民净收入（美元）	3,244	18,328	6,302
城市人口（占总人口的百分比）	53.6	70.9	64.1
农业			
农业用地面积（占土地面积的百分比）	37	29	35
灌溉地面积（占总农业用地面积的百分比）	..	..	..
农业生产力，以每农业工作者增加值计（2010 年美元）	3,346	14,018	2,208
谷物产量（每公顷千克数）	2,000	3,910	4,104
森林和生物多样性			
森林面积（占土地面积的百分比）	40.6	38.0	34.9
森林采伐（2000—2015 年年均百分比）	-0.1	-0.1	0.0
陆地保护区面积（占土地面积的百分比）	8.3	12.6	15.2
濒危物种，哺乳动物	9	350	1,056
濒危物种，鸟类	15	638	1,511
濒危物种，鱼类	11	1,220	2,315
濒危物种，高等植物	61	1,032	6,808
海洋			
渔业总产量（千吨）	12.7	18,438	103,240
渔获增长率（2000—2015 年年均百分比）	13.6	-0.9	-0.5
水产养殖增长率（2000—2015 年年均百分比）	14.7	2.9	5.3
海洋保护区面积（占领海面积的百分比）	2.4	13.0	9.9
珊瑚礁区域面积（平方千米）	..	..	48,880
红树林区域面积（平方千米）	..	..	50,774
能源与排放			
人均能源使用量（千克石油当量）	1,178	3,157	2,192
废物和生物质能产生的能源（占总能源量的百分比）	10.6	5.9	7.3
人均耗电量（千瓦时）	2,688	5,369	3,495
化石燃料发电量（占总量的百分比）	19.6	49.8	71.1
水力发电量（占总量的百分比）	80.4	16.6	21.0
人均二氧化碳排放量（吨）	2.0	7.3	6.6
水与卫生			
人均淡水资源（立方米）	15,597	7,850	8,261
淡水使用总量（占淡水资源总量的百分比）	3.1	7.4	6.3
农业（占淡水使用总量的百分比）	58	47	68
获得改善的水源的人口（占总人口的百分比）	100	98	95
农村（占农村人口的百分比）	100	96	91
城市（占城市人口的百分比）	100	99	97
获得改善的卫生设施的人口（占总人口的百分比）	86	93	80
农村（占农村人口的百分比）	76	89	67
城市（占城市人口的百分比）	95	95	87
环境与健康			
PM2.5 污染，年平均接触值（微克每立方米）	20	19	42
PM2.5 接触（超过世界卫生组织指导线的人口百分比）	100	89	95
急性呼吸道感染发病率（占五岁以下儿童的百分比）	..	..	..
腹泻发病率（占五岁以下儿童的百分比）	..	..	..
五岁以下儿童的死亡率（每千名活产儿）	12	11	19
国民账户汇编——储蓄，消耗与退化			
总储蓄（占 GNI 的百分比）	21.2	22.5	36.6
固定资本消费（占 GNI 的百分比）	10.6	16.1	18.0
教育支出（占 GNI 的百分比）	1.8	4.8	3.0
能源消耗（占 GNI 的百分比）	0.0	0.6	1.1
矿产消耗（占 GNI 的百分比）	0.6	0.1	0.4
净森林消耗（占 GNI 的百分比）	0.0	0.0	0.1
二氧化碳的损害（占 GNI 的百分比）	1.8	1.0	2.6
空气污染的损害（占 GNI 的百分比）	0.7	0.1	0.3
调整后的净储蓄（占 GNI 的百分比）	9.3	9.5	17.2

德国

| 人口（百万） | 81.7 | 土地面积（千平方千米） | 349 | GDP（10亿美元） | 3,363.4 |

	经济体数据	欧洲和中亚地区组别	高收入组别
人均 GNI，世界银行图表集法（美元）	45,790	24,275	41,932
调整后的人均国民净收入（美元）	34,789	18,328	33,454
城市人口（占总人口的百分比）	75.3	70.9	81.1
农业			
农业用地面积（占土地面积的百分比）	48	29	36
灌溉地面积（占总农业用地面积的百分比）	2.2	..	
农业生产力，以每农业工作者增加值计（2010年美元）	33,048	14,018	30,017
谷物产量（每公顷千克数）	8,050	3,910	5,919
森林和生物多样性			
森林面积（占土地面积的百分比）	32.7	38.0	28.9
森林采伐（2000—2015年年均百分比）	-0.0	-0.1	-0.0
陆上保护区面积（占土地面积的百分比）	37.4	12.6	15.7
濒危物种，哺乳动物	5	350	527
濒危物种，鸟类	11	638	923
濒危物种，鱼类	24	1,220	2,263
濒危物种，高等植物	17	1,032	2,176
海洋			
渔业总产量（千吨）	292	18,438	33,549
渔获增长率（2000—2015年年均百分比）	1.7	-0.9	-1.5
水产养殖业增长率（2000—2015年年均百分比）	-5.1	2.9	2.6
海洋保护区面积（占领海面积的百分比）	64.8	13.0	23.7
珊瑚礁区域面积（平方千米）	..	..	83,900
红树林区域面积（平方千米）	..	..	15,283
能源与排放			
人均能源使用量（千克石油当量）	3,779	3,157	4,745
废物和生物质能产生的能源（占总能源量的百分比）	9.5	5.9	5.3
人均耗电量（千瓦时）	7,035	5,369	9,066
化石燃料发电量（占总量的百分比）	56.7	49.8	60.7
水力发电量（占总量的百分比）	3.1	16.6	12.0
人均二氧化碳排放量（吨）	9.4	7.3	11.0
水与卫生			
人均淡水资源（立方米）	1,321	7,850	8,733
淡水使用总量（占淡水资源总量的百分比）	30.9	7.4	9.8
农业（占淡水使用总量的百分比）	1	47	41
获得改善的水源的人口（占总人口的百分比）	100	98	100
农村（占农村人口的百分比）	100	96	99
城市（占城市人口的百分比）	100	99	100
获得改善的卫生设施的人口（占总人口的百分比）	99	93	99
农村（占农村人口的百分比）	99	89	99
城市（占城市人口的百分比）	99	95	100
环境与健康			
PM2.5污染，年平均接触值（微克每立方米）	14	19	17
PM2.5接触（超过世界卫生组织指导线的人口百分比）	100	89	62
急性呼吸道感染发病率（占五岁以下儿童的百分比）	..	..	..
腹泻发病率（占五岁以下儿童的百分比）	..	..	..
五岁以下儿童的死亡率（每千名活产儿）	4	11	6
国民账户汇编——储蓄，消耗与退化			
总储蓄（占GNI的百分比）	27.1	22.5	22.2
固定资本消费（占GNI的百分比）	17.3	16.1	16.6
教育支出（占GNI的百分比）	4.7	4.8	4.8
能源消耗（占GNI的百分比）	0.0	0.6	0.3
矿产消耗（占GNI的百分比）	0.0	0.1	0.1
净森林消耗（占GNI的百分比）	0.0	0.1	0.1
二氧化碳的损害（占GNI的百分比）	0.7	1.0	0.8
空气污染的损害（占GNI的百分比）	0.1	0.1	0.1
调整后的净储蓄（占GNI的百分比）	13.7	9.5	9.1

加纳

人口（百万）	27.4	土地面积（千平方千米）	228	GDP（10 亿美元）	37.5

	经济体数据	撒哈拉以南非洲地区组别	中低收入组别
人均 GNI，世界银行图表集法（美元）	1,480	1,631	2,029
调整后的人均国民净收入（美元）	886	1,239	1,767
城市人口（占总人口的百分比）	54.0	37.7	39.0
农业			
农业用地面积（占土地面积的百分比）	69	42	44
灌溉地面积（占总农业用地面积的百分比）	0.2	..	..
农业生产力，以每农业工作者增加值计（2010 年美元）	1,530	1,219	1,614
谷物产量（每公顷千克数）	1,703	1,452	3,185
森林和生物多样性			
森林面积（占土地面积的百分比）	41.0	25.7	24.3
森林采伐（2000—2015 年年均百分比）	-0.3	0.5	0.4
陆地保护区面积（占土地面积的百分比）	15.1	15.3	12.0
濒危物种，哺乳动物	20	918	1,134
濒危物种，鸟类	20	876	1,199
濒危物种，鱼类	56	2,023	2,011
濒危物种，高等植物	119	3,740	3,971
海洋			
渔业总产量（千吨）	391	7,416	58,665
渔获增长率（2000—2015 年年均百分比）	-1.8	1.8	2.4
水产养殖业增长率（2000—2015 年年均百分比）	15.7	17.0	12.0
海洋保护区面积（占领海面积的百分比）	1.7	6.1	5.0
珊瑚礁区域面积（平方千米）	..	17,980	128,580
红树林区域面积（平方千米）	137	28,061	68,563
能源与排放			
人均能源使用量（千克石油当量）	337	701	651
废物和生物质能产生的能源（占总能源量的百分比）	40.2	57.4	28.5
人均耗电量（千瓦时）	357	497	777
化石燃料发电量（占总量的百分比）	35.3	64.3	74.9
水力发电量（占总量的百分比）	64.7	21.2	14.9
人均二氧化碳排放量（吨）	0.6	0.8	1.4
水与卫生			
人均淡水资源（立方米）	1,131	3,986	3,003
淡水使用总量（占淡水资源总量的百分比）	3.2	3.2	18.4
农业（占淡水使用总量的百分比）	66	81	88
获得改善的水源的人口（占总人口的百分比）	89	68	90
农村（占农村人口的百分比）	84	56	87
城市（占城市人口的百分比）	93	87	94
获得改善的卫生设施的人口（占总人口的百分比）	15	30	52
农村（占农村人口的百分比）	9	23	42
城市（占城市人口的百分比）	20	40	67
环境与健康			
PM2.5 污染，年平均接触值（微克每立方米）	23	36	58
PM2.5 接触（超过世界卫生组织指导线的人口百分比）	100	99	99
急性呼吸道感染发病率（占五岁以下儿童的百分比）	4	5	..
腹泻发病率（占五岁以下儿童的百分比）	12	14	..
五岁以下儿童的死亡率（每千名活产儿）	62	83	53
国民账户汇编——储蓄，消耗与退化			
总储蓄（占 GNI 的百分比）	17.5	14.4	27.6
固定资本消费（占 GNI 的百分比）	19.2	13.8	9.7
教育支出（占 GNI 的百分比）	5.8	3.3	3.0
能源消耗（占 GNI 的百分比）	1.3	1.7	0.8
矿产消耗（占 GNI 的百分比）	4.0	0.9	0.3
净森林消耗（占 GNI 的百分比）	8.8	2.3	0.4
二氧化碳的损害（占 GNI 的百分比）	1.3	1.6	2.3
空气污染的损害（占 GNI 的百分比）	1.1	1.2	0.9
调整后的净储蓄（占 GNI 的百分比）	-12.4	-3.9	16.1

直布罗陀

| 人口（千） | 32 | 土地面积（平方千米） | 10 | GDP（百万美元） | .. |

	经济体数据	欧洲和中亚地区组别	高收入组别
人均 GNI，世界银行图表集法（美元）	..	24,275	41,932
调整后的人均国民净收入（美元）	..	18,328	33,454
城市人口（占总人口的百分比）	100.0	70.9	81.1
农业			
农业用地面积（占土地面积的百分比）	..	29	36
灌溉地面积（占总农业用地面积的百分比）	..	..	..
农业生产力，以每农业工作者增加值计（2010 年美元）	..	14,018	30,017
谷物产量（每公顷千克数）	..	3,910	5,919
森林和生物多样性			
森林面积（占土地面积的百分比）	0.0	38.0	28.9
森林采伐（2000—2015 年年均百分比）	..	-0.1	-0.0
陆地保护区面积（占土地面积的百分比）	..	12.6	15.7
濒危物种，哺乳动物	4	350	527
濒危物种，鸟类	5	638	923
濒危物种，鱼类	18	1,220	2,263
濒危物种，高等植物	0	1,032	2,176
海洋			
渔业总产量（千吨）	0.00	18,438	33,549
渔获增长率（2000—2015 年年均百分比）	0.0	-0.9	-1.5
水产养殖业增长率（2000—2015 年年均百分比）	..	2.9	2.6
海洋保护区面积（占领海面积的百分比）	..	13.0	23.7
珊瑚礁区域面积（平方千米）	..	..	83,900
红树林区域面积（平方千米）	..	..	15,283
能源与排放			
人均能源使用量（千克石油当量）	6,126	3,157	4,745
废物和生物质能产生的能源（占总能源量的百分比）	0.0	5.9	5.3
人均耗电量（千瓦时）	6,001	5,369	9,066
化石燃料发电量（占总量的百分比）	100.0	49.8	60.7
水力发电量（占总量的百分比）	0.0	16.6	12.0
人均二氧化碳排放量（吨）	15.5	7.3	11.0
水与卫生			
人均淡水资源（立方米）	..	7,850	8,733
淡水使用总量（占淡水资源总量的百分比）	..	7.4	9.8
农业（占淡水使用总量的百分比）	..	47	41
获得改善的水源的人口（占总人口的百分比）	..	98	100
农村（占农村人口的百分比）	..	96	99
城市（占城市人口的百分比）	..	99	100
获得改善的卫生设施的人口（占总人口的百分比）	..	93	99
农村（占农村人口的百分比）	..	89	99
城市（占城市人口的百分比）	..	95	100
环境与健康			
PM2.5 污染，年平均接触值（微克每立方米）	..	19	17
PM2.5 接触（超过世界卫生组织指导线的人口百分比）	..	89	62
急性呼吸道感染发病率（占五岁以下儿童的百分比）	..	..	..
腹泻发病率（占五岁以下儿童的百分比）	..	..	..
五岁以下儿童的死亡率（每千名活产儿）	..	11	6
国民账户汇编——储蓄，消耗与退化			
总储蓄（占 GNI 的百分比）	..	22.5	22.2
固定资本消费（占 GNI 的百分比）	..	16.1	16.6
教育支出（占 GNI 的百分比）	..	4.8	4.8
能源消耗（占 GNI 的百分比）	..	0.6	0.3
矿产消耗（占 GNI 的百分比）	..	0.1	0.1
净森林消耗（占 GNI 的百分比）	..	0.0	0.0
二氧化碳的损害（占 GNI 的百分比）	..	1.0	0.8
空气污染的损害（占 GNI 的百分比）	..	0.1	0.1
调整后的净储蓄（占 GNI 的百分比）	..	9.5	9.1

希腊

| 人口（百万） | **10.8** | 土地面积（千平方千米） | **129** | GDP（10 亿美元） | **194.9** |

	经济体数据	欧洲和中亚地区组别	高收入组别
人均 GNI，世界银行图表集法（美元）	20,270	24,275	41,932
调整后的人均国民净收入（美元）	14,559	18,328	33,454
城市人口（占总人口的百分比）	78.0	70.9	81.1
农业			
农业用地面积（占土地面积的百分比）	63	29	36
灌溉地面积（占总农业用地面积的百分比）	16.7	..	..
农业生产力，以每名农业工作者增加值计（2010 年美元）	16,451	14,018	30,017
谷物产量（每公顷千克数）	4,134	3,910	5,919
森林和生物多样性			
森林面积（占土地面积的百分比）	31.5	38.0	28.9
森林采伐（2000—2015 年年均百分比）	-0.8	-0.1	-0.0
陆地保护区面积（占土地面积的百分比）	34.9	12.6	15.7
濒危物种，哺乳动物	11	350	527
濒危物种，鸟类	16	638	923
濒危物种，鱼类	80	1,220	2,263
濒危物种，高等植物	59	1,032	2,176
海洋			
渔业总产量（千吨）	171	18,438	33,549
渔获增长率（2000—2015 年年均百分比）	-2.8	-0.9	-1.5
水产养殖增长率（2000—2015 年年均百分比）	0.7	2.9	2.6
海洋保护区面积（占领海面积的百分比）	6.0	13.0	23.7
珊瑚礁区域面积（平方千米）	..	..	83,900
红树林区域面积（平方千米）	..	..	15,283
能源与排放			
人均能源使用量（千克石油当量）	2,124	3,157	4,745
废物和生物质能产生的能源（占总能源量的百分比）	5.3	5.9	5.3
人均耗电量（千瓦时）	5,063	5,369	9,066
化石燃料发电量（占总量的百分比）	75.6	49.8	60.7
水力发电量（占总量的百分比）	8.9	16.6	12.0
人均二氧化碳排放量（吨）	6.3	7.3	11.0
水与卫生			
人均淡水资源（立方米）	5,325	7,850	8,733
淡水使用量（占淡水资源总量的百分比）	16.6	7.4	9.8
农业（占淡水使用总量的百分比）	88	47	41
获得改善的水源的人口（占总人口的百分比）	100	98	100
农村（占农村人口的百分比）	100	96	99
城市（占城市人口的百分比）	100	99	100
获得改善的卫生设施的人口（占总人口的百分比）	99	93	99
农村（占农村人口的百分比）	98	89	99
城市（占城市人口的百分比）	99	95	100
环境与健康			
PM2.5 污染，年平均接触值（微克每立方米）	13	19	17
PM2.5 接触（超过世界卫生组织指导线的人口百分比）	100	89	62
急性呼吸道感染发病率（占五岁以下儿童的百分比）	..	..	..
腹泻发病率（占五岁以下儿童的百分比）	..	..	..
五岁以下儿童的死亡率（每千名活产儿）	5	11	6
国民账户汇编——储蓄，消耗与退化			
总储蓄（占 GNI 的百分比）	10.0	22.5	22.2
固定资本消费（占 GNI 的百分比）	19.4	16.1	16.6
教育支出（占 GNI 的百分比）	3.1	4.8	4.8
能源消耗（占 GNI 的百分比）	0.0	0.6	0.3
矿产消耗（占 GNI 的百分比）	0.0	0.1	0.1
净森林消耗（占 GNI 的百分比）	0.0	0.0	0.0
二氧化碳的损害（占 GNI 的百分比）	1.1	1.0	0.8
空气污染的损害（占 GNI 的百分比）	0.1	0.1	0.1
调整后的净储蓄（占 GNI 的百分比）	-7.5	9.5	9.1

格陵兰

| 人口（千） | 56 | 土地面积（千平方千米） | 410ᵃ | GDP（10亿美元） | 2.4 |

	经济体数据	欧洲和中亚地区组别	高收入组别
人均 GNI，世界银行图表集法（美元）	..	24,275	41,932
调整后的人均国民净收入（美元）	..	18,328	33,454
城市人口（占总人口的百分比）	86.4	70.9	81.1
农业			
农业用地面积（占土地面积的百分比）	1	29	36
灌溉地面积（占总农业用地面积的百分比）	..	..	..
农业生产力，以每农业工作者增加值计（2010 年美元）	..	14,018	30,017
谷物产量（每公顷千克数）	..	3,910	5,919
森林和生物多样性			
森林面积（占土地面积的百分比）	0.0	38.0	28.9
森林采伐（2000—2015 年年均百分比）	0.0	-0.1	-0.0
陆地保护区面积（占土地面积的百分比）	41.2	12.6	15.7
濒危物种，哺乳动物	9	350	527
濒危物种，鸟类	3	638	923
濒危物种，鱼类	9	1,220	2,263
濒危物种，高等植物	1	1,032	2,176
海洋			
渔业总产量（千吨）	268	18,438	33,549
渔获增长率（2000—2015 年年均百分比）	3.5	-0.9	-1.5
水产养殖增长率（2000—2015 年年均百分比）	..	2.9	2.6
海洋保护区面积（占领海面积的百分比）	36.7	13.0	23.7
珊瑚礁区域面积（平方千米）	..	..	83,900
红树林区域面积（平方千米）	..	..	15,283
能源与排放			
人均能源使用量（千克石油当量）	..	3,157	4,745
废物和生物质能产生的能源（占总能源量的百分比）	..	5.9	5.3
人均耗电量（千瓦时）	..	5,369	9,066
化石燃料发电量（占总量的百分比）	..	49.8	60.7
水力发电量（占总量的百分比）	..	16.6	12.0
人均二氧化碳排放量（吨）	10.1	7.3	11.0
水与卫生			
人均淡水资源（立方米）	..	7,850	8,733
淡水使用总量（占淡水资源总量的百分比）	..	7.4	9.8
农业（占淡水使用总量的百分比）	..	47	41
获得改善的水源的人口（占总人口的百分比）	100	98	100
农村（占农村人口的百分比）	100	96	99
城市（占城市人口的百分比）	100	99	100
获得改善的卫生设施的人口（占总人口的百分比）	100	93	99
农村（占农村人口的百分比）	100	89	99
城市（占城市人口的百分比）	100	95	100
环境与健康			
PM2.5 污染，年平均接触值（微克每立方米）	5	19	17
PM2.5 接触（超过世界卫生组织指导线的人口百分比）	0	89	62
急性呼吸道感染发病率（占五岁以下儿童的百分比）	..	..	..
腹泻发病率（占五岁以下儿童的百分比）	..	..	..
五岁以下儿童的死亡率（每千名活产儿）	..	11	6
国民账户汇编——储蓄，消耗与退化			
总储蓄（占 GNI 的百分比）	..	22.5	22.2
固定资本消费（占 GNI 的百分比）	..	16.1	16.6
教育支出（占 GNI 的百分比）	..	4.8	4.8
能源消耗（占 GNI 的百分比）	..	0.6	0.3
矿产消耗（占 GNI 的百分比）	..	0.1	0.1
净森林消耗（占 GNI 的百分比）	..	0.0	0.0
二氧化碳的损害（占 GNI 的百分比）	..	1.0	0.8
空气污染的损害（占 GNI 的百分比）	..	0.1	0.1
调整后的净储蓄（占 GNI 的百分比）	..	9.5	9.1

格林纳达

人口（千）	**107** 土地面积（平方千米）	**340** GDP（百万美元）	**984.1**

	经济体数据	拉丁美洲和加勒比地区组别	中高收入组别
人均 GNI，世界银行图表集法（美元）	8,650	8,968	8,263
调整后的人均国民净收入（美元）	..	7,249	6,302
城市人口（占总人口的百分比）	35.6	79.9	64.1
农业			
农业用地面积（占土地面积的百分比）	24	38	35
灌溉地面积（占总农业用地面积的百分比）	..	..	..
农业生产力，以每农业工作者增加值计（2010 年美元）	7,983	7,188	2,208
谷物产量（每公顷千克数）	1,003	4,169	4,104
森林和生物多样性			
森林面积（占土地面积的百分比）	50.0	46.3	34.9
森林采伐（2000—2015 年年均百分比）	0.0	0.4	0.0
陆地保护区面积（占土地面积的百分比）	2.1	23.3	15.2
濒危物种，哺乳动物	4	622	1,056
濒危物种，鸟类	1	1,011	1,511
濒危物种，鱼类	28	1,642	2,315
濒危物种，高等植物	3	5,108	6,808
海洋			
渔业总产量（千吨）	2.7	14,416	103,240
渔获增长率（2000—2015 年年均百分比）	3.1	-3.5	-0.5
水产养殖业增长率（2000—2015 年年均百分比）	..	7.7	5.3
海洋保护区面积（占领海面积的百分比）	0.1	15.5	9.9
珊瑚礁区域面积（平方千米）	150	20,320	48,880
红树林区域面积（平方千米）	1.4	41,330	50,774
能源与排放			
人均能源使用量（千克石油当量）	..	1,337	2,192
废物和生物质能产生的能源（占总能源量的百分比）	..	17.1	7.3
人均耗电量（千瓦时）	..	2,122	3,495
化石燃料发电量（占总量的百分比）	..	43.1	71.1
水力发电量（占总量的百分比）	..	46.5	21.0
人均二氧化碳排放量（吨）	2.9	3.0	6.6
水与卫生			
人均淡水资源（立方米）	1,881	22,160	8,261
淡水使用总量（占淡水资源总量的百分比）	7.0	2.4	6.3
农业（占淡水使用总量的百分比）	15	71	68
获得改善的水源的人口（占总人口的百分比）	97	95	95
农村（占农村人口的百分比）	95	84	91
城市（占城市人口的百分比）	99	97	97
获得改善的卫生设施的人口（占总人口的百分比）	98	83	80
农村（占农村人口的百分比）	98	64	67
城市（占城市人口的百分比）	98	88	87
环境与健康			
PM2.5 污染，年平均接触值（微克每立方米）	15	18	42
PM2.5 接触（超过世界卫生组织指导线的人口百分比）	100	85	95
急性呼吸道感染发病率（占五岁以下儿童的百分比）	..	..	..
腹泻发病率（占五岁以下儿童的百分比）	12	18	19
五岁以下儿童的死亡率（每千名活产儿）			
国民账户汇编——储蓄，消耗与退化			
总储蓄（占 GNI 的百分比）	-1.8	17.7	36.6
固定资本消费（占 GNI 的百分比）	21.6	10.2	18.0
教育支出（占 GNI 的百分比）	3.8	4.9	3.0
能源消耗（占 GNI 的百分比）	0.0	0.9	1.1
矿产消耗（占 GNI 的百分比）	0.0	0.9	0.4
净森林消耗（占 GNI 的百分比）	..	0.1	0.0
二氧化碳的损害（占 GNI 的百分比）	1.2	1.1	2.6
空气污染的损害（占 GNI 的百分比）		0.2	0.3
调整后的净储蓄（占 GNI 的百分比）	..	9.4	17.2

关岛

人口（千）	170	土地面积（平方千米）	540	GDP（百万美元）	5.7

	经济体数据	东亚和太平洋地区组别	高收入组别
人均 GNI，世界银行图表集法（美元）	..	9,771	41,932
调整后的人均国民净收入（美元）	..	7,546	33,454
城市人口（占总人口的百分比）	94.5	56.6	81.1
农业			
农业用地面积（占土地面积的百分比）	33	49	36
灌溉地面积（占总农业用地面积的百分比）	..	..	..
农业生产力，以每农业工作者增加值计（2010 年美元）	..	1,657	30,017
谷物产量（每公顷千克数）	2,534	4,958	5,919
森林和生物多样性			
森林面积（占土地面积的百分比）	46.3	26.3	28.9
森林采伐（2000—2015 年年均百分比）	0.0	-0.2	-0.0
陆地保护区面积（占土地面积的百分比）	27.1	15.6	15.7
濒危物种，哺乳动物	2	918	527
濒危物种，鸟类	14	1,097	923
濒危物种，鱼类	13	1,549	2,263
濒危物种，高等植物	4	3,515	2,176
海洋			
渔业总产量（千吨）	1.4	132,587	33,549
渔获增长率（2000—2015 年年均百分比）	5.1	0.9	-1.5
水产养殖业增长率（2000—2015 年年均百分比）	-4.9	6.5	2.6
海洋保护区面积（占领海面积的百分比）	2.5	17.0	23.7
珊瑚礁区域面积（平方千米）	220	203,050	83,900
红树林区域面积（平方千米）	0.97	67,121	15,283
能源与排放			
人均能源使用量（千克石油当量）	..	2,137	4,745
废物和生物质能产生的能源（占总能源量的百分比）	..	7.7	5.3
人均耗电量（千瓦时）	..	3,682	9,066
化石燃料发电量（占总量的百分比）	..	76.4	60.7
水力发电量（占总量的百分比）	..	15.0	12.0
人均二氧化碳排放量（吨）	..	6.3	11.0
水与卫生			
人均淡水资源（立方米）	..	4,529	8,733
淡水使用总量（占淡水资源总量的百分比）	..	11.3	9.8
农业（占淡水使用总量的百分比）	..	71	41
获得改善的水源的人口（占总人口的百分比）	100	94	100
农村（占农村人口的百分比）	100	90	99
城市（占城市人口的百分比）	100	97	100
获得改善的卫生设施的人口（占总人口的百分比）	90	77	99
农村（占农村人口的百分比）	90	64	99
城市（占城市人口的百分比）	90	87	100
环境与健康			
PM2.5 污染，年平均接触值（微克每立方米）	7	44	17
PM2.5 接触（超过世界卫生组织指导线的人口百分比）	0	97	62
急性呼吸道感染发病率（占五岁以下儿童的百分比）	..	..	..
腹泻发病率（占五岁以下儿童的百分比）	..	..	..
五岁以下儿童的死亡率（每千名活产儿）	..	17	6
国民账户汇编——储蓄，消耗与退化			
总储蓄（占 GNI 的百分比）	..	39.1	22.2
固定资本消费（占 GNI 的百分比）	..	20.7	16.6
教育支出（占 GNI 的百分比）	8.3	2.7	4.8
能源消耗（占 GNI 的百分比）	..	0.3	0.3
矿产消耗（占 GNI 的百分比）	..	0.2	0.1
净森林消耗（占 GNI 的百分比）	..	0.0	0.0
二氧化碳的损害（占 GNI 的百分比）	..	2.1	0.8
空气污染的损害（占 GNI 的百分比）	..	0.3	0.1
调整后的净储蓄（占 GNI 的百分比）	..	18.1	9.1

危地马拉

| 人口（百万） | **16.3** | 土地面积（千平方千米） | **107** | GDP（10亿美元） | **63.8** |

	经济体数据	拉丁美洲和加勒比地区组别	中低收入组别
人均 GNI，世界银行图表集法（美元）	3,590	8,968	2,029
调整后的人均国民净收入（美元）	3,280	7,249	1,767
城市人口（占总人口的百分比）	51.6	79.9	39.0
农业			
农业用地面积（占土地面积的百分比）	35	38	44
灌溉地面积（占总农业用地面积的百分比）	..	..	..
农业生产力，以每农业工作者增加值计（2010 年美元）	2,443	7,188	1,614
谷物产量（每公顷千克数）	2,118	4,169	3,185
森林和生物多样性			
森林面积（占土地面积的百分比）	33.0	46.3	24.3
森林采伐（2000—2015 年年均百分比）	1.1	0.4	0.4
陆地保护区面积（占土地面积的百分比）	31.8	23.3	12.0
濒危物种，哺乳动物	15	622	1,134
濒危物种，鸟类	14	1,011	1,199
濒危物种，鱼类	35	1,642	2,011
濒危物种，高等植物	102	5,108	3,971
海洋			
渔业总产量（千吨）	43.8	14,416	58,665
渔获增长率（2000—2015 年年均百分比）	-3.8	-3.5	2.4
水产养殖增长率（2000—2015 年年均百分比）	12.1	7.7	12.0
海洋保护区面积（占领海面积的百分比）	13.0	15.5	5.0
珊瑚礁区域面积（平方千米）	..	20,320	128,580
红树林区域面积（平方千米）	177	41,330	68,563
能源与排放			
人均能源使用量（千克油当量）	825	1,337	651
废物和生物质能产生的能源（占总能源量的百分比）	58.2	17.1	28.5
人均耗电量（千瓦时）	575	2,122	777
化石燃料发电量（占总量的百分比）	31.4	43.1	74.9
水力发电量（占总量的百分比）	45.2	46.5	14.9
人均二氧化碳排放量（吨）	0.9	3.0	1.4
水与卫生			
人均淡水资源（立方米）	6,818	22,160	3,003
淡水使用总量（占淡水资源总量的百分比）	3.0	2.4	18.4
农业	57	71	88
获得改善的水源的人口（占总人口的百分比）	93	95	90
农村（占农村人口的百分比）	87	84	87
城市（占城市人口的百分比）	98	97	94
获得改善的卫生设施的人口（占总人口的百分比）	64	83	52
农村（占农村人口的百分比）	49	64	42
城市（占城市人口的百分比）	78	88	67
环境与健康			
PM2.5 污染，年平均接触值（微克每立方米）	35	18	58
PM2.5 接触（超过世界卫生组织指导线的人口百分比）	100	85	99
急性呼吸道感染发病率（占五岁以下儿童的百分比）	11	..	..
腹泻发病率（占五岁以下儿童的百分比）	19	..	..
五岁以下儿童的死亡率（每千名活产儿）	29	18	53
国民账户汇编——储备，消耗与退化			
总储备（占 GNI 的百分比）	13.8	17.7	27.6
固定资本消费（占 GNI 的百分比）	11.8	10.2	9.7
教育支出（占 GNI 的百分比）	2.8	4.9	3.0
能源消耗（占 GNI 的百分比）	0.1	0.9	0.8
矿产消耗（占 GNI 的百分比）	0.4	0.9	0.3
净森林消耗（占 GNI 的百分比）	1.5	0.1	0.4
二氧化碳的损害（占 GNI 的百分比）	0.7	1.1	2.3
空气污染的损害（占 GNI 的百分比）	0.6	0.2	0.9
调整后的净储蓄（占 GNI 的百分比）	1.6	9.4	16.1

几内亚

人口（百万）	12.6	土地面积（千平方千米）	246	GDP（10 亿美元）	6.7

	经济体数据	撒哈拉以南非洲地区组别	低收入组别
人均 GNI，世界银行图表集法（美元）	470	1,631	619
调整后的人均国民净收入（美元）	*310*	1,239	497
城市人口（占总人口的百分比）	37.2	37.7	30.7
农业			
农业用地面积（占土地面积的百分比）	59	42	39
灌溉地面积（占总农业用地面积的百分比）	..	..	..
农业生产力，以每农业工作者增加值计（2010 年美元）	270	1,219	504
谷物产量（每公顷千克数）	1,246	1,452	1,486
森林和生物多样性			
森林面积（占土地面积的百分比）	25.9	25.7	27.4
森林采伐（2000—2015 年年均百分比）	0.5	0.5	0.5
陆地保护区面积（占土地面积的百分比）	29.2	15.3	15.2
濒危物种，哺乳动物	25	918	619
濒危物种，鸟类	19	876	599
濒危物种，鱼类	75	2,023	1,156
濒危物种，高等植物	44	3,740	1,962
海洋			
渔业总产量（千吨）	126	7,416	3,954
渔获增长率（2000—2015 年年均百分比）	2.2	1.8	2.2
水产养殖业增长率（2000—2015 年年均百分比）	..	17.0	3.1
海洋保护区面积（占领海面积的百分比）	4.2	6.1	3.5
珊瑚礁区域面积（平方千米）	..	17,980	12,520
红树林区域面积（平方千米）	2,033	28,061	15,778
能源与排放			
人均能源使用量（千克石油当量）	..	701	..
废物和生物质能产生的能源（占总能源量的百分比）	..	57.4	79.1
人均耗电量（千瓦时）	..	497	..
化石燃料发电量（占总量的百分比）	..	64.3	..
水力发电量（占总量的百分比）	..	21.2	..
人均二氧化碳排放量（吨）	0.2	0.8	0.3
水与卫生			
人均淡水资源（立方米）	18,411	3,986	4,629
淡水使用总量（占淡水资源总量的百分比）	0.2	3.2	3.3
农业（占淡水使用总量的百分比）	53	81	90
获得改善的水源的人口（占总人口的百分比）	77	68	66
农村（占农村人口的百分比）	67	56	56
城市（占城市人口的百分比）	93	87	87
获得改善的卫生设施的人口（占总人口的百分比）	20	30	28
农村（占农村人口的百分比）	12	23	23
城市（占城市人口的百分比）	34	40	40
环境与健康			
PM2.5 污染，年平均接触值（微克每立方米）	23	36	39
PM2.5 接触（超过世界卫生组织指导线的人口百分比）	100	99	99
急性呼吸道感染发病率（占五岁以下儿童的百分比）	6	5	6
腹泻发病率（占五岁以下儿童的百分比）	16	14	16
五岁以下儿童的死亡率（每千名活产儿）	94	83	76
国民账户汇编——储蓄，消耗与退化			
总储蓄（占 GNI 的百分比）	-18.4	14.4	*14.7*
固定资本消费（占 GNI 的百分比）	7.7	13.8	10.6
教育支出（占 GNI 的百分比）	3.1	3.3	3.2
能源消耗（占 GNI 的百分比）	0.0	1.7	0.4
矿产消耗（占 GNI 的百分比）	5.6	0.9	1.5
净森林消耗（占 GNI 的百分比）	15.2	2.3	6.6
二氧化碳的损害（占 GNI 的百分比）	1.3	1.6	1.2
空气污染的损害（占 GNI 的百分比）	1.5	1.2	1.7
调整后的净储蓄（占 GNI 的百分比）	-55.4	-3.9	-3.8

几内亚比绍

| 人口（百万） | **1.8** | 土地面积（千平方千米） | **28** | GDP（10亿美元） | **1.1** |

	经济体数据	撒哈拉以南非洲地区组别	低收入组别
人均GNI，世界银行图表集法（美元）	590	1,631	619
调整后的人均国民净收入（美元）	*481*	1,239	497
城市人口（占总人口的百分比）	49.3	37.7	30.7
农业			
农业用地面积（占土地面积的百分比）	58	42	39
灌溉地面积（占总农业用地面积的百分比）	..	..	..
农业生产力，以每农业工作者增加值计（2010年美元）	*911*	1,219	504
谷物产量（每公顷千克数）	1,322	1,452	1,486
森林和生物多样性			
森林面积（占土地面积的百分比）	70.1	25.7	27.4
森林采伐（2000—2015年均百分比）	0.5	0.5	0.5
陆地保护区面积（占土地面积的百分比）	16.4	15.3	15.2
濒危物种，哺乳动物	14	918	619
濒危物种，鸟类	10	876	599
濒危物种，鱼类	39	2,023	1,156
濒危物种，高等植物	5	3,740	1,962
海洋			
渔业总产量（千吨）	6.7	7,416	3,954
渔获增长率（2000—2015年均百分比）	0.4	1.8	2.2
水产养殖增长率（2000—2015年均百分比）	..	17.0	3.1
海洋保护区面积（占领海面积的百分比）	45.9	6.1	3.5
珊瑚礁区域面积（平方千米）	..	17,980	12,520
红树林区域面积（平方千米）	2,982	28,061	15,778
能源与排放			
人均能源使用量（千克石油当量）	..	701	..
废物和生物质产生的能源（占总能源量的百分比）	..	57.4	79.1
人均耗电量（千瓦时）	..	497	..
化石燃料发电量（占总量的百分比）	..	64.3	..
水力发电量（占总量的百分比）	..	21.2	..
人均二氧化碳排放量（吨）	0.1	0.8	0.3
水与卫生			
人均淡水资源（立方米）	8,886	3,986	4,629
淡水使用总量（占淡水资源总量的百分比）	1.1	3.2	3.3
农业（占淡水使用总量的百分比）	82	81	90
获得改善的水源的人口（占总人口的百分比）	79	68	66
农村（占农村人口的百分比）	60	56	56
城市（占城市人口的百分比）	99	87	87
获得改善的卫生设施的人口（占总人口的百分比）	21	30	28
农村（占农村人口的百分比）	9	23	23
城市（占城市人口的百分比）	34	40	40
环境与健康			
PM2.5污染，年平均接触值（微克每立方米）	33	36	39
PM2.5接触（超过世界卫生组织指导线的人口百分比）	100	99	99
急性呼吸道感染发病率（占五岁以下儿童的百分比）	..	5	6
腹泻发病率（占五岁以下儿童的百分比）	..	14	16
五岁以下儿童的死亡率（每千名活产儿）	93	83	76
国民账户汇编——储蓄，消耗与退化			
总储蓄（占GNI的百分比）	*2.6*	14.4	*14.7*
固定资本消费（占GNI的百分比）	5.5	13.8	10.6
教育支出（占GNI的百分比）	1.2	3.3	3.2
能源消耗（占GNI的百分比）	0.0	1.7	0.4
矿产消耗（占GNI的百分比）	0.0	0.9	1.5
净森林消耗（占GNI的百分比）	15.0	2.3	6.6
二氧化碳的损害（占GNI的百分比）	0.8	1.6	1.2
空气污染的损害（占GNI的百分比）	2.6	1.2	1.7
调整后的净储蓄（占GNI的百分比）	-18.1	-3.9	-3.8

圭亚那

| 人口（千） | 767 | 土地面积（千平方千米） | 197 | GDP（10 亿美元） | 3.2 |

	经济体数据	拉丁美洲和加勒比地区组别	中高收入组别
人均 GNI，世界银行图表集法（美元）	4,090	8,968	8,263
调整后的人均国民净收入（美元）	3,690	7,249	6,302
城市人口（占总人口的百分比）	28.6	79.9	64.1
农业			
农业用地面积（占土地面积的百分比）	9	38	35
灌溉地面积（占总农业用地面积的百分比）			
农业生产力，以每农业工作者增加值计（2010 年美元）	8,719	7,188	2,208
谷物产量（每公顷千克数）	5,211	4,169	4,104
森林和生物多样性			
森林面积（占土地面积的百分比）	84.0	46.3	34.9
森林采伐（2000—2015 年年均百分比）	0.0	0.4	0.0
陆地保护区面积（占土地面积的百分比）	8.7	23.3	15.2
濒危物种，哺乳动物	11	622	1,056
濒危物种，鸟类	14	1,011	1,511
濒危物种，鱼类	31	1,642	2,315
濒危物种，高等植物	26	5,108	6,808
海洋			
渔业总产量（千吨）	37.0	14,416	103,240
渔获增长率（2000—2015 年年均百分比）	-1.9	-3.5	-0.5
水产养殖增长率（2000—2015 年年均百分比）	-2.4	7.7	5.3
海洋保护区面积（占领海面积的百分比）	0.2	15.5	9.9
珊瑚礁区域面积（平方千米）	..	20,320	48,880
红树林区域面积（平方千米）	396	41,330	50,774
能源与排放			
人均能源使用量（千克石油当量）	..	1,337	2,192
废物和生物质能产生的能源（占总能源量的百分比）	..	17.1	7.3
人均耗电量（千瓦时）	..	2,122	3,495
化石燃料发电量（占总量的百分比）	..	43.1	71.1
水力发电量（占总量的百分比）	..	46.5	21.0
人均二氧化碳排放量（吨）	2.5	3.0	6.6
水与卫生			
人均淡水资源（立方米）	315,489	22,160	8,261
淡水使用总量（占淡水资源总量的百分比）	0.6	2.4	6.3
农业（占淡水使用总量的百分比）	94	71	68
获得改善的水源的人口（占总人口的百分比）	98	95	95
农村（占农村人口的百分比）	98	84	91
城市（占城市人口的百分比）	98	97	97
获得改善的卫生设施的人口（占总人口的百分比）	84	83	80
农村（占农村人口的百分比）	82	64	67
城市（占城市人口的百分比）	88	88	87
环境与健康			
PM2.5 污染，年平均接触值（微克每立方米）	17	18	42
PM2.5 接触（超过世界卫生组织指导线的人口百分比）	99	85	95
急性呼吸道感染发病率（占五岁以下儿童的百分比）	5	..	..
腹泻发病率（占五岁以下儿童的百分比）	10	..	..
五岁以下儿童的死亡率（每千名活产儿）	39	18	19
国民账户汇编——储蓄，消耗与退化			
总储蓄（占 GNI 的百分比）	9.4	17.7	36.6
固定资本消费（占 GNI 的百分比）	3.9	10.2	18.0
教育支出（占 GNI 的百分比）	2.9	4.9	3.0
能源消耗（占 GNI 的百分比）	0.0	0.9	1.1
矿产消耗（占 GNI 的百分比）	7.0	0.9	0.4
净森林消耗（占 GNI 的百分比）	0.0	0.1	0.0
二氧化碳的损害（占 GNI 的百分比）	2.0	1.1	2.6
空气污染的损害（占 GNI 的百分比）	0.3	0.2	0.3
调整后的净储蓄（占 GNI 的百分比）	-0.7	9.4	17.2

海地

| 人口（百万） | **10.7** | 土地面积（千平方千米） | **28** | GDP（10 亿美元） | **8.8** |

	经济体数据	拉丁美洲和加勒比地区组别	低收入组别
人均 GNI，世界银行图表集法（美元）	810	8,968	619
调整后的人均国民净收入（美元）	766	7,249	497
城市人口（占总人口的百分比）	58.6	79.9	30.7
农业			
农业用地面积（占土地面积的百分比）	67	38	39
灌溉地面积（占总农业用地面积的百分比）	4.3	..	..
农业生产力，以每农业工作者增加值计（2010 年美元）	1,009	7,188	504
谷物产量（每公顷千克数）		4,169	1,486
森林和生物多样性			
森林面积（占土地面积的百分比）	3.5	46.3	27.4
森林采伐（2000—2015 年年均百分比）	0.8	0.4	0.5
陆地保护区面积（占土地面积的百分比）	0.3	23.3	15.2
濒危物种，哺乳动物	5	622	619
濒危物种，鸟类	14	1,011	599
濒危物种，鱼类	30	1,642	1,156
濒危物种，高等植物	42	5,108	1,962
海洋			
渔业总产量（千吨）	17.7	14,416	3,954
渔获增长率（2000—2015 年年均百分比）	5.5	-3.5	2.2
水产养殖业增长率（2000—2015 年年均百分比）	36.1	7.7	3.1
海洋保护区面积（占领海面积的百分比）	0.0	15.5	3.5
珊瑚礁区域面积（平方千米）	450	20,320	12,520
红树林区域面积（平方千米）	136	41,330	15,778
能源与排放			
人均能源使用量（千克石油当量）	393	1,337	..
废物和生物质产生的能源（占总能源量的百分比）	77.8	17.1	79.1
人均耗电量（千瓦时）	39	2,122	..
化石燃料发电量（占总量的百分比）	91.3	43.1	..
水力发电量（占总量的百分比）	8.7	46.5	..
人均二氧化碳排放量（吨）	0.2	3.0	0.3
水与卫生			
人均淡水资源（立方米）	1,231	22,160	4,629
淡水使用总量（占淡水资源总量的百分比）	11.1	2.4	3.3
农业（占淡水使用总量的百分比）	83	71	90
获得改善的水源的人口（占总人口的百分比）	58	95	66
农村（占农村人口的百分比）	48	84	56
城市（占城市人口的百分比）	65	97	87
获得改善的卫生设施的人口（占总人口的百分比）	28	83	28
农村（占农村人口的百分比）	19	64	23
城市（占城市人口的百分比）	34	88	40
环境与健康			
PM2.5 污染，年平均接触值（微克每立方米）	26	18	39
PM2.5 接触（超过世界卫生组织指导线的人口百分比）	100	85	99
急性呼吸道感染发病率（占五岁以下儿童的百分比）	14	..	6
腹泻发病率（占五岁以下儿童的百分比）	21	..	16
五岁以下儿童的死亡率（每千名活产儿）	69	18	76
国民账户汇编——储蓄，消耗与退化			
总储蓄（占 GNI 的百分比）	29.6	17.7	14.7
固定资本消费（占 GNI 的百分比）	5.3	10.2	10.6
教育支出（占 GNI 的百分比）	1.5	4.9	3.2
能源消耗（占 GNI 的百分比）	0.0	0.9	0.4
矿产消耗（占 GNI 的百分比）	0.0	0.9	1.5
净森林消耗（占 GNI 的百分比）	1.1	0.1	6.6
二氧化碳的损害（占 GNI 的百分比）	0.9	1.1	1.2
空气污染的损害（占 GNI 的百分比）	1.7	0.2	1.7
调整后的净储蓄（占 GNI 的百分比）	22.0	9.4	-3.8

洪都拉斯

人口（百万）	8.1	土地面积（千平方千米）	112	GDP（10亿美元）	20.4

	经济体数据	拉丁美洲和加勒比地区组别	中低收入组别
人均GNI，世界银行图表集法（美元）	2,280	8,968	2,029
调整后的人均国民净收入（美元）	2,190	7,249	1,767
城市人口（占总人口的百分比）	54.7	79.9	39.0
农业			
农业用地面积（占土地面积的百分比）	29	38	44
灌溉地面积（占总农业用地面积的百分比）	..	..	..
农业生产力，以每农业工作者增加值计（2010年美元）	3,588	7,188	1,614
谷物产量（每公顷千克数）	1,726	4,169	3,185
森林和生物多样性			
森林面积（占土地面积的百分比）	41.0	46.3	24.3
森林采伐（2000—2015年年均百分比）	2.2	0.4	0.4
陆地保护区面积（占土地面积的百分比）	21.6	23.3	12.0
濒危物种，哺乳动物	7	622	1,134
濒危物种，鸟类	11	1,011	1,199
濒危物种，鱼类	42	1,642	2,011
濒危物种，高等植物	123	5,108	3,971
海洋			
渔业总产量（千吨）	65.9	14,416	58,665
渔获增长率（2000—2015年年均百分比）	-3.3	-3.5	2.4
水产养殖业增长率（2000—2015年年均百分比）	12.0	7.7	12.0
海洋保护区面积（占领海面积的百分比）	3.3	15.5	5.0
珊瑚礁区域面积（平方千米）	810	20,320	128,580
红树林区域面积（平方千米）	628	41,330	68,563
能源与排放			
人均能源使用量（千克石油当量）	673	1,337	651
废物和生物质能产生的能源（占总能源量的百分比）	42.2	17.1	28.5
人均耗电量（千瓦时）	697	2,122	777
化石燃料发电量（占总量的百分比）	56.2	43.1	74.9
水力发电量（占总量的百分比）	32.4	46.5	14.9
人均二氧化碳排放量（吨）	1.2	3.0	1.4
水与卫生			
人均淡水资源（立方米）	11,387	22,160	3,003
淡水使用总量（占淡水资源总量的百分比）	1.8	2.4	18.4
农业（占淡水使用总量的百分比）	73	71	88
获得改善的水源的人口（占总人口的百分比）	91	95	90
农村（占农村人口的百分比）	84	84	87
城市（占城市人口的百分比）	97	97	94
获得改善的卫生设施的人口（占总人口的百分比）	83	83	52
农村（占农村人口的百分比）	78	64	42
城市（占城市人口的百分比）	87	88	67
环境与健康			
PM2.5污染，年平均接触化（微克每立方米）	38	18	58
PM2.5接触（超过世界卫生组织指导线的人口百分比）	100	85	99
急性呼吸道感染发病率（占五岁以下儿童的百分比）	13	..	..
腹泻发病率（占五岁以下儿童的百分比）	18	..	..
五岁以下儿童的死亡率（每千名活产）	20	18	53
国民账户汇编——储蓄，消耗与退化			
总储蓄（占GNI的百分比）	20.8	17.7	27.6
固定资本消费（占GNI的百分比）	5.2	10.2	9.7
教育支出（占GNI的百分比）	6.3	4.9	3.0
能源消耗（占GNI的百分比）	0.0	0.9	0.8
矿产消耗（占GNI的百分比）	0.5	0.9	0.3
净森林消耗（占GNI的百分比）	1.4	0.1	0.4
二氧化碳的损害（占GNI的百分比）	1.5	1.1	2.3
空气污染的损害（占GNI的百分比）	0.7	0.2	0.9
调整后的净储蓄（占GNI的百分比）	17.9	9.4	16.1

中国香港

| 人口（百万） | 7.3 | 土地面积（千平方千米） | 1.1 | GDP（10亿美元） | 309.2 |

	经济体数据	东亚和太平洋地区组别	高收入组别
人均GNI，世界银行图表集法（美元）	41,000	9,771	41,932
调整后的人均国民净收入（美元）	..	7,546	33,454
城市人口（占总人口的百分比）	100.0	56.6	81.1
农业			
农业用地面积（占土地面积的百分比）	5	49	36
灌溉地面积（占总农业用地面积的百分比）	..	..	..
农业生产力，以每农业工作者增加值计（2010年美元）	..	1,657	30,017
谷物产量（每公顷千克数）	2,000	4,958	5,919
森林和生物多样性			
森林面积（占土地面积的百分比）	..	26.3	28.9
森林采伐（2000—2015年年均百分比）	..	-0.2	-0.0
陆地保护区面积（占土地面积的百分比）	41.8	15.6	15.7
濒危物种，哺乳动物	3	918	527
濒危物种，鸟类	20	1,097	923
濒危物种，鱼类	13	1,549	2,263
濒危物种，高等植物	9	3,515	2,176
海洋			
渔业总产量（千吨）	149	132,587	33,549
渔获增长率（2000—2015年年均百分比）	-0.5	0.9	-1.5
水产养殖业增长率（2000—2015年年均百分比）	-1.6	6.5	2.6
海洋保护区面积（占领海面积的百分比）	0.0	17.0	23.7
珊瑚礁区域面积（平方千米）	..	203,050	83,900
红树林区域面积（平方千米）	..	67,121	15,283
能源与排放			
人均能源使用量（千克石油当量）	1,967	2,137	4,745
废物和生物质能产生的能源（占总能源量的百分比）	1.4	7.7	5.3
人均耗电量（千瓦时）	6,073	3,682	9,066
化石燃料发电量（占总量的百分比）	99.8	76.4	60.7
水力发电量（占总量的百分比）	0	15.0	12.0
人均二氧化碳排放量（吨）	6.3	6.3	11.0
水与卫生			
人均淡水资源（立方米）	..	4,529	8,733
淡水使用总量（占淡水资源总量的百分比）	..	11.3	9.8
农业（占淡水使用总量的百分比）	..	71	41
获得改善的水源的人口（占总人口的百分比）	..	94	100
农村（占农村人口的百分比）	..	90	99
城市（占城市人口的百分比）	..	97	100
获得改善的卫生设施的人口（占总人口的百分比）	..	77	99
农村（占农村人口的百分比）	..	64	99
城市（占城市人口的百分比）	..	87	100
环境与健康			
PM2.5污染，年平均接触值（微克每立方米）	..	44	17
PM2.5接触（超过世界卫生组织指导线的人口百分比）	..	97	62
急性呼吸道感染发病率（占五岁以下儿童的百分比）	..	..	..
腹泻发病率（占五岁以下儿童的百分比）	..	..	..
五岁以下儿童的死亡率（每千名活产儿）	..	17	6
国民账户汇编——储蓄，消耗与退化			
总储蓄（占GNI的百分比）	24.4	39.1	22.2
固定资本消费（占GNI的百分比）	18.4	20.7	16.6
教育支出（占GNI的百分比）	2.8	2.7	4.8
能源消耗（占GNI的百分比）	0.0	0.3	0.3
矿产消耗（占GNI的百分比）	0.0	0.2	0.1
净森林消耗（占GNI的百分比）	..	0.0	0.0
二氧化碳的损害（占GNI的百分比）	0.4	2.1	0.8
空气污染的损害（占GNI的百分比）	..	0.3	0.1
调整后的净储蓄（占GNI的百分比）	..	18.1	9.1

匈牙利

| 人口（百万） | 9.8 | 土地面积（千平方千米） | 91 | GDP（10亿美元） | 121.7 |

	经济体数据	欧洲和中亚地区组别	高收入组别
人均GNI，世界银行图表集法（美元）	12,970	24,275	41,932
调整后的人均国民净收入（美元）	9,651	18,328	33,454
城市人口（占总人口的百分比）	71.2	70.9	81.1
农业			
农业用地面积（占土地面积的百分比）	59	29	36
灌溉地面积（占总农业用地面积的百分比）	1.9	..	..
农业生产力，以每农业工作者增加值计（2010年美元）	17,080	14,018	30,017
谷物产量（每公顷千克数）	5,897	3,910	5,919
森林和生物多样性			
森林面积（占土地面积的百分比）	22.9	38.0	28.9
森林采伐（2000—2015年年均百分比）	-0.5	-0.1	-0.0
陆上保护区面积（占土地面积的百分比）	22.6	12.6	15.7
濒危物种，哺乳动物	3	350	527
濒危物种，鸟类	13	638	923
濒危物种，鱼类	9	1,220	2,263
濒危物种，高等植物	10	1,032	2,176
海洋			
渔业总产量（千吨）	27.3	18,438	33,549
渔获增长率（2000—2015年年均百分比）	2.3	-0.9	-1.5
水产养殖业增长率（2000—2015年年均百分比）	2.0	2.9	2.6
海洋保护区面积（占领海面积的百分比）	0.0	13.0	23.7
珊瑚礁区域面积（平方千米）	..	..	83,900
红树林区域面积（平方千米）	..	..	15,283
能源与排放			
人均能源使用量（千克石油当量）	2,314	3,157	4,745
废物和生物质能产生的能源（占总能源量的百分比）	7.9	5.9	5.3
人均耗电量（千瓦时）	3,966	5,369	9,066
化石燃料发电量（占总量的百分比）	35.4	49.8	60.7
水力发电量（占总量的百分比）	1.0	16.6	12.0
人均二氧化碳排放量（吨）	4.2	7.3	11.0
水与卫生			
人均淡水资源（立方米）	608	7,850	8,733
淡水使用总量（占淡水资源总量的百分比）	84.2	7.4	9.8
农业（占淡水使用总量的百分比）	6	47	41
获得改善的水源的人口（占总人口的百分比）	100	98	100
农村（占农村人口的百分比）	100	96	99
城市（占城市人口的百分比）	100	99	100
获得改善的卫生设施的人口（占总人口的百分比）	98	93	99
农村（占农村人口的百分比）	99	89	99
城市（占城市人口的百分比）	98	95	100
环境与健康			
PM2.5污染，年平均接触值（微克每立方米）	23	19	17
PM2.5接触（超过世界卫生组织指导线的人口百分比）	100	89	62
急性呼吸道感染发病率（占五岁以下儿童的百分比）	..	..	..
腹泻发病率（占五岁以下儿童的百分比）	..	..	..
五岁以下儿童的死亡率（每千名活产儿）	6	11	6
国民账户汇编——储蓄，消耗与退化			
总储蓄（占GNI的百分比）	26.1	22.5	22.2
固定资本消费（占GNI的百分比）	17.9	16.1	16.6
教育支出（占GNI的百分比）	4.5	4.8	4.8
能源消耗（占GNI的百分比）	0.2	0.6	0.3
矿产消耗（占GNI的百分比）	0.0	0.1	0.1
净森林消耗（占GNI的百分比）	0.0	0.0	0.0
二氧化碳的损害（占GNI的百分比）	1.1	1.0	0.8
空气污染的损害（占GNI的百分比）	0.2	0.1	0.1
调整后的净储蓄（占GNI的百分比）	11.1	9.5	9.1

冰岛

| 人口（千） | 331 | 土地面积（千平方千米） | 100 | GDP（10亿美元） | 16.8 |

	经济体数据	欧洲和中亚地区组别	高收入组别
人均 GNI，世界银行图表集法（美元）	50,110	24,275	41,932
调整后的人均国民净收入（美元）	41,710	18,328	33,454
城市人口（占总人口的百分比）	94.1	70.9	81.1
农业			
农业用地面积（占土地面积的百分比）	19	29	36
灌溉地面积（占总农业用地面积的百分比）	..	..	..
农业生产力，以每农业工作者增加值计（2010 年美元）	89,136	14,018	30,017
谷物产量（每公顷千克数）	..	3,910	5,919
森林和生物多样性			
森林面积（占土地面积的百分比）	0.5	38.0	28.9
森林采伐（2000—2015 年年均百分比）	-3.6	-0.1	-0.0
陆地保护区面积（占土地面积的百分比）	16.7	12.6	15.7
濒危物种，哺乳动物	6	350	527
濒危物种，鸟类	4	638	923
濒危物种，鱼类	16	1,220	2,263
濒危物种，高等植物	0	1,032	2,176
海洋			
渔业总产量（千吨）	1,343	18,438	33,549
渔获增长率（2000—2015 年年均百分比）	-2.7	-0.9	-1.5
水产养殖业增长率（2000—2015 年年均百分比）	5.8	2.9	2.6
海洋保护区面积（占领海面积的百分比）	3.9	13.0	23.7
珊瑚礁区域面积（平方千米）	..	..	83,900
红树林区域面积（平方千米）	..	..	15,283
能源与排放			
人均能源使用量（千克石油当量）	17,916	3,157	4,745
废物和生物质能产生的能源（占总能源量的百分比）	0.1	5.9	5.3
人均耗电量（千瓦时）	53,832	5,369	9,066
化石燃料发电量（占总量的百分比）	0.0	49.8	60.7
水力发电量（占总量的百分比）	71.0	16.6	12.0
人均二氧化碳排放量（吨）	6.1	7.3	11.0
水与卫生			
人均淡水资源（立方米）	519,265	7,850	8,733
淡水使用总量（占淡水资源总量的百分比）	1.8	7.4	9.8
农业（占淡水使用总量的百分比）	42	47	41
获得改善的水源的人口（占总人口的百分比）	100	98	100
农村（占农村人口的百分比）	100	96	99
城市（占城市人口的百分比）	100	99	100
获得改善的卫生设施的人口（占总人口的百分比）	99	93	99
农村（占农村人口的百分比）	100	89	99
城市（占城市人口的百分比）	99	95	100
环境与健康			
PM2.5 污染，年平均接触值（微克每立方米）	8	19	17
PM2.5 接触（超过世界卫生组织指导线的人口百分比）	0	89	62
急性呼吸道感染发病率（占五岁以下儿童的百分比）	..	..	..
腹泻发病率（占五岁以下儿童的百分比）	..	..	..
五岁以下儿童的死亡率（每千名活产儿）	2	11	6
国民账户汇编——储蓄，消耗与退化			
总储蓄（占 GNI 的百分比）	24.2	22.5	22.2
固定资本消费（占 GNI 的百分比）	16.8	16.1	16.6
教育支出（占 GNI 的百分比）	7.7	4.8	4.8
能源消耗（占 GNI 的百分比）	0.0	0.6	0.3
矿产消耗（占 GNI 的百分比）	0.0	0.1	0.1
净森林消耗（占 GNI 的百分比）	0.0	0.0	0.0
二氧化碳的损害（占 GNI 的百分比）	0.4	1.0	0.8
空气污染的损害（占 GNI 的百分比）	0.1	0.1	0.1
调整后的净储蓄（占 GNI 的百分比）	14.6	9.5	9.1

印度

| 人口（百万） | 1,311.1 | 土地面积（千平方千米） | 2,973 | GDP（10亿美元） | 2,088.8 |

	经济体数据	南亚地区组别	中低收入组别
人均 GNI，世界银行图表集法（美元）	1,590	1,535	2,029
调整后的人均国民净收入（美元）	1,377	1,365	1,767
城市人口（占总人口的百分比）	32.7	33.0	39.0
农业			
农业用地面积（占土地面积的百分比）	60	57	44
灌溉地面积（占总农业用地面积的百分比）	36.8	..	..
农业生产力，以每农业工作者增加值计（2010年美元）	1,156	1,131	1,614
谷物产量（每公顷千克数）	2,984	3,083	3,185
森林和生物多样性			
森林面积（占土地面积的百分比）	23.8	17.5	24.3
森林采伐（2000—2015年年均百分比）	-0.5	-0.4	0.4
陆地保护区面积（占土地面积的百分比）	5.4	6.6	12.0
濒危物种，哺乳动物	92	251	1,134
濒危物种，鸟类	84	238	1,199
濒危物种，鱼类	222	383	2,011
濒危物种，高等植物	388	752	3,971
海洋			
渔业总产量（千吨）	10,100	15,171	58,665
渔获增长率（2000—2015年年均百分比）	1.8	1.9	2.4
水产养殖业增长率（2000—2015年年均百分比）	6.8	7.3	12.0
海洋保护区面积（占领海面积的百分比）	2.1	2.3	5.0
珊瑚礁区域面积（平方千米）	5,790	15,440	128,580
红树林区域面积（平方千米）	4,326	10,343	68,563
能源与排放			
人均能源使用量（千克石油当量）	637	576	651
废物和生物质能产生的能源（占总能源量的百分比）	23.5	25.6	28.5
人均耗电量（千瓦时）	805	707	777
化石燃料发电量（占总量的百分比）	81.7	80.0	74.9
水力发电量（占总量的百分比）	10.2	11.6	14.9
人均二氧化碳排放量（吨）	1.6	1.4	1.4
水与卫生			
人均淡水资源（立方米）	1,116	1,152	3,003
淡水使用总量（占淡水资源总量的百分比）	52.6	51.6	18.4
农业（占淡水使用总量的百分比）	90	91	88
获得改善的水源的人口（占总人口的百分比）	94	92	90
农村（占农村人口的百分比）	93	91	87
城市（占城市人口的百分比）	97	95	94
获得改善的卫生设施的人口（占总人口的百分比）	40	45	52
农村（占农村人口的百分比）	29	35	42
城市（占城市人口的百分比）	63	65	67
环境与健康			
PM2.5 污染，年平均接触值（微克每立方米）	74	74	58
PM2.5 接触（超过世界卫生组织指导线的人口百分比）	100	100	99
急性呼吸道感染发病率（占五岁以下儿童的百分比）	..	..	..
腹泻发病率（占五岁以下儿童的百分比）	..	..	..
五岁以下儿童的死亡率（每千名活产儿）	48	53	53
国民账户汇编——储蓄，消耗与退化			
总储蓄（占 GNI 的百分比）	32.7	31.3	27.6
固定资本消费（占 GNI 的百分比）	11.6	10.5	9.7
教育支出（占 GNI 的百分比）	3.1	2.8	3.0
能源消耗（占 GNI 的百分比）	0.4	0.4	0.8
矿产消耗（占 GNI 的百分比）	0.1	0.1	0.3
净森林消耗（占 GNI 的百分比）	0.4	0.3	0.4
二氧化碳的损害（占 GNI 的百分比）	3.4	3.0	2.3
空气污染的损害（占 GNI 的百分比）	1.2	1.2	0.9
调整后的净储蓄（占 GNI 的百分比）	18.7	18.6	16.1

印度尼西亚

| 人口（百万） | 257.6 | 土地面积（千平方千米） | 1,812 | GDP（10亿美元） | 861.9 |

	经济体数据	东亚和太平洋地区组别	中低收入组别
人均GNI，世界银行图表集法（美元）	3,440	9,771	2,029
调整后的人均国民净收入（美元）	2,954	7,546	1,767
城市人口（占总人口的百分比）	53.7	56.6	39.0
农业			
农业用地面积（占土地面积的百分比）	31	49	44
灌溉地面积（占总农业用地面积的百分比）	..	..	..
农业生产力，以每农业工作者增加值计（2010年美元）	2,629	1,657	1,614
谷物产量（每公顷千克数）	5,096	4,958	3,185
森林和生物多样性			
森林面积（占土地面积的百分比）	50.2	26.3	24.3
森林采伐（2000—2015年年均百分比）	0.6	-0.2	0.4
陆地保护区面积（占土地面积的百分比）	14.7	15.6	12.0
濒危物种，哺乳动物	188	918	1,134
濒危物种，鸟类	131	1,097	1,199
濒危物种，鱼类	158	1,549	2,011
濒危物种，高等植物	427	3,515	3,971
海洋			
渔业总产量（千吨）	22,215	132,587	58,665
渔获增长率（2000—2015年年均百分比）	3.1	0.9	2.4
水产养殖业增长率（2000—2015年年均百分比）	20.2	6.5	12.0
海洋保护区面积（占领海面积的百分比）	5.8	17.0	5.0
珊瑚礁区域面积（平方千米）	51,020	203,050	128,580
红树林区域面积（平方千米）	31,894	67,121	68,563
能源与排放			
人均能源使用量（千克石油当量）	886	2,137	651
废物和生物质能产生的能源（占总能源量的百分比）	26.2	7.7	28.5
人均耗电量（千瓦时）	814	3,682	777
化石燃料发电量（占总量的百分比）	88.6	76.4	74.9
水力发电量（占总量的百分比）	6.6	15.0	14.9
人均二氧化碳排放量（吨）	1.9	6.3	1.4
水与卫生			
人均淡水资源（立方米）	7,935	4,529	3,003
淡水使用总量（占淡水资源总量的百分比）	5.6	11.3	18.4
农业（占淡水使用总量的百分比）	82	71	88
获得改善的水源的人口（占总人口的百分比）	87	94	90
农村（占农村人口的百分比）	80	90	87
城市（占城市人口的百分比）	94	97	94
获得改善的卫生设施的人口（占总人口的百分比）	61	77	52
农村（占农村人口的百分比）	48	64	42
城市（占城市人口的百分比）	72	87	67
环境与健康			
PM2.5污染，年平均接触值（微克每立方米）	15	44	58
PM2.5接触（超过世界卫生组织指导线的人口百分比）	89	97	99
急性呼吸道感染发病率（占五岁以下儿童的百分比）	5	..	..
腹泻发病率（占五岁以下儿童的百分比）	14	..	..
五岁以下儿童的死亡率（每千名活产儿）	27	17	53
国民账户汇编——储蓄，消耗与退化			
总储蓄（占GNI的百分比）	33.2	39.1	27.6
固定资本消费（占GNI的百分比）	7.5	20.7	9.7
教育支出（占GNI的百分比）	3.0	2.7	3.0
能源消耗（占GNI的百分比）	0.8	0.3	0.8
矿产消耗（占GNI的百分比）	0.3	0.2	0.3
净森林消耗（占GNI的百分比）	0.0	0.0	0.4
二氧化碳的损害（占GNI的百分比）	1.9	2.1	2.3
空气污染的损害（占GNI的百分比）	0.5	0.3	0.9
调整后的净储蓄（占GNI的百分比）	25.2	18.1	16.1

伊朗

人口（百万）	79.1	土地面积（千平方千米）	1,629	GDP（10 亿美元）	425.3

	经济体数据	中东和北非地区组别	中高收入组别
人均 GNI，世界银行图表集法（美元）	6,550	8,229	8,263
调整后的人均国民净收入（美元）	4,132	6,251	6,302
城市人口（占总人口的百分比）	73.4	64.2	64.1
农业			
农业用地面积（占土地面积的百分比）	28	33	35
灌溉地面积（占总农业用地面积的百分比）	16.6	..	..
农业生产力，以每农业工作者增加值计（2010 年美元）	5,479	6,275	2,208
谷物产量（每公顷千克数）	1,869	2,299	4,104
森林和生物多样性			
森林面积（占土地面积的百分比）	6.6	2.1	34.9
森林采伐（2000—2015 年年均百分比）	-0.9	-0.8	0.0
陆地保护区面积（占土地面积的百分比）	7.3	11.7	15.2
濒危物种，哺乳动物	19	224	1,056
濒危物种，鸟类	26	279	1,511
濒危物种，鱼类	43	610	2,315
濒危物种，高等植物	3	290	6,808
海洋			
渔业总产量（千吨）	984	4,857	103,240
渔获增长率（2000—2015 年年均百分比）	3.4	2.0	-0.5
水产养殖业增长率（2000—2015 年年均百分比）	15.4	9.4	5.3
海洋保护区面积（占领海面积的百分比）	2.2	3.8	9.9
珊瑚礁区域面积（平方千米）	700	15,470	48,880
红树林区域面积（平方千米）	192	513	50,774
能源与排放			
人均能源使用量（千克石油当量）	3,034	2,365	2,192
废物和生物质能产生的能源（占总能源的百分比）	0.2	0.6	7.3
人均耗电量（千瓦时）	2,996	2,906	3,495
化石燃料发电量（占总量的百分比）	93.2	96.3	71.1
水力发电量（占总量的百分比）	5.0	2.6	21.0
人均二氧化碳排放量（吨）	8.0	6.0	6.6
水与卫生			
人均淡水资源（立方米）	1,644	555	8,261
淡水使用总量（占淡水资源总量的百分比）	72.6	138.4	6.3
农业（占淡水使用总量的百分比）	92	85	68
获得改善的水源的人口（占总人口的百分比）	96	93	95
农村（占农村人口的百分比）	92	89	91
城市（占城市人口的百分比）	98	96	97
获得改善的卫生设施的人口（占总人口的百分比）	90	91	80
农村（占农村人口的百分比）	82	87	67
城市（占城市人口的百分比）	93	93	87
环境与健康			
PM2.5 污染，年平均接触值（微克每立方米）	43	61	42
PM2.5 接触（超过世界卫生组织指导线的人口百分比）	100	100	95
急性呼吸道感染发病率（占五岁以下儿童的百分比）	..	..	..
腹泻发病率（占五岁以下儿童的百分比）	..	..	..
五岁以下儿童的死亡率（每千名活产儿）	16	23	19
国民账户汇编——储蓄，消耗与退化			
总储蓄（占 GNI 的百分比）	..	24.7	36.6
固定资本消费（占 GNI 的百分比）	20.1	9.9	18.0
教育支出（占 GNI 的百分比）	2.9	5.2	3.0
能源消耗（占 GNI 的百分比）	3.8	4.7	1.1
矿产消耗（占 GNI 的百分比）	0.3	0.0	0.4
净森林消耗（占 GNI 的百分比）	0.0	0.1	0.0
二氧化碳的损害（占 GNI 的百分比）	4.4	2.1	2.6
空气污染的损害（占 GNI 的百分比）	0.2	0.2	0.3
调整后的净储蓄（占 GNI 的百分比）	..	12.9	17.2

伊拉克

人口（百万）	36.4	土地面积（千平方千米）	434	GDP（10亿美元）	180.1

	经济体数据	中东和北非地区组别	中高收入组别
人均 GNI，世界银行图表集法（美元）	5,820	8,229	8,263
调整后的人均国民净收入（美元）	3,963	6,251	6,302
城市人口（占总人口的百分比）	69.5	64.2	64.1
农业			
农业用地面积（占土地面积的百分比）	21	33	35
灌溉地面积（占总农业用地面积的百分比）	..	..	..
农业生产力，以每农业工作者增加值计（2010年美元）	15,748	6,275	2,208
谷物产量（每公顷千克数）	2,099	2,299	4,104
森林和生物多样性			
森林面积（占土地面积的百分比）	1.9	2.1	34.9
森林采伐（2000—2015年年均百分比）	-0.1	-0.8	0.1
陆地保护区面积（占土地面积的百分比）	0.4	11.7	15.2
濒危物种，哺乳动物	14	224	1,056
濒危物种，鸟类	19	279	1,511
濒危物种，鱼类	17	610	2,315
濒危物种，高等植物	1	290	6,808
海洋			
渔业总产量（千吨）	52.1	4,857	103,240
渔获增长率（2000—2015年年均百分比）	1.8	2.0	-0.5
水产养殖业增长率（2000—2015年年均百分比）	19.4	9.4	5.3
海洋保护区面积（占领海面积的百分比）	0.0	3.8	9.9
珊瑚礁区域面积（平方千米）	..	15,470	48,880
红树林区域面积（平方千米）	..	513	50,774
能源与排放			
人均能源使用量（千克石油当量）	1,403	2,365	2,192
废物和生物质能产生的能源（占总能源量的百分比）	0.1	0.6	7.3
人均耗电量（千瓦时）	1,296	2,906	3,495
化石燃料发电量（占总量的百分比）	95.7	96.3	71.1
水力发电量（占总量的百分比）	4.3	2.6	21.0
人均二氧化碳排放量（吨）	4.9	6.0	6.6
水与卫生			
人均淡水资源（立方米）	998	555	8,261
淡水使用总量（占淡水资源总量的百分比）	187.5	138.4	6.3
农业（占淡水使用总量的百分比）	79	85	68
获得改善的水源的人口（占总人口的百分比）	87	93	95
农村（占农村人口的百分比）	70	89	91
城市（占城市人口的百分比）	94	96	97
获得改善的卫生设施的人口（占总人口的百分比）	86	91	80
农村（占农村人口的百分比）	84	87	67
城市（占城市人口的百分比）	86	93	87
环境与健康			
PM2.5污染，年平均接触值（微克每立方米）	52	61	42
PM2.5接触（超过世界卫生组织指导线的人口百分比）	100	100	95
急性呼吸道感染发病率（占五岁以下儿童的百分比）	..	..	..
腹泻发病率（占五岁以下儿童的百分比）	..	..	..
五岁以下儿童的死亡率（每千名活产儿）	32	23	19
国民账户汇编——储蓄，消耗与退化			
总储蓄（占 GNI 的百分比）	26.9	24.7	36.6
固定资本消费（占 GNI 的百分比）	12.9	9.9	18.0
教育支出（占 GNI 的百分比）	4.6	5.2	3.0
能源消耗（占 GNI 的百分比）	6.7	4.7	1.1
矿产消耗（占 GNI 的百分比）	0.0	0.0	0.4
净森林消耗（占 GNI 的百分比）	0.0	0.1	0.0
二氧化碳的损害（占 GNI 的百分比）	2.9	2.1	2.6
空气污染的损害（占 GNI 的百分比）	0.5	0.2	0.3
调整后的净储蓄（占 GNI 的百分比）	6.8	12.9	17.2

爱尔兰

人口（百万）	4.6	土地面积（千平方千米）	69	GDP（10亿美元）	283.7

	经济体数据	欧洲和中亚地区组别	高收入组别
人均 GNI，世界银行图表集法（美元）	52,550	24,275	41,932
调整后的人均国民净收入（美元）	39,005	18,328	33,454
城市人口（占总人口的百分比）	63.2	70.9	81.1
农业			
农业用地面积（占土地面积的百分比）	65	29	36
灌溉地面积（占总农业用地面积的百分比）	..	..	..
农业生产力，以每位农业工作者增加值计（2010年美元）	22,799	14,018	30,017
谷物产量（每公顷千克数）	8,472	3,910	5,919
森林和生物多样性			
森林面积（占土地面积的百分比）	10.9	38.0	28.9
森林采伐（2000—2015年年均百分比）	-1.2	-0.1	-0.0
陆地保护区面积（占土地面积的百分比）	14.4	12.6	15.7
濒危物种，哺乳动物	5	350	527
濒危物种，鸟类	7	638	923
濒危物种，鱼类	27	1,220	2,263
濒危物种，高等植物	1	1,032	2,176
海洋			
渔业总产量（千吨）	304	18,438	33,549
渔获增长率（2000—2015年年均百分比）	-1.1	-0.9	-1.5
水产养殖业增长率（2000—2015年年均百分比）	-1.7	2.9	2.6
海洋保护区面积（占领海面积的百分比）	10.4	13.0	23.7
珊瑚礁区域面积（平方千米）	..	..	83,900
红树林区域面积（平方千米）			15,283
能源与排放			
人均能源使用量（千克石油当量）	2,766	3,157	4,745
废物和生物质能产生的能源（占总能源的百分比）	4.0	5.9	5.3
人均耗电量（千瓦时）	5,722	5,369	9,066
化石燃料发电量（占总量的百分比）	75.2	49.8	60.7
水力发电量（占总量的百分比）	2.7	16.6	12.0
人均二氧化碳排放量（吨）	7.6	7.3	11.0
水与卫生			
人均淡水资源（立方米）	10,612	7,850	8,733
淡水使用总量（占淡水资源总量的百分比）	1.5	7.4	9.8
农业（占淡水使用总量的百分比）	15	47	41
获得改善的水源的人口（占总人口的百分比）	98	98	100
农村（占农村人口的百分比）	98	96	99
城市（占城市人口的百分比）	98	99	100
获得改善的卫生设施的人口（占总人口的百分比）	91	93	99
农村（占农村人口的百分比）	93	89	99
城市（占城市人口的百分比）	89	95	100
环境与健康			
PM2.5污染，年平均接触值（微克每立方米）	10	19	17
PM2.5接触（超过世界卫生组织指导线的人口百分比）	31	89	62
急性呼吸道感染发病率（占五岁以下儿童的百分比）	..	..	..
腹泻发病率（占五岁以下儿童的百分比）	..	..	..
五岁以下儿童的死亡率（每千名活产儿）	4	11	6
国民账户汇编——储蓄，消耗与退化			
总储蓄（占GNI的百分比）	40.0	22.5	22.2
固定资本消费（占GNI的百分比）	19.9	16.1	16.6
教育支出（占GNI的百分比）	6.7	4.8	4.8
能源消耗（占GNI的百分比）	0.0	0.6	0.3
矿产消耗（占GNI的百分比）	0.0	0.1	0.1
净森林消耗（占GNI的百分比）	0.0	0.1	0.1
二氧化碳的损害（占GNI的百分比）	0.6	1.0	0.8
空气污染的损害（占GNI的百分比）	0.1	0.1	0.1
调整后的净储蓄（占GNI的百分比）	26.2	9.5	9.1

马恩岛

人口（千）	88	土地面积（平方千米）	570	GDP（百万美元）	7.4

	经济体数据	欧洲和中亚地区组别	高收入组别
人均 GNI，世界银行图表集法（美元）	85,290	24,275	41,932
调整后的人均国民净收入（美元）	..	18,328	33,454
城市人口（占总人口的百分比）	52.2	70.9	81.1
农业			
农业用地面积（占土地面积的百分比）	68	29	36
灌溉地面积（占总农业用地面积的百分比）	..	..	..
农业生产力，以每名农业工作者增加值计（2010 年美元）	..	14,018	30,017
谷物产量（每公顷千克数）	..	3,910	5,919
森林和生物多样性			
森林面积（占土地面积的百分比）	6.1	38.0	28.9
森林采伐（2000—2015 年年均百分比）	0.0	-0.1	-0.0
陆地保护区面积（占土地面积的百分比）	..	12.6	15.7
濒危物种，哺乳动物	1	350	527
濒危物种，鸟类	0	638	923
濒危物种，鱼类	2	1,220	2,263
濒危物种，高等植物	0	1,032	2,176
海洋			
渔业总产量（千吨）	7.8	18,438	33,549
渔获增长率（2000—2015 年年均百分比）	5.4	-0.9	-1.5
水产养殖增长率（2000—2015 年年均百分比）	..	2.9	2.6
海洋保护区面积（占领海面积的百分比）	..	13.0	23.7
珊瑚礁区域面积（平方千米）	..	..	83,900
红树林区域面积（平方千米）	..	..	15,283
能源与排放			
人均能源使用量（千克石油当量）	..	3,157	4,745
废物和生物质能产生的能源（占总能源量的百分比）	..	5.9	5.3
人均耗电量（千瓦时）	..	5,369	9,066
化石燃料发电量（占总量的百分比）	..	49.8	60.7
水力发电量（占总量的百分比）	..	16.6	12.0
人均二氧化碳排放量（吨）	..	7.3	11.0
水与卫生			
人均淡水资源（立方米）	..	7,850	8,733
淡水使用总量（占淡水资源总量的百分比）	..	7.4	9.8
农业（占淡水使用总量的百分比）	..	47	41
获得改善的水源的人口（占总人口的百分比）	..	98	100
农村（占农村人口的百分比）	..	96	99
城市（占城市人口的百分比）	..	99	100
获得改善的卫生设施的人口（占总人口的百分比）	..	93	99
农村（占农村人口的百分比）	..	89	99
城市（占城市人口的百分比）	..	95	100
环境与健康			
PM2.5 污染，年平均接触值（微克每立方米）	..	19	17
PM2.5 接触（超过世界卫生组织指导线的人口百分比）	..	89	62
急性呼吸道感染发病率（占五岁以下儿童的百分比）	..	..	..
腹泻发病率（占五岁以下儿童的百分比）	..	11	6
五岁以下儿童的死亡率（每千名活产儿）	..	..	..
国民账户汇编——储蓄，消耗与退化			
总储蓄（占 GNI 的百分比）	..	22.5	22.2
固定资本消费（占 GNI 的百分比）	..	16.1	16.6
教育支出（占 GNI 的百分比）	..	4.8	4.8
能源消耗（占 GNI 的百分比）	..	0.6	0.3
矿产消耗（占 GNI 的百分比）	0.0	0.1	0.1
净森林消耗（占 GNI 的百分比）	..	..	..
二氧化碳的损害（占 GNI 的百分比）	..	1.0	0.8
空气污染的损害（占 GNI 的百分比）	..	0.1	0.1
调整后的净储蓄（占 GNI 的百分比）	..	9.5	9.1

以色列

人口（百万）	8.4	土地面积（千平方千米）	22	GDP（10亿美元）	299.4

	经济体数据	中东和北非地区组别	高收入组别
人均 GNI，世界银行图表集法（美元）	35,770	8,229	41,932
调整后的人均国民净收入（美元）	30,436	6,251	33,454
城市人口（占总人口的百分比）	92.1	64.2	81.1
农业			
农业用地面积（占土地面积的百分比）	25	33	36
灌溉地面积（占总农业用地面积的百分比）	0.0	..	..
农业生产力，以每位农业工作者增加值计（2010 年美元）	..	6,275	30,017
谷物产量（每公顷千克数）	4,356	2,299	5,919
森林和生物多样性			
森林面积（占土地面积的百分比）	7.6	2.1	28.9
森林采伐（2000—2015 年年均百分比）	-0.5	-0.8	-0.0
陆地保护区面积（占土地面积的百分比）	19.9	11.7	15.7
濒危物种，哺乳动物	15	224	527
濒危物种，鸟类	17	279	923
濒危物种，鱼类	45	610	2,263
濒危物种，高等植物	9	290	2,176
海洋			
渔业总产量（千吨）	22.9	4,857	33,549
渔获增长率（2000—2015 年年均百分比）	-6.6	2.0	-1.5
水产养殖业增长率（2000—2015 年年均百分比）	0.2	9.4	2.6
海洋保护区面积（占领海面积的百分比）	0.3	3.8	23.7
珊瑚礁区域面积（平方千米）	<10	15,470	83,900
红树林区域面积（平方千米）	..	513	15,283
能源与排放			
人均能源使用量（千克石油当量）	2,763	2,365	4,745
废物和生物质产生的能源（占总能源量的百分比）	0.1	0.6	5.3
人均耗电量（千瓦时）	6,601	2,906	9,066
化石燃料发电量（占总量的百分比）	98.5	96.3	60.7
水力发电量（占总量的百分比）	0.0	2.6	12.0
人均二氧化碳排放量（吨）	8.8	6.0	11.0
水与卫生			
人均淡水资源（立方米）	91	555	8,733
淡水使用总量（占水资源总量的百分比）	260.5	138.4	9.8
农业（占淡水使用总量的百分比）	58	85	41
获得改善的水源的人口（占总人口的百分比）	100	93	100
农村（占农村人口的百分比）	100	89	99
城市（占城市人口的百分比）	100	96	100
获得改善的卫生设施的人口（占总人口的百分比）	100	91	99
农村（占农村人口的百分比）	100	87	99
城市（占城市人口的百分比）	100	93	100
环境与健康			
PM2.5 污染，年平均接触值（微克每立方米）	21	61	17
PM2.5 接触（超过世界卫生组织指导线的人口百分比）	100	100	62
急性呼吸道感染发病率（占五岁以下儿童的百分比）	..	..	..
腹泻发病率（占五岁以下儿童的百分比）	..	..	..
五岁以下儿童的死亡率（每千名活产儿）	4	23	6
国民账户汇编——储蓄，消耗与退化			
总储蓄（占 GNI 的百分比）	24.9	24.7	22.2
固定资本消费（占 GNI 的百分比）	13.4	9.9	16.6
教育支出（占 GNI 的百分比）	5.4	5.2	4.8
能源消耗（占 GNI 的百分比）	0.1	4.7	0.3
矿产消耗（占 GNI 的百分比）	0.0	0.0	0.1
净森林消耗（占 GNI 的百分比）	0.0	0.1	0.0
二氧化碳的损害（占 GNI 的百分比）	0.8	2.1	0.8
空气污染的损害（占 GNI 的百分比）	0.1	0.2	0.1
调整后的净储蓄（占 GNI 的百分比）	15.9	12.9	9.1

意大利

| 人口（百万） | 60.7 | 土地面积（千平方千米） | 294 | GDP（10亿美元） | 1,821.5 |

	经济体数据	欧洲和中亚地区组别	高收入组别
人均 GNI，世界银行图表集法（美元）	32,830	24,275	41,932
调整后的人均国民净收入（美元）	24,414	18,328	33,454
城市人口（占总人口的百分比）	69.0	70.9	81.1
农业			
农业用地面积（占土地面积的百分比）	45	29	36
灌溉地面积（占总农业用地面积的百分比）	19.1	..	..
农业生产力，以每农业工作者增加值计（2010年美元）	57,151	14,018	30,017
谷物产量（每公顷千克数）	5,709	3,910	5,919
森林和生物多样性			
森林面积（占土地面积的百分比）	31.6	38.0	28.9
森林采伐（2000—2015年年均百分比）	-0.7	-0.1	-0.0
陆地保护区面积（占土地面积的百分比）	21.5	12.6	15.7
濒危物种，哺乳动物	8	350	527
濒危物种，鸟类	14	638	923
濒危物种，鱼类	51	1,220	2,263
濒危物种，高等植物	71	1,032	2,176
海洋			
渔业总产量（千吨）	347	18,438	33,549
渔获增长率（2000—2015年年均百分比）	-2.8	-0.9	-1.5
水产养殖业增长率（2000—2015年年均百分比）	-2.5	2.9	2.6
海洋保护区面积（占领海面积的百分比）	20.1	13.0	23.7
珊瑚礁区域面积（平方千米）	..	..	83,900
红树林区域面积（平方千米）			15,283
能源与排放			
人均能源使用量（千克石油当量）	2,414	3,157	4,745
废物和生物质能产生的能源（占总能源量的百分比）	9.5	5.9	5.3
人均耗电量（千瓦时）	5,002	5,369	9,066
化石燃料发电量（占总量的百分比）	55.5	49.8	60.7
水力发电量（占总量的百分比）	21.1	16.6	12.0
人均二氧化碳排放量（吨）	5.7	7.3	11.0
水与卫生			
人均淡水资源（立方米）	3,002	7,850	8,733
淡水使用总量（占淡水资源总量的百分比）	29.5	7.4	9.8
农业（占淡水使用总量的百分比）	44	47	41
获得改善的水源的人口（占总人口的百分比）	100	98	100
农村（占农村人口的百分比）	100	96	99
城市（占城市人口的百分比）	100	99	100
获得改善的卫生设施的人口（占总人口的百分比）	100	93	99
农村（占农村人口的百分比）	100	89	99
城市（占城市人口的百分比）	100	95	100
环境与健康			
PM2.5污染，年平均接触值（微克每立方米）	20	19	17
PM2.5接触（超过世界卫生组织指导线的人口百分比）	100	89	62
急性呼吸道感染发病率（占五岁以下儿童的百分比）	..	..	..
腹泻病发病率（占五岁以下儿童的百分比）	..	..	..
五岁以下儿童的死亡率（每千名活产儿）	4	11	6
国民账户汇编——储蓄，消耗与退化			
总储蓄（占GNI的百分比）	18.7	22.5	22.2
固定资本消费（占GNI的百分比）	18.1	16.1	16.6
教育支出（占GNI的百分比）	3.9	4.8	4.8
能源消耗（占GNI的百分比）	0.1	0.6	0.3
矿产消耗（占GNI的百分比）	0.0	0.1	0.1
净森林消耗（占GNI的百分比）	0.0	0.1	0.1
二氧化碳的损害（占GNI的百分比）	0.5	1.0	0.8
空气污染的损害（占GNI的百分比）	0.1	0.1	0.1
调整后的净储蓄（占GNI的百分比）	3.9	9.5	9.1

牙买加

人口（百万）	2.8	土地面积（千平方千米）	11	GDP（10亿美元）	14.3

	经济体数据	拉丁美洲和加勒比地区组别	中高收入组别
人均GNI，世界银行图表法（美元）	4,930	8,968	8,263
调整后的人均国民收入（美元）	4,585	7,249	6,302
城市人口（占总人口的百分比）	54.8	79.9	64.1
农业			
农业用地面积（占土地面积的百分比）	41	38	35
灌溉地面积（占总农业用地面积的百分比）	6.9	..	..
农业生产力，以每农业工作者增加值计（2010年美元）	3,835	7,188	2,208
谷物产量（每公顷千克数）	1,139	4,169	4,104
森林和生物多样性			
森林面积（占土地面积的百分比）	31.0	46.3	34.9
森林采伐（2000—2015年年均百分比）	0.1	0.4	0.0
陆地保护区面积（占土地面积的百分比）	15.9	23.3	15.2
濒危物种，哺乳动物	6	622	1,056
濒危物种，鸟类	10	1,011	1,511
濒危物种，鱼类	30	1,642	2,315
濒危物种，高等植物	214	5,108	6,808
海洋			
渔业总产量（千吨）	17.7	14,416	103,240
渔获增长率（2000—2015年年均百分比）	7.8	-3.5	-0.5
水产养殖业增长率（2000—2015年年均百分比）	-12.0	7.7	5.3
海洋保护区面积（占领海面积的百分比）	4.6	15.5	9.9
珊瑚礁区域面积（平方千米）	1,240	20,320	48,880
红树林区域面积（平方千米）	97.5	41,330	50,774
能源与排放			
人均能源使用量（千克石油当量）	1,009	1,337	2,192
废物和生物质能产生的能源（占总能源量的百分比）	18.2	17.1	7.3
人均耗电量（千瓦时）	1,085	2,122	3,495
化石燃料发电量（占总量的百分比）	90.2	43.1	71.1
水力发电量（占总量的百分比）	3.3	46.5	21.0
人均二氧化碳排放量（吨）	2.8	3.0	6.6
水与卫生			
人均淡水资源（立方米）	3,887	22,160	8,261
淡水使用总量（占淡水资源总量的百分比）	7.5	2.4	6.3
农业（占淡水使用总量的百分比）	55	71	68
获得改善的水源的人口（占总人口的百分比）	94	95	95
农村（占农村人口的百分比）	89	84	91
城市（占城市人口的百分比）	98	97	97
获得改善的卫生设施的人口（占总人口的百分比）	82	83	80
农村（占农村人口的百分比）	84	64	67
城市（占城市人口的百分比）	80	88	87
环境与健康			
PM2.5污染，年平均接触值（微克每立方米）	17	18	42
PM2.5接触（超过世界卫生组织指导线的人口百分比）	100	85	95
急性呼吸道感染发病率（占五岁以下儿童的百分比）	..	..	..
腹泻病率（占五岁以下儿童的百分比）	..	..	..
五岁以下儿童的死亡率（每千名活产儿）	16	18	19
国民账户汇编——储蓄，消耗与退化			
总储蓄（占GNI的百分比）	19.9	17.7	36.6
固定资本消费（占GNI的百分比）	7.8	10.2	18.0
教育支出（占GNI的百分比）	6.1	4.9	3.0
能源消耗（占GNI的百分比）	0.0	0.9	1.1
矿产消耗（占GNI的百分比）	0.2	0.9	0.4
净森林消耗（占GNI的百分比）	0.2	0.1	0.0
二氧化碳的损害（占GNI的百分比）	1.5	1.1	2.6
空气污染的损害（占GNI的百分比）	0.2	0.2	0.3
调整后的净储蓄（占GNI的百分比）	16.1	9.4	17.2

日本

| 人口（百万） | **127.0** | 土地面积（千平方千米） | **365** | GDP（10亿美元） | **4,383.1** |

	经济体数据	东亚和太平洋地区组别	高收入组别
人均GNI，世界银行图表集法（美元）	38,840	9,771	41,932
调整后的人均国民净收入（美元）	28,140	7,546	33,454
城市人口（占总人口的百分比）	93.5	56.6	81.1
农业			
农业用地面积（占土地面积的百分比）	12	49	36
灌溉地面积（占总农业用地面积的百分比）	34.8	..	..
农业生产力，以每农业工作者增加值计（2010年美元）	60,937	1,657	30,017
谷物产量（每公顷千克数）	6,081	4,958	5,919
森林和生物多样性			
森林面积（占土地面积的百分比）	68.5	26.3	28.9
森林采伐（2000—2015年年均百分比）	-0.0	-0.2	-0.0
陆地保护区面积（占土地面积的百分比）	19.4	15.6	15.7
濒危物种，哺乳动物	28	918	527
濒危物种，鸟类	42	1,097	923
濒危物种，鱼类	77	1,549	2,263
濒危物种，高等植物	44	3,515	2,176
海洋			
渔业总产量（千吨）	4,657	132,587	33,549
渔获增长率（2000—2015年年均百分比）	-2.5	0.9	-1.5
水产养殖业增长率（2000—2015年年均百分比）	-1.0	6.5	2.6
海洋保护区面积（占领海面积的百分比）	5.1	17.0	23.7
珊瑚礁区域面积（平方千米）	2,900	203,050	83,900
红树林区域面积（平方千米）	7.4	67,121	15,283
能源与排放			
人均能源使用量（千克石油当量）	3,475	2,137	4,745
废物和生物质能产生的能源（占总能源量的百分比）	2.5	7.7	5.3
人均耗电量（千瓦时）	7,829	3,682	9,066
化石燃料发电量（占总量的百分比）	85.6	76.4	60.7
水力发电量（占总量的百分比）	7.9	15.0	12.0
人均二氧化碳排放量（吨）	9.8	6.3	11.0
水与卫生			
人均淡水资源（立方米）	3,382	4,529	8,733
淡水使用总量（占淡水资源总量的百分比）	18.9	11.3	9.8
农业（占淡水使用总量的百分比）	67	71	41
获得改善的水源的人口（占总人口的百分比）	100	94	100
农村（占农村人口的百分比）	100	90	99
城市（占城市人口的百分比）	100	97	100
获得改善的卫生设施的人口（占总人口的百分比）	100	77	99
农村（占农村人口的百分比）	100	64	99
城市（占城市人口的百分比）	100	87	100
环境与健康			
PM2.5污染，年平均接触值（微克每立方米）	13	44	17
PM2.5接触（超过世界卫生组织指导线的人口百分比）	98	97	62
急性呼吸道感染发病率（占五岁以下儿童的百分比）	..	..	..
腹泻发病率（占五岁以下儿童的百分比）	..	..	..
五岁以下儿童的死亡率（每千名活产儿）	3	17	6
国民账户汇编——储蓄，消耗与退化			
总储蓄（占GNI的百分比）	26.0	39.1	22.2
固定资本消费（占GNI的百分比）	21.5	20.7	16.6
教育支出（占GNI的百分比）	3.1	2.7	4.8
能源消耗（占GNI的百分比）	0.0	0.3	0.3
矿产消耗（占GNI的百分比）	0.0	0.2	0.1
净森林消耗（占GNI的百分比）	0.0	0.0	0.0
二氧化碳的损害（占GNI的百分比）	0.4	2.1	0.8
空气污染的损害（占GNI的百分比）	0.1	0.3	0.1
调整后的净储蓄（占GNI的百分比）	6.8	18.1	9.1

约旦

人口（百万）	7.6	土地面积（千平方千米）	89	GDP（10亿美元）	37.5

	经济体数据	中东和北非地区组别	中高收入组别
人均GNI，世界银行图表集法（美元）	4,680	8,229	8,263
调整后的人均国民净收入（美元）	4,432	6,251	6,302
城市人口（占总人口的百分比）	83.7	64.2	64.1
农业			
农业用地面积（占土地面积的百分比）	12	33	35
灌溉地面积（占总农业用地面积的百分比）	9.9		
农业生产力，以每农业工作者增加值计（2010年美元）	7,946	6,275	2,208
谷物产量（每公顷千克数）	1,456	2,299	4,104
森林和生物多样性			
森林面积（占土地面积的百分比）	1.1	2.1	34.9
森林采伐（2000—2015年年均百分比）	0.0	-0.8	0.0
陆地保护区面积（占土地面积的百分比）	2.1	11.7	15.2
濒危物种，哺乳动物	13	224	1,056
濒危物种，鸟类	13	279	1,511
濒危物种，鱼类	15	610	2,315
濒危物种，高等植物	5	290	6,808
海洋			
渔业总产量（千吨）	1.8	4,857	103,240
渔获增长率（2000—2015年年均百分比）	3.1	2.0	-0.5
水产养殖增长率（2000—2015年年均百分比）	3.0	9.4	5.3
海洋保护区面积（占领海面积的百分比）	30.1	3.8	9.9
珊瑚礁区域面积（平方千米）	<50	15,470	48,880
红树林区域面积（平方千米）	..	513	50,774
能源与排放			
人均能源使用量（千克石油当量）	1,103	2,365	2,192
废物和生物质能产生的能源（占总能源量的百分比）	0.1	0.6	7.3
人均耗电量（千瓦时）	2,243	2,906	3,495
化石燃料发电量（占总量的百分比）	99.6	96.3	71.1
水力发电量（占总量的百分比）	0.3	2.6	21.0
人均二氧化碳排放量（吨）	3.4	6.0	6.6
水与卫生			
人均淡水资源（立方米）	92	555	8,261
淡水使用总量（占淡水资源总量的百分比）	138.0	138.4	6.3
农业（占淡水使用总量的百分比）	65	85	68
获得改善的水源的人口（占总人口的百分比）	97	93	95
农村（占农村人口的百分比）	92	89	91
城市（占城市人口的百分比）	98	96	97
获得改善的卫生设施的人口（占总人口的百分比）	99	91	80
农村（占农村人口的百分比）	99	87	67
城市（占城市人口的百分比）	99	93	87
环境与健康			
PM2.5污染，年平均接触值（微克每立方米）	39	61	42
PM2.5接触（超过世界卫生组织指导线的人口百分比）	100	100	95
急性呼吸道感染发病率（占五岁以下儿童的百分比）	7	..	..
腹泻发病率（占五岁以下儿童的百分比）	16	..	..
五岁以下儿童的死亡率（每千名活产儿）	18	23	19
国民账户汇编——储蓄，消耗与退化			
总储蓄（占GNI的百分比）	14.4	24.7	36.6
固定资本消费（占GNI的百分比）	8.9	9.9	18.0
教育支出（占GNI的百分比）	4.2	5.2	3.0
能源消耗（占GNI的百分比）	0.0	4.7	1.1
矿产消耗（占GNI的百分比）	0.2	0.0	0.4
净森林消耗（占GNI的百分比）	0.0	0.0	0.0
二氧化碳的损害（占GNI的百分比）	2.0	2.1	2.6
空气污染的损害（占GNI的百分比）	0.2	0.2	0.3
调整后的净储蓄（占GNI的百分比）	7.4	12.9	17.2

哈萨克斯坦

人口（百万）	17.5	土地面积（千平方千米）	2,700	GDP（10亿美元）	184.4

	经济体数据	欧洲和中亚地区组别	中高收入组别
人均 GNI，世界银行图表集法（美元）	11,390	24,275	8,263
调整后的人均国民净收入（美元）	8,116	18,328	6,302
城市人口（占总人口的百分比）	53.2	70.9	64.1
农业			
农业用地面积（占土地面积的百分比）	80	29	35
灌溉地面积（占总农业用地面积的百分比）	0.6	..	..
农业生产力，以每农业工作者增加值计（2010年美元）	7,257	14,018	2,208
谷物产量（每公顷千克数）	1,173	3,910	4,104
森林和生物多样性			
森林面积（占土地面积的百分比）	1.2	38.0	34.9
森林采伐（2000—2015年年均百分比）	0.1	-0.1	0.0
陆地保护区面积（占土地面积的百分比）	3.3	12.6	15.2
濒危物种，哺乳动物	16	350	1,056
濒危物种，鸟类	26	638	1,511
濒危物种，鱼类	14	1,220	2,315
濒危物种，高等植物	16	1,032	6,808
海洋			
渔业总产量（千吨）	42.2	18,438	103,240
渔获增长率（2000—2015年年均百分比）	0.8	-0.9	-0.5
水产养殖增长率（2000—2015年年均百分比）	-0.7	2.9	5.3
海洋保护区面积（占领海面积的百分比）	0.0	13.0	9.9
珊瑚礁区域面积（平方千米）	..	..	48,880
红树林区域面积（平方千米）	..	..	50,774
能源与排放			
人均能源使用量（千克石油当量）	4,434	3,157	2,192
废物和生物质能产生的能源（占总能源量的百分比）	0.0	5.9	7.3
人均耗电量（千瓦时）	5,600	5,369	3,495
化石燃料发电量（占总量的百分比）	92.1	49.8	71.1
水力发电量（占总量的百分比）	7.9	16.6	21.0
人均二氧化碳排放量（吨）	15.4	7.3	6.6
水与卫生			
人均淡水资源（立方米）	3,722	7,850	8,261
淡水使用总量（占淡水资源总量的百分比）	32.9	7.4	6.3
农业（占淡水使用总量的百分比）	66	47	68
获得改善的水源的人口（占总人口的百分比）	93	98	95
农村（占农村人口的百分比）	86	96	91
城市（占城市人口的百分比）	99	99	97
获得改善的卫生设施的人口（占总人口的百分比）	98	93	80
农村（占农村人口的百分比）	98	89	67
城市（占城市人口的百分比）	97	95	87
环境与健康			
PM2.5污染，年平均接触值（微克每立方米）	20	19	42
PM2.5接触（超过世界卫生组织指导线的人口的百分比）	89	89	95
急性呼吸道感染发病率（占五岁以下儿童的百分比）	..	..	..
腹泻发病率（占五岁以下儿童的百分比）	..	..	..
五岁以下儿童的死亡率（每千名活产儿）	14	11	19
国民账户汇编——储蓄，消耗与退化			
总储蓄（占 GNI 的百分比）	31.9	22.5	36.6
固定资本消费（占 GNI 的百分比）	13.5	16.1	18.0
教育支出（占 GNI 的百分比）	3.1	4.8	3.0
能源消耗（占 GNI 的百分比）	2.9	0.6	1.1
矿产消耗（占 GNI 的百分比）	1.3	0.1	0.4
净森林消耗（占 GNI 的百分比）	0.0	0.0	0.0
二氧化碳的损害（占 GNI 的百分比）	4.7	1.0	2.6
空气污染的损害（占 GNI 的百分比）	0.3	0.1	0.3
调整后的净储蓄（占 GNI 的百分比）	9.7	9.5	17.2

肯尼亚

人口（百万）	46.1	土地面积（千平方千米）	569	GDP（10亿美元）	63.4

	经济体数据	撒哈拉以南非洲地区组别	中低收入组别
人均 GNI，世界银行图表集法（美元）	1,340	1,631	2,029
调整后的人均国民净收入（美元）	1,036	1,239	1,767
城市人口（占总人口的百分比）	25.6	37.7	39.0
农业			
农业用地面积（占土地面积的百分比）	49	42	44
灌溉地面积（占总农业用地面积的百分比）	0.0	..	..
农业生产力，以每农业工作者增加值计（2010年美元）	821	1,219	1,614
谷物产量（每公顷千克数）	1,628	1,452	3,185
森林和生物多样性			
森林面积（占土地面积的百分比）	7.8	25.7	24.3
森林采伐（2000—2015年年均百分比）	-1.4	0.5	0.4
陆地保护区面积（占土地面积的百分比）	12.4	15.3	12.0
濒危物种，哺乳动物	30	918	1,134
濒危物种，鸟类	39	876	1,199
濒危物种，鱼类	71	2,023	2,011
濒危物种，高等植物	222	3,740	3,971
海洋			
渔业总产量（千吨）	184	7,416	58,665
渔获增长率（2000—2015年年均百分比）	-1.8	1.8	2.4
水产养殖业增长率（2000—2015年年均百分比）	27.1	17.0	12.0
海洋保护区面积（占领海面积的百分比）	10.0	6.1	5.0
珊瑚礁区域面积（平方千米）	630	17,980	128,580
红树林区域面积（平方千米）	610	28,061	68,563
能源与排放			
人均能源使用量（千克石油当量）	527	701	651
废物和生物质能产生的能源（占总能源量的百分比）	66.8	57.4	28.5
人均耗电量（千瓦时）	171	497	777
化石燃料发电量（占总量的百分比）	18.5	64.3	74.9
水力发电量（占总量的百分比）	35.8	21.2	14.9
人均二氧化碳排放量（吨）	0.3	0.8	1.4
水与卫生			
人均淡水资源（立方米）	461	3,986	3,003
淡水使用总量（占淡水资源总量的百分比）	15.5	3.2	18.4
农业（占淡水使用总量的百分比）	59	81	88
获得改善的水源的人口（占总人口的百分比）	63	68	90
农村（占农村人口的百分比）	57	56	87
城市（占城市人口的百分比）	82	87	94
获得改善的卫生设施的人口（占总人口的百分比）	30	30	52
农村（占农村人口的百分比）	30	23	42
城市（占城市人口的百分比）	31	40	67
环境与健康			
PM2.5 污染，年平均接触值（微克每立方米）	16	36	58
PM2.5 接触（超过世界卫生组织指导线的人口百分比）	99	99	99
急性呼吸道感染发病率（占五岁以下儿童的百分比）	9	5	..
腹泻发病率（占五岁以下儿童的百分比）	15	14	..
五岁以下儿童的死亡率（每千名活产儿）	49	83	53
国民账户汇编——储蓄，消耗与退化			
总储蓄（占 GNI 的百分比）	10.8	14.4	27.6
固定资本消费（占 GNI 的百分比）	21.0	13.8	9.7
教育支出（占 GNI 的百分比）	4.9	3.3	3.0
能源消耗（占 GNI 的百分比）	0.0	1.7	0.8
矿产消耗（占 GNI 的百分比）	0.1	0.9	0.3
净森林消耗（占 GNI 的百分比）	3.2	2.3	0.4
二氧化碳的损害（占 GNI 的百分比）	0.7	1.6	2.3
空气污染的损害（占 GNI 的百分比）	0.7	1.2	0.9
调整后的净储蓄（占 GNI 的百分比）	-10.8	-3.9	16.1

基里巴斯

人口（千）	112	土地面积（平方千米）	810	GDP（百万美元）	160.1

	经济体数据	东亚和太平洋地区组别	中低收入组别
人均 GNI，世界银行图表集法（美元）	3,390	9,771	2,029
调整后的人均国民净收入（美元）	2,897	7,546	1,767
城市人口（占总人口的百分比）	44.3	56.6	39.0
农业			
农业用地面积（占土地面积的百分比）	42	49	44
灌溉地面积（占总农业用地面积的百分比）	..	..	..
农业生产力，以每农业工作者增加值计（2010 年美元）	3,733	1,657	1,614
谷物产量（每公顷千克数）	..	4,958	3,185
森林和生物多样性			
森林面积（占土地面积的百分比）	15.0	26.3	24.3
森林采伐（2000—2015 年年均百分比）	0.0	-0.2	0.4
陆地保护区面积（占土地面积的百分比）	22.2	15.6	12.0
濒危物种，哺乳动物	1	918	1,134
濒危物种，鸟类	5	1,097	1,199
濒危物种，鱼类	13	1,549	2,011
濒危物种，高等植物	0	3,515	3,971
海洋			
渔业总产量（千吨）	149	132,587	58,665
渔获增长率（2000—2015 年年均百分比）	9.9	0.9	2.4
水产养殖增长率（2000—2015 年年均百分比）	-7.3	6.5	12.0
海洋保护区面积（占领海面积的百分比）	20.2	17.0	5.0
珊瑚礁区域面积（平方千米）	2,940	203,050	128,580
红树林区域面积（平方千米）	2.6	67,121	68,563
能源与排放			
人均能源使用量（千克石油当量）	..	2,137	651
废物和生物质能产生的能源（占总能源量的百分比）	..	7.7	28.5
人均耗电量（千瓦时）	..	3,682	777
化石燃料发电量（占总量的百分比）	..	76.4	74.9
水力发电量（占总量的百分比）	..	15.0	14.9
人均二氧化碳排放量（吨）	0.6	6.3	1.4
水与卫生			
人均淡水资源（立方米）	..	4,529	3,003
淡水使用总量（占淡水资源总量的百分比）	..	11.3	18.4
农业（占淡水使用量的百分比）	..	71	88
获得改善的水源的人口（占总人口的百分比）	67	94	90
农村（占农村人口的百分比）	51	90	87
城市（占城市人口的百分比）	87	97	94
获得改善的卫生设施的人口（占总人口的百分比）	40	77	52
农村（占农村人口的百分比）	31	64	42
城市（占城市人口的百分比）	51	87	67
环境与健康			
PM2.5 污染，年平均接触值（微克每立方米）	3	44	58
PM2.5 接触（超过世界卫生组织指导线的人口百分比）	0	97	99
急性呼吸道感染发病率（占五岁以下儿童的百分比）	..	..	..
腹泻发病率（占五岁以下儿童的百分比）	..	..	..
五岁以下儿童的死亡率（每千名活产儿）	56	17	53
国民账户汇编——储蓄，消耗与退化			
总储备（占 GNI 的百分比）	..	39.1	27.6
固定资本消费（占 GNI 的百分比）	4.0	20.7	9.7
教育支出（占 GNI 的百分比）	6.1	2.7	3.0
能源消耗（占 GNI 的百分比）	0.0	0.3	0.8
矿产消耗（占 GNI 的百分比）	0.0	0.2	0.3
净森林消耗（占 GNI 的百分比）	0.0	0.0	0.3
二氧化碳的损害（占 GNI 的百分比）	0.6	2.1	2.3
空气污染的损害（占 GNI 的百分比）	..	0.3	0.9
调整后的净储蓄（占 GNI 的百分比）	..	18.1	16.1

朝鲜

人口（百万）	**25.2** 土地面积（千平方千米）	**120** GDP（百万美元）	..

	经济体数据	东亚和太平洋地区组别	低收入组别
人均 GNI，世界银行图表集法（美元）	..	9,771	619
调整后的人均国民净收入（美元）	..	7,546	497
城市人口（占总人口的百分比）	60.9	56.6	30.7
农业			
农业用地面积（占土地面积的百分比）	22	49	39
灌溉地面积（占总农业用地面积的百分比）	..	..	..
农业生产力，以每农业工作者增加值计（2010 年美元）	..	1,657	504
谷物产量（每公顷千克数）	4,149	4,958	1,486
森林和生物多样性			
森林面积（占土地面积的百分比）	41.8	26.3	27.4
森林采伐（2000—2015 年年均百分比）	2.1	-0.2	0.5
陆地保护区面积（占土地面积的百分比）	2.5	15.6	15.2
濒危物种，哺乳动物	10	918	619
濒危物种，鸟类	27	1,097	599
濒危物种，鱼类	17	1,549	1,156
濒危物种，高等植物	17	3,515	1,962
海洋			
渔业总产量（千吨）	774	132,587	3,954
渔获增长率（2000—2015 年年均百分比）	0.2	0.9	2.2
水产养殖业增长率（2000—2015 年年均百分比）	1.1	6.5	3.1
海洋保护区面积（占领海面积的百分比）	0.1	17.0	3.5
珊瑚礁区域面积（平方千米）	..	203,050	12,520
红树林区域面积（平方千米）	..	67,121	15,778
能源与排放			
人均能源使用量（千克石油当量）	476	2,137	..
废物和生物质能产生的能源（占总能源量的百分比）	9.2	7.7	79.1
人均耗电量（千瓦时）	602	3,682	..
化石燃料发电量（占总量的百分比）	27.4	76.4	..
水力发电量（占总量的百分比）	72.6	15.0	..
人均二氧化碳排放量（吨）	2.0	6.3	0.3
水与卫生			
人均淡水资源（立方米）	2,677	4,529	4,629
淡水使用总量（占淡水资源总量的百分比）	12.9	11.3	3.3
农业（占淡水使用总量的百分比）	76	71	90
获得改善的水源的人口（占总人口的百分比）	100	94	66
农村（占农村人口的百分比）	99	90	56
城市（占城市人口的百分比）	100	97	87
获得改善的卫生设施的人口（占总人口的百分比）	82	77	28
农村（占农村人口的百分比）	73	64	23
城市（占城市人口的百分比）	88	87	40
环境与健康			
PM2.5 污染，年平均接触值（微克每立方米）	34	44	39
PM2.5 接触（超过世界卫生组织指导线的人口百分比）	100	97	99
急性呼吸道感染发病率（占五岁以下儿童的百分比）	..	..	6
腹泻发病率（占五岁以下儿童的百分比）	..	..	16
五岁以下儿童的死亡率（每千名活产儿）	25	17	76
国民账户汇编——储蓄，消耗与退化			
总储蓄（占 GNI 的百分比）	..	39.1	*14.7*
固定资本消费（占 GNI 的百分比）	..	20.7	10.6
教育支出（占 GNI 的百分比）	..	2.7	3.2
能源消耗（占 GNI 的百分比）	..	0.3	0.4
矿产消耗（占 GNI 的百分比）	..	0.2	1.5
净森林消耗（占 GNI 的百分比）	..	0.0	6.6
二氧化碳的损害（占 GNI 的百分比）	..	2.1	1.2
空气污染的损害（占 GNI 的百分比）	..	0.3	1.7
调整后的净储蓄（占 GNI 的百分比）	..	18.1	-3.8

	经济体数据	东亚和太平洋地区组别	高收入组别
人口（百万） 50.6 土地面积（千平方千米） 97 GDP（10亿美元）1,377.9			
人均GNI，世界银行图表集法（美元）	27,450	9,771	41,932
调整后的人均国民净收入（美元）	22,007	7,546	33,454
城市人口（占总人口的百分比）	82.5	56.6	81.1
农业			
农业用地面积（占土地面积的百分比）	18	49	36
灌溉地面积（占总农业用地面积的百分比）			
农业生产力，以每农业工作者增加值计（2010年美元）	26,500	1,657	30,017
谷物产量（每公顷千克数）	6,618	4,958	5,919
森林和生物多样性			
森林面积（占土地面积的百分比）	63.4	26.3	28.9
森林采伐（2000—2015年年均百分比）	0.1	-0.2	-0.0
陆地保护区面积（占土地面积的百分比）	7.6	15.6	15.7
濒危物种，哺乳动物	11	918	527
濒危物种，鸟类	30	1,097	923
濒危物种，鱼类	25	1,549	2,263
濒危物种，高等植物	31	3,515	2,176
海洋			
渔业总产量（千吨）	3,333	132,587	33,549
渔获增长率（2000—2015年年均百分比）	-0.7	0.9	-1.5
水产养殖业增长率（2000—2015年年均百分比）	6.3	16.0	2.6
海洋保护区面积（占领海面积的百分比）	4.3	17.0	23.7
珊瑚礁区域面积（平方千米）	..	203,050	83,900
红树林区域面积（平方千米）	..	67,121	15,283
能源与排放			
人均能源使用量（千克石油当量）	5,323	2,137	4,745
废物和生物质能产生的能源（占总能源量的百分比）	2.1	7.7	5.3
人均耗电量（千瓦时）	10,564	3,682	9,066
化石燃料发电量（占总量的百分比）	69.5	76.4	60.7
水力发电量（占总量的百分比）	0.5	15.0	12.0
人均二氧化碳排放量（吨）	11.8	6.3	11.0
水与卫生			
人均淡水资源（立方米）	1,286	4,529	8,733
淡水使用总量（占淡水资源总量的百分比）	45.0	11.3	9.8
农业（占淡水使用总量的百分比）	55	71	41
获得改善的水源的人口（占总人口的百分比）	98	94	100
农村（占农村人口的百分比）	88	90	99
城市（占城市人口的百分比）	100	97	100
获得改善的卫生设施的人口（占总人口的百分比）	100	77	99
农村（占农村人口的百分比）	100	64	99
城市（占城市人口的百分比）	100	87	100
环境与健康			
PM2.5污染，年平均接触值（微克每立方米）	29	44	17
PM2.5接触（超过世界卫生组织指导线的人口百分比）	100	97	62
急性呼吸道感染发病率（占五岁以下儿童的百分比）	..	..	..
腹泻发病率（占五岁以下儿童的百分比）	..	..	..
五岁以下儿童的死亡率（每千名活产儿）	3	17	6
国民账户汇编——储蓄，消耗与退化			
总储蓄（占GNI的百分比）	35.4	39.1	22.2
固定资本消费（占GNI的百分比）	19.5	20.7	16.6
教育支出（占GNI的百分比）	4.1	2.7	4.8
能源消耗（占GNI的百分比）	0.0	0.3	0.3
矿产消耗（占GNI的百分比）	0.0	0.2	0.1
净森林消耗（占GNI的百分比）	0.0	0.0	0.0
二氧化碳的损害（占GNI的百分比）	1.4	2.1	0.8
空气污染的损害（占GNI的百分比）	0.1	0.3	0.1
调整后的净储蓄（占GNI的百分比）	18.5	18.1	9.1

科索沃

| 人口（百万） | **1.8** | 土地面积（千平方千米） | **11** | GDP（10亿美元） | **6.4** |

	经济体数据	欧洲和中亚地区组别	中低收入组别
人均GNI，世界银行图表集法（美元）	3,960	24,275	2,029
调整后的人均国民净收入（美元）	..	18,328	1,767
城市人口（占总人口的百分比）		70.9	39.0
农业			
农业用地面积（占土地面积的百分比）	..	29	44
灌溉地面积（占总农业用地面积的百分比）	..	..	..
农业生产力，以每农业工作者增加值计（2010年美元）	..	14,018	1,614
谷物产量（每公顷千克数）		3,910	3,185
森林和生物多样性			
森林面积（占土地面积的百分比）	..	38.0	24.3
森林采伐（2000—2015年年均百分比）	..	-0.1	0.4
陆地保护区面积（占土地面积的百分比）		12.6	10.0
濒危物种，哺乳动物		350	1,134
濒危物种，鸟类		638	1,199
濒危物种，鱼类		1,220	2,011
濒危物种，高等植物		1,032	3,971
海洋			
渔业总产量（千吨）		18,438	58,665
渔获增长率（2000—2015年年均百分比）		-0.9	2.4
水产养殖增长率（2000—2015年年均百分比）		2.9	12.0
海洋保护区面积（占领海面积的百分比）		13.0	5.0
珊瑚礁区域面积（平方千米）		..	128,580
红树林区域面积（平方千米）		..	68,563
能源与排放			
人均能源使用量（千克石油当量）	1,213	3,157	651
废物和生物质能产生的能源（占总能源量的百分比）	11.4	5.9	28.5
人均耗电量（千瓦时）	2,804	5,369	777
化石燃料发电量（占总量的百分比）	97.2	49.8	74.9
水力发电量（占总量的百分比）	2.8	16.6	14.9
人均二氧化碳排放量（吨）		7.3	1.4
水与卫生			
人均淡水资源（立方米）	..	7,850	3,003
淡水使用总量（占淡水资源总量的百分比）		7.4	18.4
农业（占淡水使用总量的百分比）		47	88
获得改善的水源的人口（占总人口的百分比）		98	90
农村（占农村人口的百分比）		96	87
城市（占城市人口的百分比）		99	94
获得改善的卫生设施的人口（占总人口的百分比）		93	52
农村（占农村人口的百分比）		89	42
城市（占城市人口的百分比）		95	67
环境与健康			
PM2.5污染，年平均接触量（微克每立方米）		19	58
PM2.5接触（超过世界卫生组织指导线的人口百分比）		89	99
急性呼吸道感染发病率（占五岁以下儿童的百分比）		..	..
腹泻发病率（占五岁以下儿童的百分比）		..	..
五岁以下儿童的死亡率（每千名活产儿）		11	53
国民账户汇兑——储蓄，消耗与退化			
总储蓄（占GNI的百分比）	18.2	22.5	27.6
固定资本消费（占GNI的百分比）	11.7	16.1	9.7
教育支出（占GNI的百分比）		4.8	3.0
能源消耗（占GNI的百分比）	0.0	0.6	0.8
矿产消耗（占GNI的百分比）	0.6	0.1	0.3
净森林消耗（占GNI的百分比）		0.0	0.4
二氧化碳的损害（占GNI的百分比）	3.5	1.0	2.3
空气污染的损害（占GNI的百分比）		0.1	0.9
调整后的净储蓄（占GNI的百分比）		9.5	16.1

科威特

人口（百万）	3.9	土地面积（千平方千米）	18	GDP（10亿美元）	114.0

	经济体数据	中东和北非地区组别	高收入组别
人均GNI，世界银行图表集法（美元）	42,150	8,229	41,932
调整后的人均国民净收入（美元）	27,551	6,251	33,454
城市人口（占总人口的百分比）	98.3	64.2	81.1
农业			
农业用地面积（占土地面积的百分比）	9	33	36
灌溉地面积（占总农业用地面积的百分比）	..	..	..
农业生产力，以每农业工作者增加值计（2010年美元）	43,033	6,275	30,017
谷物产量（每公顷千克数）	21,845	2,299	5,919
森林和生物多样性			
森林面积（占土地面积的百分比）	0.4	2.1	28.9
森林采伐（2000—2015年年均百分比）	-1.7	-0.8	-0.0
陆地保护区面积（占土地面积的百分比）	18.4	11.7	15.7
濒危物种，哺乳动物	6	224	527
濒危物种，鸟类	11	279	923
濒危物种，鱼类	15	610	2,263
濒危物种，高等植物	0	290	2,176
海洋			
渔业总产量（千吨）	4.6	4,857	33,549
渔获增长率（2000—2015年年均百分比）	-3.2	2.0	-1.5
水产养殖业增长率（2000—2015年年均百分比）	-2.4	9.4	2.6
海洋保护区面积（占领海面积的百分比）	0.2	3.8	23.7
珊瑚礁区域面积（平方千米）	110	15,470	83,900
红树林区域面积（平方千米）	0.05	513	15,283
能源与排放			
人均能源使用量（千克石油当量）	9,027	2,365	4,745
废物和生物质能产生的能源（占总能源量的百分比）	0.0	0.6	5.3
人均耗电量（千瓦时）	15,332	2,906	9,066
化石燃料发电量（占总量的百分比）	100.0	96.3	60.7
水力发电量（占总量的百分比）	0.0	2.6	12.0
人均二氧化碳排放量（吨）	27.3	6.0	11.0
水与卫生			
人均淡水资源（立方米）	0	555	8,733
淡水使用总量（占淡水资源总量的百分比）	..	138.4	9.8
农业（占淡水使用总量的百分比）	54	85	41
获得改善的水源的人口（占总人口的百分比）	99	93	100
农村（占农村人口的百分比）	99	89	99
城市（占城市人口的百分比）	99	96	100
获得改善的卫生设施的人口（占总人口的百分比）	100	91	99
农村（占农村人口的百分比）	100	87	99
城市（占城市人口的百分比）	100	94	100
环境与健康			
PM2.5污染，年平均接触值（微克每立方米）	67	61	17
PM2.5接触（超过世界卫生组织指导线的人口百分比）	100	100	62
急性呼吸道感染病率（占五岁以下儿童的百分比）	..	..	..
腹泻发病率（占五岁以下儿童的百分比）	..	..	..
五岁以下儿童的死亡率（每千名活产儿）	9	23	6
国民账户汇编——储蓄，消耗与退化			
总储蓄（占GNI的百分比）	28.9	24.7	22.2
固定资本消费（占GNI的百分比）	7.3	9.9	16.6
教育支出（占GNI的百分比）	3.2	5.2	4.8
能源消耗（占GNI的百分比）	9.5	4.7	0.3
矿产消耗（占GNI的百分比）	0.0	0.0	0.1
净森林消耗（占GNI的百分比）	0.0	0.1	0.0
二氧化碳的损害（占GNI的百分比）	2.5	2.1	0.8
空气污染的损害（占GNI的百分比）	0.1	0.2	0.1
调整后的净储蓄（占GNI的百分比）	12.7	12.9	9.1

吉尔吉斯共和国

| 人口（百万） | 6.0 | 土地面积（千平方千米） | 192 | GDP（10亿美元） | 6.6 |

	经济体数据	欧洲和中亚地区组别	中低收入组别
人均 GNI，世界银行图表集法（美元）	1,170	24,275	2,029
调整后的人均国民净收入（美元）	821	18,328	1,767
城市人口（占总人口的百分比）	35.7	70.9	39.0
农业			
农业用地面积（占土地面积的百分比）	55	29	44
灌溉地面积（占总农业用地面积的百分比）	9.5	..	..
农业生产力，以每农业工作者增加值计（2010年美元）	1,900	14,018	1,614
谷物产量（每公顷千克数）	2,276	3,910	3,185
森林和生物多样性			
森林面积（占土地面积的百分比）	3.3	38.0	24.3
森林采伐（2000—2015年均百分比）	2.0	-0.1	0.4
陆地保护区面积（占土地面积的百分比）	6.9	12.6	12.0
濒危物种，哺乳动物	5	350	1,134
濒危物种，鸟类	16	638	1,199
濒危物种，鱼类	3	1,220	2,011
濒危物种，高等植物	14	1,032	3,971
海洋			
渔业总产量（千吨）	1.1	18,438	58,665
渔获增长率（2000—2015年均百分比）	-3.4	-0.9	2.4
水产养殖增长率（2000—2015年均百分比）	21.4	2.9	12.0
海洋保护区面积（占领海面积的百分比）	0.0	13.0	5.0
珊瑚礁区域面积（平方千米）	..	..	128,580
红树林区域面积（平方千米）	..	..	68,563
能源与排放			
人均能源使用量（千克石油当量）	650	3,157	651
废物和生物质能产生的能源（占总能源量的百分比）	0.1	5.9	28.5
人均耗电量（千瓦时）	1,941	5,369	777
化石燃料发电量（占总量的百分比）	8.7	49.8	74.9
水力发电量（占总量的百分比）	91.3	16.6	14.9
人均二氧化碳排放量（吨）	1.7	7.3	1.4
水与卫生			
人均淡水资源（立方米）	8,385	7,850	3,003
淡水使用总量（占淡水资源总量的百分比）	16.4	7.4	18.4
农业（占淡水使用总量的百分比）	93	47	88
获得改善的水源的人口（占总人口的百分比）	90	98	90
农村（占农村人口的百分比）	86	96	87
城市（占城市人口的百分比）	97	99	94
获得改善的卫生设施的人口（占总人口的百分比）	93	93	52
农村（占农村人口的百分比）	96	89	42
城市（占城市人口的百分比）	89	95	67
环境与健康			
PM2.5污染，年平均接触值（微克每立方米）	17	19	58
PM2.5接触（超过世界卫生组织指导线的人口百分比）	99	89	99
急性呼吸道感染发病率（占五岁以下儿童的百分比）	1	..	..
腹泻发病率（占五岁以下儿童的百分比）	5	..	..
五岁以下儿童的死亡率（每千名活产儿）	21	11	53
国民账户汇编——储蓄，消耗与退化			
总储蓄（占GNI的百分比）	20.6	22.5	27.6
固定资本消费（占GNI的百分比）	16.8	16.1	9.7
教育支出（占GNI的百分比）	6.4	4.8	3.0
能源消耗（占GNI的百分比）	0.0	0.6	0.8
矿产消耗（占GNI的百分比）	5.8	0.1	0.3
净森林消耗（占GNI的百分比）	0.0	0.0	0.4
二氧化碳的损害（占GNI的百分比）	5.3	1.0	2.3
空气污染的损害（占GNI的百分比）	0.5	0.1	0.9
调整后的净储蓄（占GNI的百分比）	-1.6	9.5	16.1

	经济体数据	东亚和太平洋地区组别	中低收入组别
人口（百万） 6.8 土地面积（千平方千米） 231 GDP（10亿美元） 12.4			
人均 GNI，世界银行图表集法（美元）	1,740	9,771	2,029
调整后的人均国民净收入（美元）	1,005	7,546	1,767
城市人口（占总人口的百分比）	38.6	56.6	39.0
农业			
农业用地面积（占土地面积的百分比）	10	49	44
灌溉地面积（占总农业用地面积的百分比）	11.5	..	..
农业生产力，以每农业工作者增加值计（2010 年美元）	961	1,657	1,614
谷物产量（每公顷千克数）	4,508	4,958	3,185
森林和生物多样性			
森林面积（占土地面积的百分比）	81.3	26.3	24.3
森林采伐（2000—2015 年年均百分比）	-0.8	-0.2	0.4
陆地保护区面积（占土地面积的百分比）	16.7	15.6	12.0
濒危物种，哺乳动物	45	918	1,134
濒危物种，鸟类	24	1,097	1,199
濒危物种，鱼类	55	1,549	2,011
濒危物种，高等植物	41	3,515	3,971
海洋			
渔业总产量（千吨）	171	132,587	58,665
渔获增长率（2000—2015 年年均百分比）	5.2	0.9	2.4
水产养殖业增长率（2000—2015 年年均百分比）	6.5	6.5	12.0
海洋保护区面积（占领海面积的百分比）	0.0	17.0	5.0
珊瑚礁区域面积（平方千米）	..	203,050	128,580
红树林区域面积（平方千米）	..	67,121	68,563
能源与排放			
人均能源使用量（千克石油当量）	..	2,137	651
废物和生物质能产生的能源（占总能源量的百分比）	..	7.7	28.5
人均耗电量（千瓦时）	..	3,682	777
化石燃料发电量（占总量的百分比）	..	76.4	74.9
水力发电（占总量的百分比）	..	15.0	14.9
人均二氧化碳排放量（吨）	0.3	6.3	1.4
水与卫生			
人均淡水资源（立方米）	28,463	4,529	3,003
淡水使用总量（占淡水资源总量的百分比）	1.8	11.3	18.4
农业（占淡水使用总量的百分比）	91	71	88
获得改善的水源的人口（占总人口的百分比）	76	94	90
农村（占农村人口的百分比）	69	90	87
城市（占城市人口的百分比）	86	97	94
获得改善的卫生设施的人口（占总人口的百分比）	71	77	52
农村（占农村人口的百分比）	56	64	42
城市（占城市人口的百分比）	95	87	67
环境与健康			
PM2.5 污染，年平均接触值（微克每立方米）	33	44	58
PM2.5 接触（超过世界卫生组织指导线的人口百分比）	100	97	99
急性呼吸道感染发病率（占五岁以下儿童的百分比）	..	..	..
腹泻发病率（占五岁以下儿童的百分比）	..	..	..
五岁以下儿童的死亡率（每千名活产儿）	67	17	53
国民账户汇编——储蓄，消耗与退化			
总储蓄（占 GNI 的百分比）	14.9	39.1	27.6
固定资本消费（占 GNI 的百分比）	15.8	20.7	9.7
教育支出（占 GNI 的百分比）	1.1	2.7	3.0
能源消耗（占 GNI 的百分比）	0.1	0.3	0.8
矿产消耗（占 GNI 的百分比）	3.6	0.2	0.3
净森林消耗（占 GNI 的百分比）	3.8	0.0	0.4
二氧化碳的损害（占 GNI 的百分比）	0.6	2.1	2.3
空气污染的损害（占 GNI 的百分比）	0.9	0.3	0.9
调整后的净储蓄（占 GNI 的百分比）	-10.3	18.1	16.1

拉脱维亚

人口（百万）	2.0	土地面积（千平方千米）	62	GDP（10亿美元）	27.0

	经济体数据	欧洲和中亚地区组别	高收入组别
人均 GNI，世界银行图表集法（美元）	14,990	24,275	41,932
调整后的人均国民净收入（美元）	10,506	18,328	33,454
城市人口（占总人口的百分比）	67.4	70.9	81.1
农业			
农业用地面积（占土地面积的百分比）	30	29	36
灌溉地面积（占总农业用地面积的百分比）	0.0	..	..
农业生产力，以每农业工作者增加值计（2010年美元）	10,419	14,018	30,017
谷物产量（每公顷千克数）	3,486	3,910	5,919
森林和生物多样性			
森林面积（占土地面积的百分比）	54.0	38.0	28.9
森林采伐（2000—2015年年均百分比）	-0.2	-0.1	-0.0
陆地保护区面积（占土地面积的百分比）	18.2	12.6	15.7
濒危物种，哺乳动物	1	350	527
濒危物种，鸟类	9	638	923
濒危物种，鱼类	6	1,220	2,263
濒危物种，高等植物	0	1,032	2,176
海洋			
渔业总产量（千吨）	82.4	18,438	33,549
渔获增长率（2000—2015年年均百分比）	-3.4	-0.9	-1.5
水产养殖业增长率（2000—2015年年均百分比）	6.7	2.6	2.6
海洋保护区面积（占领海面积的百分比）	44.3	13.0	23.7
珊瑚礁区域面积（平方千米）	..	..	83,900
红树林区域面积（平方千米）	..	..	15,283
能源与排放			
人均能源使用量（千克石油当量）	2,177	3,157	4,745
废物和生物质能产生的能源（占总能源量的百分比）	34.4	5.9	5.3
人均耗电量（千瓦时）	3,507	5,369	9,066
化石燃料发电量（占总量的百分比）	45.5	49.8	60.7
水力发电量（占总量的百分比）	38.8	16.6	12.0
人均二氧化碳排放量（吨）	3.5	7.3	11.0
水与卫生			
人均淡水资源（立方米）	8,496	7,850	8,733
淡水使用总量（占淡水资源总量的百分比）	1.5	7.4	9.8
农业（占淡水使用总量的百分比）	15	47	41
获得改善的水源的人口（占总人口的百分比）	99	98	100
农村（占农村人口的百分比）	98	96	99
城市（占城市人口的百分比）	100	99	100
获得改善的卫生设施的人口	88	93	99
农村（占农村人口的百分比）	82	89	99
城市（占城市人口的百分比）	91	95	100
环境与健康			
PM2.5 污染，年平均接触值（微克每立方米）	20	19	17
PM2.5 接触（超过世界卫生组织指导线的人口百分比）	100	89	62
急性呼吸道感染发病率（占五岁以下儿童的百分比）	..	..	..
腹泻发病率（占五岁以下儿童的百分比）	..	..	..
五岁以下儿童的死亡率（每千名活产儿）	8	11	6
国民账户汇编——储蓄，消耗与退化			
总储蓄（占GNI的百分比）	21.3	22.5	22.2
固定资本消费（占GNI的百分比）	22.9	16.1	16.6
教育支出（占GNI的百分比）	4.3	4.8	4.8
能源消耗（占GNI的百分比）	0.0	0.6	0.3
矿产消耗（占GNI的百分比）	0.0	0.1	0.1
净森林消耗（占GNI的百分比）	0.0	0.0	0.0
二氧化碳的损害（占GNI的百分比）	0.8	1.0	0.8
空气污染的损害（占GNI的百分比）	0.3	0.1	0.1
调整后的净储蓄（占GNI的百分比）	1.7	9.5	9.1

黎巴嫩

| 人口（百万） | 5.9 | 土地面积（千平方千米） | 10 | GDP（10亿美元） | 47.1 |

	经济体数据	中东和北非地区组别	中高收入组别
人均GNI，世界银行图表集法（美元）	7,710	8,229	8,263
调整后的人均国民净收入（美元）	6,481	6,251	6,302
城市人口（占总人口的百分比）	87.8	64.2	64.1
农业			
农业用地面积（占土地面积的百分比）	64	33	35
灌溉地面积（占总农业用地面积的百分比）	..	..	..
农业生产力，以每农业工作者增加值计（2010年美元）	87,924	6,275	2,208
谷物产量（每公顷千克数）	2,620	2,299	4,104
森林和生物多样性			
森林面积（占土地面积的百分比）	13.4	2.1	34.9
森林采伐（2000—2015年年均百分比）	-0.3	-0.8	0.0
陆地保护区面积（占土地面积的百分比）	2.7	11.7	15.2
濒危物种，哺乳动物	10	224	1,056
濒危物种，鸟类	12	279	1,511
濒危物种，鱼类	28	610	2,315
濒危物种，高等植物	10	290	6,808
海洋			
渔业总产量（千吨）	4.8	4,857	103,240
渔获增长率（2000—2015年年均百分比）	-0.1	2.0	-0.5
水产养殖业增长率（2000—2015年年均百分比）	7.1	9.4	5.3
海洋保护区面积（占领海面积的百分比）	0.0	3.8	9.9
珊瑚礁区域面积（平方千米）	..	15,470	48,880
红树林区域面积（平方千米）	..	513	50,774
能源与排放			
人均能源使用量（千克石油当量）	1,335	2,365	2,192
废物和生物质能产生的能源（占总能源量的百分比）	1.7	0.6	7.3
人均耗电量（千瓦时）	2,888	2,906	3,495
化石燃料发电量（占总量的百分比）	98.9	96.3	71.1
水力发电量（占总量的百分比）	1.1	2.6	21.0
人均二氧化碳排放量（吨）	4.3	6.0	6.6
水与卫生			
人均淡水资源（立方米）	855	555	8,261
淡水使用总量（占淡水资源总量的百分比）	27.3	138.4	6.3
农业（占淡水使用总量的百分比）	60	85	68
获得改善的水源的人口（占总人口的百分比）	99	93	95
农村（占农村人口的百分比）	99	89	91
城市（占城市人口的百分比）	99	96	97
获得改善的卫生设施的人口（占总人口的百分比）	81	91	80
农村（占农村人口的百分比）	81	87	67
城市（占城市人口的百分比）	81	93	87
环境与健康			
PM2.5污染，年平均接触值（微克每立方米）	33	61	42
PM2.5接触（超过世界卫生组织指导线的人口百分比）	100	100	95
急性呼吸道感染发病率（占五岁以下儿童的百分比）	..	..	..
腹泻发病率（占五岁以下儿童的百分比）	..	..	..
五岁以下儿童的死亡率（每千名活产儿）	8	23	19
国民账户汇编——储蓄，消耗与退化			
总储蓄（占GNI的百分比）	25.8	24.7	36.6
固定资本消费（占GNI的百分比）	18.4	9.9	18.0
教育支出（占GNI的百分比）	2.1	5.2	3.0
能源消耗（占GNI的百分比）	0.0	4.7	1.1
矿产消耗（占GNI的百分比）	0.0	0.0	0.4
净森林消耗（占GNI的百分比）	0.0	0.1	0.0
二氧化碳的损害（占GNI的百分比）	1.5	2.1	2.6
空气污染的损害（占GNI的百分比）	0.2	0.2	0.3
调整后的净储蓄（占GNI的百分比）	7.8	12.9	17.2

莱索托

| 人口（百万） | 2.1 | 土地面积（千平方千米） | 30 | GDP（10亿美元） | 2.3 |

	经济体数据	撒哈拉以南非洲地区组别	中低收入组别
人均 GNI，世界银行图表集法（美元）	1,280	1,631	2,029
调整后的人均国民净收入（美元）	*1,293*	1,239	1,767
城市人口（占总人口的百分比）	27.3	37.7	39.0
农业			
农业用地面积（占土地面积的百分比）	75	42	44
灌溉地面积（占总农业用地面积的百分比）	0.1	..	..
农业生产力，以每农业工作者增加值计（2010年美元）	393	1,219	1,614
谷物产量（每公顷千克数）	637	1,452	3,185
森林和生物多样性			
森林面积（占土地面积的百分比）	1.6	25.7	24.3
森林采伐（2000—2015年年均百分比）	-1.0	0.5	0.4
陆地保护区面积（占土地面积的百分比）	0.5	15.3	12.0
濒危物种，哺乳动物	3	918	1,134
濒危物种，鸟类	7	876	1,199
濒危物种，鱼类	1	2,023	2,011
濒危物种，高等植物	4	3,740	3,971
海洋			
渔业总产量（千吨）	1.1	7,416	58,665
渔获增长率（2000—2015年年均百分比）	3.3	1.8	2.4
水产养殖业增长率（2000—2015年年均百分比）	38.0	17.0	12.0
海洋保护区面积（占海领面积的百分比）	0.0	6.1	5.0
珊瑚礁区域面积（平方千米）	..	17,980	128,580
红树林区域面积（平方千米）	..	28,061	68,563
能源与排放			
人均能源使用量（千克石油当量）	..	701	651
废物和生物质能产生的能源（占总能源量的百分比）	..	57.4	28.5
人均耗电量（千瓦时）	..	497	777
化石燃料发电量（占总量的百分比）	..	64.3	74.9
水力发电量（占总量的百分比）	..	21.2	14.9
人均二氧化碳排放量（吨）	1.1	0.8	1.4
水与卫生			
人均淡水资源（立方米）	2,480	3,986	3,003
淡水使用总量（占淡水资源总量的百分比）	0.8	3.2	18.4
农业（占淡水使用总量的百分比）	9	81	88
获得改善的水源的人口（占总人口的百分比）	82	68	90
农村（占农村人口的百分比）	77	56	87
城市（占城市人口的百分比）	95	87	94
获得改善的卫生设施的人口（占总人口的百分比）	30	30	52
农村（占农村人口的百分比）	28	23	42
城市（占城市人口的百分比）	37	40	67
环境与健康			
PM2.5 污染，年平均接触值（微克每立方米）	25	36	58
PM2.5 接触（超过世界卫生组织指导线的人口百分比）	100	99	99
急性呼吸道感染发病率（占五岁以下儿童的百分比）	5	5	..
腹泻发病率（占五岁以下儿童的百分比）	12	14	..
五岁以下儿童的死亡率（每千名活产儿）	90	83	53
国民账户汇编——储蓄，消耗与退化			
总储蓄（占 GNI 的百分比）	..	14.4	27.6
固定资本消费（占 GNI 的百分比）	12.1	13.8	9.7
教育支出（占 GNI 的百分比）	9.7	3.3	3.0
能源消耗（占 GNI 的百分比）	0.0	1.7	0.8
矿产消耗（占 GNI 的百分比）	0.0	0.9	0.3
净森林消耗（占 GNI 的百分比）	6.1	2.3	0.4
二氧化碳的损害（占 GNI 的百分比）	2.0	1.6	2.3
空气污染的损害（占 GNI 的百分比）	1.5	1.2	0.9
调整后的净储蓄（占 GNI 的百分比）	..	-3.9	16.1

利比里亚

| 人口（百万） | 4.5 | 土地面积（千平方千米） | 96 | GDP（10亿美元） | 2.1 |

	经济体数据	撒哈拉以南非洲地区组别	低收入组别
人均 GNI，世界银行图表集法（美元）	380	1,631	619
调整后的人均国民净收入（美元）	224	1,239	497
城市人口（占总人口的百分比）	49.7	37.7	30.7
农业			
农业用地面积（占土地面积的百分比）	28	42	39
灌溉地面积（占总农业用地面积的百分比）	..	..	..
农业生产力，以每农业工作者增加值计（2010 年美元）	593	1,219	504
谷物产量（每公顷千克数）	1,322	1,452	1,486
森林和生物多样性			
森林面积（占土地面积的百分比）	43.4	25.7	27.4
森林采伐（2000–2015 年年均百分比）	0.7	0.5	0.5
陆地保护区面积（占土地面积的百分比）	2.5	15.3	15.2
濒危物种，哺乳动物	22	918	619
濒危物种，鸟类	13	876	599
濒危物种，鱼类	63	2,023	1,156
濒危物种，高等植物	52	3,740	1,962
海洋			
渔业总产量（千吨）	14.7	7,416	3,954
渔获增长率（2000–2015 年年均百分比）	1.6	1.8	2.2
水产养殖业增长率（2000–2015 年年均百分比）	4.1	17.0	3.1
海洋保护区面积（占领海面积的百分比）	2.0	6.1	3.5
珊瑚礁区域面积（平方千米）	..	17,980	12,520
红树林区域面积（平方千米）	109	28,061	15,778
能源与排放			
人均能源使用量（千克石油当量）	..	701	..
废物和生物质能产生的能源（占总能源量的百分比）	..	57.4	79.1
人均耗电量（千瓦时）	..	497	..
化石燃料发电量（占总量的百分比）	..	64.3	..
水力发电量（占总量的百分比）	..	21.2	..
人均二氧化碳排放量（吨）	0.2	0.8	0.3
水与卫生			
人均淡水资源（立方米）	45,490	3,986	4,629
淡水使用总量（占淡水资源总量的百分比）	0.1	3.2	3.3
农业（占淡水使用总量的百分比）	9	81	90
获得改善的水源的人口（占总人口的百分比）	76	68	66
农村（占农村人口的百分比）	63	56	56
城市（占城市人口的百分比）	89	87	87
获得改善的卫生设施的人口（占总人口的百分比）	17	30	28
农村（占农村人口的百分比）	6	23	23
城市（占城市人口的百分比）	28	40	40
环境与健康			
PM2.5 污染，年平均接触值（微克每立方米）	8	36	39
PM2.5 接触（超过世界卫生组织指导线的人口百分比）	3	99	99
急性呼吸道感染发病率（占五岁以下儿童的百分比）	7	5	6
腹泻发病率（占五岁以下儿童的百分比）	22	14	16
五岁以下儿童的死亡率（每千名活产儿）	70	83	76
国民账户汇编——储蓄，消耗与退化			
总储蓄（占 GNI 的百分比）	20.9	14.4	14.7
固定资本消费（占 GNI 的百分比）	7.0	13.8	10.6
教育支出（占 GNI 的百分比）	3.7	3.3	3.2
能源消耗（占 GNI 的百分比）	0.0	1.7	0.4
矿产消耗（占 GNI 的百分比）	1.1	0.9	1.5
净森林消耗（占 GNI 的百分比）	32.0	2.3	6.6
二氧化碳的损害（占 GNI 的百分比）	1.6	1.6	1.2
空气污染的损害（占 GNI 的百分比）	1.9	1.2	1.7
调整后的净储蓄（占 GNI 的百分比）	-35.9	-3.9	-3.8

利比亚

| 人口（百万） | 6.3 | 土地面积（千平方千米） | 1,760 | GDP（10亿美元） | 34.7 |

	经济体数据	中东和北非地区组别	中高收入组别
人均 GNI，世界银行图表集法（美元）	4,660	8,229	8,263
调整后的人均国民净收入（美元）	4,811	6,251	6,302
城市人口（占总人口的百分比）	78.6	64.2	64.1
农业			
农业用地面积（占土地面积的百分比）	9	33	35
灌溉地面积（占总农业用地面积的百分比）	..	..	..
农业生产力，以每农业工作者增加值计（2010 年美元）	..	6,275	2,208
谷物产量（每公顷千克数）	673	2,299	4,104
森林和生物多样性			
森林面积（占土地面积的百分比）	0.1	2.1	34.9
森林采伐（2000—2015 年年均百分比）	0.0	-0.8	0.0
陆地保护区面积（占土地面积的百分比）	0.3	11.7	15.2
濒危物种，哺乳动物	11	224	1,056
濒危物种，鸟类	6	279	1,511
濒危物种，鱼类	32	610	2,315
濒危物种，高等植物	3	290	6,808
海洋			
渔业总产量（千吨）	26.0	4,857	103,240
渔获增长率（2000—2015 年年均百分比）	-4.3	2.0	-0.5
水产养殖业增长率（2000—2015 年年均百分比）	-8.8	9.4	5.3
海洋保护区面积（占领海面积的百分比）	4.3	3.8	9.9
珊瑚礁区域面积（平方千米）	..	15,470	48,880
红树林区域面积（平方千米）	..	513	50,774
能源与排放			
人均能源使用量（千克石油当量）	2,855	2,365	2,192
废物和生物质能产生的能源（占总能源量的百分比）	0.8	0.6	7.3
人均耗电量（千瓦时）	1,841	2,906	3,495
化石燃料发电量（占总量的百分比）	100.0	96.3	71.1
水力发电量（占总量的百分比）	0.0	2.6	21.0
人均二氧化碳排放量（吨）	8.1	6.0	6.6
水与卫生			
人均淡水资源（立方米）	112	555	8,261
淡水使用总量（占淡水资源总量的百分比）	832.9	138.4	6.3
农业（占淡水使用总量的百分比）	83	85	68
获得改善的水源的人口（占总人口的百分比）	..	93	95
农村（占农村人口的百分比）	..	89	91
城市（占城市人口的百分比）	..	96	97
获得改善的卫生设施的人口（占总人口的百分比）	97	91	80
农村（占农村人口的百分比）	96	87	67
城市（占城市人口的百分比）	97	93	87
环境与健康			
PM2.5 污染，年平均接触值（微克每立方米）	79	61	42
PM2.5 接触（超过世界卫生组织指导线的人口百分比）	100	100	95
急性呼吸道感染发病率（占五岁以下儿童的百分比）	..	..	..
腹泻发病率（占五岁以下儿童的百分比）	..	..	..
五岁以下儿童的死亡率（每千名活产儿）	13	23	19
国民账户汇编——储蓄，消耗与退化			
总储蓄（占 GNI 的百分比）	..	24.7	36.6
固定资本消费（占 GNI 的百分比）	7.9	9.9	18.0
教育支出（占 GNI 的百分比）	2.1	5.2	3.0
能源消耗（占 GNI 的百分比）	5.0	4.7	1.1
矿产消耗（占 GNI 的百分比）	0.0	0.0	0.4
净森林消耗（占 GNI 的百分比）	0.1	0.1	0.0
二氧化碳的损害（占 GNI 的百分比）	2.9	2.1	2.6
空气污染的损害（占 GNI 的百分比）	0.8	0.2	0.3
调整后的净储蓄（占 GNI 的百分比）	..	12.9	17.2

列支敦士登

人口（千）	38	土地面积（平方千米） 160	GDP（10亿美元） 6.7

	经济体数据	欧洲和中亚地区组别	高收入组别
人均 GNI，世界银行图表集法（美元）	..	24,275	41,932
调整后的人均国民净收入（美元）	..	18,328	33,454
城市人口（占总人口的百分比）	14.3	70.9	81.1
农业			
农业用地面积（占土地面积的百分比）	33	29	36
灌溉地面积（占总农业用地面积的百分比）	..		
农业生产力，以每农业工作者增加值计（2010年美元）	..	14,018	30,017
谷物产量（每公顷千克数）	..	3,910	5,919
森林和生物多样性			
森林面积（占土地面积的百分比）	43.1	38.0	28.9
森林采伐（2000—2015年均百分比）	0.0	-0.1	-0.0
陆地保护区面积（占土地面积的百分比）	44.3	12.6	15.7
濒危物种，哺乳动物	0	350	527
濒危物种，鸟类	2	638	923
濒危物种，鱼类	0	1,220	2,263
濒危物种，高等植物	0	1,032	2,176
海洋			
渔业总产量（千吨）	..	18,438	33,549
渔获增长率（2000—2015年均百分比）	..	-0.9	-1.5
水产养殖增长率（2000—2015年均百分比）	..	2.9	2.6
海洋保护区面积（占领海面积的百分比）	0.0	13.0	23.7
珊瑚礁区域面积（平方千米）	..	..	83,900
红树林区域面积（平方千米）	..		15,283
能源与排放			
人均能源使用量（千克石油当量）	..	3,157	4,745
废物和生物质能产生的能源（占总能源量的百分比）	..	5.9	5.3
人均耗电量（千瓦时）	..	5,369	9,066
化石燃料发电量（占总量的百分比）	..	49.8	60.7
水力发电量（占总量的百分比）	..	16.6	12.0
人均二氧化碳排放量（吨）	1.4	7.3	11.0
水与卫生			
人均淡水资源（立方米）	..	7,850	8,733
淡水使用总量（占淡水资源总量的百分比）	..	7.4	9.8
农业（占淡水使用总量的百分比）	..	47	41
获得改善的水源的人口（占总人口的百分比）	..	98	100
农村（占农村人口的百分比）	..	96	99
城市（占城市人口的百分比）	..	99	100
获得改善的卫生设施的人口（占总人口的百分比）	..	93	99
农村（占农村人口的百分比）	..	89	99
城市（占城市人口的百分比）	..	95	100
环境与健康			
PM2.5污染，年平均接触值（微克每立方米）	..	19	17
PM2.5接触（超过世界卫生组织指导线的人口百分比）	..	89	62
急性呼吸道感染发病率（占五岁以下儿童的百分比）	..	..	..
腹泻发病率（占五岁以下儿童的百分比）	..	11	6
五岁以下儿童的死亡率（每千名活产儿）	..	..	..
国民账户汇编——储蓄，消耗与退化			
总储蓄（占 GNI 的百分比）	..	22.5	22.2
固定资本消费（占 GNI 的百分比）	14.1	16.1	16.6
教育支出（占 GNI 的百分比）	3.1	4.8	4.8
能源消耗（占 GNI 的百分比）	..	0.6	0.3
矿产消耗（占 GNI 的百分比）	0.0	0.1	0.1
净森林消耗（占 GNI 的百分比）	0.0	0.0	0.0
二氧化碳的损害（占 GNI 的百分比）	0.0	1.0	0.8
空气污染的损害（占 GNI 的百分比）	..	0.1	0.1
调整后的净储蓄（占 GNI 的百分比）	..	9.5	9.1

立陶宛

| 人口（百万） | 2.9 | 土地面积（千平方千米） | 63 | GDP（10亿美元） | 41.4 |

	经济体数据	欧洲和中亚地区组别	高收入组别
人均 GNI，世界银行图表集法（美元）	15,080	24,275	41,932
调整后的人均国民净收入（美元）	11,734	18,328	33,454
城市人口（占总人口的百分比）	66.5	70.9	81.1
农业			
农业用地面积（占土地面积的百分比）	47	29	36
灌溉地面积（占总农业用地面积的百分比）	0.1	..	..
农业生产力，以每农业工作者增加值计（2010年美元）	13,233	14,018	30,017
谷物产量（每公顷千克数）	3,975	3,910	5,919
森林和生物多样性			
森林面积（占土地面积的百分比）	34.8	38.0	28.9
森林采伐（2000—2015年年均百分比）	-0.5	-0.1	-0.0
陆地保护区面积（占土地面积的百分比）	16.8	12.6	15.7
濒危物种，哺乳动物	2	350	527
濒危物种，鸟类	9	638	923
濒危物种，鱼类	6	1,220	2,263
濒危物种，高等植物	1	1,032	2,176
海洋			
渔业总产量（千吨）	89.6	18,438	33,549
渔获增长率（2000—2015年年均百分比）	0.5	-0.9	-1.5
水产养殖业增长率（2000—2015年年均百分比）	5.5	2.9	2.6
海洋保护区面积（占领海面积的百分比）	30.6	13.0	23.7
珊瑚礁区域面积（平方千米）	..	..	83,900
红树林区域面积（平方千米）	..	..	15,283
能源与排放			
人均能源使用量（千克石油当量）	2,387	3,157	4,745
废物和生物质能产生的能源（占总能源量的百分比）	17.1	5.9	5.3
人均耗电量（千瓦时）	3,821	5,369	9,066
化石燃料发电量（占总量的百分比）	51.5	49.8	60.7
水力发电量（占总量的百分比）	10.8	16.6	12.0
人均二氧化碳排放量（吨）	4.3	7.3	11.0
水与卫生			
人均淡水资源（立方米）	5,272	7,850	8,733
淡水使用总量（占淡水资源总量的百分比）	4.1	7.4	9.8
农业（占淡水使用总量的百分比）	10	47	41
获得改善的水源的人口（占总人口的百分比）	97	98	100
农村（占农村人口的百分比）	90	96	99
城市（占城市人口的百分比）	100	99	100
获得改善的卫生设施的人口（占总人口的百分比）	92	93	99
农村（占农村人口的百分比）	83	89	99
城市（占城市人口的百分比）	97	95	100
环境与健康			
PM2.5污染，年平均接触值（微克每立方米）	19	19	17
PM2.5接触（超过世界卫生组织指导线的人口百分比）	100	89	62
急性呼吸道感染发病率（占五岁以下儿童的百分比）	..	..	..
腹泻发病率（占五岁以下儿童的百分比）	..	..	..
五岁以下儿童的死亡率（每千名活产儿）	5	11	6
国民账户汇编——储蓄，消耗与退化			
总储蓄（占GNI的百分比）	18.4	22.5	22.2
固定资本消费（占GNI的百分比）	14.2	16.1	16.6
教育支出（占GNI的百分比）	15.5	4.8	4.8
能源消耗（占GNI的百分比）	0.0	0.6	0.3
矿产消耗（占GNI的百分比）	0.0	0.1	0.1
净森林消耗（占GNI的百分比）	0.0	0.0	0.0
二氧化碳的损害（占GNI的百分比）	1.0	1.0	0.8
空气污染的损害（占GNI的百分比）	0.2	0.1	0.1
调整后的净储蓄（占GNI的百分比）	18.6	9.5	9.1

卢森堡

| 人口（千） | 570 | 土地面积（千平方千米） | 2.6 | GDP（10亿美元） | 56.8 |

	经济体数据	欧洲和中亚地区组别	高收入组别
人均 GNI，世界银行图表集法（美元）	77,480	24,275	41,932
调整后的人均国民总收入（美元）	58,069	18,328	33,454
城市人口（占总人口的百分比）	90.2	70.9	81.1
农业			
农业用地面积（占土地面积的百分比）	51	29	36
灌溉地面积（占总农业用地面积的百分比）	..	..	..
农业生产力，以每农业工作者增加值计（2010年美元）	40,662	14,018	30,017
谷物产量（每公顷千克数）	5,936	3,910	5,919
森林和生物多样性			
森林面积（占土地面积的百分比）	33.5	38.0	28.9
森林采伐（2000—2015年年均百分比）	0.0	-0.1	-0.0
陆地保护区面积（占土地面积的百分比）	34.6	12.6	15.7
濒危物种，哺乳动物	0	350	527
濒危物种，鸟类	3	638	923
濒危物种，鱼类	1	1,220	2,263
濒危物种，高等植物	0	1,032	2,176
海洋			
渔业总产量（千吨）	..	18,438	33,549
渔获增长率（2000—2015年年均百分比）	..	-0.9	-1.5
水产养殖增长率（2000—2015年年均百分比）	..	2.9	2.6
海洋保护区面积（占领海面积的百分比）	0.0	13.0	23.7
珊瑚礁区域面积（平方千米）	..	..	83,900
红树林区域面积（平方千米）	..	..	15,283
能源与排放			
人均能源使用量（千克石油当量）	6,861	3,157	4,745
废物和生物质能产生的能源（占总能源量的百分比）	5.1	5.9	5.3
人均耗电量（千瓦时）	13,915	5,369	9,066
化石燃料发电量（占总量的百分比）	76.2	49.8	60.7
水力发电量（占总量的百分比）	5.7	16.6	12.0
人均二氧化碳排放量（吨）	18.7	7.3	11.0
水与卫生			
人均淡水资源（立方米）	1,798	7,850	8,733
淡水使用总量（占淡水资源总量的百分比）	4.3	7.4	9.8
农业（占淡水使用总量的百分比）	1	47	41
获得改善的水源的人口（占总人口的百分比）	100	98	100
农村（占农村人口的百分比）	100	96	99
城市（占城市人口的百分比）	100	99	100
获得改善的卫生设施的人口（占总人口的百分比）	98	93	99
农村（占农村人口的百分比）	99	89	99
城市（占城市人口的百分比）	98	95	100
环境与健康			
PM2.5污染，年平均接触值（微克每立方米）	17	19	17
PM2.5接触（超过世界卫生组织指导线的人口百分比）	100	89	62
急性呼吸道感染病率（占五岁以下儿童的百分比）	..	..	..
腹泻发病率（占五岁以下儿童的百分比）	..	..	..
五岁以下儿童的死亡率（每千名活产儿）	2	11	6
国民账户汇编——储蓄，消耗与退化			
总储蓄（占GNI的百分比）	35.4	22.5	22.2
固定资本消费（占GNI的百分比）	17.5	16.1	16.6
教育支出（占GNI的百分比）	3.9	4.8	4.8
能源消耗（占GNI的百分比）	0.0	0.6	0.3
矿产消耗（占GNI的百分比）	0.0	0.1	0.1
净森林消耗（占GNI的百分比）	0.0	0.1	0.1
二氧化碳的损害（占GNI的百分比）	0.8	1.0	0.8
空气污染的损害（占GNI的百分比）	0.1	0.1	0.1
调整后的净储蓄（占GNI的百分比）	20.9	9.5	9.1

中国澳门

| 人口（千） | **588** | 土地面积（平方千米） | **30** | GDP（10亿美元） | **46.2** |

	经济体数据	东亚和太平洋地区组别	高收入组别
人均 GNI，世界银行图表集法（美元）	67,180	9,771	41,932
调整后的人均国民净收入（美元）	..	7,546	33,454
城市人口（占总人口的百分比）	100.0	56.6	81.1
农业			
农业用地面积（占土地面积的百分比）	..	49	36
灌溉地面积（占总农业用地面积的百分比）	..		
农业生产力，以每农业工作者增加值计（2010 年美元）	..	1,657	30,017
谷物产量（每公顷千克数）		4,958	5,919
森林和生物多样性			
森林面积（占土地面积的百分比）	..	26.3	28.9
森林采伐（2000—2015 年年均百分比）	..	-0.2	-0.0
陆地保护区面积（占土地面积的百分比）	0.0	15.6	15.7
濒危物种，哺乳动物	0	918	527
濒危物种，鸟类	4	1,097	923
濒危物种，鱼类	5	1,549	2,263
濒危物种，高等植物	0	3,515	2,176
海洋			
渔业总产量（千吨）	1.5	132,587	33,549
渔获增长率（2000—2015 年年均百分比）	0.0	0.9	-1.5
水产养殖业增长率（2000—2015 年年均百分比）		6.5	2.6
海洋保护区面积（占领海面积的百分比）	0.0	17.0	23.7
珊瑚礁区域面积（平方千米）	..	203,050	83,900
红树林区域面积（平方千米）	..	67,121	15,283
能源与排放			
人均能源使用量（千克石油当量）	..	2,137	4,745
废物和生物质能产生的能源（占总能源量的百分比）	..	7.7	5.3
人均耗电量（千瓦时）	..	3,682	9,066
化石燃料发电量（占总量的百分比）	..	76.4	60.7
水力发电量（占总量的百分比）	..	15.0	12.0
人均二氧化碳排放量（吨）	3.8	6.3	11.0
水与卫生			
人均淡水资源（立方米）	..	4,529	8,733
淡水使用总量（占淡水资源总量的百分比）	..	11.3	9.8
农业（占淡水使用总量的百分比）	..	71	41
获得改善的水源的人口（占总人口的百分比）	..	94	100
农村（占农村人口的百分比）	..	90	99
城市（占城市人口的百分比）	..	97	100
获得改善的卫生设施的人口（占总人口的百分比）	..	77	99
农村（占农村人口的百分比）	..	64	99
城市（占城市人口的百分比）	..	87	100
环境与健康			
PM2.5 污染，年平均接触值（微克每立方米）	..	44	17
PM2.5 接触（超过世界卫生组织指导线的人口百分比）	..	97	62
急性呼吸道感染发病率（占五岁以下儿童的百分比）	..	..	..
腹泻发病率（占五岁以下儿童的百分比）	..	..	..
五岁以下儿童的死亡率（每千名活产儿）	..	17	6
国民账户汇编——储蓄，消耗与退化			
总储蓄（占 GNI 的百分比）	56.8	39.1	22.2
固定资本消费（占 GNI 的百分比）	1.6	20.7	16.6
教育支出（占 GNI 的百分比）	2.1	2.7	4.8
能源消耗（占 GNI 的百分比）	0.0	0.3	0.3
矿产消耗（占 GNI 的百分比）	0.0	0.2	0.1
净森林消耗（占 GNI 的百分比）	..	0.0	0.0
二氧化碳的损害（占 GNI 的百分比）	0.1	2.1	0.8
空气污染的损害（占 GNI 的百分比）	..	0.3	0.1
调整后的净储蓄（占 GNI 的百分比）	..	18.1	9.1

前南马其顿

| 人口（百万） | 2.1 | 土地面积（千平方千米） | 25 | GDP（10亿美元） | 10.1 |

	经济体数据	欧洲和中亚地区组别	中高收入组别
人均 GNI，世界银行图表集法（美元）	5,140	24,275	8,263
调整后的人均国民净收入（美元）	3,573	18,328	6,302
城市人口（占总人口的百分比）	57.1	70.9	64.1
农业			
农业用地面积（占土地面积的百分比）	50	29	35
灌溉地面积（占总农业用地面积的百分比）	..	..	..
农业生产力，以每农业工作者增加值计（2010年美元）	16,895	14,018	2,208
谷物产量（每公顷千克数）	3,900	3,910	4,104
森林和生物多样性			
森林面积（占土地面积的百分比）	39.6	38.0	34.9
森林采伐（2000—2015年均百分比）	-0.3	-0.1	0.0
陆地保护区面积（占土地面积的百分比）	9.7	12.6	15.2
濒危物种，哺乳动物	6	350	1,056
濒危物种，鸟类	14	638	1,511
濒危物种，鱼类	13	1,220	2,315
濒危物种，高等植物	0	1,032	6,808
海洋			
渔业总产量（千吨）	1.3	18,438	103,240
渔获增长率（2000—2015年均百分比）	3.5	-0.9	-0.5
水产养殖增长率（2000—2015年均百分比）	-1.4	2.9	5.3
海洋保护区面积（占领海面积的百分比）	0.0	13.0	9.9
珊瑚礁区域面积（平方千米）	..	..	48,880
红树林区域面积（平方千米）	..	..	50,774
能源与排放			
人均能源使用量（千克石油当量）	1,264	3,157	2,192
废物和生物质能产生的能源（占总能源量的百分比）	6.5	5.9	7.3
人均耗电量（千瓦时）	3,500	5,369	3,495
化石燃料发电量（占总量的百分比）	76.0	49.8	71.1
水力发电量（占总量的百分比）	22.5	16.6	21.0
人均二氧化碳排放量（吨）	4.0	7.3	6.6
水与卫生			
人均淡水资源（立方米）	2,602	7,850	8,261
淡水使用总量（占淡水资源总量的百分比）	10.2	7.4	6.3
农业（占淡水使用总量的百分比）	23	47	68
获得改善的水源的人口（占总人口的百分比）	99	98	95
农村（占农村人口的百分比）	99	96	91
城市（占城市人口的百分比）	100	99	97
获得改善的卫生设施的人口（占总人口的百分比）	91	93	80
农村（占农村人口的百分比）	83	89	67
城市（占城市人口的百分比）	97	95	87
环境与健康			
PM2.5污染，年平均接触值（微克每立方米）	40	19	42
PM2.5接触（超过世界卫生组织指导线的人口百分比）	100	89	95
急性呼吸道感染发病率（占五岁以下儿童的百分比）	..	..	..
腹泻病发病率（占五岁以下儿童的百分比）	..	..	..
五岁以下儿童的死亡率（每千名活产儿）	6	11	19
国民账户汇编——储蓄，消耗与退化			
总储蓄（占GNI的百分比）	31.3	22.5	36.6
固定资本消费（占GNI的百分比）	21.3	16.1	18.0
教育支出（占GNI的百分比）	3.3	4.8	3.0
能源消耗（占GNI的百分比）	0.3	0.6	1.1
矿产消耗（占GNI的百分比）	1.3	0.1	0.4
净森林消耗（占GNI的百分比）	0.0	0.0	0.1
二氧化碳的损害（占GNI的百分比）	2.4	1.0	2.6
空气污染的损害（占GNI的百分比）	0.4	0.1	0.3
调整后的净储蓄（占GNI的百分比）	5.2	9.5	17.2

马达加斯加

人口（百万）	24.2	土地面积（千平方千米）	582	GDP（10亿美元）	9.7

	经济体数据	撒哈拉以南非洲地区组别	低收入组别
人均 GNI，世界银行图表集法（美元）	420	1,631	619
调整后的人均国民净收入（美元）	393	1,239	497
城市人口（占总人口的百分比）	35.1	37.7	30.7
农业			
农业用地面积（占土地面积的百分比）	71	42	39
灌溉地面积（占总农业用地面积的百分比）	2.2	..	..
农业生产力，以每农业工作者增加值计（2010年美元）	261	1,219	504
谷物产量（每公顷千克数）	3,682	1,452	1,486
森林和生物多样性			
森林面积（占土地面积的百分比）	21.4	25.7	27.4
森林采伐（2000—2015年年均百分比）	0.3	0.5	0.5
陆地保护区面积（占土地面积的百分比）	5.0	15.3	15.2
濒危物种，哺乳动物	120	918	619
濒危物种，鸟类	35	876	599
濒危物种，鱼类	93	2,023	1,156
濒危物种，高等植物	607	3,740	1,962
海洋			
渔业总产量（千吨）	137	7,416	3,954
渔获增长率（2000—2015年年均百分比）	-0.4	1.8	2.2
水产养殖业增长率（2000—2015年年均百分比）	7.2	17.0	3.1
海洋保护区面积（占领海面积的百分比）	3.4	6.1	3.5
珊瑚礁区域面积（平方千米）	2,230	17,980	12,520
红树林区域面积（平方千米）	2,991	28,061	15,778
能源与排放			
人均能源使用量（千克石油当量）	..	701	
废物和生物质能产生的能源（占总能源量的百分比）	..	57.4	79.1
人均耗电量（千瓦时）	..	497	..
化石燃料发电量（占总量的百分比）	..	64.3	..
水力发电量（占总量的百分比）	..	21.2	..
人均二氧化碳排放量（吨）	0.1	0.8	0.3
水与卫生			
人均淡水资源（立方米）	14,297	3,986	4,629
淡水使用总量（占淡水资源总量的百分比）	4.9	3.2	3.3
农业（占淡水使用总量的百分比）	98	81	90
获得改善的水源的人口（占总人口的百分比）	52	68	66
农村（占农村人口的百分比）	35	56	56
城市（占城市人口的百分比）	82	87	87
获得改善的卫生设施的人口（占总人口的百分比）	12	30	28
农村（占农村人口的百分比）	9	23	23
城市（占城市人口的百分比）	18	40	40
环境与健康			
PM2.5污染，年平均接触值（微克每立方米）	20	36	39
PM2.5接触（超过世界卫生组织指导线的人口百分比）	99	99	99
急性呼吸道感染发病率（占五岁以下儿童的百分比）	3	5	6
腹泻发病率（占五岁以下儿童的百分比）	8	14	16
五岁以下儿童的死亡率（每千名活产儿）	50	83	76
国民账户汇编——储蓄，消耗与退化			
总储蓄（占GNI的百分比）	*4.5*	*14.4*	*14.7*
固定资本消费（占GNI的百分比）	9.2	13.8	10.6
教育支出（占GNI的百分比）	2.1	3.3	3.2
能源消耗（占GNI的百分比）	*0.0*	*1.7*	*0.4*
矿产消耗（占GNI的百分比）	0.2	0.9	1.5
净森林消耗（占GNI的百分比）	0.0	2.3	6.6
二氧化碳的损害（占GNI的百分比）	1.1	1.6	1.2
空气污染的损害（占GNI的百分比）	1.8	1.2	1.7
调整后的净储蓄（占GNI的百分比）	*-3.4*	*-3.9*	*-3.8*

马拉维

人口（百万）	17.2	土地面积（千平方千米）	94	GDP（10亿美元）	6.4

	经济体数据	撒哈拉以南非洲地区组别	低收入组别
人均 GNI，世界银行图表集法（美元）	340	1,631	619
调整后的人均国民净收入（美元）	254	1,239	497
城市人口（占总人口的百分比）	16.3	37.7	30.7
农业			
农业用地面积（占土地面积的百分比）	61	42	39
灌溉地面积（占总农业用地面积的百分比）	..	..	..
农业生产力，以每农业工作者增加值计（2010年美元）	412	1,219	504
谷物产量（每公顷千克数）	1,591	1,452	1,486
森林和生物多样性			
森林面积（占土地面积的百分比）	33.4	25.7	27.4
森林采伐（2000—2015年年均百分比）	0.8	0.5	0.5
陆地保护区面积（占土地面积的百分比）	16.8	15.3	15.2
濒危物种，哺乳动物	10	918	619
濒危物种，鸟类	18	876	599
濒危物种，鱼类	98	2,023	1,156
濒危物种，高等植物	24	3,740	1,962
海洋			
渔业总产量（千吨）	147	7,416	3,954
渔获增长率（2000—2015年年均百分比）	7.2	1.8	2.2
水产养殖业增长率（2000—2015年年均百分比）	16.1	17.0	3.1
海洋保护区面积（占领海面积的百分比）	0.0	6.1	3.5
珊瑚礁区域面积（平方千米）	..	17,980	12,520
红树林区域面积（平方千米）	..	28,061	15,778
能源与排放			
人均能源使用量（千克石油当量）	..	701	..
废物和生物质产生的能源（占总能源量的百分比）	..	57.4	79.1
人均耗电量（千瓦时）	..	497	..
化石燃料发电量（占总量的百分比）	..	64.3	..
水力发电量（占总量的百分比）	..	21.2	..
人均二氧化碳排放量（吨）	0.1	0.8	0.3
水与卫生			
人均淡水资源（立方米）	967	3,986	4,629
淡水使用总量（占淡水资源量的百分比）	8.4	3.2	3.3
农业（占淡水使用量的百分比）	86	81	90
获得改善的水源的人口（占总人口的百分比）	90	68	66
农村（占农村人口的百分比）	89	56	56
城市（占城市人口的百分比）	96	87	87
获得改善的卫生设施的人口（占总人口的百分比）	41	30	28
农村（占农村人口的百分比）	40	23	23
城市（占城市人口的百分比）	47	40	40
环境与健康			
PM2.5污染，年平均接触值（微克每立方米）	26	36	39
PM2.5接触（超过世界卫生组织指导线的人口百分比）	100	99	99
急性呼吸道感染发病率（占五岁以下儿童的百分比）	7	5	6
腹泻发病率（占五岁以下儿童的百分比）	18	16	16
五岁以下儿童的死亡率（每千名活产儿）	64	83	76
国民账户汇编——储蓄，消耗与退化			
总储蓄（占GNI的百分比）	9.5	14.4	*14.7*
固定资本消费（占GNI的百分比）	21.0	13.8	10.6
教育支出（占GNI的百分比）	6.9	3.3	3.2
能源消耗（占GNI的百分比）	0.0	1.7	0.4
矿产消耗（占GNI的百分比）	0.0	0.9	1.5
净森林消耗（占GNI的百分比）	8.2	2.3	6.6
二氧化碳的损害（占GNI的百分比）	0.6	1.6	1.2
空气污染的损害（占GNI的百分比）	2.0	1.2	1.7
调整后的净储蓄（占GNI的百分比）	-15.5	-3.9	-3.8

马来西亚

人口（百万）	**30.3**	土地面积（千平方千米）	**329**	GDP（10亿美元）	**296.3**

	经济体数据	东亚和太平洋地区组别	中高收入组别
人均 GNI，世界银行图表集法（美元）	10,570	9,771	8,263
调整后的人均国民净收入（美元）	7,722	7,546	6,302
城市人口（占总人口的百分比）	74.7	56.6	64.1
农业			
农业用地面积（占土地面积的百分比）	24	49	35
灌溉地面积（占总农业用地面积的百分比）	..	..	..
农业生产力，以每农业工作者增加值计（2010年美元）	19,868	1,657	2,208
谷物产量（每公顷千克数）	3,866	4,958	4,104
森林和生物多样性			
森林面积（占土地面积的百分比）	67.6	26.3	34.9
森林采伐（2000—2015年年均百分比）	-0.2	-0.2	0.0
陆上保护区面积（占土地面积的百分比）	18.4	15.6	15.2
濒危物种，哺乳动物	73	918	1,056
濒危物种，鸟类	50	1,097	1,511
濒危物种，鱼类	83	1,549	2,315
濒危物种，高等植物	721	3,515	6,808
海洋			
渔业总产量（千吨）	2,003	132,587	103,240
渔获增长率（2000—2015年年均百分比）	1.0	0.9	-0.5
水产养殖业增长率（2000—2015年年均百分比）	7.6	6.5	5.3
海洋保护区面积（占领海面积的百分比）	2.3	17.0	9.9
珊瑚礁区域面积（平方千米）	3,600	203,050	48,880
红树林区域面积（平方千米）	7,097	67,121	50,774
能源与排放			
人均能源使用量（千克石油当量）	3,000	2,137	2,192
废物和生物质能产生的能源（占总能源量的百分比）	2.1	7.7	7.3
人均耗电量（千瓦时）	4,646	3,682	3,495
化石燃料发电量（占总量的百分比）	90.3	76.4	71.1
水力发电量（占总量的百分比）	9.1	15.0	21.0
人均二氧化碳排放量（吨）	8.0	6.3	6.6
水与卫生			
人均淡水资源（立方米）	19,397	4,529	8,261
淡水使用总量（占淡水资源总量的百分比）	1.9	11.3	6.3
农业（占淡水使用总量的百分比）	22	71	68
获得改善的水源的人口（占总人口的百分比）	98	94	95
农村（占农村人口的百分比）	93	90	91
城市（占城市人口的百分比）	100	97	97
获得改善的卫生设施的人口（占总人口的百分比）	96	77	80
农村（占农村人口的百分比）	96	64	67
城市（占城市人口的百分比）	96	87	87
环境与健康			
PM2.5 污染，年平均接触值（微克每立方米）	16	44	42
PM2.5 接触（超过世界卫生组织指导线的人口百分比）	87	97	95
急性呼吸道感染发病率（占五岁以下儿童的百分比）	..	..	..
腹泻发病率（占五岁以下儿童的百分比）	..	..	..
五岁以下儿童的死亡率（每千名活产儿）	7	17	19
国民账户汇编——储蓄，消耗与退化			
总储蓄（占 GNI 的百分比）	28.8	39.1	36.6
固定资本消费（占 GNI 的百分比）	17.0	20.7	18.0
教育支出（占 GNI 的百分比）	6.1	2.7	3.0
能源消耗（占 GNI 的百分比）	1.6	0.3	1.1
矿产消耗（占 GNI 的百分比）	0.1	0.2	0.4
净森林消耗（占 GNI 的百分比）	0.0	0.0	0.0
二氧化碳的损害（占 GNI 的百分比）	2.8	2.1	2.6
空气污染的损害（占 GNI 的百分比）	0.2	0.3	0.3
调整后的净储蓄（占 GNI 的百分比）	13.3	18.1	17.2

马尔代夫

人口（千）	409	土地面积（平方千米）	300	GDP（10亿美元）	3.4

	经济体数据	南亚地区组别	中高收入组别
人均 GNI，世界银行图表集法（美元）	6,950	1,535	8,263
调整后的人均国民净收入（美元）	6,545	1,365	6,302
城市人口（占总人口的百分比）	45.5	33.0	64.1
农业			
农业用地面积（占土地面积的百分比）	26	57	35
灌溉地面积（占总农业用地面积的百分比）			
农业生产力，以每农业工作者增加值计（2010年美元）	4,878	1,131	2,208
谷物产量（每公顷千克数）	2,405	3,083	4,104
森林和生物多样性			
森林面积（占土地面积的百分比）	3.3	17.5	34.9
森林采伐（2000—2015年年均百分比）	0.0	-0.4	0.0
陆地保护区面积（占土地面积的百分比）	0.7	6.6	15.2
濒危物种，哺乳动物	2	251	1,056
濒危物种，鸟类	0	238	1,511
濒危物种，鱼类	24	383	2,315
濒危物种，高等植物	0	752	6,808
海洋			
渔业总产量（千吨）	127	15,171	103,240
渔获增长率（2000—2015年年均百分比）	0.4	1.9	-0.5
水产养殖增长率（2000—2015年年均百分比）	..	7.3	5.3
海洋保护区面积（占领海面积的百分比）	0.4	2.3	9.9
珊瑚礁区域面积（平方千米）	8,920	15,440	48,880
红树林区域面积（平方千米）	..	10,343	50,774
能源和排放			
人均能源使用量（千克石油当量）	..	576	2,192
废物和生物质能产生的能源（占总能源量的百分比）	..	25.6	7.3
人均耗电量（千瓦时）	..	707	3,495
化石燃料发电量（占总量的百分比）	..	80.0	71.1
水力发电量（占总量的百分比）	..	11.6	21.0
人均二氧化碳排放量（吨）	2.7	1.4	6.6
水与卫生			
人均淡水资源（立方米）	75	1,152	8,261
淡水使用总量（占淡水资源总量的百分比）	19.7	51.6	6.3
农业（占淡水使用总量的百分比）	0	91	68
获得改善的水源的人口（占总人口的百分比）	99	92	95
农村（占农村人口的百分比）	98	91	91
城市（占城市人口的百分比）	100	95	97
获得改善的卫生设施的人口（占总人口的百分比）	98	45	80
农村（占农村人口的百分比）	98	35	67
城市（占城市人口的百分比）	98	65	87
环境与健康			
PM2.5污染，年平均接触值（微克每立方米）	29	74	42
PM2.5接触（超过世界卫生组织指导线的人口百分比）	100	100	95
急性呼吸道感染发病率（占五岁以下儿童的百分比）	1	..	..
腹泻发病率（占五岁以下儿童的百分比）	4	..	..
五岁以下儿童的死亡率（每千名活产儿）	9	53	19
国民账户汇编——储蓄，消耗与退化			
总储蓄（占GNI的百分比）	..	31.3	36.6
固定资本消费（占GNI的百分比）	13.2	10.5	18.0
教育支出（占GNI的百分比）	5.6	2.8	3.0
能源消耗（占GNI的百分比）	0.0	0.4	1.1
矿产消耗（占GNI的百分比）	0.0	0.1	0.4
净森林消耗（占GNI的百分比）	0.0	0.1	0.0
二氧化碳的损害（占GNI的百分比）	1.1	3.0	2.6
空气污染的损害（占GNI的百分比）	0.2	1.2	0.3
调整后的净储蓄（占GNI的百分比）	..	18.6	17.2

马里

人口（百万）	17.6	土地面积（千平方千米）	1,220	GDP（10亿美元）	12.7

	经济体数据	撒哈拉以南非洲地区组别	低收入组别
人均 GNI，世界银行图表集法（美元）	760	1,631	619
调整后的人均国民净收入（美元）	544	1,239	497
城市人口（占总人口的百分比）	39.9	37.7	30.7
农业			
农业用地面积（占土地面积的百分比）	34	42	39
灌溉地面积（占总农业用地面积的百分比）	..	..	..
农业生产力，以每农业工作者增加值计（2010 年美元）	1,245	1,219	504
谷物产量（每公顷千克数）	1,551	1,452	1,486
森林和生物多样性			
森林面积（占土地面积的百分比）	3.9	25.7	27.4
森林采伐（2000—2015 年年均百分比）	1.5	0.5	0.5
陆地保护区面积（占土地面积的百分比）	8.4	15.3	15.2
濒危物种，哺乳动物	12	918	619
濒危物种，鸟类	16	876	599
濒危物种，鱼类	2	2,023	1,156
濒危物种，高等植物	8	3,740	1,962
海洋			
渔业总产量（千吨）	94.9	7,416	3,954
渔获增长率（2000—2015 年年均百分比）	-1.1	1.8	2.2
水产养殖业增长率（2000—2015 年年均百分比）	33.9	17.0	3.1
海洋保护区面积（占领海面积的百分比）	0.0	6.1	3.5
珊瑚礁区域面积（平方千米）	..	17,980	12,520
红树林区域面积（平方千米）		28,061	15,778
能源与排放			
人均能源使用量（千克石油当量）	..	701	..
废物和生物质能产生的能源（占总能源量的百分比）	..	57.4	79.1
人均耗电量（千瓦时）	..	497	..
化石燃料发电量（占总量的百分比）	..	64.3	..
水力发电量（占总量的百分比）	..	21.2	..
人均二氧化碳排放量（吨）	0.1	0.8	0.3
水与卫生			
人均淡水资源（立方米）	3,512	3,986	4,629
淡水使用总量（占淡水资源总量的百分比）	8.6	3.2	3.3
农业（占淡水使用总量的百分比）	98	81	90
获得改善的水源的人口（占总人口的百分比）	77	68	66
农村（占农村人口的百分比）	64	56	56
城市（占城市人口的百分比）	97	87	87
获得改善的卫生设施的人口（占总人口的百分比）	25	30	28
农村（占农村人口的百分比）	16	23	23
城市（占城市人口的百分比）	38	40	40
环境与健康			
PM2.5 污染，年平均接触值（微克每立方米）	44	36	39
PM2.5 接触（超过世界卫生组织指导线的人口百分比）	100	99	99
急性呼吸道感染发病率（占五岁以下儿童的百分比）	2	5	6
腹泻发病率（占五岁以下儿童的百分比）	9	14	16
五岁以下儿童的死亡率（每千名活产儿）	115	83	76
国民账户汇编——储蓄，消耗与退化			
总储蓄（占 GNI 的百分比）	20.9	14.4	14.7
固定资本消费（占 GNI 的百分比）	11.7	13.8	10.6
教育支出（占 GNI 的百分比）	4.4	3.3	3.2
能源消耗（占 GNI 的百分比）	0.0	1.7	0.4
矿产消耗（占 GNI 的百分比）	6.5	0.9	1.5
净森林消耗（占 GNI 的百分比）	4.0	2.3	6.6
二氧化碳的损害（占 GNI 的百分比）	0.3	1.6	1.2
空气污染的损害（占 GNI 的百分比）	2.0	1.2	1.7
调整后的净储蓄（占 GNI 的百分比）	-8.0	-3.9	-3.8

马耳他

| 人口（千） | 432 | 土地面积（平方千米） | 320 | GDP（10亿美元） | 9.7 |

	经济体数据	中东和北非地区组别	高收入组别
人均GNI，世界银行图表集法（美元）	23,900	8,229	41,932
调整后的人均国民净收入（美元）	..	6,251	33,454
城市人口（占总人口的百分比）	95.4	64.2	81.1
农业			
农业用地面积（占土地面积的百分比）	32	33	36
灌溉地面积（占总农业用地面积的百分比）	36.2	..	..
农业生产力，以每农业工作者增加值计（2010年美元）	63,642	6,275	30,017
谷物产量（每公顷千克数）	4,763	2,299	5,919
森林和生物多样性			
森林面积（占土地面积的百分比）	1.1	2.1	28.9
森林采伐（2000—2015年年均百分比）	0.0	-0.8	-0.0
陆地保护区面积（占土地面积的百分比）	23.1	11.7	15.7
濒危物种，哺乳动物	2	224	527
濒危物种，鸟类	5	279	923
濒危物种，鱼类	22	610	2,263
濒危物种，高等植物	4	290	2,176
海洋			
渔业总产量（千吨）	8.4	4,857	33,549
渔获增长率（2000—2015年年均百分比）	5.6	2.0	-1.5
水产养殖业增长率（2000—2015年年均百分比）	8.5	9.4	2.6
海洋保护区面积（占领海面积的百分比）	4.7	3.8	23.7
珊瑚礁区域面积（平方千米）	..	15,470	83,900
红树林区域面积（平方千米）		513	15,283
能源与排放			
人均能源使用量（千克石油当量）	1,811	2,365	4,745
废物和生物质能产生的能源（占总能源量的百分比）	0.9	0.6	5.3
人均耗电量（千瓦时）	5,007	2,906	9,066
化石燃料发电量（占总量的百分比）	96.7	96.3	60.7
水力发电量（占总量的百分比）	0.0	2.6	12.0
人均二氧化碳排放量（吨）	5.2	6.0	11.0
水与卫生			
人均淡水资源（立方米）	118	555	8,733
淡水使用总量（占淡水资源总量的百分比）	89.7	134.8	9.8
农业（占淡水使用总量的百分比）	64	85	41
获得改善的水源的人口（占总人口的百分比）	100	93	100
农村（占农村人口的百分比）	100	89	99
城市（占城市人口的百分比）	100	96	100
获得改善的卫生设施的人口（占总人口的百分比）	100	91	99
农村（占农村人口的百分比）	100	87	99
城市（占城市人口的百分比）	100	93	100
环境与健康			
PM2.5污染，年平均接触值（微克每立方米）	16	61	17
PM2.5接触（超过世界卫生组织指导线的人口百分比）	100	100	62
急性呼吸道感染发病率（占五岁以下儿童的百分比）	..	..	..
腹泻发病率（占五岁以下儿童的百分比）	..	..	..
五岁以下儿童的死亡率（每千名活产儿）	6	23	6
国民账户汇编——储蓄，消耗与退化			
总储蓄（占GNI的百分比）	28.5	24.7	22.2
固定资本消费（占GNI的百分比）	13.2	9.9	16.6
教育支出（占GNI的百分比）	7.2	5.2	4.8
能源消耗（占GNI的百分比）	0.0	4.7	0.3
矿产消耗（占GNI的百分比）	0.0	0.0	0.1
净森林消耗（占GNI的百分比）	..	0.1	0.0
二氧化碳的损害（占GNI的百分比）	0.7	2.1	0.8
空气污染的损害（占GNI的百分比）	0.1	0.2	0.1
调整后的净储蓄（占GNI的百分比）	..	12.9	9.1

马绍尔群岛

人口（千）	53	土地面积（平方千米）	180	GDP（百万美元）	179.4

	经济体数据	东亚和太平洋地区组别	中高收入组别
人均 GNI，世界银行图表集法（美元）	4,770	9,771	8,263
调整后的人均国民净收入（美元）	..	7,546	6,302
城市人口（占总人口的百分比）	72.7	56.6	64.1
农业			
农业用地面积（占土地面积的百分比）	64	49	35
灌溉地面积（占总农业用地面积的百分比）	..		
农业生产力，以每农业工作者增加值计（2010 年美元）		4,761	1,657	2,208
谷物产量（每公顷千克数）		4,958	4,104
森林和生物多样性			
森林面积（占土地面积的百分比）	70.2	26.3	34.9
森林采伐（2000—2015 年年均百分比）	0.0	-0.2	0.0
陆地保护区面积（占土地面积的百分比）	7.9	15.6	15.2
濒危物种，哺乳动物	2	918	1,056
濒危物种，鸟类	3	1,097	1,511
濒危物种，鱼类	16	1,549	2,315
濒危物种，高等植物	0	3,515	6,808
海洋			
渔业总产量（千吨）	89.7	132,587	103,240
渔获增长率（2000—2015 年年均百分比）	17.2	0.9	-0.5
水产养殖业增长率（2000—2015 年年均百分比）		6.5	5.3
海洋保护区面积（占领海面积的百分比）	3.4	17.0	9.9
珊瑚礁区域面积（平方千米）	6,110	203,050	48,880
红树林区域面积（平方千米）	..	67,121	50,774
能源与排放			
人均能源使用量（千克石油当量）	..	2,137	2,192
废物和生物质能产生的能源（占总能源量的百分比）	..	7.7	7.3
人均耗电量（千瓦时）		3,682	3,495
化石燃料发电量（占总量的百分比）		76.4	71.1
水力发电量（占总量的百分比）		15.0	21.0
人均二氧化碳排放量（吨）	1.9	6.3	6.6
水与卫生			
人均淡水资源（立方米）	..	4,529	8,261
淡水使用总量（占淡水资源总量的百分比）	..	11.3	6.3
农业（占淡水使用总量的百分比）	..	71	68
获得改善的水源的人口（占总人口的百分比）	95	94	95
农村（占农村人口的百分比）	98	90	91
城市（占城市人口的百分比）	94	97	97
获得改善的卫生设施的人口（占总人口的百分比）	77	77	80
农村（占农村人口的百分比）	56	64	67
城市（占城市人口的百分比）	85	87	87
环境与健康			
PM2.5 污染，年平均接触值（微克每立方米）	12	44	42
PM2.5 接触（超过世界卫生组织指导线的人口百分比）	0	97	95
急性呼吸道感染发病率（占五岁以下儿童的百分比）	..	..	..
腹泻发病率（占五岁以下儿童的百分比）	..	..	..
五岁以下儿童的死亡率（每千名活产儿）	36	17	19
国民账户汇编——储蓄，消耗与退化			
总储蓄（占 GNI 的百分比）	..	39.1	36.6
固定资本消费（占 GNI 的百分比）	6.1	20.7	18.0
教育支出（占 GNI 的百分比）	6.5	2.7	3.0
能源消耗（占 GNI 的百分比）		0.3	1.1
矿产消耗（占 GNI 的百分比）	0.0	0.2	0.4
净森林消耗（占 GNI 的百分比）		0.0	0.0
二氧化碳的损害（占 GNI 的百分比）	1.3	2.1	2.6
空气污染的损害（占 GNI 的百分比）		0.3	0.3
调整后的净储蓄（占 GNI 的百分比）	..	18.1	17.2

毛里塔尼亚

人口（百万）	4.1	土地面积（千平方千米）	1,031	GDP（10 亿美元）	5.4

	经济体数据	撒哈拉以南非洲地区组别	中低收入组别
人均 GNI，世界银行图表集法（美元）	*1,370*	1,631	2,029
调整后的人均国民净收入（美元）	*839*	1,239	1,767
城市人口（占总人口的百分比）	59.9	37.7	39.0
农业			
农业用地面积（占土地面积的百分比）	39	42	44
灌溉地面积（占总农业用地面积的百分比）	..	..	..
农业生产力，以每农业工作者增加值计（2010 年美元）	*1,174*	1,219	1,614
谷物产量（每公顷千克数）	1,679	1,452	3,185
森林和生物多样性			
森林面积（占土地面积的百分比）	0.2	25.7	24.3
森林采伐（2000—2015 年年均百分比）	2.3	0.5	0.4
陆地保护区面积（占土地面积的百分比）	1.0	15.3	12.0
濒危物种，哺乳动物	17	918	1,134
濒危物种，鸟类	15	876	1,199
濒危物种，鱼类	43	2,023	2,011
濒危物种，高等植物	0	3,740	3,971
海洋			
渔业总产量（千吨）	404	7,416	58,665
渔获增长率（2000—2015 年年均百分比）	8.8	1.8	2.4
水产养殖业增长率（2000—2015 年年均百分比）	..	17.0	12.0
海洋保护区面积（占领海面积的百分比）	32.3	6.1	5.0
珊瑚礁区域面积（平方千米）	..	17,980	128,580
红树林区域面积（平方千米）	1.4	28,061	68,563
能源与排放			
人均能源使用量（千克石油当量）	..	701	651
废物和生物质能产生的能源（占总能源量的百分比）	..	57.4	28.5
人均耗电量（千瓦时）	..	497	777
化石燃料发电量（占总量的百分比）	..	64.3	74.9
水力发电量（占总量的百分比）	..	21.2	14.9
人均二氧化碳排放量（吨）	0.7	0.8	1.4
水与卫生			
人均淡水资源（立方米）	101	3,986	3,003
淡水使用总量（占淡水资源总量的百分比）	337.5	3.2	18.4
农业（占淡水使用总量的百分比）	91	81	88
获得改善的水源的人口（占总人口的百分比）	58	68	90
农村（占农村人口的百分比）	57	56	87
城市（占城市人口的百分比）	58	87	94
获得改善的卫生设施的人口（占总人口的百分比）	40	30	52
农村（占农村人口的百分比）	14	23	42
城市（占城市人口的百分比）	58	40	67
环境与健康			
PM2.5 污染，年平均接触值（微克每立方米）	85	36	58
PM2.5 接触（超过世界卫生组织指导线的人口百分比）	100	99	99
急性呼吸道感染发病率（占五岁以下儿童的百分比）	..	5	..
腹泻发病率（占五岁以下儿童的百分比）	..	14	..
五岁以下儿童的死亡率（每千名活产儿）	85	83	53
国民账户汇编——储蓄，消耗与退化			
总储蓄（占 GNI 的百分比）	27.2	14.4	27.6
固定资本消费（占 GNI 的百分比）	*19.4*	13.8	9.7
教育支出（占 GNI 的百分比）	2.9	3.3	3.0
能源消耗（占 GNI 的百分比）	*1.8*	1.7	0.8
矿产消耗（占 GNI 的百分比）	*12.6*	0.9	0.3
净森林消耗（占 GNI 的百分比）	2.0	2.3	0.4
二氧化碳的损害（占 GNI 的百分比）	1.6	1.6	0.6
空气污染的损害（占 GNI 的百分比）	*1.8*	1.2	0.9
调整后的净储蓄（占 GNI 的百分比）	−9.0	−3.9	16.1

毛里求斯

| 人口（百万） | **1.3** | 土地面积（千平方千米） | **2.0** | GDP（10亿美元） | **11.7** |

	经济体数据	撒哈拉以南非洲地区组别	中高收入组别
人均GNI，世界银行图表集法（美元）	9,780	1,631	8,263
调整后的人均国民净收入（美元）	7,637	1,239	6,302
城市人口（占总人口的百分比）	39.7	37.7	64.1
农业			
农业用地面积（占土地面积的百分比）	42	42	35
灌溉地面积（占总农业用地面积的百分比）	19.8	..	
农业生产力，以每农业工作者增加值计（2010年美元）	9,653	1,219	2,208
谷物产量（每公顷千克数）	3,765	1,452	4,104
森林和生物多样性			
森林面积（占土地面积的百分比）	19.0	25.7	34.9
森林采伐（2000—2015年年均百分比）	0.5	0.5	0.0
陆地保护区面积（占土地面积的百分比）	4.5	15.3	15.2
濒危物种，哺乳动物	7	918	1,056
濒危物种，鸟类	9	876	1,511
濒危物种，鱼类	19	2,023	2,315
濒危物种，高等植物	90	3,740	6,808
海洋			
渔业总产量（千吨）	16.3	7,416	103,240
渔获增长率（2000—2015年年均百分比）	3.2	1.8	-0.5
水产养殖业增长率（2000—2015年年均百分比）	15.7	17.0	5.3
海洋保护区面积（占领海面积的百分比）	0.3	6.1	9.9
珊瑚礁区域面积（平方千米）	870	17,980	48,880
红树林区域面积（平方千米）	1.2	28,061	50,774
能源与排放			
人均能源使用量（千克石油当量）	1,111	701	2,192
废弃物质所产生的能源（占总能源量的百分比）	14.7	57.4	7.3
人均耗电量（千瓦时）	2,183	497	3,495
化石燃料发电量（占总量的百分比）	79.7	64.3	71.1
水力发电量（占总量的百分比）	3.1	21.2	21.0
人均二氧化碳排放量（吨）	3.0	0.8	6.6
水与卫生			
人均淡水资源（立方米）	2,182	3,986	8,261
淡水使用总量（占淡水资源总量的百分比）	26.4	3.2	6.3
农业（占淡水使用总量的百分比）	68	81	68
获得改善的水源的人口（占总人口的百分比）	100	68	95
农村（占农村人口的百分比）	100	56	91
城市（占城市人口的百分比）	100	87	97
获得改善的卫生设施的人口（占总人口的百分比）	93	30	80
农村（占农村人口的百分比）	93	23	67
城市（占城市人口的百分比）	94	40	87
环境与健康			
PM2.5污染，年平均接触值（微克每立方米）	15	36	42
PM2.5接触（超过世界卫生组织指导线的人口百分比）	100	99	95
急性呼吸道感染发病率（占五岁以下儿童的百分比）	..	5	..
腹泻发病率（占五岁以下儿童的百分比）	..	14	..
五岁以下儿童的死亡率（每千名活产儿）	14	83	19
国民账户汇编——储蓄，消耗与退化			
总储蓄（占GNI的百分比）	5.6	14.4	36.6
固定资本消费（占GNI的百分比）	16.8	13.8	18.0
教育支出（占GNI的百分比）	4.8	3.3	3.0
能源消耗（占GNI的百分比）	0.0	1.7	1.1
矿产消耗（占GNI的百分比）	0.0	0.9	0.4
净森林消耗（占GNI的百分比）	0.0	2.3	0.0
二氧化碳的损害（占GNI的百分比）	1.0	1.6	2.6
空气污染的损害（占GNI的百分比）	0.1	1.2	0.3
调整后的净储蓄（占GNI的百分比）	-7.6	-3.9	17.2

墨西哥

| 人口（百万） | **127.0** | 土地面积（千平方千米） | **1,944** | GDP（10亿美元） | **1,143.8** |

	经济体数据	拉丁美洲和加勒比地区组别	中高收入组别
人均 GNI，世界银行图表集法（美元）	9,710	8,968	8,263
调整后的人均国民净收入（美元）	7,767	7,249	6,302
城市人口（占总人口的百分比）	79.2	79.9	64.1
农业			
农业用地面积（占土地面积的百分比）	55	38	35
灌溉地面积（占总农业用地面积的百分比）	5.5	..	..
农业生产力，以每农业工作者增加值计（2010年美元）	5,220	7,188	2,208
谷物产量（每公顷千克数）	3,582	4,169	4,104
森林和生物多样性			
森林面积（占土地面积的百分比）	34.0	46.3	34.9
森林采伐（2000—2015年均百分比）	0.2	0.4	0.0
陆地保护区面积（占土地面积的百分比）	12.9	23.3	15.2
濒危物种，哺乳动物	96	622	1,056
濒危物种，鸟类	61	1,011	1,511
濒危物种，鱼类	179	1,642	2,315
濒危物种，高等植物	402	5,108	6,808
海洋			
渔业总产量（千吨）	1,691	14,416	103,240
渔获增长率（2000—2015年均百分比）	0.6	-3.5	-0.5
水产养殖业增长率（2000—2015年均百分比）	9.5	7.7	5.3
海洋保护区面积（占领海面积的百分比）	19.0	15.5	9.9
珊瑚礁区域面积（平方千米）	1,780	20,320	48,880
红树林区域面积（平方千米）	6,557	41,330	50,774
能源与排放			
人均能源使用量（千克石油当量）	1,499	1,337	2,192
废物和生物质能产生的能源（占总能源量的百分比）	4.6	17.1	7.3
人均耗电量（千瓦时）	2,071	2,122	3,495
化石燃料发电量（占总量的百分比）	79.2	43.1	71.1
水力发电量（占总量的百分比）	12.9	46.5	21.0
人均二氧化碳排放量（吨）	3.9	3.0	6.6
水与卫生			
人均淡水资源（立方米）	3,262	22,160	8,261
淡水使用总量（占淡水资源总量的百分比）	19.6	2.4	6.3
农业（占淡水使用总量的百分比）	77	71	68
获得改善的水源的人口（占总人口的百分比）	96	95	95
农村（占农村人口的百分比）	92	84	91
城市（占城市人口的百分比）	97	97	97
获得改善的卫生设施的人口（占总人口的百分比）	85	83	80
农村（占农村人口的百分比）	75	64	67
城市（占城市人口的百分比）	88	88	88
环境与健康			
PM2.5污染，年平均接触值（微克每立方米）	20	18	42
PM2.5接触（超过世界卫生组织指导线的人口百分比）	100	85	95
急性呼吸道感染发病率（占五岁以下儿童的百分比）	..	..	..
腹泻发病率（占五岁以下儿童的百分比）	13	18	19
五岁以下儿童的死亡率（每千名活产儿）			
国民账户汇编——储蓄，消耗与退化			
总储蓄（占GNI的百分比）	22.2	17.7	36.6
固定资本消费（占GNI的百分比）	11.4	10.2	18.0
教育支出（占GNI的百分比）	5.0	4.9	3.0
能源消耗（占GNI的百分比）	1.2	0.9	1.1
矿产消耗（占GNI的百分比）	0.4	0.9	0.4
净森林消耗（占GNI的百分比）	0.0	0.0	0.0
二氧化碳的损害（占GNI的百分比）	1.3	1.1	2.6
空气污染的损害（占GNI的百分比）	0.1	0.2	0.3
调整后的净储蓄（占GNI的百分比）	12.6	9.4	17.2

2017年世界绿色数据手册

密克罗尼西亚联邦

| 人口（千） | **104** | 土地面积（平方千米） | **700** | GDP（百万美元） | **315.0** |

	经济体数据	东亚和太平洋地区组别	中低收入组别
人均 GNI，世界银行图表集法（美元）	3,560	9,771	2,029
调整后的人均国民净收入（美元）	..	7,546	1,767
城市人口（占总人口的百分比）	22.4	56.6	39.0
农业			
农业用地面积（占土地面积的百分比）	31	49	44
灌溉地面积（占总农业用地面积的百分比）	..		
农业生产力，以每名农业工作者增加值计（2010 年美元）		1,657	1,614
谷物产量（每公顷千克数）	6,709	4,958	3,185
	1,596		
森林和生物多样性			
森林面积（占土地面积的百分比）	91.8	26.3	24.3
森林采伐（2000—2015 年年均百分比）	-0.0	-0.2	0.4
陆地保护区面积（占土地面积的百分比）	4.3	15.6	12.0
濒危物种，哺乳动物	5	918	1,134
濒危物种，鸟类	11	1,097	1,199
濒危物种，鱼类	25	1,549	2,011
濒危物种，高等植物	4	3,515	3,971
海洋			
渔业总产量（千吨）	68.9	132,587	58,665
渔获增长率（2000—2015 年年均百分比）	7.4	0.9	2.4
水产养殖业增长率（2000—2015 年年均百分比）	..	6.5	12.0
海洋保护区面积（占领海面积的百分比）	0.1	17.0	5.0
珊瑚礁区域面积（平方千米）	4,340	203,050	128,580
红树林区域面积（平方千米）	87.0	67,121	68,563
能源与排放			
人均能源使用量（千克石油当量）	..	2,137	651
废物和生物质能产生的能源（占总能源量的百分比）	..	7.7	28.5
人均耗电量（千瓦时）	..	3,682	777
化石燃料发电量（占总量的百分比）	..	76.4	74.9
水力发电量（占总量的百分比）	..	15.0	14.9
人均二氧化碳排放量（吨）	1.4	6.3	1.4
水与卫生			
人均淡水资源（立方米）	..	4,529	3,003
淡水使用总量（占淡水资源总量的百分比）	..	11.3	18.4
农业（占淡水使用总量的百分比）	..	71	88
获得改善的水源的人口（占总人口的百分比）	89	94	90
农村（占农村人口的百分比）	87	90	87
城市（占城市人口的百分比）	95	97	94
获得改善的卫生设施的人口（占总人口的百分比）	57	77	52
农村（占农村人口的百分比）	49	64	42
城市（占城市人口的百分比）	85	87	67
环境与健康			
PM2.5 污染，年平均接触值（微克每立方米）	8	44	58
PM2.5 接触（超过世界卫生组织指导线的人口百分比）	0	97	99
急性呼吸道感染发病率（占五岁以下儿童的百分比）	..	..	..
腹泻发病率（占五岁以下儿童的百分比）	..	..	..
五岁以下儿童的死亡率（每千名活产儿）	35	17	53
国民账户汇编——储蓄，消耗与退化			
总储蓄（占 GNI 的百分比）	..	39.1	27.6
固定资本消费（占 GNI 的百分比）	..	20.7	9.7
教育支出（占 GNI 的百分比）	23.6	2.7	3.0
能源消耗（占 GNI 的百分比）	..	0.3	0.8
矿产消耗（占 GNI 的百分比）	0.0	0.2	0.3
净森林消耗（占 GNI 的百分比）	..	0.0	0.4
二氧化碳的损害（占 GNI 的百分比）	1.2	2.1	2.3
空气污染的损害（占 GNI 的百分比）	..	0.3	0.9
调整后的净储蓄（占 GNI 的百分比）	..	18.1	16.1

摩尔多瓦

人口（百万） **3.6** 土地面积（千平方千米） **33** GDP（10亿美元） **6.6**

	经济体数据	欧洲和中亚地区组别	中低收入组别
人均 GNI，世界银行图表集法（美元）	2,240	24,275	2,029
调整后的人均国民净收入（美元）	1,856	18,328	1,767
城市人口（占总人口的百分比）	45.0	70.9	39.0
农业			
农业用地面积（占土地面积的百分比）	75	29	44
灌溉地面积（占总农业用地面积的百分比）	9.2		
农业生产力，以每农业工作者增加值计（2010年美元）	5,160	14,018	1,614
谷物产量（每公顷千克数）	3,162	3,910	3,185
森林和生物多样性			
森林面积（占土地面积的百分比）	12.4	38.0	24.3
森林采伐（2000—2015年均百分比）	-1.6	-0.1	0.4
陆地保护区面积（占土地面积的百分比）	3.8	12.6	12.0
濒危物种，哺乳动物	5	350	1,134
濒危物种，鸟类	12	638	1,199
濒危物种，鱼类	8	1,220	2,011
濒危物种，高等植物	2	1,032	3,971
海洋			
渔业总产量（千吨）	9.1	18,438	58,665
渔获增长率（2000—2015年均百分比）	4.7	-0.9	2.4
水产养殖业增长率（2000—2015年均百分比）	11.8	2.9	12.0
海洋保护区面积（占领海面积的百分比）	0.0	13.0	5.0
珊瑚礁区域面积（平方千米）	..	..	128,580
红树林区域面积（平方千米）	..	..	68,563
能源与排放			
人均能源使用量（千克石油当量）	928	3,157	651
废物和生物质产生的能源（占总能源量的百分比）	8.6	5.9	28.5
人均耗电量（千瓦时）	1,386	5,369	777
化石燃料发电量（占总量的百分比）	93.8	49.8	74.9
水力发电量（占总量的百分比）	5.9	16.6	14.9
人均二氧化碳排放量（吨）	1.4	7.3	1.4
水与卫生			
人均淡水资源（立方米）	456	7,850	3,003
淡水使用总量（占淡水资源总量的百分比）	65.7	7.4	18.4
农业（占淡水使用总量的百分比）	3	47	88
获得改善的水源的人口（占总人口的百分比）	88	98	90
农村（占农村人口的百分比）	81	96	87
城市（占城市人口的百分比）	97	99	94
获得改善的卫生设施的人口（占总人口的百分比）	76	93	52
农村（占农村人口的百分比）	67	89	42
城市（占城市人口的百分比）	88	95	67
环境与健康			
PM2.5 污染，年平均接触值（微克每立方米）	21	19	58
PM2.5 接触（超过世界卫生组织指导线的人口百分比）	100	89	99
急性呼吸道感染发病率（占五岁以下儿童的百分比）	..	..	..
腹泻发病率（占五岁以下儿童的百分比）	..	..	..
五岁以下儿童的死亡率（每千名活产儿）	16	11	53
国民账户汇编——储蓄，消耗与退化			
总储蓄（占 GNI 的百分比）	14.3	22.5	27.6
固定资本消耗（占 GNI 的百分比）	5.9	16.1	9.7
教育支出（占 GNI 的百分比）	6.1	4.8	3.0
能源消耗（占 GNI 的百分比）	0.0	0.6	0.8
矿产消耗（占 GNI 的百分比）	0.0	0.1	0.3
净森林消耗（占 GNI 的百分比）	0.3	0.0	0.4
二氧化碳的损害（占 GNI 的百分比）	2.1	1.0	2.3
空气污染的损害（占 GNI 的百分比）	0.3	0.1	0.9
调整后的净储蓄（占 GNI 的百分比）	11.9	9.5	16.1

摩纳哥

人口（千）		38	土地面积（平方千米）	2.0	GDP（10亿美元）	6.1

	经济体数据	欧洲和中亚地区组别	高收入组别
人均 GNI，世界银行图表集法（美元）	..	24,275	41,932
调整后的人均国民净收入（美元）	..	18,328	33,454
城市人口（占总人口的百分比）	100.0	70.9	81.1
农业			
农业用地面积（占土地面积的百分比）	..	29	36
灌溉地面积（占总农业用地面积的百分比）	..	..	..
农业生产力，以每农业工作者增加值计（2010年美元）	..	14,018	30,017
谷物产量（每公顷千克数）	..	3,910	5,919
森林和生物多样性			
森林面积（占土地面积的百分比）	..	38.0	28.9
森林采伐（2000—2015年年均百分比）	..	-0.1	-0.0
陆上保护区面积（占土地面积的百分比）	53.4	12.6	15.7
濒危物种，哺乳动物	3	350	527
濒危物种，鸟类	0	638	923
濒危物种，鱼类	15	1,220	2,263
濒危物种，高等植物	0	1,032	2,176
海洋			
渔业总产量（千吨）	0.00	18,438	33,549
渔获增长率（2000—2015年年均百分比）	-7.1	-0.9	-1.5
水产养殖增长率（2000—2015年年均百分比）	..	2.9	2.6
海洋保护区面积（占领海面积的百分比）	100.3	13.0	23.7
珊瑚礁区域面积（平方千米）	..	..	83,900
红树林区域面积（平方千米）	..	..	15,283
能源与排放			
人均能源使用量（千克石油当量）	..	3,157	4,745
废物和生物质能产生的能源（占总能源量的百分比）	..	5.9	5.3
人均耗电量（千瓦时）	..	5,369	9,066
化石燃料发电量（占总量的百分比）	..	49.8	60.7
水力发电量（占总量的百分比）	..	16.6	12.0
人均二氧化碳排放量（吨）	..	7.3	11.0
水与卫生			
人均淡水资源（立方米）	..	7,850	8,733
淡水使用总量（占淡水资源总量的百分比）	..	7.4	9.8
农业（占淡水使用总量的百分比）	0	47	41
获得改善的水源的人口（占总人口的百分比）	100	98	100
农村（占农村人口的百分比）	..	96	99
城市（占城市人口的百分比）	100	99	100
获得改善的卫生设施的人口（占总人口的百分比）	100	93	99
农村（占农村人口的百分比）	..	89	99
城市（占城市人口的百分比）	100	95	100
环境与健康			
PM2.5污染，年平均接触值（微克每立方米）	..	19	17
PM2.5接触（超过世界卫生组织指导线的人口百分比）	..	89	62
急性呼吸道感染发病率（占五岁以下儿童的百分比）	..	..	..
腹泻发病率（占五岁以下儿童的百分比）	..	..	..
五岁以下儿童的死亡率（每千名活产儿）	4	11	6
国民账户汇编——储蓄，消耗与退化			
总储蓄（占GNI的百分比）	..	22.5	22.2
固定资本消费（占GNI的百分比）	..	16.1	16.6
教育支出（占GNI的百分比）	1.0	4.8	4.8
能源消耗（占GNI的百分比）	..	0.6	0.3
矿产消耗（占GNI的百分比）	..	0.1	0.1
净森林消耗（占GNI的百分比）	..	0.0	0.0
二氧化碳的损害（占GNI的百分比）	..	1.0	0.8
空气污染的损害（占GNI的百分比）	..	0.1	0.1
调整后的净储蓄（占GNI的百分比）	..		

蒙古

	人口（百万）	土地面积（千平方千米）	GDP（10亿美元）
	3.0	1,554	11.7

	经济体数据	东亚和太平洋地区组别	中低收入组别
人均 GNI，世界银行图表集法（美元）	3,870	9,771	2,029
调整后的人均国民净收入（美元）	3,021	7,546	1,767
城市人口（占总人口的百分比）	72.0	56.6	39.0
农业			
农业用地面积（占土地面积的百分比）	73	49	44
灌溉地面积（占总农业用地面积的百分比）	..	..	..
农业生产力，以每农业工作者增加值计（2010 年美元）	7,340	1,657	1,614
谷产量（每公顷千克数）	1,650	4,958	3,185
森林和生物多样性			
森林面积（占土地面积的百分比）	8.1	26.3	24.3
森林采伐（2000—2015 年年均百分比）	-0.5	-0.2	0.4
陆上保护区面积（占土地面积的百分比）	17.2	15.6	12.0
濒危物种，哺乳动物	11	918	1,134
濒危物种，鸟类	24	1,097	1,199
濒危物种，鱼类	2	1,549	2,011
濒危物种，高等植物	0	3,515	3,971
海洋			
渔业总产量（千吨）	0.06	132,587	58,665
渔获增长率（2000—2015 年年均百分比）	-11.9	0.9	2.4
水产养殖业增长率（2000—2015 年年均百分比）	..	6.5	12.0
海洋保护区面积（占领海面积的百分比）	0.0	17.0	5.0
珊瑚礁区域面积（平方千米）	..	203,050	128,580
红树林区域面积（平方千米）	..	67,121	68,563
能源与排放			
人均能源使用量（千克石油当量）	1,847	2,137	651
废物和生物质能产生的能源（占总能源量的百分比）	3.5	7.7	28.5
人均耗电量（千瓦时）	2,027	3,682	777
化石燃料发电量（占总量的百分比）	96.8	76.4	74.9
水力发电量（占总量的百分比）	0.0	15.0	14.9
人均二氧化碳排放量（吨）	14.5	6.3	1.4
水与卫生			
人均淡水资源（立方米）	11,959	4,529	3,003
淡水使用总量（占淡水资源总量的百分比）	1.6	11.3	18.4
农业（占淡水使用总量的百分比）	44	71	88
获得改善的水源的人口（占总人口的百分比）	64	94	90
农村（占农村人口的百分比）	59	90	87
城市（占城市人口的百分比）	66	97	94
获得改善的卫生设施的人口（占总人口的百分比）	60	77	52
农村（占农村人口的百分比）	43	64	42
城市（占城市人口的百分比）	66	87	67
环境与健康			
PM2.5 污染，年平均接触值（微克每立方米）	24	44	58
PM2.5 接触（超过世界卫生组织指导线的人口百分比）	92	97	99
急性呼吸道感染发病率（占五岁以下儿童的百分比）	..	..	..
腹泻发病率（占五岁以下儿童的百分比）	..	..	..
五岁以下儿童的死亡率（每千名活产儿）	22	17	53
国民账户汇编——储蓄、消耗与退化			
总储蓄（占 GNI 的百分比）	23.2	39.1	27.6
固定资本消费（占 GNI 的百分比）	8.5	20.7	9.7
教育支出（占 GNI 的百分比）	4.2	2.7	3.0
能源消耗（占 GNI 的百分比）	2.0	0.3	0.8
矿产消耗（占 GNI 的百分比）	6.6	0.2	0.3
净森林消耗（占 GNI 的百分比）	0.0	0.0	0.4
二氧化碳的损害（占 GNI 的百分比）	16.0	2.1	2.3
空气污染的损害（占 GNI 的百分比）	0.5	0.3	0.9
调整后的净储蓄（占 GNI 的百分比）	-6.2	18.1	16.1

黑山

人口（千）	622	土地面积（千平方千米）	13	GDP（10亿美元）	4.0

	经济体数据	欧洲和中亚地区组别	中高收入组别
人均GNI，世界银行图集法（美元）	7,220	24,275	8,263
调整后的人均国民净收入（美元）	5,832	18,328	6,302
城市人口（占总人口的百分比）	64.0	70.9	64.1
农业			
农业用地面积（占土地面积的百分比）	17	29	35
灌溉地面积（占总农业用地面积的百分比）	..	..	..
农业生产力，以每农业工作者增加值计（2010年美元）	11,856	14,018	2,208
谷物产量（每公顷千克数）	3,452	3,910	4,104
森林和生物多样性			
森林面积（占土地面积的百分比）	61.5	38.0	34.9
森林采伐（2000—2015年年均百分比）	-1.9	-0.1	0.0
陆地保护区面积（占土地面积的百分比）	4.1	12.6	15.2
濒危物种，哺乳动物	6	350	1,056
濒危物种，鸟类	14	638	1,511
濒危物种，鱼类	32	1,220	2,315
濒危物种，高等植物	2	1,032	6,808
海洋			
渔业总产量（千吨）	2.3	18,438	103,240
渔获增长率（2000—2015年年均百分比）	..	-0.9	-0.5
水产养殖业增长率（2000—2015年年均百分比）	..	2.9	5.3
海洋保护区面积（占领海面积的百分比）	0.0	13.0	9.9
珊瑚礁区域面积（平方千米）	..	..	48,880
红树林区域面积（平方千米）	..	..	50,774
能源与排放			
人均能源使用量（千克石油当量）	1,538	3,157	2,192
废物和生物质能产生的能源（占总能源的百分比）	17.3	5.9	7.3
人均耗电量（千瓦时）	4,612	5,369	3,495
化石燃料发电量（占总量的百分比）	44.8	49.8	71.1
水力发电量（占总量的百分比）	55.2	16.6	21.0
人均二氧化碳排放量（吨）	3.6	7.3	6.6
水与卫生			
人均淡水资源（立方米）	..	7,850	8,261
淡水使用总量（占淡水资源总量的百分比）	..	7.4	6.3
农业（占淡水使用总量的百分比）	1	47	68
获得改善的水源的人口（占总人口的百分比）	100	98	95
农村（占农村人口的百分比）	99	96	91
城市（占城市人口的百分比）	100	99	97
获得改善的卫生设施的人口（占总人口的百分比）	96	93	80
农村（占农村人口的百分比）	92	89	67
城市（占城市人口的百分比）	98	95	87
环境与健康			
PM2.5污染，年平均接触值（微克每立方米）	23	19	42
PM2.5接触（超过世界卫生组织指导线的人口百分比）	100	89	95
急性呼吸道感染发病率（占五岁以下儿童的百分比）	..	..	..
腹泻发病率（占五岁以下儿童的百分比）	..	..	..
五岁以下儿童的死亡率（每千名活产儿）	5	11	19
国民账户汇编——储蓄，消耗与退化			
总储蓄（占GNI的百分比）	7.0	22.5	36.6
固定资本消费（占GNI的百分比）	11.2	16.1	18.0
教育支出（占GNI的百分比）	..	4.8	3.0
能源消耗（占GNI的百分比）	0.0	0.6	1.1
矿产消耗（占GNI的百分比）	0.1	0.1	0.4
净森林消耗（占GNI的百分比）	0.0	0.0	0.0
二氧化碳的损害（占GNI的百分比）	1.4	1.0	2.6
空气污染的损害（占GNI的百分比）	0.2	0.1	0.3
调整后的净储蓄（占GNI的百分比）	..	9.5	17.2

摩洛哥

| 人口（百万） | 34.4 | 土地面积（千平方千米） | 446 | GDP（10 亿美元） | 100.6 |

	经济体数据	中东和北非地区组别	中低收入组别
人均 GNI，世界银行图表集法（美元）	3,030	8,229	2,029
调整后的人均国民净收入（美元）	2,531	6,251	1,767
城市人口（占总人口的百分比）	60.2	64.2	39.0
农业			
农业用地面积（占土地面积的百分比）	69	33	44
灌溉地面积（占总农业用地面积的百分比）	4.6	..	..
农业生产力，以每农业工作者增加值计（2010 年美元）	5,476	6,275	1,614
谷物产量（每公顷千克数）	1,454	2,299	3,185
森林和生物多样性			
森林面积（占土地面积的百分比）	12.6	2.1	24.3
森林采伐（2000—2015 年年均百分比）	-0.8	-0.8	0.4
陆地保护区面积（占土地面积的百分比）	33.6	11.7	12.0
濒危物种，哺乳动物	18	224	1,134
濒危物种，鸟类	15	279	1,199
濒危物种，鱼类	54	610	2,011
濒危物种，高等植物	37	290	3,971
海洋			
渔业总产量（千吨）	1,371	4,857	58,665
渔获增长率（2000—2015 年年均百分比）	2.7	2.0	2.4
水产养殖增长率（2000—2015 年年均百分比）	-3.8	9.4	12.0
海洋保护区面积（占领海面积的百分比）	1.3	3.8	5.0
珊瑚礁区域面积（平方千米）	..	15,470	128,580
红树林区域面积（平方千米）	..	513	68,563
能源与排放			
人均能源使用量（千克石油当量）	560	2,365	651
废物和生物质能产生的能源（占总能源量的百分比）	7.2	0.6	28.5
人均耗电量（千瓦时）	912	2,906	777
化石燃料发电量（占总量的百分比）	87.6	96.3	74.9
水力发电量（占总量的百分比）	5.7	2.6	14.9
人均二氧化碳排放量（吨）	1.8	6.0	1.4
水与卫生			
人均淡水资源（立方米）	855	555	3,003
淡水使用总量（占淡水资源总量的百分比）	36.0	138.4	18.4
农业（占淡水使用总量的百分比）	88	85	88
获得改善的水源的人口（占总人口的百分比）	85	93	90
农村（占农村人口的百分比）	65	89	87
城市（占城市人口的百分比）	99	96	94
获得改善的卫生设施的人口（占总人口的百分比）	77	91	52
农村（占农村人口的百分比）	66	87	42
城市（占城市人口的百分比）	84	93	67
环境与健康			
PM2.5 污染，年平均接触值（微克每立方米）	23	61	58
PM2.5 接触（超过世界卫生组织指导线的人口百分比）	100	100	99
急性呼吸道感染发病率（占五岁以下儿童的百分比）	..	..	..
腹泻发病率（占五岁以下儿童的百分比）	..	..	..
五岁以下儿童的死亡率（每千名活产儿）	28	23	53
国民账户汇编—储蓄，消耗与退化			
总储蓄（占 GNI 的百分比）	28.7	24.7	27.6
固定资本消费（占 GNI 的百分比）	10.0	9.9	9.7
教育支出（占 GNI 的百分比）	5.2	5.2	3.0
能源消耗（占 GNI 的百分比）	0.0	4.7	0.8
矿产消耗（占 GNI 的百分比）	0.2	0.0	0.3
净森林消耗（占 GNI 的百分比）	0.2	0.1	0.4
二氧化碳的损害（占 GNI 的百分比）	1.9	2.1	2.3
空气污染的损害（占 GNI 的百分比）	0.2	0.2	0.9
调整后的净储蓄（占 GNI 的百分比）	21.4	12.9	16.1

莫桑比克

人口（百万）	28.0	土地面积（千平方千米）	786	GDP（10亿美元）	14.8

	经济体数据	撒哈拉以南非洲地区组别	低收入组别
人均 GNI，世界银行图表集法（美元）	590	1,631	619
调整后的人均国民净收入（美元）	423	1,239	497
城市人口（占总人口的百分比）	32.2	37.7	30.7
农业			
农业用地面积（占土地面积的百分比）	64	42	39
灌溉地面积（占总农业用地面积的百分比）	..		
农业生产力，以每农业工作者增加值计（2010年美元）	332	1,219	504
谷物产量（每公顷千克数）	703	1,452	1,486
森林和生物多样性			
森林面积（占土地面积的百分比）	48.2	25.7	27.4
森林采伐（2000—2015年年均百分比）	0.5	0.5	0.5
陆地保护区面积（占土地面积的百分比）	17.2	15.3	15.2
濒危物种，哺乳动物	14	918	619
濒危物种，鸟类	29	876	599
濒危物种，鱼类	67	2,023	1,156
濒危物种，高等植物	84	3,740	1,962
海洋			
渔获总产量（千吨）	288	7,416	3,954
渔获增长率（2000—2015年年均百分比）	13.7	1.8	2.2
水产养殖业增长率（2000—2015年年均百分比）	..	17.0	3.1
海洋保护区面积（占领海面积的百分比）	18.0	6.1	3.5
珊瑚礁区域面积（平方千米）	1,860	17,980	12,520
红树林区域面积（平方千米）	2,909	28,061	15,778
能源与排放			
人均能源使用量（千克石油当量）	428	701	..
废物和生物质能产生的能源（占总能源量的百分比）	77.3	57.4	79.1
人均耗电量（千瓦时）	463	497	..
化石燃料发电量（占总量的百分比）	8.8	64.3	..
水力发电量（占总量的百分比）	91.2	21.2	..
人均二氧化碳排放量（吨）	0.2	0.8	0.3
水与卫生			
人均淡水资源（立方米）	3,685	3,986	4,629
淡水使用总量（占淡水资源总量的百分比）	0.9	3.2	3.3
农业（占淡水使用总量的百分比）	78	81	90
获得改善的水源的人口（占总人口的百分比）	51	68	66
农村（占农村人口的百分比）	37	56	56
城市（占城市人口的百分比）	81	87	87
获得改善的卫生设施的人口（占总人口的百分比）	21	30	28
农村（占农村人口的百分比）	10	23	23
城市（占城市人口的百分比）	42	40	40
环境与健康			
PM2.5污染，年平均接触值（微克每立方米）	20	36	39
PM2.5接触（超过世界卫生组织指导线的人口百分比）	100	99	99
急性呼吸道感染发病率（占五岁以下儿童的百分比）	2	5	6
腹泻发病率（占五岁以下儿童的百分比）	11	14	16
五岁以下儿童的死亡率（每千名活产儿）	79	83	76
国民账户汇编——储蓄，消耗与退化			
总储蓄（占GNI的百分比）	10.3	14.4	*14.7*
固定资本消费（占GNI的百分比）	18.7	13.8	10.6
教育支出（占GNI的百分比）	5.4	3.3	3.2
能源消耗（占GNI的百分比）	0.2	1.7	0.4
矿产消耗（占GNI的百分比）	0.0	0.9	1.5
净森林消耗（占GNI的百分比）	0.0	2.3	6.6
二氧化碳的损害（占GNI的百分比）	1.0	1.6	1.2
空气污染的损害（占GNI的百分比）	1.0	1.2	1.7
调整后的净储蓄（占GNI的百分比）	-5.1	-3.9	*-3.8*

缅甸

| 人口（百万） | 53.9 | 土地面积（千平方千米） | 653 | GDP（10亿美元） | 62.6 |

	经济体数据	东亚和太平洋地区组别	中低收入组别
人均GNI，世界银行图表集法（美元）	1,160	9,771	2,029
调整后的人均国民净收入（美元）	1,029	7,546	1,767
城市人口（占总人口的百分比）	34.1	56.6	39.0
农业			
农业用地面积（占土地面积的百分比）	19	49	44
灌溉地面积（占总农业用地面积的百分比）	..	..	..
农业生产力，以每农业工作者增加值计（2010年美元）	1,034	1,657	1,614
谷物产量（每公顷千克数）	3,714	4,958	3,185
森林和生物多样性			
森林面积（占土地面积的百分比）	44.5	26.3	24.3
森林采伐（2000—2015年年均百分比）	1.2	-0.2	0.4
陆地保护区面积（占土地面积的百分比）	7.2	15.6	12.0
濒危物种，哺乳动物	48	918	1,134
濒危物种，鸟类	48	1,097	1,199
濒危物种，鱼类	50	1,549	2,011
濒危物种，高等植物	61	3,515	3,971
海洋			
渔业总产量（千吨）	2,953	132,587	58,665
渔获增长率（2000—2015年年均百分比）	3.9	0.9	2.4
水产养殖增长率（2000—2015年年均百分比）	16.7	6.5	12.0
海洋保护区面积（占领海面积的百分比）	0.2	17.0	5.0
珊瑚礁区域面积（平方千米）	1,870	203,050	128,580
红树林区域面积（平方千米）	5,029	67,121	68,563
能源与排放			
人均能源使用量（千克石油当量）	361	2,137	651
废物和生物质能产生的能源（占总能源量的百分比）	56.7	7.7	28.5
人均耗电量（千瓦时）	211	3,682	777
化石燃料发电量（占总量的百分比）	37.6	76.4	74.9
水力发电量（占总量的百分比）	62.4	15.0	14.9
人均二氧化碳排放量（吨）	0.2	6.3	1.4
水与卫生			
人均淡水资源（立方米）	18,770	4,529	3,003
淡水使用总量（占淡水资源总量的百分比）	3.3	11.3	18.4
农业（占淡水使用总量的百分比）	89	71	88
获得改善的水源的人口（占总人口的百分比）	81	94	90
农村（占农村人口的百分比）	74	90	87
城市（占城市人口的百分比）	93	97	94
获得改善的卫生设施的人口（占总人口的百分比）	80	77	52
农村（占农村人口的百分比）	77	64	42
城市（占城市人口的百分比）	84	87	67
环境与健康			
PM2.5污染，年平均接触值（微克每立方米）	54	44	58
PM2.5接触（超过世界卫生组织指导线的人口百分比）	100	97	99
急性呼吸道感染发病率（占五岁以下儿童的百分比）	..	..	..
腹泻发病率（占五岁以下儿童的百分比）	..	..	..
五岁以下儿童的死亡率（每千名活产儿）	50	17	53
国民账户汇编——储蓄，消耗与退化			
总储蓄（占GNI的百分比）	..	39.1	27.6
固定资本消费（占GNI的百分比）	4.2	20.7	9.7
教育支出（占GNI的百分比）	0.7	2.7	3.0
能源消耗（占GNI的百分比）	0.7	0.3	0.8
矿产消耗（占GNI的百分比）	0.1	0.2	0.3
净森林消耗（占GNI的百分比）	0.6	0.0	0.4
二氧化碳的损害（占GNI的百分比）	0.6	2.1	2.3
空气污染的损害（占GNI的百分比）	0.8	0.3	0.9
调整后的净储蓄（占GNI的百分比）	..	18.1	16.1

纳米比亚

人口（百万）	2.5	土地面积（千平方千米）	823	GDP（10亿美元）	11.5

	经济体数据	撒哈拉以南非洲地区组别	中高收入组别
人均GNI，世界银行图表集法（美元）	5,190	1,631	8,263
调整后的人均国民净收入（美元）	4,167	1,239	6,302
城市人口（占总人口的百分比）	46.7	37.7	64.1
农业			
农业用地面积（占土地面积的百分比）	47	42	35
灌溉地面积（占总农业用地面积的百分比）	..	..	..
农业生产力，以每农业工作者增加值计（2010年美元）	3,064	1,219	2,208
谷物产量（每公顷千克数）	589	1,452	4,104
森林和生物多样性			
森林面积（占土地面积的百分比）	8.4	25.7	34.9
森林采伐（2000—2015年年均百分比）	1.0	0.5	0.0
陆地保护区面积（占土地面积的百分比）	37.9	15.3	15.2
濒危物种，哺乳动物	14	918	1,056
濒危物种，鸟类	28	876	1,511
濒危物种，鱼类	33	2,023	2,315
濒危物种，高等植物	28	3,740	6,808
海洋			
渔业总产量（千吨）	511	7,416	103,240
渔获增长率（2000—2015年年均百分比）	-1.0	1.8	-0.5
水产养殖业增长率（2000—2015年年均百分比）	16.0	17.0	5.3
海洋保护区面积（占领海面积的百分比）	28.1	6.1	9.9
珊瑚礁区域面积（平方千米）	..	17,980	48,880
红树林区域面积（平方千米）	..	28,061	50,774
能源与排放			
人均能源使用量（千克石油当量）	752	701	2,192
废物和生物质能产生的能源（占总能源量的百分比）	12.8	57.4	7.3
人均耗电量（千瓦时）	1,564	497	3,495
化石燃料发电量（占总量的百分比）	0.9	64.3	71.1
水力发电量（占总量的百分比）	99.1	21.2	21.0
人均二氧化碳排放量（吨）	1.3	0.8	6.6
水与卫生			
人均淡水资源（立方米）	2,564	3,986	8,261
淡水使用总量（占水资源总量的百分比）	4.7	3.2	6.3
农业（占淡水使用总量的百分比）	70	81	68
获得改善的水源的人口（占总人口的百分比）	91	68	95
农村（占农村人口的百分比）	85	56	91
城市（占城市人口的百分比）	98	87	97
获得改善的卫生设施的人口（占总人口的百分比）	34	30	80
农村（占农村人口的百分比）	17	23	67
城市（占城市人口的百分比）	55	40	87
环境与健康			
PM2.5污染，年平均接触值（微克每立方米）	21	36	42
PM2.5接触（超过世界卫生组织指导线的人口百分比）	96	99	95
急性呼吸道感染发病率（占五岁以下儿童的百分比）	6	5	..
腹泻发病率（占五岁以下儿童的百分比）	17	14	..
五岁以下儿童的死亡率（每千名活产儿）	45	83	19
国民账户汇编——储蓄，消耗与退化			
总储蓄（占GNI的百分比）	23.1	14.4	36.6
固定资本消费（占GNI的百分比）	9.6	13.8	18.0
教育支出（占GNI的百分比）	8.3	3.3	3.0
能源消耗（占GNI的百分比）	0.0	1.7	1.1
矿产消耗（占GNI的百分比）	1.0	0.9	0.4
净森林消耗（占GNI的百分比）	0.0	2.3	0.0
二氧化碳的损害（占GNI的百分比）	0.9	1.6	2.6
空气污染的损害（占GNI的百分比）	0.8	1.2	0.3
调整后的净储蓄（占GNI的百分比）	19.2	-3.9	17.2

秘鲁

| 人口(千) | | 12 土地面积(平方千米) | | 20 GDP(百万美元) | 100.5 |

	经济体数据	东亚和太平洋地区组别	高收入组别
人均 GNI,世界银行图表集法(美元)	11,850	9,771	41,932
调整后的人均国民净收入(美元)	..	7,546	33,454
城市人口(占总人口的百分比)	100.0	56.6	81.1
农业			
农业用地面积(占土地面积的百分比)	20	49	36
灌溉地面积(占总农业用地面积的百分比)	..	..	..
农业生产力,以每农业工作者增加值计(2010 年美元)	..	1,657	30,017
谷物产量(每公顷千克数)		4,958	5,919
森林和生物多样性			
森林面积(占土地面积的百分比)	0.0	26.3	28.9
森林采伐(2000—2015 年均百分比)	..	-0.2	-0.0
陆地保护区面积(占土地面积的百分比)	0.0	15.6	15.7
濒危物种,哺乳动物	1	918	527
濒危物种,鸟类	2	1,097	923
濒危物种,鱼类	11	1,549	2,263
濒危物种,高等植物	0	3,515	2,176
海洋			
渔业总产量(千吨)	0.53	132,587	33,549
渔获增长率(2000—2015 年均百分比)	2.2	0.9	-1.5
水产养殖增长率(2000—2015 年均百分比)	..	6.5	2.6
海洋保护区面积(占领海面积的百分比)	0.0	17.0	23.7
珊瑚礁区域面积(平方千米)	..	203,050	83,900
红树林区域面积(平方千米)	..	67,121	15,283
能源与排放			
人均能源使用量(千克石油当量)	..	2,137	4,745
废物和生物质能产生的能源(占总能源量的百分比)	..	7.7	5.3
人均耗电量(千瓦时)	..	3,682	9,066
化石燃料发电量(占总量的百分比)	..	76.4	60.7
水力发电量(占总量的百分比)	..	15.0	12.0
人均二氧化碳排放量(吨)	4.1	6.3	11.0
水与卫生			
人均淡水资源(立方米)	..	4,529	8,733
淡水使用总量(占淡水资源总量的百分比)	..	11.3	9.8
农业(占淡水使用总量的百分比)	..	71	41
获得改善的水源的人口(占总人口的百分比)	97	94	100
农村(占农村人口的百分比)	..	90	99
城市(占城市人口的百分比)	97	97	100
获得改善的卫生设施的人口(占总人口的百分比)	66	77	99
农村(占农村人口的百分比)	..	64	99
城市(占城市人口的百分比)	66	87	100
环境与健康			
PM2.5 污染,年平均接触值(微克每立方米)	..	44	17
PM2.5 接触(超过世界卫生组织指导线的人口百分比)	..	97	62
急性呼吸道感染发病率(占五岁以下儿童的百分比)	..	..	..
腹泻发病率(占五岁以下儿童的百分比)	..	..	..
五岁以下儿童的死亡率(每千名活产儿)	35	17	6
国民账户汇编——储蓄,消耗与退化			
总储蓄(占 GNI 的百分比)	..	39.1	22.2
固定资本消费(占 GNI 的百分比)	..	20.7	16.6
教育支出(占 GNI 的百分比)	..	2.7	4.8
能源消耗(占 GNI 的百分比)	..	0.3	0.3
矿产消耗(占 GNI 的百分比)	..	0.2	0.1
净森林消耗(占 GNI 的百分比)	..	0.0	0.0
二氧化碳的损害(占 GNI 的百分比)	..	2.1	0.8
空气污染的损害(占 GNI 的百分比)	..	0.3	0.1
调整后的净储蓄(占 GNI 的百分比)	..	18.1	9.1

尼泊尔

人口（百万）	28.5	土地面积（千平方千米）	143	GDP（10亿美元）	21.2

	经济体数据	南亚地区组别	低收入组别
人均GNI，世界银行图表集法（美元）	730	1,535	619
调整后的人均国民净收入（美元）	695	1,365	497
城市人口（占总人口的百分比）	18.6	33.0	30.7
农业			
农业用地面积（占土地面积的百分比）	29	57	39
灌溉地面积（占总农业用地面积的百分比）	29.7	..	
农业生产力，以每农业工作者增加值计（2010年美元）	449	1,131	504
谷物产量（每公顷千克数）	2,748	3,083	1,486
森林和生物多样性			
森林面积（占土地面积的百分比）	25.4	17.5	27.4
森林采伐（2000—2015年年均百分比）	0.5	-0.4	0.5
陆地保护区面积（占土地面积的百分比）	22.9	6.6	15.2
濒危物种，哺乳动物	30	251	619
濒危物种，鸟类	36	238	599
濒危物种，鱼类	7	383	1,156
濒危物种，高等植物	17	752	1,962
海洋			
渔业总产量（千吨）	69.5	15,171	3,954
渔获增长率（2000—2015年年均百分比）	1.7	1.9	2.2
水产养殖业增长率（2000—2015年年均百分比）	8.1	7.3	3.1
海洋保护区面积（占领海面积的百分比）	0.0	2.3	3.5
珊瑚礁区域面积（平方千米）	..	15,440	12,520
红树林区域面积（平方千米）	..	10,343	15,778
能源与排放			
人均能源使用量（千克石油当量）	415	576	..
废物和生物质能产生的能源（占总能源量的百分比）	80.4	25.6	79.1
人均耗电量（千瓦时）	140	707	..
化石燃料发电量（占总量的百分比）	0.0	80.0	..
水力发电量（占总量的百分比）	99.8	11.6	..
人均二氧化碳排放量（吨）	0.2	1.4	0.3
水与卫生			
人均淡水资源（立方米）	7,035	1,152	4,629
淡水使用总量（占淡水资源总量的百分比）	4.8	51.6	3.3
农业（占淡水使用总量的百分比）	98	91	90
获得改善的水源的人口（占总人口的百分比）	92	92	66
农村（占农村人口的百分比）	92	91	56
城市（占城市人口的百分比）	91	95	87
获得改善的卫生设施的人口（占总人口的百分比）	46	45	28
农村（占农村人口的百分比）	44	35	23
城市（占城市人口的百分比）	56	65	40
环境与健康			
PM2.5污染，年平均接触值（微克每立方米）	75	74	39
PM2.5接触（超过世界卫生组织指导线的人口百分比）	100	100	99
急性呼吸道感染发病率（占五岁以下儿童的百分比）	5	..	6
腹泻发病率（占五岁以下儿童的百分比）	14	..	16
五岁以下儿童的死亡率（每千名活产儿）	36	53	76
国民账户汇编——储蓄，消耗与退化			
总储蓄（占GNI的百分比）	45.4	31.3	*14.7*
固定资本消费（占GNI的百分比）	6.8	10.5	10.6
教育支出（占GNI的百分比）	4.2	2.8	3.2
能源消耗（占GNI的百分比）	0.0	0.4	0.4
矿产消耗（占GNI的百分比）	0.0	0.1	1.5
净森林消耗（占GNI的百分比）	1.2	0.3	6.6
二氧化碳的损害（占GNI的百分比）	1.1	3.0	1.2
空气污染的损害（占GNI的百分比）	1.2	1.2	1.7
调整后的净储蓄（占GNI的百分比）	39.2	18.6	-3.8

荷兰

| 人口（千） | **16.9** | 土地面积（千平方千米） | **34** | GDP（百万美元） | **750.3** |

	经济体数据	欧洲和中亚地区组别	高收入组别
人均 GNI，世界银行图表集法（美元）	48,850	24,275	41,932
调整后的人均国民净收入（美元）	36,632	18,328	33,454
城市人口（占总人口的百分比）	90.5	70.9	81.1
农业			
农业用地面积（占土地面积的百分比）	55	29	36
灌溉地面积（占总农业用地面积的百分比）	5.5	..	..
农业生产力，以每农业工作者增加值计（2010 年美元）	79,612	14,018	30,017
谷物产量（每公顷千克数）	9,074	3,910	5,919
森林和生物多样性			
森林面积（占土地面积的百分比）	11.2	38.0	28.9
森林采伐（2000—2015 年年均百分比）	-0.3	-0.1	-0.0
陆地保护区面积（占土地面积的百分比）	11.6	12.6	15.7
濒危物种，哺乳动物	3	350	527
濒危物种，鸟类	8	638	923
濒危物种，鱼类	15	1,220	2,263
濒危物种，高等植物	0	1,032	2,176
海洋			
渔业总产量（千吨）	447	18,438	33,549
渔获增长率（2000—2015 年年均百分比）	-1.7	-0.9	-1.5
水产养殖业增长率（2000—2015 年年均百分比）	-1.2	2.9	2.6
海洋保护区面积（占领海面积的百分比）	57.7	13.0	23.7
珊瑚礁区域面积（平方千米）	..	..	83,900
红树林区域面积（平方千米）	..	..	15,283
能源与排放			
人均能源使用量（千克石油当量）	4,326	3,157	4,745
废弃物和生物物质产生的能源（占能源总量的百分比）	5.0	5.9	5.3
人均耗电量（千瓦时）	6,713	5,369	9,066
化石燃料发电量（占总量的百分比）	83.0	49.8	60.7
水力发电量（占总量的百分比）	0.1	16.6	12.0
人均二氧化碳排放量（吨）	10.1	7.3	11.0
水与卫生			
人均淡水资源（立方米）	652	7,850	8,733
淡水使用总量（占水资源总量的百分比）	97.5	7.4	9.8
农业（占淡水使用总量的百分比）	1	47	41
获得改善的水源的人口（占总人口的百分比）	100	98	100
农村（占农村人口的百分比）	100	96	99
城市（占城市人口的百分比）	100	99	100
获得改善的卫生设施的人口（占总人口的百分比）	98	93	99
农村（占农村人口的百分比）	100	89	99
城市（占城市人口的百分比）	98	95	100
环境与健康			
PM2.5 污染，年平均接触值（微克每立方米）	15	19	17
PM2.5 接触（超过世界卫生组织指导线的人口百分比）	100	89	62
急性呼吸道感染发病率（占五岁以下儿童的百分比）	..	..	..
腹泻发病率（占五岁以下儿童的百分比）	..	..	..
五岁以下儿童的死亡率（每千名活产儿）	4	11	6
国民账户汇编——储蓄，消耗与退化			
总储蓄（占 GNI 的百分比）	28.0	22.5	22.2
固定资本消费（占 GNI 的百分比）	16.6	16.1	16.6
教育支出（占 GNI 的百分比）	4.9	4.8	4.8
能源消耗（占 GNI 的百分比）	0.4	0.6	0.3
矿产消耗（占 GNI 的百分比）	0.0	0.1	0.0
净森林消耗（占 GNI 的百分比）	0.0	0.0	0.0
二氧化碳的损害（占 GNI 的百分比）	0.7	1.0	0.8
空气污染的损害（占 GNI 的百分比）	0.1	0.1	0.1
调整后的净储蓄（占 GNI 的百分比）	15.1	9.5	9.1

新喀里多尼亚

人口（千）	273	土地面积（千平方千米）	18	GDP（百万美元）	..

	经济体数据	东亚和太平洋地区组别	高收入组别
人均 GNI，世界银行图表集法（美元）	..	9,771	41,932
调整后的人均国民净收入（美元）	..	7,546	33,454
城市人口（占总人口的百分比）	70.2	56.6	81.1
农业			
农业用地面积（占土地面积的百分比）	10	49	36
灌溉地面积（占总农业用地面积的百分比）	..	..	..
农业生产力，以每农业工作者增加值计（2010 年美元）	..	1,657	30,017
谷物产量（每公顷千克数）	3,844	4,958	5,919
森林和生物多样性			
森林面积（占土地面积的百分比）	45.9	26.3	28.9
森林采伐（2000—2015 年年均百分比）	0.0	-0.2	-0.0
陆地保护区面积（占土地面积的百分比）	54.3	15.6	15.7
濒危物种，哺乳动物	9	918	527
濒危物种，鸟类	16	1,097	923
濒危物种，鱼类	35	1,549	2,263
濒危物种，高等植物	286	3,515	2,176
海洋			
渔业总产量（千吨）	5.3	132,587	33,549
渔获增长率（2000—2015 年年均百分比）	0.9	0.9	-1.5
水产养殖业增长率（2000—2015 年年均百分比）	-2.2	6.5	2.6
海洋保护区面积（占领海面积的百分比）	56.6	17.0	23.7
珊瑚礁区域面积（平方千米）	5,980	203,050	83,900
红树林区域面积（平方千米）	227	67,121	15,283
能源与排放			
人均能源使用量（千克石油当量）	..	2,137	4,745
废物和生物质能产生的能源（占总能源量的百分比）	..	7.7	5.3
人均耗电量（千瓦时）	..	3,682	9,066
化石燃料发电量（占总量的百分比）	..	76.4	60.7
水力发电量（占总量的百分比）	..	15.0	12.0
人均二氧化碳排放量（吨）	14.7	6.3	11.0
水与卫生			
人均淡水资源（立方米）	..	4,529	8,733
淡水使用总量（占淡水资源总量的百分比）	..	11.3	9.8
农业（占淡水使用总量的百分比）	..	71	41
获得改善的水源的人口（占总人口的百分比）	99	94	100
农村（占农村人口的百分比）	99	90	99
城市（占城市人口的百分比）	99	97	100
获得改善的卫生设施的人口（占总人口的百分比）	100	77	99
农村（占农村人口的百分比）	100	64	99
城市（占城市人口的百分比）	100	87	100
环境与健康			
PM2.5 污染，年平均接触值（微克每立方米）	..	44	17
PM2.5 接触（超过世界卫生组织指导线的人口百分比）	..	97	62
急性呼吸道感染发病率（占五岁以下儿童的百分比）	..	..	..
腹泻发病率（占五岁以下儿童的百分比）	..	..	..
五岁以下儿童的死亡率（每千名活产儿）	..	17	6
国民账户汇编——储蓄，消耗与退化			
总储蓄（占 GNI 的百分比）	..	39.1	22.2
固定资本消费（占 GNI 的百分比）	..	20.7	16.6
教育支出（占 GNI 的百分比）	0.5	2.7	4.8
能源消耗（占 GNI 的百分比）	..	0.3	0.3
矿产消耗（占 GNI 的百分比）	..	0.2	0.1
净森林消耗（占 GNI 的百分比）	..	0.0	0.0
二氧化碳的损害（占 GNI 的百分比）	..	2.1	0.8
空气污染的损害（占 GNI 的百分比）	..	0.3	0.1
调整后的净储蓄（占 GNI 的百分比）	..	18.1	9.1

新西兰

| 人口（百万） | 4.6 | 土地面积（千平方千米） | 263 | GDP（10 亿美元） | 173.8 |

	经济体数据	东亚和太平洋地区组别	高收入组别
人均 GNI，世界银行图表集法（美元）	40,020	9,771	41,932
调整后的人均国民净收入（美元）	31,002	7,546	33,454
城市人口（占总人口的百分比）	86.3	56.6	81.1
农业			
农业用地面积（占土地面积的百分比）	42	49	36
灌溉地面积（占总农业用地面积的百分比）	6.3	..	..
农业生产力，以每农业工作者增加值计（2010 年美元）	67,142	1,657	30,017
谷物产量（每公顷千克数）	8,027	4,958	5,919
森林和生物多样性			
森林面积（占土地面积的百分比）	38.6	26.3	28.9
森林采伐（2000—2015 年年均百分比）	-0.0	-0.2	-0.0
陆地保护区面积（占土地面积的百分比）	32.5	15.6	15.7
濒危物种，哺乳动物	9	918	527
濒危物种，鸟类	67	1,097	923
濒危物种，鱼类	34	1,549	2,263
濒危物种，高等植物	21	3,515	2,176
海洋			
渔业总产量（千吨）	525	132,587	33,549
渔获增长率（2000—2015 年年均百分比）	-1.6	0.9	-1.5
水产养殖业增长率（2000—2015 年年均百分比）	0.4	6.5	2.6
海洋保护区面积（占领海面积的百分比）	12.5	17.0	23.7
珊瑚礁区域面积（平方千米）	..	203,050	83,900
红树林区域面积（平方千米）	261	67,121	15,283
能源与排放			
人均能源使用量（千克石油当量）	4,560	2,137	4,745
废物和生物质产生的能源（占总能源量的百分比）	5.6	7.7	5.3
人均耗电量（千瓦时）	9,026	3,682	9,066
化石燃料发电量（占总量的百分比）	20.8	76.4	60.7
水力发电量（占总量的百分比）	55.9	15.0	12.0
人均二氧化碳排放量（吨）	7.6	6.3	11.0
水与卫生			
人均淡水资源（立方米）	72,510	4,529	8,733
淡水使用总量（占淡水资源总量的百分比）	1.6	11.3	9.8
农业（占淡水使用总量的百分比）	62	71	41
获得改善的水源的人口（占总人口的百分比）	100	94	100
农村（占农村人口的百分比）	100	90	99
城市（占城市人口的百分比）	100	97	100
获得改善的卫生设施的人口（占总人口的百分比）	..	77	99
农村（占农村人口的百分比）	..	64	99
城市（占城市人口的百分比）	..	87	100
环境与健康			
PM2.5 污染，年平均接触值（微克每立方米）	6	44	17
PM2.5 接触（超过世界卫生组织指导线的人口百分比）	0	97	62
急性呼吸道感染发病率（占五岁以下儿童的百分比）	..	..	..
腹泻发病率（占五岁以下儿童的百分比）	6	17	6
五岁以下儿童的死亡率（每千名活产儿）			
国民账户汇编——储蓄，消耗与退化			
总储蓄（占 GNI 的百分比）	*20.0*	39.1	22.2
固定资本消费（占 GNI 的百分比）	14.4	20.7	16.6
教育支出（占 GNI 的百分比）	7.4	2.7	4.8
能源消耗（占 GNI 的百分比）	0.2	0.3	0.3
矿产消耗（占 GNI 的百分比）	0.1	0.2	0.1
净森林消耗（占 GNI 的百分比）	0.0	0.0	0.0
二氧化碳的损害（占 GNI 的百分比）	0.6	2.1	0.8
空气污染的损害（占 GNI 的百分比）	0.0	0.3	0.1
调整后的净储蓄（占 GNI 的百分比）	*11.8*	18.1	9.1

2017 年世界绿色数据手册

尼加拉瓜

人口（百万）	6.1	土地面积（千平方千米）	120	GDP（10亿美元）	12.7

	经济体数据	拉丁美洲和加勒比地区组别	中低收入组别
人均 GNI，世界银行图表集法（美元）	1,940	8,968	2,029
调整后的人均国民净收入（美元）	1,815	7,249	1,767
城市人口（占总人口的百分比）	58.8	79.9	39.0
农业			
农业用地面积（占土地面积的百分比）	42	38	44
灌溉地面积（占总农业用地面积的百分比）	..		
农业生产力，以每农业工作者增加值计（2010年美元）	4,877	7,188	1,614
谷物产量（每公顷千克数）	2,259	4,169	3,185
森林和生物多样性			
森林面积（占土地面积的百分比）	25.9	46.3	24.3
森林采伐（2000—2015年年均百分比）	1.3	0.4	0.4
陆地保护区面积（占土地面积的百分比）	37.1	23.3	12.0
濒危物种，哺乳动物	7	622	1,134
濒危物种，鸟类	15	1,011	1,199
濒危物种，鱼类	37	1,642	2,011
濒危物种，高等植物	46	5,108	3,971
海洋			
渔业总产量（千吨）	65.2	14,416	58,665
渔获增长率（2000—2015年年均百分比）	4.0	-3.5	2.4
水产养殖业增长率（2000—2015年年均百分比）	10.6	7.7	12.0
海洋保护区面积（占领海面积的百分比）	37.7	15.5	5.0
珊瑚礁区域面积（平方千米）	710	20,320	128,580
红树林区域面积（平方千米）	671	41,330	68,563
能源与排放			
人均能源使用量（千克石油当量）	609	1,337	651
废物和生物质产生的能源（占总能源量的百分比）	40.7	17.1	28.5
人均耗电量（千瓦时）	580	2,122	777
化石燃料发电量（占总量的百分比）	46.1	43.1	74.9
水力发电量（占总量的百分比）	8.9	46.5	14.9
人均二氧化碳排放量（吨）	0.8	3.0	1.4
水与卫生			
人均淡水资源（立方米）	25,973	22,160	3,003
淡水使用总量（占淡水资源总量的百分比）	1.0	2.4	18.4
农业（占淡水使用总量的百分比）	77	71	88
获得改善的水源的人口（占总人口的百分比）	87	95	90
农村（占农村人口的百分比）	69	84	87
城市（占城市人口的百分比）	99	97	94
获得改善的卫生设施的人口（占总人口的百分比）	68	83	52
农村（占农村人口的百分比）	56	64	42
城市（占城市人口的百分比）	77	88	67
环境与健康			
PM2.5污染，年平均接触值（微克每立方米）	27	18	58
PM2.5接触（超过世界卫生组织指导线的人口百分比）	100	85	99
急性呼吸道感染发病率（占五岁以下儿童的百分比）	..	..	..
腹泻发病率（占五岁以下儿童的百分比）	..	..	..
五岁以下儿童的死亡率（每千名活产儿）	22	18	53
国民账户汇编——储蓄，消耗与退化			
总储蓄（占GNI的百分比）	24.1	17.7	27.6
固定资本消费（占GNI的百分比）	7.2	10.2	9.7
教育支出（占GNI的百分比）	4.1	4.9	3.0
能源消耗（占GNI的百分比）	0.0	0.9	0.8
矿产消耗（占GNI的百分比）	1.5	0.9	0.3
净森林消耗（占GNI的百分比）	1.9	0.1	0.4
二氧化碳的损害（占GNI的百分比）	1.2	1.1	2.3
空气污染的损害（占GNI的百分比）	0.3	0.2	0.9
调整后的净储蓄（占GNI的百分比）	16.1	9.4	16.1

尼日尔

| 人口（百万） | 19.9 | 土地面积（千平方千米） | 1,267 | GDP（10亿美元） | 7.1 |

	经济体数据	撒哈拉以南非洲地区组别	低收入组别
人均GNI，世界银行图集法（美元）	390	1,631	619
调整后的人均国民总收入（美元）	297	1,239	497
城市人口（占总人口的百分比）	18.7	37.7	30.7
农业			
农业用地面积（占土地面积的百分比）	35	42	39
灌溉地面积（占总农业用地面积的百分比）	0.2	..	..
农业生产力，以每农业工作者增加值计（2010年美元）	584	1,219	504
谷物产量（每公顷千克数）	448	1,452	1,486
森林和生物多样性			
森林面积（占土地面积的百分比）	0.9	25.7	27.4
森林采伐（2000—2015年年均百分比）	1.0	0.5	0.5
陆地保护区面积（占土地面积的百分比）	17.6	15.3	15.2
濒危物种，哺乳动物	12	918	619
濒危物种，鸟类	11	876	599
濒危物种，鱼类	4	2,023	1,156
濒危物种，高等植物	3	3,740	1,962
海洋			
渔业总产量（千吨）	35.6	7,416	3,954
渔获增长率（2000—2015年年均百分比）	5.3	1.8	2.2
水产养殖业增长率（2000—2015年年均百分比）	22.1	17.0	3.1
海洋保护区面积（占领海面积的百分比）	0.0	6.1	3.5
珊瑚礁区域面积（平方千米）	..	17,980	12,520
红树林区域面积（平方千米）		28,061	15,778
能源与排放			
人均能源使用量（千克石油当量）	151	701	..
废物和生物质能产生的能源（占总能源量的百分比）	73.8	57.4	79.1
人均耗电量（千瓦时）	52	497	..
化石燃料发电量（占总量的百分比）	99.4	64.3	..
水力发电量（占总量的百分比）	0.0	21.2	..
人均二氧化碳排放量（吨）	0.1	0.8	0.3
水与卫生			
人均淡水资源（立方米）	183	3,986	4,629
淡水使用总量（占淡水资源总量的百分比）	28.1	3.2	3.3
农业（占淡水使用总量的百分比）	67	81	90
获得改善的水源的人口（占总人口的百分比）	58	68	66
农村（占农村人口的百分比）	49	56	56
城市（占城市人口的百分比）	100	87	87
获得改善的卫生设施的人口（占总人口的百分比）	11	30	28
农村（占农村人口的百分比）	5	23	23
城市（占城市人口的百分比）	38	40	40
环境与健康			
PM2.5污染，年均接触值（微克每立方米）	63	36	39
PM2.5接触（超过世界卫生组织指导线的人口百分比）	100	99	99
急性呼吸道感染发病率（占五岁以下儿童的百分比）	4	5	6
腹泻发病率（占五岁以下儿童的百分比）	14	14	16
五岁以下儿童的死亡率（每千名活产儿）	96	83	76
国民账户汇编——储蓄，消耗与退化			
总储蓄（占GNI的百分比）	21.7	14.4	14.7
固定资本消费（占GNI的百分比）	3.2	13.8	10.6
教育支出（占GNI的百分比）	5.2	3.3	3.3
能源消耗（占GNI的百分比）	1.2	1.7	0.4
矿产消耗（占GNI的百分比）	0.1	0.9	1.5
净森林消耗（占GNI的百分比）	12.0	2.3	6.6
二氧化碳的损害（占GNI的百分比）	1.1	1.6	1.2
空气污染的损害（占GNI的百分比）	2.5	1.2	1.7
调整后的净储蓄（占GNI的百分比）	7.5	-3.9	-3.8

尼日利亚

人口（百万）	182.2	土地面积（千平方千米）	911	GDP（10亿美元）	486.8

	经济体数据	撒哈拉以南非洲地区组别	中低收入组别
人均 GNI，世界银行图表集法（美元）	2,790	1,631	2,029
调整后的人均国民净收入（美元）	2,211	1,239	1,767
城市人口（占总人口的百分比）	47.8	37.7	39.0
农业			
农业用地面积（占土地面积的百分比）	78	42	44
灌溉地面积（占总农业用地面积的百分比）	..	..	..
农业生产力，以每农业工作者增加值计（2010年美元）	8,534	1,219	1,614
谷物产量（每公顷千克数）	1,592	1,452	3,185
森林和生物多样性			
森林面积（占土地面积的百分比）	7.7	25.7	24.3
森林采伐（2000—2015年年均百分比）	4.1	0.5	0.4
陆地保护区面积（占土地面积的百分比）	14.2	15.3	12.0
濒危物种，哺乳动物	29	918	1,134
濒危物种，鸟类	21	876	1,199
濒危物种，鱼类	71	2,023	2,011
濒危物种，高等植物	197	3,740	3,971
海洋			
渔业总产量（千吨）	1,027	7,416	58,665
渔获增长率（2000—2015年年均百分比）	3.2	1.8	2.4
水产养殖业增长率（2000—2015年年均百分比）	18.2	17.0	12.0
海洋保护区面积（占领海面积的百分比）	0.2	6.1	5.0
珊瑚礁区域面积（平方千米）	..	17,980	128,580
红树林区域面积（平方千米）	7,356	28,061	68,563
能源与排放			
人均能源使用量（千克石油当量）	759	701	651
废物和生物质能产生的能源（占总能源量的百分比）	80.6	57.4	28.5
人均耗电量（千瓦时）	144	497	777
化石燃料发电量（占总量的百分比）	82.4	64.3	74.9
水力发电量（占总量的百分比）	17.6	21.2	14.9
人均二氧化碳排放量（吨）	0.6	0.8	1.4
水与卫生			
人均淡水资源（立方米）	1,245	3,986	3,003
淡水使用总量（占淡水资源总量的百分比）	5.9	3.2	18.4
农业（占淡水使用总量的百分比）	54	81	88
获得改善的水源的人口（占总人口的百分比）	69	68	90
农村（占农村人口的百分比）	57	56	87
城市（占城市人口的百分比）	81	87	94
获得改善的卫生设施的人口（占总人口的百分比）	29	30	52
农村（占农村人口的百分比）	25	23	42
城市（占城市人口的百分比）	33	40	67
环境与健康			
PM2.5污染，年平均接触量（微克每立方米）	38	36	58
PM2.5接触（超过世界卫生组织指导线的人口百分比）	100	99	99
急性呼吸道感染发病率（占五岁以下儿童的百分比）	2	5	..
腹泻病发病率（占五岁以下儿童的百分比）	10	14	..
五岁以下儿童的死亡率（每千名活产儿）	109	83	53
国民账户汇编——储蓄、消耗与退化			
总储蓄（占GNI的百分比）	16.9	14.4	27.6
固定资本消费（占GNI的百分比）	10.7	13.8	9.7
教育支出（占GNI的百分比）	0.9	3.3	3.0
能源消耗（占GNI的百分比）	1.6	1.7	0.8
矿产消耗（占GNI的百分比）	0.0	0.9	0.3
净森林消耗（占GNI的百分比）	1.1	2.3	0.4
二氧化碳的损害（占GNI的百分比）	0.6	1.6	2.3
空气污染的损害（占GNI的百分比）	1.5	1.2	0.9
调整后的净储蓄（占GNI的百分比）	2.3	-3.9	16.1

北马里亚纳群岛

| 人口（千） | 55 | 土地面积（平方千米） | 460 | GDP（百万美元） | 922.0 |

	经济体数据	东亚和太平洋地区组别	高收入组别
人均 GNI，世界银行图表集法（美元）	..	9,771	41,932
调整后的人均国民净收入（美元）	..	7,546	33,454
城市人口（占总人口的百分比）	89.2	56.6	81.1
农业			
农业用地面积（占土地面积的百分比）	7	49	36
灌溉地面积（占总农业用地面积的百分比）	..	..	..
农业生产力，以每农业工作者增加值计（2010 年美元）	..	1,657	30,017
谷物产量（每公顷千克数）	..	4,958	5,919
森林和生物多样性			
森林面积（占土地面积的百分比）	64.1	26.3	28.9
森林采伐（2000—2015 年年均百分比）	0.5	-0.2	-0.0
陆地保护区面积（占土地面积的百分比）	3.4	15.6	15.7
濒危物种，哺乳动物	4	918	527
濒危物种，鸟类	16	1,097	923
濒危物种，鱼类	15	1,549	2,263
濒危物种，高等植物	5	3,515	2,176
海洋			
渔业总产量（千吨）	1.2	132,587	33,549
渔获增长率（2000—2015 年年均百分比）	8.7	0.9	-1.5
水产养殖业增长率（2000—2015 年年均百分比）	..	6.5	2.6
海洋保护区面积（占领海面积的百分比）	20.4	17.0	23.7
珊瑚礁区域面积（平方千米）	<50	203,050	83,900
红树林区域面积（平方千米）	0.07	67,121	15,283
能源与排放			
人均能源使用量（千克石油当量）	..	2,137	4,745
废物和生物质能产生的能源（占总能源量的百分比）	..	7.7	5.3
人均耗电量（千瓦时）	..	3,682	9,066
化石燃料发电量（占总量的百分比）	..	76.4	60.7
水力发电量（占总量的百分比）	..	15.0	12.0
人均二氧化碳排放量（吨）	..	6.3	11.0
水与卫生			
人均淡水资源（立方米）	..	4,529	8,733
淡水使用总量（占淡水资源总量的百分比）	..	11.3	9.8
农业（占淡水使用总量的百分比）	..	71	41
获得改善的水源的人口（占总人口的百分比）	98	94	100
农村（占农村人口的百分比）	98	90	99
城市（占城市人口的百分比）	98	97	100
获得改善的卫生设施的人口（占总人口的百分比）	80	77	99
农村（占农村人口的百分比）	80	64	99
城市（占城市人口的百分比）	80	87	100
环境与健康			
PM2.5 污染，年平均接触值（微克每立方米）	12	44	17
PM2.5 接触（超过世界卫生组织指导线的人口百分比）	100	97	62
急性呼吸道感染发病率（占五岁以下儿童的百分比）	..	..	..
腹泻发病率（占五岁以下儿童的百分比）	..	..	..
五岁以下儿童的死亡率（每千名活产儿）	..	17	6
国民账户汇编——储蓄，消耗与退化			
总储蓄（占 GNI 的百分比）	..	39.1	22.2
固定资本消费（占 GNI 的百分比）	..	20.7	16.6
教育支出（占 GNI 的百分比）	..	2.7	4.8
能源消耗（占 GNI 的百分比）	..	0.3	0.3
矿产消耗（占 GNI 的百分比）	..	0.2	0.1
净森林消耗（占 GNI 的百分比）	..	0.0	0.0
二氧化碳的损害（占 GNI 的百分比）	..	2.1	0.4
空气污染的损害（占 GNI 的百分比）	..	0.3	0.5
调整后的净储蓄（占 GNI 的百分比）	..	18.1	9.1

挪威

| 人口（百万） | 5.2 | 土地面积（千平方千米） | 365 | GDP（10亿美元） | 386.6 |

	经济体数据	欧洲和中亚地区组别	高收入组别
人均 GNI，世界银行图表集法（美元）	93,530	24,275	41,932
调整后的人均国民净收入（美元）	61,958	18,328	33,454
城市人口（占总人口的百分比）	80.5	70.9	81.1
农业			
农业用地面积（占土地面积的百分比）	3	29	36
灌溉地面积（占总农业用地面积的百分比）	2.0	..	..
农业生产力，以每农业工作者增加值计（2010年美元）	97,879	14,018	30,017
谷物产量（每公顷千克）	4,362	3,910	5,919
森林和生物多样性			
森林面积（占土地面积的百分比）	33.2	38.0	28.9
森林采伐（2000—2015年均百分比）	0.0	-0.1	-0.0
陆地保护区面积（占土地面积的百分比）	29.2	12.6	15.7
濒危物种，哺乳动物	8	350	527
濒危物种，鸟类	7	638	923
濒危物种，鱼类	23	1,220	2,263
濒危物种，高等植物	3	1,032	2,176
海洋			
渔业总产量（千吨）	3,822	18,438	33,549
渔获增长率（2000—2015年均百分比）	-1.1	-0.9	-1.5
水产养殖业增长率（2000—2015年均百分比）	7.1	2.9	2.6
海洋保护区面积（占领海面积的百分比）	60.7	13.0	23.7
珊瑚礁区域面积（平方千米）	..	..	83,900
红树林区域面积（平方千米）	..	..	15,283
能源与排放			
人均能源使用量（千克石油当量）	5,596	3,157	4,745
废物和生物质能产生的能源（占总能源量的百分比）	5.0	5.9	5.3
人均耗电量（千瓦时）	23,000	5,369	9,066
化石燃料发电量（占总量的百分比）	2.0	49.8	60.7
水力发电量（占总量的百分比）	96.0	16.6	12.0
人均二氧化碳排放量（吨）	11.7	7.3	11.0
水与卫生			
人均淡水资源（立方米）	74,359	7,850	8,733
淡水使用总量（占淡水资源总量的百分比）	0.8	7.4	9.8
农业（占淡水使用总量的百分比）	28	47	41
获得改善的水源的人口（占总人口的百分比）	100	98	100
农村（占农村人口的百分比）	100	96	99
城市（占城市人口的百分比）	100	99	100
获得改善的卫生设施的人口（占总人口的百分比）	98	93	99
农村（占农村人口的百分比）	98	89	99
城市（占城市人口的百分比）	98	95	100
环境与健康			
PM2.5 污染，年平均接触值（微克每立方米）	9	19	17
PM2.5 接触（超过世界卫生组织指导线的人口百分比）	9	89	62
急性呼吸道感染发病率（占五岁以下儿童的百分比）	..	..	..
腹泻发病率（占五岁以下儿童的百分比）	..	..	..
五岁以下儿童的死亡率（每千名活产儿）	3	11	6
国民账户汇编——储蓄，消耗与退化			
总储蓄（占 GNI 的百分比）	35.1	22.5	22.2
固定资本消费（占 GNI 的百分比）	16.8	16.1	16.6
教育支出（占 GNI 的百分比）	6.8	4.8	4.8
能源消耗（占 GNI 的百分比）	4.0	0.6	0.3
矿产消耗（占 GNI 的百分比）	0.0	0.1	0.1
净森林消耗（占 GNI 的百分比）	0.0	0.0	0.0
二氧化碳的损害（占 GNI 的百分比）	0.5	1.0	0.8
空气污染的损害（占 GNI 的百分比）	0.0	0.1	0.1
调整后的净储蓄（占 GNI 的百分比）	20.6	9.5	9.1

阿曼

| 人口（百万） | **4.5** | 土地面积（千平方千米） | **310** | GDP（10亿美元） | **69.8** |

	经济体数据	中东和北非地区组别	高收入组别
人均 GNI，世界银行图表集法（美元）	16,910	8,229	41,932
调整后的人均国民净收入（美元）	9,962	6,251	33,454
城市人口（占总人口的百分比）	77.6	64.2	81.1
农业			
农业用地面积（占土地面积的百分比）	5	33	36
灌溉地面积（占总农业用地面积的百分比）	5.0	..	..
农业生产力，以每农业工作者增加值计（2010年美元）	2,549	6,275	30,017
谷物产量（每公顷千克数）	573	2,299	5,919
森林和生物多样性			
森林面积（占土地面积的百分比）	0.0	2.1	28.9
森林采伐（2000—2015年年均百分比）	0.0	-0.8	-0.0
陆地保护区面积（占土地面积的百分比）	10.7	11.7	15.7
濒危物种，哺乳动物	10	224	527
濒危物种，鸟类	13	279	923
濒危物种，鱼类	31	610	2,263
濒危物种，高等植物	6	290	2,176
海洋			
渔业总产量（千吨）	257	4,857	33,549
渔获增长率（2000—2015年年均百分比）	5.2	2.0	-1.5
水产养殖增长率（2000—2015年年均百分比）	..	9.4	2.6
海洋保护区面积（占领海面积的百分比）	1.3	3.8	23.7
珊瑚礁区域面积（平方千米）	530	15,470	83,900
红树林区面积（平方千米）	10.9	513	15,283
能源与排放			
人均能源使用量（千克石油当量）	5,743	2,365	4,745
废物和生物质能产生的能源（占总能源量的百分比）	0.0	0.6	5.3
人均耗电量（千瓦时）	6,128	2,906	9,066
化石燃料发电量（占总量的百分比）	100.0	96.3	60.7
水力发电量（占总量的百分比）	0.0	2.6	12.0
人均二氧化碳排放量（吨）	15.7	6.0	11.0
水与卫生			
人均淡水资源（立方米）	330	555	8,733
淡水使用总量（占淡水资源总量的百分比）	94.4	138.4	9.8
农业（占淡水使用总量的百分比）	88	85	41
获得改善的水源的人口（占总人口的百分比）	93	93	100
农村（占农村人口的百分比）	86	89	99
城市（占城市人口的百分比）	96	96	100
获得改善的卫生设施的人口（占总人口的百分比）	97	91	99
农村（占农村人口的百分比）	95	87	99
城市（占城市人口的百分比）	97	93	100
环境与健康			
PM2.5 污染，年平均接触值（微克每立方米）	53	61	17
PM2.5 接触（超过世界卫生组织指导线的人口百分比）	100	100	62
急性呼吸道感染发病率（五岁以下儿童的百分比）	..	..	..
腹泻发病率（占五岁以下儿童的百分比）	..	..	..
五岁以下儿童的死亡率（每千名活产儿）	12	23	6
国民账户汇编——储蓄，消耗与退化			
总储蓄（占 GNI 的百分比）	21.1	24.7	22.2
固定资本消费（占 GNI 的百分比）	15.6	9.9	16.6
教育支出（占 GNI 的百分比）	4.6	5.2	4.8
能源消耗（占 GNI 的百分比）	18.2	4.7	0.3
矿产消耗（占 GNI 的百分比）	0.0	0.0	0.1
净森林消耗（占 GNI 的百分比）	0.0	0.1	0.0
二氧化碳的损害（占 GNI 的百分比）	3.2	2.1	0.8
空气污染的损害（占 GNI 的百分比）	0.1	0.2	0.1
调整后的净储蓄（占 GNI 的百分比）	-11.3	12.9	9.1

巴基斯坦

人口（百万）	**188.9**	土地面积（千平方千米）	**771**	GDP（10亿美元）	**271.0**

	经济体数据	南亚地区组别	中低收入组别
人均 GNI，世界银行图表集法（美元）	1,440	1,535	2,029
调整后的人均国民净收入（美元）	1,435	1,365	1,767
城市人口（占总人口的百分比）	38.8	33.0	39.0
农业			
农业用地面积（占土地面积的百分比）	47	57	44
灌溉地面积（占总农业用地面积的百分比）	0.1	..	..
农业生产力，以每农业工作者增加值计（2010 年美元）	1,764	1,131	1,614
谷物产量（每公顷千克数）	2,750	3,083	3,185
森林和生物多样性			
森林面积（占土地面积的百分比）	1.9	17.5	24.3
森林采伐（2000—2015 年年均百分比）	2.4	-0.4	0.4
陆地保护区面积（占土地面积的百分比）	10.8	6.6	12.0
濒危物种，哺乳动物	25	251	1,134
濒危物种，鸟类	32	238	1,199
濒危物种，鱼类	41	383	2,011
濒危物种，高等植物	12	752	3,971
海洋			
渔业总产量（千吨）	643	15,171	58,665
渔获增长率（2000—2015 年年均百分比）	-1.5	1.9	2.4
水产养殖业增长率（2000—2015 年年均百分比）	18.1	7.3	12.0
海洋保护区面积（占领海面积的百分比）	5.6	2.3	5.0
珊瑚礁区域面积（平方千米）	..	15,440	128,580
红树林区域面积（平方千米）	977	10,343	68,563
能源与排放			
人均能源使用量（千克石油当量）	486	576	651
废物和生物质能产生的能源（占总能源量的百分比）	35.7	25.6	28.5
人均耗电量（千瓦时）	472	707	777
化石燃料发电量（占总量的百分比）	64.9	80.0	74.9
水力发电量（占总量的百分比）	29.8	11.6	14.9
人均二氧化碳排放量（吨）	0.8	1.4	1.4
水与卫生			
人均淡水资源（立方米）	297	1,152	3,003
淡水使用总量（占淡水资源总量的百分比）	333.6	51.6	18.4
农业（占淡水使用总量的百分比）	94	91	88
获得改善的水源的人口（占总人口的百分比）	91	92	90
农村（占农村人口的百分比）	90	91	87
城市（占城市人口的百分比）	94	95	94
获得改善的卫生设施的人口（占总人口的百分比）	64	45	52
农村（占农村人口的百分比）	51	35	42
城市（占城市人口的百分比）	83	65	67
环境与健康			
PM2.5 污染，年平均接触值（微克每立方米）	65	74	58
PM2.5 接触（超过世界卫生组织指导线的人口百分比）	100	100	99
急性呼吸道感染发病率（占五岁以下儿童的百分比）	16	..	..
腹泻发病率（占五岁以下儿童的百分比）	23	..	..
五岁以下儿童的死亡率（每千名活产儿）	81	53	53
国民账户汇编——储蓄，消耗与退化			
总储蓄（占 GNI 的百分比）	22.0	31.3	27.6
固定资本消费（占 GNI 的百分比）	4.8	10.5	9.7
教育支出（占 GNI 的百分比）	1.9	2.8	3.0
能源消耗（占 GNI 的百分比）	0.6	0.4	0.8
矿产消耗（占 GNI 的百分比）	0.0	0.1	0.3
净森林消耗（占 GNI 的百分比）	0.2	0.3	0.4
二氧化碳的损害（占 GNI 的百分比）	1.7	3.0	1.3
空气污染的损害（占 GNI 的百分比）	1.5	1.2	0.9
调整后的净储蓄（占 GNI 的百分比）	14.9	18.6	16.1

帕劳

| 人口（千） | 21 | 土地面积（平方千米） | 460 | GDP（百万美元） | 287.4 |

	经济体数据	东亚和太平洋地区组别	中高收入组别
人均 GNI，世界银行图表集法（美元）	12,180	9,771	8,263
调整后的人均国民净收入（美元）	..	7,546	6,302
城市人口（占总人口的百分比）	87.1	56.6	64.1
农业			
农业用地面积（占土地面积的百分比）	11	49	35
灌溉地面积（占总农业用地面积的百分比）	..	..	..
农业生产力，以每农业工作者增加值计（2010 年美元）	3,475	1,657	2,208
谷物产量（每公顷千克数）		4,958	4,104
森林和生物多样性			
森林面积（占土地面积的百分比）	87.6	26.3	34.9
森林采伐（2000—2015 年年均百分比）	-0.1	-0.2	0.0
陆地保护区面积（占土地面积的百分比）	16.0	15.6	15.2
濒危物种，哺乳动物	4	918	1,056
濒危物种，鸟类	5	1,097	1,511
濒危物种，鱼类	19	1,549	2,315
濒危物种，高等植物	4	3,515	6,808
海洋			
渔业总产量（千吨）	0.92	132,587	103,240
渔获增长率（2000—2015 年年均百分比）	-2.3	0.9	-0.5
水产养殖业增长率（2000—2015 年年均百分比）	18.1	6.5	5.3
海洋保护区面积（占领海面积的百分比）	31.4	17.0	9.9
珊瑚礁区域面积（平方千米）	1,150	203,050	48,880
红树林区域面积（平方千米）	48.5	67,121	50,774
能源与排放			
人均能源使用量（千克石油当量）	..	2,137	2,192
废物和生物质能产生的能源（占总能源量的百分比）	..	7.7	7.3
人均耗电量（千瓦时）	..	3,682	3,495
化石燃料发电量（占总量的百分比）	..	76.4	71.1
水力发电量（占总量的百分比）	..	15.0	21.0
人均二氧化碳排放量（吨）	10.7	6.3	6.6
水与卫生			
人均淡水资源（立方米）	..	4,529	8,261
淡水使用总量（占淡水资源总量的百分比）	..	11.3	6.3
农业（占淡水使用总量的百分比）	..	71	68
获得改善的水源的人口（占总人口的百分比）	95	94	95
农村（占农村人口的百分比）	86	90	91
城市（占城市人口的百分比）	97	97	97
获得改善的卫生设施的人口（占总人口的百分比）	100	77	80
农村（占农村人口的百分比）	100	64	67
城市（占城市人口的百分比）	100	87	87
环境与健康			
PM2.5 污染，年平均接触值（微克每立方米）	..	44	42
PM2.5 接触（超过世界卫生组织指导线的人口百分比）	..	97	95
急性呼吸道感染发病率（五岁以下儿童的百分比）	..	..	..
腹泻发病率（占五岁以下儿童的百分比）	..	..	..
五岁以下儿童的死亡率（每千名活产儿）	16	17	19
国民账户汇编——储蓄，消耗与退化			
总储蓄（占 GNI 的百分比）	..	39.1	36.6
固定资本消费（占 GNI 的百分比）	10.0	20.7	18.0
教育支出（占 GNI 的百分比）	..	2.7	3.0
能源消耗（占 GNI 的百分比）	..	0.3	1.1
矿产消耗（占 GNI 的百分比）	0.0	0.2	0.4
净森林消耗（占 GNI 的百分比）	..	0.0	0.0
二氧化碳的损害（占 GNI 的百分比）	3.0	2.1	2.6
空气污染的损害（占 GNI 的百分比）	..	0.3	0.3
调整后的净储蓄（占 GNI 的百分比）	..	18.1	17.2

巴拿马

人口（百万）	3.9	土地面积（千平方千米）	74	GDP（10亿美元）	52.1

	经济体数据	拉丁美洲和加勒比地区组别	中高收入组别
人均GNI，世界银行图表集法（美元）	11,880	8,968	8,263
调整后的人均国民净收入（美元）	11,297	7,249	6,302
城市人口（占总人口的百分比）	66.6	79.9	64.1
农业			
农业用地面积（占土地面积的百分比）	30	38	35
灌溉地面积（占总农业用地面积的百分比）	*1.1*	..	..
农业生产力，以每农业工作者增加值计（2010年美元）	5,268	7,188	2,208
谷物产量（每公顷千克数）	2,661	4,169	4,104
森林和生物多样性			
森林面积（占土地面积的百分比）	62.1	46.3	34.9
森林采伐（2000—2015年年均百分比）	0.4	0.4	0.0
陆地保护区面积（占土地面积的百分比）	20.6	23.3	15.2
濒危物种，哺乳动物	16	622	1,056
濒危物种，鸟类	22	1,011	1,511
濒危物种，鱼类	54	1,642	2,315
濒危物种，高等植物	208	5,108	6,808
海洋			
渔业总产量（千吨）	151	14,416	103,240
渔获增长率（2000—2015年年均百分比）	-3.1	-3.5	-0.5
水产养殖增长率（2000—2015年年均百分比）	11.5	7.7	5.3
海洋保护区面积（占领海面积的百分比）	7.4	15.5	9.9
珊瑚礁区域面积（平方千米）	720	20,320	48,880
红树林区域面积（平方千米）	1,744	41,330	50,774
能源与排放			
人均能源使用量（千克石油当量）	1,089	1,337	2,192
废物和生物质能产生的能源（占总能源量的百分比）	8.6	17.1	7.3
人均耗电量（千瓦时）	2,082	2,122	3,495
化石燃料发电量（占总量的百分比）	44.2	43.1	71.1
水力发电量（占总量的百分比）	54.2	46.5	21.0
人均二氧化碳排放量（吨）	2.7	3.0	6.6
水与卫生			
人均淡水资源（立方米）	35,320	22,160	8,261
淡水使用总量（占淡水资源总量的百分比）	0.8	2.4	6.3
农业（占淡水使用总量的百分比）	43	71	68
获得改善的水源的人口（占总人口的百分比）	95	95	95
农村（占农村人口的百分比）	89	84	91
城市（占城市人口的百分比）	98	97	97
获得改善的卫生设施的人口（占总人口的百分比）	75	83	80
农村（占农村人口的百分比）	58	64	67
城市（占城市人口的百分比）	84	88	87
环境与健康			
PM2.5污染，年平均接触值（微克每立方米）	13	18	42
PM2.5接触（超过世界卫生组织指导线的人口百分比）	91	85	95
急性呼吸道感染发病率（占五岁以下儿童的百分比）	..	..	..
腹泻发病率（占5岁以下儿童的百分比）	..	..	..
五岁以下儿童的死亡率（每千名活产儿）	17	18	19
国民账户汇编——储蓄，消耗与退化			
总储蓄（占GNI的百分比）	*35.4*	17.7	36.6
固定资本消费（占GNI的百分比）	7.4	10.2	18.0
教育支出（占GNI的百分比）	2.8	4.9	3.0
能源消耗（占GNI的百分比）	0.0	0.9	1.1
矿产消耗（占GNI的百分比）	0.1	0.9	0.4
净森林消耗（占GNI的百分比）	0.0	0.1	0.0
二氧化碳的损害（占GNI的百分比）	0.7	1.1	2.6
空气污染的损害（占GNI的百分比）	0.1	0.2	0.3
调整后的净储蓄（占GNI的百分比）	*30.9*	9.4	17.2

巴布亚新几内亚

| 人口（百万） | 7.6 | 土地面积（千平方千米） | 453 | GDP（10亿美元） | 16.9 |

	经济体数据	东亚和太平洋地区组别	中低收入组别
人均 GNI，世界银行图表集法（美元）	2,240	9,771	2,029
调整后的人均国民净收入（美元）	1,728	7,546	1,767
城市人口（占总人口的百分比）	13.0	56.6	39.0
农业			
农业用地面积（占土地面积的百分比）	3	49	44
灌溉地面积（占总农业用地面积的百分比）	..	..	..
农业生产力，以每农业工作者增加值计（2010年美元）	..	1,657	1,614
谷物产量（每公顷千克数）	4,660	4,958	3,185
森林和生物多样性			
森林面积（占土地面积的百分比）	74.1	26.3	24.3
森林采伐（2000—2015年均百分比）	0.0	-0.2	0.4
陆地保护区面积（占土地面积的百分比）	3.1	15.6	12.0
濒危物种，哺乳动物	39	918	1,134
濒危物种，鸟类	37	1,097	1,199
濒危物种，鱼类	56	1,549	2,011
濒危物种，高等植物	152	3,515	3,971
海洋			
渔业总产量（千吨）	241	132,587	58,665
渔获增长率（2000—2015年均百分比）	5.2	0.9	2.4
水产养殖增长率（2000—2015年均百分比）	25.2	6.5	12.0
海洋保护区面积（占领海面积的百分比）	0.4	17.0	5.0
珊瑚礁区域面积（平方千米）	13,840	203,050	128,580
红树林区域面积（平方千米）	4,265	67,121	68,563
能源与排放			
人均能源使用量（千克石油当量）	..	2,137	651
废和生物质能产生的能源（占总能源量的百分比）	..	7.7	28.5
人均耗电量（千瓦时）	..	3,682	777
化石燃料发电量（占总量的百分比）	..	76.4	74.9
水力发电量（占总量的百分比）	..	15.0	14.9
人均二氧化碳排放量（吨）	0.8	6.3	1.4
水与卫生			
人均淡水资源（立方米）	.07,321	4,529	3,003
淡水使用总量（占淡水资源总量的百分比）	0.0	11.3	18.4
农业（占淡水使用总量的百分比）	0	71	88
获得改善的水源的人口（占总人口的百分比）	40	94	90
农村（占农村人口的百分比）	33	90	87
城市（占城市人口的百分比）	88	97	94
获得改善的卫生设施的人口（占总人口的百分比）	19	77	52
农村（占农村人口的百分比）	13	64	42
城市（占城市人口的百分比）	56	87	67
环境与健康			
PM2.5污染，年平均接触值（微克每立方米）	14	44	58
PM2.5接触（超过世界卫生组织指导线的人口百分比）	65	97	99
急性呼吸道感染发病率（占五岁以下儿童的百分比）	..	..	..
腹泻发病率（占五岁以下儿童的百分比）	..	..	..
五岁以下儿童的死亡率（每千名活产儿）	57	17	53
国民账户汇编——储蓄，消耗与退化			
总储蓄（占 GNI 的百分比）	..	39.1	27.6
固定资本消费（占 GNI 的百分比）	8.6	20.7	9.7
教育支出（占 GNI 的百分比）	6.9	2.7	3.0
能源消耗（占 GNI 的百分比）	4.2	0.3	0.8
矿产消耗（占 GNI 的百分比）	9.1	0.2	0.3
净森林消耗（占 GNI 的百分比）	0.0	0.0	0.4
二氧化碳的损害（占 GNI 的百分比）	1.1	2.1	2.3
空气污染的损害（占 GNI 的百分比）	0.7	0.3	0.9
调整后的净储蓄（占 GNI 的百分比）	..	18.1	16.1

巴拉圭

| 人口（百万） | 6.6 | 土地面积（千平方千米） | 397 | GDP（10亿美元） | 27.1 |

	经济体数据	拉丁美洲和加勒比地区组别	中高收入组别
人均 GNI，世界银行图表集法（美元）	4,190	8,968	8,263
调整后的人均国民净收入（美元）	3,287	7,249	6,302
城市人口（占总人口的百分比）	59.7	79.9	64.1
农业			
农业用地面积（占土地面积的百分比）	55	38	35
灌溉地面积（占总农业用地面积的百分比）	..	..	..
农业生产力，以每农业工作者增加值计（2010年美元）	5,995	7,188	2,208
谷物产量（每公顷千克数）	3,277	4,169	4,104
森林和生物多样性			
森林面积（占土地面积的百分比）	38.6	46.3	34.9
森林采伐（2000—2015年年均百分比）	1.5	0.4	0.0
陆地保护区面积（占土地面积的百分比）	6.5	23.3	15.2
濒危物种，哺乳动物	10	622	1,056
濒危物种，鸟类	27	1,011	1,511
濒危物种，鱼类	0	1,642	2,315
濒危物种，高等植物	19	5,108	6,808
海洋			
渔业总产量（千吨）	25.5	14,416	103,240
渔获增长率（2000—2015年年均百分比）	-3.3	-3.5	-0.5
水产养殖业增长率（2000—2015年年均百分比）	34.2	7.7	5.3
海洋保护区面积（占领海面积的百分比）	0.0	15.5	9.9
珊瑚礁区域面积（平方千米）	..	20,320	48,880
红树林区域面积（平方千米）	..	41,330	50,774
能源与排放			
人均能源使用量（千克石油当量）	789	1,337	2,192
废物和生物质能产生的能源（占总能源量的百分比）	43.2	17.1	7.3
人均耗电量（千瓦时）	1,564	2,122	3,495
化石燃料发电量（占总量的百分比）	0.0	43.1	71.1
水力发电量（占总量的百分比）	100.0	46.5	21.0
人均二氧化碳排放量（吨）	0.8	3.0	6.6
水与卫生			
人均淡水资源（立方米）	17,856	22,160	8,261
淡水使用总量（占淡水资源总量的百分比）	2.1	2.4	6.3
农业（占淡水使用量的百分比）	79	71	68
获得改善的水源的人口（占总人口的百分比）	98	95	95
农村（占农村人口的百分比）	95	84	91
城市（占城市人口的百分比）	100	97	97
获得改善的卫生设施的人口（占总人口的百分比）	89	83	80
农村（占农村人口的百分比）	78	64	67
城市（占城市人口的百分比）	96	88	87
环境与健康			
PM2.5污染，年平均接触值（微克每立方米）	15	18	42
PM2.5接触（超过世界卫生组织指导线的人口百分比）	100	85	95
急性呼吸道感染发病率（占五岁以下儿童的百分比）	..	..	..
腹泻发病率（占五岁以下儿童的百分比）	..	..	..
五岁以下儿童的死亡率（每千名活产儿）	21	18	19
国民账户汇编——储蓄，消耗与退化			
总储蓄（占 GNI 的百分比）	15.5	17.7	36.6
固定资本消费（占 GNI 的百分比）	12.3	10.2	18.0
教育支出（占 GNI 的百分比）	4.9	4.9	3.0
能源消耗（占 GNI 的百分比）	0.0	0.9	1.1
矿产消耗（占 GNI 的百分比）	0.0	0.9	0.4
净森林消耗（占 GNI 的百分比）	2.3	0.1	0.0
二氧化碳的损害（占 GNI 的百分比）	0.6	1.1	2.6
空气污染的损害（占 GNI 的百分比）	0.3	0.2	0.3
调整后的净储蓄（占 GNI 的百分比）	4.9	9.4	17.2

秘鲁

人口（百万）	**31.4**	土地面积（千平方千米）	**1,280**	GDP（10亿美元）	**189.1**

	经济体数据	拉丁美洲和加勒比地区组别	中高收入组别
人均GNI，世界银行图表集法（美元）	6,130	8,968	8,263
调整后的人均国民净收入（美元）	5,030	7,249	6,302
城市人口（占总人口的百分比）	78.6	79.9	64.1
农业			
农业用地面积（占土地面积的百分比）	19	38	35
灌溉地面积（占总农业用地面积的百分比）	..	..	..
农业生产力，以每农业工作者增加值计（2010年美元）	3,100	7,188	2,208
谷物产量（每公顷千克数）	4,017	4,169	4,104
森林和生物多样性			
森林面积（占土地面积的百分比）	57.8	46.3	34.9
森林采伐（2000—2015年均百分比）	0.2	0.4	0.0
陆地保护区面积（占土地面积的百分比）	31.4	23.3	15.2
濒危物种，哺乳动物	53	622	1,056
濒危物种，鸟类	120	1,011	1,511
濒危物种，鱼类	50	1,642	2,315
濒危物种，高等植物	326	5,108	6,808
海洋			
渔业总产量（千吨）	4,930	14,416	103,240
渔获增长率（2000—2015年均百分比）	-5.1	-3.5	-0.5
水产养殖增长率（2000—2015年均百分比）	19.1	7.7	5.3
海洋保护区面积（占领海面积的百分比）	6.8	15.5	9.9
珊瑚礁区域面积（平方千米）	..	20,320	48,880
红树林区域面积（平方千米）	53.1	41,330	50,774
能源与排放			
人均能源使用量（千克石油当量）	768	1,337	2,192
废物和生物质能产生的能源（占总能源量的百分比）	12.2	17.1	7.3
人均耗电量（千瓦时）	1,308	2,122	3,495
化石燃料发电量（占总量的百分比）	47.8	43.1	71.1
水力发电量（占总量的百分比）	48.8	46.5	21.0
人均二氧化碳排放量（吨）	1.9	3.0	6.6
水与卫生			
人均淡水资源（立方米）	52,981	22,160	8,261
淡水使用总量（占淡水资源总量的百分比）	0.8	2.4	6.3
农业（占淡水使用总量的百分比）	89	71	68
获得改善的水源的人口（占总人口的百分比）	87	95	95
农村（占农村人口的百分比）	69	84	91
城市（占城市人口的百分比）	91	97	97
获得改善的卫生设施的人口（占总人口的百分比）	76	83	80
农村（占农村人口的百分比）	53	64	67
城市（占城市人口的百分比）	83	88	88
环境与健康			
PM2.5污染，年平均接触值（微克每立方米）	28	18	42
PM2.5接触（超过世界卫生组织指导线的人口百分比）	100	85	95
急性呼吸道感染发病率（五岁以下儿童的百分比）	6	..	..
腹泻发病率（占五岁以下儿童的百分比）	12	..	..
五岁以下儿童的死亡率（每千名活产儿）	17	18	19
国民账户汇编——储蓄，消耗与退化			
总储蓄（占GNI的百分比）	20.4	17.7	36.6
固定资本消费（占GNI的百分比）	9.4	10.2	18.0
教育支出（占GNI的百分比）	3.1	4.9	3.0
能源消耗（占GNI的百分比）	0.4	0.9	1.1
矿产消耗（占GNI的百分比）	3.5	0.9	0.4
净森林消耗（占GNI的百分比）	0.0	0.1	0.0
二氧化碳的损害（占GNI的百分比）	1.0	1.1	2.6
空气污染的损害（占GNI的百分比）	0.2	0.2	0.3
调整后的净储蓄（占GNI的百分比）	9.0	9.4	17.2

菲律宾

| 人口（百万） | 100.7 | 土地面积（千平方千米） | 298 | GDP（10亿美元） | 292.5 |

	经济体数据	东亚和太平洋地区组别	中低收入组别
人均 GNI，世界银行图表集法（美元）	3,550	9,771	2,029
调整后的人均国民净收入（美元）	3,220	7,546	1,767
城市人口（占总人口的百分比）	44.4	56.6	39.0
农业			
农业用地面积（占土地面积的百分比）	42	49	44
灌溉地面积（占总农业用地面积的百分比）	9.3	..	..
农业生产力，以每农业工作者增加值计（2010年美元）	1,942	1,657	1,614
谷物产量（每公顷千克数）	3,637	4,958	3,185
森林和生物多样性			
森林面积（占土地面积的百分比）	27.0	26.3	24.3
森林采伐（2000—2015年年均百分比）	-0.9	-0.2	0.4
陆地保护区面积（占土地面积的百分比）	11.0	15.6	12.0
濒危物种，哺乳动物	39	918	1,134
濒危物种，鸟类	89	1,097	1,199
濒危物种，鱼类	87	1,549	2,011
濒危物种，高等植物	239	3,515	3,971
海洋			
渔业总产量（千吨）	4,503	132,587	58,665
渔获增长率（2000—2015年年均百分比）	0.8	0.9	2.4
水产养殖业增长率（2000—2015年年均百分比）	5.2	6.5	12.0
海洋保护区面积（占领海面积的百分比）	2.5	17.0	5.0
珊瑚礁区域面积（平方千米）	25,060	203,050	128,580
红树林区域面积（平方千米）	2,565	67,121	68,563
能源与排放			
人均能源使用量（千克石油当量）	481	2,137	651
废物和生物质能产生的能源（占总能源量的百分比）	17.7	7.7	28.5
人均耗电量（千瓦时）	706	3,682	777
化石燃料发电量（占总量的百分比）	74.4	76.4	74.9
水力发电量（占总量的百分比）	11.8	15.0	14.9
人均二氧化碳排放量（吨）	1.0	6.3	1.4
水与卫生			
人均淡水资源（立方米）	4,832	4,529	3,003
淡水使用总量（占淡水资源总量的百分比）	17.0	11.3	18.4
农业（占淡水使用总量的百分比）	82	71	88
获得改善的水源的人口（占总人口的百分比）	92	94	90
农村（占农村人口的百分比）	90	90	87
城市（占城市人口的百分比）	94	97	94
获得改善的卫生设施的人口	74	77	52
农村（占农村人口的百分比）	71	64	42
城市（占城市人口的百分比）	78	87	67
环境与健康			
PM2.5污染，年平均接触值（微克每立方米）	23	44	58
PM2.5接触（超过世界卫生组织指导线的人口百分比）	100	97	99
急性呼吸道感染发病率（占五岁以下儿童的百分比）	6	..	..
腹泻发病率（占五岁以下儿童的百分比）	8	..	..
五岁以下儿童的死亡率（每千名活产儿）	28	17	53
国民账户汇编——储蓄，消耗与退化			
总储蓄（占GNI的百分比）	35.5	39.1	27.6
固定资本消费（占GNI的百分比）	7.4	20.7	9.7
教育支出（占GNI的百分比）	1.8	2.7	3.0
能源消耗（占GNI的百分比）	0.1	0.3	0.8
矿产消耗（占GNI的百分比）	0.7	0.2	0.3
净森林消耗（占GNI的百分比）	0.2	0.0	0.4
二氧化碳的损害（占GNI的百分比）	0.9	2.1	2.3
空气污染的损害（占GNI的百分比）	0.4	0.3	0.9
调整后的净储蓄（占GNI的百分比）	27.6	18.1	16.1

波兰

| 人口（百万） | **38.0** | 土地面积（千平方千米） | **306** | GDP（10亿美元） | **477.1** |

	经济体数据	欧洲和中亚地区组别	高收入组别
人均GNI，世界银行图表集法（美元）	13,310	24,275	41,932
调整后的人均国民净收入（美元）	10,617	18,328	33,454
城市人口（占总人口的百分比）	60.5	70.9	81.1
农业			
农业用地面积（占土地面积的百分比）	47	29	36
灌溉地面积（占总农业用地面积的百分比）	0.5		
农业生产力，以每农业工作者增加值计（2010年美元）	4,539	14,018	30,017
谷物产量（每公顷千克数）	4,268	3,910	5,919
森林和生物多样性			
森林面积（占土地面积的百分比）	30.8	38.0	28.9
森林采伐（2000—2015年年均百分比）	-0.3	-0.1	-0.0
陆地保护区面积（占土地面积的百分比）	30.0	12.6	15.7
濒危物种，哺乳动物	5	350	527
濒危物种，鸟类	11	638	923
濒危物种，鱼类	8	1,220	2,263
濒危物种，高等植物	10	1,032	2,176
海洋			
渔业总产量（千吨）	242	18,438	33,549
渔获增长率（2000—2015年年均百分比）	-0.4	-0.9	-1.5
水产养殖业增长率（2000—2015年年均百分比）	0.2	2.9	2.6
海洋保护区面积（占领海面积的百分比）	52.7	13.0	23.7
珊瑚礁区域面积（平方千米）	..	..	83,900
红树林区域面积（平方千米）	..	..	15,283
能源与排放			
人均能源使用量（千克石油当量）	2,473	3,157	4,745
废弃物和生物质能产生的能源（占总能源量的百分比）	8.7	5.9	5.3
人均耗电量（千瓦时）	3,972	5,369	9,066
化石燃料发电量（占总量的百分比）	87.4	49.8	60.7
水力发电量（占总量的百分比）	1.4	16.6	12.0
人均二氧化碳排放量（吨）	7.9	7.3	11.0
水与卫生			
人均淡水资源（立方米）	1,410	7,850	8,733
淡水使用总量（占淡水资源总量的百分比）	21.4	7.4	9.8
农业（占淡水使用总量的百分比）	10	47	41
获得改善的水源的人口（占总人口的百分比）	98	98	100
农村（占农村人口的百分比）	97	96	99
城市（占城市人口的百分比）	99	99	100
获得改善的卫生设施的人口（占总人口的百分比）	97	93	99
农村（占农村人口的百分比）	97	89	99
城市（占城市人口的百分比）	98	95	100
环境与健康			
PM2.5污染，年平均接触值（微克每立方米）	24	19	17
PM2.5接触（超过世界卫生组织指导线的人口百分比）	100	89	62
急性呼吸道感染发病率（占五岁以下儿童的百分比）	..	..	..
腹泻发病率（占五岁以下儿童的百分比）	..	..	..
五岁以下儿童的死亡率（每千名活产儿）	5	11	6
国民账户汇编——储蓄，消耗与退化			
总储蓄（占GNI的百分比）	20.4	22.5	22.2
固定资本消费（占GNI的百分比）	11.9	16.1	16.6
教育支出（占GNI的百分比）	4.8	4.8	4.8
能源消耗（占GNI的百分比）	0.1	0.6	0.3
矿产消耗（占GNI的百分比）	0.2	0.1	0.1
净森林消耗（占GNI的百分比）	0.0	0.0	0.0
二氧化碳的损害（占GNI的百分比）	2.0	1.0	0.8
空气污染的损害（占GNI的百分比）	0.2	0.1	0.1
调整后的净储蓄（占GNI的百分比）	10.9	9.5	9.1

葡萄牙

| 人口（百万） | **10.4** | 土地面积（千平方千米） | **92** | GDP（10亿美元） | **199.1** |

	经济体数据	欧洲和中亚地区组别	高收入组别
人均 GNI，世界银行图表集法（美元）	20,470	24,275	41,932
调整后的人均国民净收入（美元）	15,454	18,328	33,454
城市人口（占总人口的百分比）	63.5	70.9	81.1
农业			
农业用地面积（占土地面积的百分比）	40	29	36
灌溉地面积（占总农业用地面积的百分比）	*12.9*	..	..
农业生产力，以每农业工作者增加值计（2010 年美元）	10,421	14,018	30,017
谷物产量（每公顷千克数）	4,416	3,910	5,919
森林和生物多样性			
森林面积（占土地面积的百分比）	34.7	38.0	28.9
森林采伐（2000—2015 年年均百分比）	0.3	-0.1	-0.0
陆地保护区面积（占土地面积的百分比）	22.1	12.6	15.7
濒危物种，哺乳动物	13	350	527
濒危物种，鸟类	12	638	923
濒危物种，鱼类	63	1,220	2,263
濒危物种，高等植物	81	1,032	2,176
海洋			
渔业总产量（千吨）	199	18,438	33,549
渔获增长率（2000—2015 年年均百分比）	-0.1	-0.9	-1.5
水产养殖增长率（2000—2015 年年均百分比）	1.4	2.9	2.6
海洋保护区面积（占领海面积的百分比）	5.5	13.0	23.7
珊瑚礁区域面积（平方千米）	..	..	83,900
红树林区域面积（平方千米）	..	..	15,283
能源与排放			
人均能源使用量（千克石油当量）	2,035	3,157	4,745
废物和生物质能产生的能源（占总能源量的百分比）	14.2	5.9	5.3
人均耗电量（千瓦时）	4,663	5,369	9,066
化石燃料发电量（占总量的百分比）	38.8	49.8	60.7
水力发电量（占总量的百分比）	30.0	16.6	12.0
人均二氧化碳排放量（吨）	4.4	7.3	11.0
水与卫生			
人均淡水资源（立方米）	3,653	7,850	8,733
淡水使用总量（占淡水资源总量的百分比）	24.1	7.4	9.8
农业（占淡水使用总量的百分比）	79	47	41
获得改善的水源的人口（占总人口的百分比）	100	98	100
农村（占农村人口的百分比）	100	96	99
城市（占城市人口的百分比）	100	99	100
获得改善的卫生设施的人口（占总人口的百分比）	100	93	99
农村（占农村人口的百分比）	100	89	99
城市（占城市人口的百分比）	100	95	100
环境与健康			
PM2.5 污染，年平均接触值（微克每立方米）	10	19	17
PM2.5 接触（超过世界卫生组织指导线的人口百分比）	24	89	62
急性呼吸道感染发病率（占五岁以下儿童的百分比）	..	..	..
腹泻发病率（占五岁以下儿童的百分比）	..	..	..
五岁以下儿童的死亡率（每千名活产儿）	4	11	6
国民账户汇编——储蓄，消耗与退化			
总储蓄（占 GNI 的百分比）	15.0	22.5	22.2
固定资本消费（占 GNI 的百分比）	17.6	16.1	16.6
教育支出（占 GNI 的百分比）	5.1	4.8	4.8
能源消耗（占 GNI 的百分比）	0.0	0.6	0.3
矿产消耗（占 GNI 的百分比）	0.1	0.1	0.1
净森林消耗（占 GNI 的百分比）	0.0	0.0	0.0
二氧化碳的损害（占 GNI 的百分比）	0.7	1.0	0.8
空气污染的损害（占 GNI 的百分比）	0.1	0.1	0.1
调整后的净储蓄（占 GNI 的百分比）	1.7	9.5	9.1

波多黎各

	经济体数据	拉丁美洲和加勒比地区组别	高收入组别
人口（百万） 3.5 土地面积（千平方千米） 8.9 GDP（10亿美元） 103.1			
人均 GNI，世界银行图表集法（美元）	19,320	8,968	41,932
调整后的人均国民净收入（美元）	..	7,249	33,454
城市人口（占总人口的百分比）	93.6	79.9	81.1
农业			
农业用地面积（占土地面积的百分比）	22	38	36
灌溉地面积（占总农业用地面积的百分比）	10.7	..	..
农业生产力，以每农业工作者增加值计（2010年美元）	56,824	7,188	30,017
谷物产量（每公顷千克数）	1,902	4,169	5,919
森林和生物多样性			
森林面积（占土地面积的百分比）	55.9	46.3	28.9
森林采伐（2000—2015 年年均百分比）	-0.6	0.4	-0.0
陆地保护区面积（占土地面积的百分比）	10.3	23.3	15.7
濒危物种，哺乳动物	2	622	527
濒危物种，鸟类	8	1,011	923
濒危物种，鱼类	30	1,642	2,263
濒危物种，高等植物	57	5,108	2,176
海洋			
渔业总产量（千吨）	1.1	14,416	33,549
渔获增长率（2000—2015 年年均百分比）	-8.5	-3.5	-1.5
水产养殖业增长率（2000—2015 年年均百分比）	-12.7	7.7	2.6
海洋保护区面积（占领海面积的百分比）	1.8	15.5	23.7
珊瑚礁区域面积（平方千米）	480	20,320	83,900
红树林区域面积（平方千米）	73.9	41,330	15,283
能源与排放			
人均能源使用量（千克石油当量）	..	1,337	4,745
废物和生物质能产生的能源（占总能源量的百分比）	..	17.1	5.3
人均耗电量（千瓦时）	..	2,122	9,066
化石燃料发电量（占总量的百分比）	..	43.1	60.7
水力发电量（占总量的百分比）	..	46.5	12.0
人均二氧化碳排放量（吨）	..	3.0	11.0
水与卫生			
人均淡水资源（立方米）	2,009	22,160	8,733
淡水使用总量（占水资源总量的百分比）	58.5	2.4	9.8
农业（占淡水使用总量的百分比）	2	71	41
获得改善的水源的人口（占总人口的百分比）	..	95	100
农村（占农村人口的百分比）	..	84	99
城市（占城市人口的百分比）	..	97	100
获得改善的卫生设施的人口（占总人口的百分比）	99	83	99
农村（占农村人口的百分比）	99	64	99
城市（占城市人口的百分比）	99	88	100
环境与健康			
PM2.5 污染，年平均接触值（微克每立方米）	18	18	17
PM2.5 接触（超过世界卫生组织指导线的人口百分比）	100	85	62
急性呼吸道感染发病率（占五岁以下儿童的百分比）	..	..	..
腹泻发病率（占五岁以下儿童的百分比）	..	18	6
五岁以下儿童的死亡率（每千名活产儿）	..	..	..
国民账户汇编——储蓄，消耗与退化			
总储蓄（占 GNI 的百分比）	..	17.7	22.2
固定资本消费（占 GNI 的百分比）	13.7	10.2	16.6
教育支出（占 GNI 的百分比）	8.9	4.9	4.8
能源消耗（占 GNI 的百分比）	0.0	0.3	0.3
矿产消耗（占 GNI 的百分比）	0.0	0.4	0.1
净森林消耗（占 GNI 的百分比）	..	0.1	0.0
二氧化碳的损害（占 GNI 的百分比）	0.0	1.1	0.8
空气污染的损害（占 GNI 的百分比）	..	0.2	0.1
调整后的净储蓄（占 GNI 的百分比）	..	..	..

卡塔尔

| 人口（百万） | 2.2 | 土地面积（千平方千米） | 12 | GDP（10亿美元） | 164.6 |

	经济体数据	中东和北非地区组别	高收入组别
人均 GNI，世界银行图表集法（美元）	83,990	8,229	41,932
调整后的人均国民净收入（美元）	59,969	6,251	33,454
城市人口（占总人口的百分比）	99.2	64.2	81.1
农业			
农业用地面积（占土地面积的百分比）	6	33	36
灌溉地面积（占总农业用地面积的百分比）	..	..	..
农业生产力，以每农业工作者增加值计（2010年美元）	33,402	6,275	30,017
谷物产量（每公顷千克数）	3,724	2,299	5,919
森林和生物多样性			
森林面积（占土地面积的百分比）	0.0	2.1	28.9
森林采伐（2000—2015年年均百分比）	..	-0.8	-0.0
陆地保护区面积（占土地面积的百分比）	3.2	11.7	15.7
濒危物种，哺乳动物	2	224	527
濒危物种，鸟类	8	279	923
濒危物种，鱼类	13	610	2,263
濒危物种，高等植物	0	290	2,176
海洋			
渔业总产量（千吨）	15.2	4,857	33,549
渔获增长率（2000—2015年年均百分比）	5.2	2.0	-1.5
水产养殖业增长率（2000—2015年年均百分比）	..	9.4	2.6
海洋保护区面积（占领海面积的百分比）	1.6	3.8	23.7
珊瑚礁区域面积（平方千米）	700	15,470	83,900
红树林区域面积（平方千米）	12.3	513	15,283
能源与排放			
人均能源使用量（千克石油当量）	20,292	2,365	4,745
废物和生物质能产生的能源（占总能源量的百分比）	0.0	0.6	5.3
人均耗电量（千瓦时）	16,736	2,906	9,066
化石燃料发电量（占总量的百分比）	100.0	96.3	60.7
水力发电量（占总量的百分比）	0.0	2.6	12.0
人均二氧化碳排放量（吨）	40.5	6.0	11.0
水与卫生			
人均淡水资源（立方米）	26	555	8,733
淡水使用总量（占淡水资源总量的百分比）	792.9	138.4	9.8
农业（占淡水使用总量的百分比）	59	85	41
获得改善的水源的人口（占总人口的百分比）	100	93	100
农村（占农村人口的百分比）	100	89	99
城市（占城市人口的百分比）	100	96	100
获得改善的卫生设施的人口（占总人口的百分比）	98	91	99
农村（占农村人口的百分比）	98	87	99
城市（占城市人口的百分比）	98	93	100
环境与健康			
PM2.5污染，年平均接触值（微克每立方米）	107	61	17
PM2.5接触（超过世界卫生组织指导线的人口百分比）	100	100	62
急性呼吸道感染发病率（占五岁以下儿童的百分比）	..	..	..
腹泻发病率（占五岁以下儿童的百分比）	..	..	..
五岁以下儿童的死亡率（每千名活产儿）	8	23	6
国民账户汇编——储蓄，消耗与退化			
总储蓄（占 GNI 的百分比）	47.6	24.7	22.2
固定资本消费（占 GNI 的百分比）	14.3	9.9	16.6
教育支出（占 GNI 的百分比）	2.5	5.2	4.8
能源消耗（占 GNI 的百分比）	2.5	4.7	0.3
矿产消耗（占 GNI 的百分比）	0.0	0.0	0.1
净森林消耗（占 GNI 的百分比）	0.0	0.1	0.0
二氧化碳的损害（占 GNI 的百分比）	1.5	2.1	0.8
空气污染的损害（占 GNI 的百分比）	0.0	0.2	0.1
调整后的净储蓄（占 GNI 的百分比）	31.8	12.9	9.1

罗马尼亚

人口（百万）	19.8	土地面积（千平方千米）	230	GDP（10 亿美元）	178.0

	经济体数据	欧洲和中亚地区组别	中高收入组别
人均 GNI，世界银行图表集法（美元）	9,510	24,275	8,263
调整后的人均国民净收入（美元）	7,041	18,328	6,302
城市人口（占总人口的百分比）	54.6	70.9	64.1
农业			
农业用地面积（占土地面积的百分比）	60	29	35
灌溉地面积（占总农业用地面积的百分比）	1.0	..	..
农业生产力，以每农业工作者增加值计（2010 年美元）	15,124	14,018	2,208
谷物产量（每公顷千克数）	4,069	3,910	4,104
森林和生物多样性			
森林面积（占土地面积的百分比）	29.8	38.0	34.9
森林采伐（2000—2015 年年均百分比）	-0.5	-0.1	0.0
陆地保护区面积（占土地面积的百分比）	23.8	12.6	15.2
濒危物种，哺乳动物	8	350	1,056
濒危物种，鸟类	18	638	1,511
濒危物种，鱼类	22	1,220	2,315
濒危物种，高等植物	5	1,032	6,808
海洋			
渔业总产量（千吨）	20.3	18,438	103,240
渔获增长率（2000—2015 年年均百分比）	1.6	-0.9	-0.5
水产养殖增长率（2000—2015 年年均百分比）	0.8	2.9	5.3
海洋保护区面积（占领海面积的百分比）	42.8	13.0	9.9
珊瑚礁区域面积（平方千米）	..	..	48,880
红树林区域面积（平方千米）			50,774
能源与排放			
人均能源使用量（千克石油当量）	1,592	3,157	2,192
废物和生物质能产生的能源（占总能源量的百分比）	12.2	5.9	7.3
人均耗电量（千瓦时）	2,584	5,369	3,495
化石燃料发电量（占总量的百分比）	40.5	49.8	71.1
水力发电量（占总量的百分比）	28.8	16.6	21.0
人均二氧化碳排放量（吨）	3.5	7.3	6.6
水与卫生			
人均淡水资源（立方米）	2,129	7,850	8,261
淡水使用总量（占淡水资源总量的百分比）	15.1	7.4	6.3
农业（占淡水使用总量的百分比）	18	47	68
获得改善的水源的人口（占总人口的百分比）	100	98	95
农村（占农村人口的百分比）	100	96	91
城市（占城市人口的百分比）	100	99	97
获得改善的卫生设施的人口（占总人口的百分比）	79	93	80
农村（占农村人口的百分比）	63	89	67
城市（占城市人口的百分比）	92	95	87
环境与健康			
PM2.5 污染，年平均接触值（微克每立方米）	20	19	42
PM2.5 接触（超过世界卫生组织指导线的人口百分比）	100	89	95
急性呼吸道感染发病率（占五岁以下儿童的百分比）	..	..	..
腹泻发病率（占五岁以下儿童的百分比）	..	..	..
五岁以下儿童的死亡率（每千名活产儿）	11	11	19
国民账户汇编——储蓄，消耗与退化			
总储蓄（占 GNI 的百分比）	25.1	22.5	36.6
固定资本消费（占 GNI 的百分比）	19.1	16.1	18.0
教育支出（占 GNI 的百分比）	2.8	4.8	3.0
能源消耗（占 GNI 的百分比）	0.6	0.6	1.1
矿产消耗（占 GNI 的百分比）	0.0	0.1	0.4
净森林消耗（占 GNI 的百分比）	0.0	0.0	0.1
二氧化碳的损害（占 GNI 的百分比）	1.2	1.0	2.6
空气污染的损害（占 GNI 的百分比）	0.3	0.1	0.3
调整后的净储蓄（占 GNI 的百分比）	6.7	9.5	17.2

俄罗斯联邦

人口（百万）	144.1	土地面积（千平方千米）	16,377	GDP（10亿美元）	1,365.9

	经济体数据	欧洲和中亚地区组别	中高收入组别
人均 GNI，世界银行图表集法（美元）	11,720	24,275	8,263
调整后的人均国民净收入（美元）	7,315	18,328	6,302
城市人口（占总人口的百分比）	74.0	70.9	64.1
农业			
农业用地面积（占土地面积的百分比）	13	29	35
灌溉地面积（占总农业用地面积的百分比）	..	..	..
农业生产力，以每农业工作者增加值计（2010年美元）	11,540	14,018	2,208
谷物产量（每公顷千克数）	2,444	3,910	4,104
森林和生物多样性			
森林面积（占土地面积的百分比）	49.8	38.0	34.9
森林采伐（2000—2015年年均百分比）	-0.0	-0.1	0.0
陆地保护区面积（占土地面积的百分比）	11.4	12.6	15.2
濒危物种，哺乳动物	32	350	1,056
濒危物种，鸟类	54	638	1,511
濒危物种，鱼类	39	1,220	2,315
濒危物种，高等植物	56	1,032	6,808
海洋			
渔业总产量（千吨）	4,617	18,438	103,240
渔获增长率（2000—2015年年均百分比）	0.7	-0.9	-0.5
水产养殖业增长率（2000—2015年年均百分比）	4.7	2.9	5.3
海洋保护区面积（占领海面积的百分比）	11.5	13.0	9.9
珊瑚礁区域面积（平方千米）	..	..	48,880
红树林区域面积（平方千米）	..	..	50,774
能源与排放			
人均能源使用量（千克石油当量）	4,943	3,157	2,192
废物和生物质能产生的能源（占总能源量的百分比）	1.0	5.9	7.3
人均耗电量（千瓦时）	6,603	5,369	3,495
化石燃料发电量（占总量的百分比）	66.1	49.8	71.1
水力发电量（占总量的百分比）	16.5	16.6	21.0
人均二氧化碳排放量（吨）	12.5	7.3	6.6
水与卫生			
人均淡水资源（立方米）	29,982	7,850	8,261
淡水使用总量（占淡水资源总量的百分比）	1.4	7.4	6.3
农业（占淡水使用总量的百分比）	20	47	68
获得改善的水源的人口（占总人口的百分比）	97	98	95
农村（占农村人口的百分比）	91	96	91
城市（占城市人口的百分比）	99	99	97
获得改善的卫生设施的人口（占总人口的百分比）	72	93	80
农村（占农村人口的百分比）	59	89	67
城市（占城市人口的百分比）	77	95	87
环境与健康			
PM2.5污染，年平均接触值（微克每立方米）	17	19	42
PM2.5接触（超过世界卫生组织指导线的人口百分比）	90	89	95
急性呼吸道感染发病率（占五岁以下儿童的百分比）	..	..	..
腹泻发病率（占五岁以下儿童的百分比）	..	..	..
五岁以下儿童的死亡率（每千名活产儿）	10	11	19
国民账户汇编——储蓄，消耗与退化			
总储蓄（占GNI的百分比）	26.6	22.5	36.6
固定资本消费（占GNI的百分比）	11.8	16.1	18.0
教育支出（占GNI的百分比）	3.9	4.8	3.0
能源消耗（占GNI的百分比）	4.9	0.6	1.1
矿产消耗（占GNI的百分比）	0.5	0.1	0.4
净森林消耗（占GNI的百分比）	0.0	0.0	0.0
二氧化碳的损害（占GNI的百分比）	3.9	1.0	2.6
空气污染的损害（占GNI的百分比）	0.4	0.1	0.3
调整后的净储蓄（占GNI的百分比）	9.0	9.5	17.2

卢旺达

| 人口（百万） | **11.6** 土地面积（千平方千米） | **25** GDP（10亿美元） | **8.1** |

	经济体数据	撒哈拉以南非洲地区组别	低收入组别
人均GNI，世界银行图表集法（美元）	700	1,631	619
调整后的人均国民净收入（美元）	*536*	*1,239*	*497*
城市人口（占总人口的百分比）	28.8	37.7	30.7
农业			
农业用地面积（占土地面积的百分比）	73	42	39
灌溉地面积（占总农业用地面积的百分比）	..	..	..
农业生产力，以每农业工作者增加值计（2010年美元）	471	1,219	504
谷物产量（每公顷千克数）	1,981	1,452	1,486
森林和生物多样性			
森林面积（占土地面积的百分比）	19.5	25.7	27.4
森林采伐（2000—2015年年均百分比）	-2.2	0.5	0.5
陆地保护区面积（占土地面积的百分比）	9.4	15.3	15.2
濒危物种，哺乳动物	24	918	619
濒危物种，鸟类	16	876	599
濒危物种，鱼类	9	2,023	1,156
濒危物种，高等植物	8	3,740	1,962
海洋			
渔业总产量（千吨）	34.2	7,416	3,954
渔获增长率（2000—2015年年均百分比）	10.3	1.8	2.2
水产养殖业增长率（2000—2015年年均百分比）	21.2	17.0	3.1
海洋保护区面积（占领海面积的百分比）	0.0	6.1	3.5
珊瑚礁区域面积（平方千米）	..	17,980	12,520
红树林区域面积（平方千米）	..	28,061	15,778
能源与排放			
人均能源使用量（千克石油当量）	..	701	..
废物和生物质能产生的能源（占总能源量的百分比）	..	57.4	79.1
人均耗电量（千瓦时）	..	497	..
化石燃料发电量（占总量的百分比）	..	64.3	..
水力发电量（占总量的百分比）	..	21.2	..
人均二氧化碳排放量（吨）	0.1	0.8	0.3
水与卫生			
人均淡水资源（立方米）	838	3,986	4,629
淡水使用总量（占淡水资源总量的百分比）	1.6	3.2	3.3
农业（占淡水使用总量的百分比）	68	81	90
获得改善的水源的人口（占总人口的百分比）	76	68	66
农村（占农村人口的百分比）	72	56	56
城市（占城市人口的百分比）	87	87	87
获得改善的卫生设施的人口（占总人口的百分比）	62	30	28
农村（占农村人口的百分比）	63	23	23
城市（占城市人口的百分比）	59	40	40
环境与健康			
PM2.5污染，年平均接触值（微克每立方米）	50	36	39
PM2.5接触（超过世界卫生组织指导线的人口百分比）	100	99	99
急性呼吸道感染发病率（占五岁以下儿童的百分比）	6	5	6
腹泻发病率（占五岁以下儿童的百分比）	12	14	16
五岁以下儿童的死亡率（每千名活产儿）	42	83	76
国民账户汇编——储蓄，消耗与退化			
总储蓄（占GNI的百分比）	14.4	14.4	*14.7*
固定资本消费（占GNI的百分比）	13.8	13.8	10.6
教育支出（占GNI的百分比）	4.3	3.3	3.2
能源消耗（占GNI的百分比）	*0.0*	1.7	0.4
矿产消耗（占GNI的百分比）	0.0	0.9	1.5
净森林消耗（占GNI的百分比）	6.3	2.3	6.6
二氧化碳的损害（占GNI的百分比）	0.3	1.6	1.2
空气污染的损害（占GNI的百分比）	1.7	1.2	1.7
调整后的净储蓄（占GNI的百分比）	-0.2	-3.9	-3.8

萨摩亚

	人口（千）	**193**	土地面积（千平方千米）	**2.8**	GDP（百万美元）	**761.0**

	经济体数据	东亚和太平洋地区组别	中低收入组别
人均 GNI，世界银行图表集法（美元）	3,930	9,771	2,029
调整后的人均国民净收入（美元）	3,431	7,546	1,767
城市人口（占总人口的百分比）	19.1	56.6	39.0
农业			
农业用地面积（占土地面积的百分比）	12	49	44
灌溉地面积（占总农业用地面积的百分比）	..	..	..
农业生产力，以每农业工作者增加值计（2010 年美元）	4,082	1,657	1,614
谷物产量（每公顷千克数）	..	4,958	3,185
森林和生物多样性			
森林面积（占土地面积的百分比）	60.4	26.3	24.3
森林采伐（2000—2015 年年均百分比）	0.0	-0.2	0.4
陆地保护区面积（占土地面积的百分比）	6.8	15.6	12.0
濒危物种，哺乳动物	2	918	1,134
濒危物种，鸟类	6	1,097	1,199
濒危物种，鱼类	16	1,549	2,011
濒危物种，高等植物	2	3,515	3,971
海洋			
渔业总产量（千吨）	8.7	132,587	58,665
渔获增长率（2000—2015 年年均百分比）	0.1	0.9	2.4
水产养殖增长率（2000—2015 年年均百分比）	..	6.5	12.0
海洋保护区面积（占领海面积的百分比）	1.1	17.0	5.0
珊瑚礁区域面积（平方千米）	490	203,050	128,580
红树林区域面积（平方千米）	3.7	67,121	68,563
能源与排放			
人均能源使用量（千克石油当量）	..	2,137	651
废物和生物质能产生的能源（占总能源量的百分比）	..	7.7	28.5
人均耗电量（千瓦时）	..	3,682	777
化石燃料发电量（占总量的百分比）	..	76.4	74.9
水力发电量（占总量的百分比）	..	15.0	14.9
人均二氧化碳排放量（吨）	1.3	6.3	1.4
水与卫生			
人均淡水资源（立方米）	..	4,529	3,003
淡水使用总量（占淡水资源总量的百分比）	..	11.3	18.4
农业（占淡水使用总量的百分比）	..	71	88
获得改善的水源的人口（占总人口的百分比）	99	94	90
农村（占农村人口的百分比）	99	90	87
城市（占城市人口的百分比）	98	97	94
获得改善的卫生设施的人口（占总人口的百分比）	92	77	52
农村（占农村人口的百分比）	91	64	42
城市（占城市人口的百分比）	93	87	67
环境与健康			
PM2.5 污染，年平均接触值（微克每立方米）	4	44	58
PM2.5 接触（超过世界卫生组织指导线的人口百分比）	0	97	99
急性呼吸道感染发病率（占五岁以下儿童的百分比）	..	..	..
腹泻发病率（占五岁以下儿童的百分比）			
五岁以下儿童的死亡率（每千名活产儿）	18	17	53
国民账户汇编——储蓄，消耗与退化			
总储蓄（占 GNI 的百分比）	..	39.1	27.6
固定资本消费（占 GNI 的百分比）	9.9	20.7	9.7
教育支出（占 GNI 的百分比）	4.2	2.7	3.0
能源消耗（占 GNI 的百分比）	0.0	0.3	0.8
矿产消耗（占 GNI 的百分比）	0.0	0.2	0.3
净森林消耗（占 GNI 的百分比）	0.0	0.0	0.4
二氧化碳的损害（占 GNI 的百分比）	1.1	2.1	2.3
空气污染的损害（占 GNI 的百分比）	0.4	0.3	0.9
调整后的净储蓄（占 GNI 的百分比）	..	18.1	16.1

圣马力诺

| 人口（千） | 32 | 土地面积（平方千米） | 60 | GDP（10亿美元） | .. |

	经济体数据	欧洲和中亚地区组别	高收入组别
人均 GNI，世界银行图表集法（美元）	..	24,275	41,932
调整后的人均国民净收入（美元）	..	18,328	33,454
城市人口（占总人口的百分比）	94.2	70.9	81.1
农业			
农业用地面积（占土地面积的百分比）	17	29	36
灌溉地面积（占总农业用地面积的百分比）	..	..	..
农业生产力，以每农业工作者增加值计（2010年美元）	..	14,018	30,017
谷物产量（每公顷千克数）	..	3,910	5,919
森林和生物多样性			
森林面积（占土地面积的百分比）	0.0	38.0	28.9
森林采伐（2000—2015年年均百分比）	0.0	-0.1	-0.0
陆地保护区面积（占土地面积的百分比）	0.0	12.6	15.7
濒危物种，哺乳动物	0	350	527
濒危物种，鸟类	0	638	923
濒危物种，鱼类	0	1,220	2,263
濒危物种，高等植物	0	1,032	2,176
海洋			
渔业总产量（千吨）	..	18,438	33,549
渔获增长率（2000—2015年年均百分比）	..	-0.9	-1.5
水产养殖增长率（2000—2015年年均百分比）	..	2.9	2.6
海洋保护区面积（占领海面积的百分比）	0.0	13.0	23.7
珊瑚礁区域面积（平方千米）	..	..	83,900
红树林区域面积（平方千米）	..	..	15,283
能源与排放			
人均能源使用量（千克石油当量）	..	3,157	4,745
废物和生物质产生的能源（占总能源量的百分比）	..	5.9	5.3
人均耗电量（千瓦时）	..	5,369	9,066
化石燃料发电量（占总量的百分比）	..	49.8	60.7
水力发电量（占总量的百分比）	..	16.6	12.0
人均二氧化碳排放量（吨）	..	7.3	11.0
水与卫生			
人均淡水资源（立方米）	..	7,850	8,733
淡水使用总量（占淡水资源总量的百分比）	..	7.4	9.8
农业（占淡水使用总量的百分比）	..	47	41
获得改善的水源的人口（占总人口的百分比）	..	98	100
农村（占农村人口的百分比）	..	96	99
城市（占城市人口的百分比）	..	99	100
获得改善的卫生设施的人口（占总人口的百分比）	..	93	99
农村（占农村人口的百分比）	..	89	99
城市（占城市人口的百分比）	..	95	100
环境与健康			
PM2.5污染，年平均接触值（微克每立方米）	..	19	17
PM2.5接触（超过世界卫生组织指导线的人口百分比）	..	89	62
急性呼吸道感染发病率（占五岁以下儿童的百分比）	..	..	..
腹泻发病率（占五岁以下儿童的百分比）	..	11	6
五岁以下儿童的死亡率（每千名活产儿）	3	11	6
国民账户汇编——储蓄，消耗与退化			
总储蓄（占 GNI 的百分比）	..	22.5	22.2
固定资本消费（占 GNI 的百分比）	..	16.1	16.6
教育支出（占 GNI 的百分比）	3.6	4.8	4.8
能源消耗（占 GNI 的百分比）	..	0.6	0.3
矿产消耗（占 GNI 的百分比）	..	0.1	0.1
净森林消耗（占 GNI 的百分比）	..	0.0	0.0
二氧化碳的损害（占 GNI 的百分比）	..	1.0	0.8
空气污染的损害（占 GNI 的百分比）	..	0.1	0.1
调整后的净储蓄（占 GNI 的百分比）	..	9.5	9.1

圣多美和普林西比

| 人口（千） | **190** | 土地面积（平方千米） | **960** | GDP（百万美元） | **317.7** |

	经济体数据	撒哈拉以南非洲地区组别	中低收入组别
人均 GNI，世界银行图表集法（美元）	1,760	1,631	2,029
调整后的人均国民净收入（美元）	*820*	1,239	1,767
城市人口（占总人口的百分比）	65.1	37.7	39.0
农业			
农业用地面积（占土地面积的百分比）	51	42	44
灌溉地面积（占总农业用地面积的百分比）	..	..	..
农业生产力，以每农业工作者增加值计（2010 年美元）	684	1,219	1,614
谷物产量（每公顷千克数）	2,100	1,452	3,185
森林和生物多样性			
森林面积（占土地面积的百分比）	55.8	25.7	24.3
森林采伐（2000—2015 年年均百分比）	0.3	0.5	0.4
陆地保护区面积（占土地面积的百分比）	0.0	15.3	12.0
濒危物种，哺乳动物	5	918	1,134
濒危物种，鸟类	13	876	1,199
濒危物种，鱼类	25	2,023	2,011
濒危物种，高等植物	38	3,740	3,971
海洋			
渔业总产量（千吨）	11.4	7,416	58,665
渔获增长率（2000—2015 年年均百分比）	7.8	1.8	2.4
水产养殖业增长率（2000—2015 年年均百分比）	..	17.0	12.0
海洋保护区面积（占领海面积的百分比）	0.0	6.1	5.0
珊瑚礁区域面积（平方千米）	..	17,980	128,580
红树林区域面积（平方千米）	1.4	28,061	68,563
能源与排放			
人均能源使用量（千克石油当量）	..	701	651
废物和生物质能产生的能源（占总能源量的百分比）	..	57.4	28.5
人均耗电量（千瓦时）	..	497	777
化石燃料发电量（占总量的百分比）	..	64.3	74.9
水力发电量（占总量的百分比）	..	21.2	14.9
人均二氧化碳排放量（吨）	0.6	0.8	1.4
水与卫生			
人均淡水资源（立方米）	11,699	3,986	3,003
淡水使用总量（占淡水资源总量的百分比）	0.3	3.2	18.4
农业（占淡水使用总量的百分比）	..	81	88
获得改善的水源的人口（占总人口的百分比）	97	68	90
农村（占农村人口的百分比）	94	56	87
城市（占城市人口的百分比）	99	87	94
获得改善的卫生设施的人口（占总人口的百分比）	35	30	52
农村（占农村人口的百分比）	23	23	42
城市（占城市人口的百分比）	41	40	67
环境与健康			
PM2.5 污染，年平均接触值（微克每立方米）	14	36	58
PM2.5 接触（超过世界卫生组织指导线的人口百分比）	100	99	99
急性呼吸道感染发病率（占五岁以下儿童的百分比）	9	5	..
腹泻发病率（占五岁以下儿童的百分比）	16	14	..
五岁以下儿童的死亡率（每千名活产儿）	47	83	53
国民账户汇编——储蓄，消耗与退化			
总储蓄（占 GNI 的百分比）	..	14.4	27.6
固定资本消费（占 GNI 的百分比）	50.1	13.8	9.7
教育支出（占 GNI 的百分比）	3.5	3.3	3.0
能源消耗（占 GNI 的百分比）	0.0	1.7	0.8
矿产消耗（占 GNI 的百分比）	0.0	0.9	0.3
净森林消耗（占 GNI 的百分比）	0.0	2.3	0.4
二氧化碳的损害（占 GNI 的百分比）	1.2	1.6	2.3
空气污染的损害（占 GNI 的百分比）	1.6	1.2	0.9
调整后的净储蓄（占 GNI 的百分比）	..	-3.9	16.1

沙特阿拉伯

| 人口（百万） | 31.5 | 土地面积（千平方千米） | 2,150 | GDP（10亿美元） | 646.0 |

	经济体数据	中东和北非地区组别	高收入组别
人均 GNI，世界银行图表算法（美元）	23,550	8,229	41,932
调整后的人均国民净收入（美元）	17,439	6,251	33,454
城市人口（占总人口的百分比）	83.1	64.2	81.1
农业			
农业用地面积（占土地面积的百分比）	81	33	36
灌溉地面积（占总农业用地面积的百分比）	..	..	..
农业生产力，以每农业工作者增加值计（2010年美元）	33,368	6,275	30,017
谷物产量（每公顷千克数）	3,640	2,299	5,919
森林和生物多样性			
森林面积（占土地面积的百分比）	0.5	2.1	28.9
森林采伐（2000—2015年年均百分比）	0.0	-0.8	-0.0
陆地保护区面积（占土地面积的百分比）	31.3	11.7	15.7
濒危物种，哺乳动物	10	224	527
濒危物种，鸟类	18	279	923
濒危物种，鱼类	35	610	2,263
濒危物种，高等植物	3	290	2,176
海洋			
渔业总产量（千吨）	98.1	4,857	33,549
渔获增长率（2000—2015年年均百分比）	2.2	2.0	-1.5
水产养殖业增长率（2000—2015年年均百分比）	11.3	9.4	2.6
海洋保护区面积（占领海面积的百分比）	3.4	3.8	23.7
珊瑚礁区域面积（平方千米）	6,660	15,470	83,900
红树林区域面积（平方千米）	204	513	15,283
能源与排放			
人均能源使用量（千克石油当量）	6,913	2,365	4,745
废物和生物质能产生的能源（占总能源量的百分比）	0.0	0.6	5.3
人均耗电量（千瓦时）	9,411	2,906	9,066
化石燃料发电量（占总量的百分比）	100.0	96.3	60.7
水力发电量（占总量的百分比）	0.0	2.6	12.0
人均二氧化碳排放量（吨）	17.9	6.0	11.0
水与卫生			
人均淡水资源（立方米）	78	555	8,733
淡水使用总量（占淡水资源总量的百分比）	986.3	138.4	9.8
农业（占淡水使用总量的百分比）	88	85	41
获得改善的水源的人口（占总人口的百分比）	97	93	100
农村（占农村人口的百分比）	97	89	99
城市（占城市人口的百分比）	97	96	100
获得改善的卫生设施的人口（占总人口的百分比）	100	91	99
农村（占农村人口的百分比）	100	87	99
城市（占城市人口的百分比）	100	93	100
环境与健康			
PM2.5污染，年平均接触值（微克每立方米）	106	61	17
PM2.5接触（超过世界卫生组织指导线的人口百分比）	100	100	62
急性呼吸道感染发病率（占五岁以下儿童的百分比）	..	..	..
腹泻发病率（占五岁以下儿童的百分比）	..	..	..
五岁以下儿童的死亡率（每千名活产儿）	15	23	6
国民账户汇编——储蓄，消耗与退化			
总储蓄（占GNI的百分比）	25.1	24.7	22.2
固定资本消费（占GNI的百分比）	9.2	9.9	16.6
教育支出（占GNI的百分比）	7.2	5.2	4.8
能源消耗（占GNI的百分比）	7.6	4.7	0.3
矿产消耗（占GNI的百分比）	0.0	0.0	0.1
净森林消耗（占GNI的百分比）	0.0	0.0	0.0
二氧化碳的损害（占GNI的百分比）	2.6	2.1	0.8
空气污染的损害（占GNI的百分比）	0.1	0.2	0.1
调整后的净储蓄（占GNI的百分比）	12.7	12.9	9.1

塞内加尔

| 人口（百万） | **15.1** 土地面积（千平方千米） | **193** GDP（10亿美元） | **13.6** |

	经济体数据	撒哈拉以南非洲地区组别	低收入组别
人均 GNI，世界银行图表集法（美元）	980	1,631	619
调整后的人均国民净收入（美元）	754	1,239	497
城市人口（占总人口的百分比）	43.7	37.7	30.7
农业			
农业用地面积（占土地面积的百分比）	46	42	39
灌溉地面积（占总农业用地面积的百分比）	..	..	..
农业生产力，以每农业工作者增加值计（2010年美元）	513	1,219	504
谷物产量（每公顷千克数）	1,110	1,452	1,486
森林和生物多样性			
森林面积（占土地面积的百分比）	43.0	25.7	27.4
森林采伐（2000—2015 年年均百分比）	0.5	0.5	0.5
陆上保护区面积（占土地面积的百分比）	25.2	15.3	15.2
濒危物种，哺乳动物	17	918	619
濒危物种，鸟类	16	876	599
濒危物种，鱼类	55	2,023	1,156
濒危物种，高等植物	12	3,740	1,962
海洋			
渔业总产量（千吨）	427	7,416	3,954
渔获增长率（2000—2015 年年均百分比）	-0.2	1.8	2.2
水产养殖业增长率（2000—2015 年年均百分比）	17.8	17.0	3.1
海洋保护区面积（占领海面积的百分比）	14.4	6.1	3.5
珊瑚礁区域面积（平方千米）	..	17,980	12,520
红树林区域面积（平方千米）	1,279	28,061	15,778
能源与排放			
人均能源使用量（千克石油当量）	270	701	..
废物和生物质能产生的能源（占总能源量的百分比）	45.2	57.4	79.1
人均耗电量（千瓦时）	222	497	..
化石燃料发电量（占总量的百分比）	87.8	64.3	..
水力发电量（占总量的百分比）	8.7	21.2	..
人均二氧化碳排放量（吨）	0.6	0.8	0.3
水与卫生			
人均淡水资源（立方米）	1,758	3,986	4,629
淡水使用总量（占淡水资源总量的百分比）	8.6	3.2	3.3
农业（占淡水使用总量的百分比）	93	81	90
获得改善的水源的人口（占总人口的百分比）	79	68	66
农村（占农村人口的百分比）	67	56	56
城市（占城市人口的百分比）	93	87	87
获得改善的卫生设施的人口（占总人口的百分比）	48	30	28
农村（占农村人口的百分比）	34	23	23
城市（占城市人口的百分比）	65	40	40
环境与健康			
PM2.5 污染，年平均接触值（微克每立方米）	38	36	39
PM2.5 接触（超过世界卫生组织指导线的人口百分比）	100	99	99
急性呼吸道感染发病率（占五岁以下儿童的百分比）	3	5	6
腹泻发病率（占五岁以下儿童的百分比）	19	14	16
五岁以下儿童的死亡率（每千名活产儿）	47	83	76
国民账户汇编——储蓄，消耗与退化			
总储蓄（占 GNI 的百分比）	*17.4*	14.4	*14.7*
固定资本消费（占 GNI 的百分比）	13.5	13.8	10.6
教育支出（占 GNI 的百分比）	5.2	3.3	3.2
能源消耗（占 GNI 的百分比）	0.0	1.7	0.4
矿产消耗（占 GNI 的百分比）	1.2	0.9	1.5
净森林消耗（占 GNI 的百分比）	0.0	2.3	6.6
二氧化碳的损害（占 GNI 的百分比）	2.2	1.6	1.2
空气污染的损害（占 GNI 的百分比）	0.9	1.2	1.7
调整后的净储蓄（占 GNI 的百分比）	5.6	-3.9	-3.8

塞尔维亚

| 人口（百万） | 7.1 | 土地面积（千平方千米） | 87 | GDP（10 亿美元） | 37.2 |

	经济体数据	欧洲和中亚地区组别	中高收入组别
人均 GNI，世界银行图表集法（美元）	5,540	24,275	8,263
调整后的人均国民净收入（美元）	4,153	18,328	6,302
城市人口（占总人口的百分比）	55.6	70.9	64.1
农业			
农业用地面积（占土地面积的百分比）	40	29	35
灌溉地面积（占总农业用地面积的百分比）	1.3	..	..
农业生产力，以每农业工作者增加值计（2010 年美元）	6,578	14,018	2,208
谷物产量（每公顷千克数）	5,963	3,910	4,104
森林和生物多样性			
森林面积（占土地面积的百分比）	31.1	38.0	34.9
森林采伐（2000—2015 年年均百分比）	-0.6	-0.1	0.0
陆地保护区面积（占土地面积的百分比）	6.8	12.6	15.2
濒危物种，哺乳动物	6	350	1,056
濒危物种，鸟类	13	638	1,511
濒危物种，鱼类	15	1,220	2,315
濒危物种，高等植物	5	1,032	6,808
海洋			
渔业总产量（千吨）	10.5	18,438	103,240
渔获增长率（2000—2015 年年均百分比）	..	-0.9	-0.5
水产养殖增长率（2000—2015 年年均百分比）	..	2.9	5.3
海洋保护区面积（占领海面积的百分比）	0.0	13.0	9.9
珊瑚礁区域面积（平方千米）	..	..	48,880
红树林区域面积（平方千米）	..	..	50,774
能源与排放			
人均能源使用量（千克石油当量）	1,859	3,157	2,192
废物和生物质能产生的能源（占总能源量的百分比）	7.9	5.9	7.3
人均耗电量（千瓦时）	4,272	5,369	3,495
化石燃料发电量（占总量的百分比）	67.0	49.8	71.1
水力发电量（占总量的百分比）	32.9	16.6	21.0
人均二氧化碳排放量（吨）	6.3	7.3	6.6
水与卫生			
人均淡水资源（立方米）	1,179	7,850	8,261
淡水使用总量（占淡水资源总量的百分比）	49.4	7.4	6.3
农业（占淡水使用总量的百分比）	3	47	68
获得改善的水源的人口（占总人口的百分比）	99	98	95
农村（占农村人口的百分比）	99	96	91
城市（占城市人口的百分比）	99	99	97
获得改善的卫生设施的人口（占总人口的百分比）	96	93	80
农村（占农村人口的百分比）	94	89	67
城市（占城市人口的百分比）	98	95	87
环境与健康			
PM2.5 污染，年平均接触值（微克每立方米）	21	19	42
PM2.5 接触（超过世界卫生组织指导线的人口百分比）	100	89	95
急性呼吸道感染发病率（占五岁以下儿童的百分比）	..	..	..
腹泻病发病率（占五岁以下儿童的百分比）	..	..	..
五岁以下儿童的死亡率（每千名活产儿）	7	11	19
国民账户汇编——储蓄，消耗与退化			
总储蓄（占 GNI 的百分比）	14.9	22.5	36.6
固定资本消费（占 GNI 的百分比）	16.2	16.1	18.0
教育支出（占 GNI 的百分比）	4.5	4.8	3.0
能源消耗（占 GNI 的百分比）	0.1	0.6	1.1
矿产消耗（占 GNI 的百分比）	0.3	0.1	0.4
净森林消耗（占 GNI 的百分比）	0.0	0.0	0.0
二氧化碳的损害（占 GNI 的百分比）	2.9	1.0	2.6
空气污染的损害（占 GNI 的百分比）	0.4	0.1	0.3
调整后的净储蓄（占 GNI 的百分比）	-2.9	9.5	17.2

塞舌尔

| 人口（千） | 93 | 土地面积（平方千米） | 460 | GDP（10亿美元） | 1.4 |

	经济体数据	撒哈拉以南非洲地区组别	高收入组别
人均 GNI，世界银行图表集法（美元）	14,680	1,631	41,932
调整后的人均国民净收入（美元）	*10,951*	1,239	33,454
城市人口（占总人口的百分比）	53.9	37.7	81.1
农业			
农业用地面积（占土地面积的百分比）	3	42	36
灌溉地面积（占总农业用地面积的百分比）	..	..	..
农业生产力，以每农业工作者增加值计（2010年美元）	866	1,219	30,017
谷物产量（每公顷千克数）	..	1,452	5,919
森林和生物多样性			
森林面积（占土地面积的百分比）	88.4	25.7	28.9
森林采伐（2000—2015年年均百分比）	0.0	0.5	-0.0
陆地保护区面积（占土地面积的百分比）	42.1	15.3	15.7
濒危物种，哺乳动物	6	918	527
濒危物种，鸟类	11	876	923
濒危物种，鱼类	21	2,023	2,263
濒危物种，高等植物	62	3,740	2,176
海洋			
渔业总产量（千吨）	103	7,416	33,549
渔获增长率（2000—2015年年均百分比）	7.9	1.8	-1.5
水产养殖增长率（2000—2015年年均百分比）	-42.7	17.0	2.6
海洋保护区面积（占领海面积的百分比）	1.0	6.1	23.7
珊瑚礁区域面积（平方千米）	1,690	17,980	83,900
红树林区域面积（平方千米）	32.3	28,061	15,283
能源与排放			
人均能源使用量（千克石油当量）	..	701	4,745
废物和生物质能产生的能源（占总能源量的百分比）	..	57.4	5.3
人均耗电量（千瓦时）	..	497	9,066
化石燃料发电量（占总量的百分比）	..	64.3	60.7
水力发电量（占总量的百分比）	..	21.2	12.0
人均二氧化碳排放量（吨）	7.2	0.8	11.0
水与卫生			
人均淡水资源（立方米）	..	3,986	8,733
淡水使用总量（占淡水资源总量的百分比）	..	3.2	9.8
农业（占淡水使用总量的百分比）	7	81	41
获得改善的水源的人口（占总人口的百分比）	96	68	100
农村（占农村人口的百分比）	96	56	99
城市（占城市人口的百分比）	96	87	100
获得改善的卫生设施的人口（占总人口的百分比）	98	30	99
农村（占农村人口的百分比）	98	23	99
城市（占城市人口的百分比）	98	40	100
环境与健康			
PM2.5污染，年平均接触值（微克每立方米）	13	36	17
PM2.5接触（超过世界卫生组织指导线的人口百分比）	100	99	62
急性呼吸道感染发病率（占五岁以下儿童的百分比）	..	5	..
腹泻发病率（占五岁以下儿童的百分比）	..	14	..
五岁以下儿童的死亡率（每千名活产儿）	14	83	6
国民账户汇编—储蓄，消耗与退化			
总储蓄（占GNI的百分比）	*17.4*	14.4	22.2
固定资本消费（占GNI的百分比）	15.1	13.8	16.6
教育支出（占GNI的百分比）	3.5	3.3	4.8
能源消耗（占GNI的百分比）	0.0	1.7	0.3
矿产消耗（占GNI的百分比）	0.0	0.9	0.1
净森林消耗（占GNI的百分比）	0.0	2.3	0.0
二氧化碳的损害（占GNI的百分比）	1.4	1.6	0.3
空气污染的损害（占GNI的百分比）	..	1.2	0.1
调整后的净储蓄（占GNI的百分比）	..	-3.9	9.1

塞拉利昂

| 人口（百万） | 6.5 | 土地面积（千平方千米） | 72 | GDP（10 亿美元） | 4.2 |

	经济体数据	撒哈拉以南非洲地区组别	低收入组别
人均 GNI，世界银行图表集法（美元）	620	1,631	619
调整后的人均国民净收入（美元）	*528*	1,239	497
城市人口（占总人口的百分比）	39.9	37.7	30.7
农业			
农业用地面积（占土地面积的百分比）	55	42	39
灌溉地面积（占总农业用地面积的百分比）	..	..	..
农业生产力，以每农业工作者增加值计（2010 年美元）	1,146	1,219	504
谷物产量（每公顷千克数）	1,842	1,452	1,486
森林和生物多样性			
森林面积（占土地面积的百分比）	42.2	25.7	27.4
森林采伐（2000—2015 年均百分比）	-0.3	0.5	0.5
陆地保护区面积（占土地面积的百分比）	10.9	15.3	15.2
濒危物种，哺乳动物	22	918	619
濒危物种，鸟类	15	876	599
濒危物种，鱼类	56	2,023	1,156
濒危物种，高等植物	65	3,740	1,962
海洋			
渔业总产量（千吨）	202	7,416	3,954
渔获增长率（2000—2015 年均百分比）	6.9	1.8	2.2
水产养殖增长率（2000—2015 年均百分比）	6.3	17.0	3.1
海洋保护区面积（占领海面积的百分比）	7.8	6.1	3.5
珊瑚礁区域面积（平方千米）	..	17,980	12,520
红树林区域面积（平方千米）	1,049	28,061	15,778
能源与排放			
人均能源使用量（千克石油当量）	..	701	..
废物和生物质能产生的能源（占总能源量的百分比）	..	57.4	79.1
人均耗电量（千瓦时）	..	497	..
化石燃料发电量（占总量的百分比）	..	64.3	..
水力发电量（占总量的百分比）	..	21.2	..
人均二氧化碳排放量（吨）	0.2	0.8	0.3
水与卫生			
人均淡水资源（立方米）	25,334	3,986	4,629
淡水使用总量（占淡水资源总量的百分比）	0.1	3.2	3.3
农业（占淡水使用总量的百分比）	22	81	90
获得改善的水源的人口（占总人口的百分比）	63	68	66
农村（占农村人口的百分比）	48	56	56
城市（占城市人口的百分比）	85	87	87
获得改善的卫生设施的人口（占总人口的百分比）	13	30	28
农村（占农村人口的百分比）	7	23	23
城市（占城市人口的百分比）	23	40	40
环境与健康			
PM2.5 污染，年平均接触值（微克每立方米）	19	36	39
PM2.5 接触（超过世界卫生组织指导线的人口百分比）	100	99	99
急性呼吸道感染发病率（占五岁以下儿童的百分比）	5	5	6
腹泻发病率（占五岁以下儿童的百分比）	11	14	16
五岁以下儿童的死亡率（每千名活产儿）	120	83	76
国民账户汇编——储蓄，消耗与退化			
总储蓄（占 GNI 的百分比）	*6.3*	14.4	*14.7*
固定资本消费（占 GNI 的百分比）	10.1	13.8	10.6
教育支出（占 GNI 的百分比）	2.8	3.3	3.2
能源消耗（占 GNI 的百分比）	0.0	1.7	0.4
矿产消耗（占 GNI 的百分比）	2.3	0.9	1.5
净森林消耗（占 GNI 的百分比）	10.0	2.3	6.6
二氧化碳的损害（占 GNI 的百分比）	0.7	1.6	1.2
空气污染的损害（占 GNI 的百分比）	2.2	1.2	1.7
调整后的净储蓄（占 GNI 的百分比）	-9.4	-3.9	-3.8

新加坡

人口（百万）	5.5	土地面积（平方千米）	709	GDP（10亿美元）	292.7

	经济体数据	东亚和太平洋地区组别	高收入组别
人均 GNI，世界银行图表集法（美元）	52,090	9,771	41,932
调整后的人均国民净收入（美元）	42,930	7,546	33,454
城市人口（占总人口的百分比）	100.0	56.6	81.1
农业			
农业用地面积（占土地面积的百分比）	1	49	36
灌溉地面积（占总农业用地面积的百分比）	..		
农业生产力，以每农业工作者增加值计（2010 年美元）	.03,264	1,657	30,017
谷物产量（每公顷千克数）	..	4,958	5,919
森林和生物多样性			
森林面积（占土地面积的百分比）	23.1	26.3	28.9
森林采伐（2000—2015 年均百分比）	0.0	-0.2	-0.0
陆地保护区面积（占土地面积的百分比）	5.8	15.6	15.7
濒危物种，哺乳动物	13	918	527
濒危物种，鸟类	17	1,097	923
濒危物种，鱼类	27	1,549	2,263
濒危物种，高等植物	58	3,515	2,176
海洋			
渔业总产量（千吨）	7.7	132,587	33,549
渔获增长率（2000—2015 年均百分比）	-9.2	0.9	-1.5
水产养殖增长率（2000—2015 年均百分比）	1.6	6.5	2.6
海洋保护区面积（占领海面积的百分比）	1.5	17.0	23.7
珊瑚礁区域面积（平方米）	<100	203,050	83,900
红树林区域面积（平方米）	4.6	67,121	15,283
能源与排放			
人均能源使用量（千克油当量）	5,122	2,137	4,745
废物和生物质产生的能源（占总能源量的百分比）	2.5	7.7	5.3
人均耗电量（千瓦时）	8,845	3,682	9,066
化石燃料发电量（占总量的百分比）	97.1	76.4	60.7
水力发电量（占总量的百分比）	0.0	15.0	12.0
人均二氧化碳排放量（吨）	9.4	6.3	11.0
水与卫生			
人均淡水资源（立方米）	110	4,529	8,733
淡水使用总量（占淡水资源总量的百分比）	31.7	11.3	9.8
农业（占淡水使用总量的百分比）	4	71	41
获得改善的水源的人口（占总人口的百分比）	100	94	100
农村（占农村人口的百分比）	..	90	99
城市（占城市人口的百分比）	100	97	100
获得改善的卫生设施的人口（占总人口的百分比）	100	77	99
农村（占农村人口的百分比）	..	64	99
城市（占城市人口的百分比）	100	87	100
环境与健康			
PM2.5 污染，年平均接触值（微克每立方米）	19	44	17
PM2.5 接触（超过世界卫生组织指导线的人口百分比）	100	97	62
急性呼吸道感染发病率（占五岁以下儿童的百分比）	..	..	..
腹泻发病率（占五岁以下儿童的百分比）	..	..	..
五岁以下儿童的死亡率（每千名活产儿）	3	17	6
国民账户汇编——储蓄，消耗与退化			
总储蓄（占 GNI 的百分比）	48.4	39.1	22.2
固定资本消费（占 GNI 的百分比）	14.8	20.7	16.6
教育支出（占 GNI 的百分比）	2.8	2.7	4.8
能源消耗（占 GNI 的百分比）	0.0	0.2	0.3
矿产消耗（占 GNI 的百分比）	0.0	0.2	0.1
净森林消耗（占 GNI 的百分比）	0.0	0.0	0.0
二氧化碳的损害（占 GNI 的百分比）	0.6	2.1	0.8
空气污染的损害（占 GNI 的百分比）	0.1	0.3	0.1
调整后的净储蓄（占 GNI 的百分比）	35.6	18.1	9.1

荷属圣马丁

	经济体数据	拉丁美洲和加勒比地区组别	高收入组别
人口（千）	39		
土地面积（平方千米）	34		
GDP（百万美元）	..		
人均 GNI，世界银行图表集法（美元）	..	8,968	41,932
调整后的人均国民净收入（美元）	..	7,249	33,454
城市人口（占总人口的百分比）	100.0	79.9	81.1

农业

农业用地面积（占土地面积的百分比）	..	38	36
灌溉地面积（占总农业用地面积的百分比）	..	..	..
农业生产力，以每农业工作者增加值计（2010 年美元）	..	7,188	30,017
谷物产量（每公顷千克数）	..	4,169	5,919

森林和生物多样性

森林面积（占土地面积的百分比）	..	46.3	28.9
森林采伐（2000—2015 年年均百分比）	..	0.4	-0.0
陆地保护区面积（占土地面积的百分比）	..	23.3	15.7
濒危物种，哺乳动物	2	622	527
濒危物种，鸟类	0	1,011	923
濒危物种，鱼类	29	1,642	2,263
濒危物种，高等植物	2	5,108	2,176

海洋

渔业总产量（千吨）	0.25	14,416	33,549
渔获增长率（2000—2015 年年均百分比）	..	-3.5	-1.5
水产养殖业增长率（2000—2015 年年均百分比）	..	7.7	2.6
海洋保护区面积（占领海面积的百分比）	..	15.5	23.7
珊瑚礁区域面积（平方千米）	..	20,320	83,900
红树林区域面积（平方千米）	..	41,330	15,283

能源与排放

人均能源使用量（千克石油当量）	..	1,337	4,745
废物和生物质能产生的能源（占总能源量的百分比）	..	17.1	5.3
人均耗电量（千瓦时）	..	2,122	9,066
化石燃料发电量（占总量的百分比）	..	43.1	60.7
水力发电量（占总量的百分比）	..	46.5	12.0
人均二氧化碳排放量（吨）	20.8	3.0	11.0

水与卫生

人均淡水资源（立方米）	..	22,160	8,733
淡水使用总量（占淡水资源总量的百分比）	..	2.4	9.8
农业（占淡水使用总量的百分比）	..	71	41
获得改善的水源的人口（占总人口的百分比）	..	95	100
农村（占农村人口的百分比）	..	84	99
城市（占城市人口的百分比）	..	97	100
获得改善的卫生设施的人口（占总人口的百分比）	..	83	99
农村（占农村人口的百分比）	..	64	99
城市（占城市人口的百分比）	..	88	100

环境与健康

PM2.5 污染，年平均接触值（微克每立方米）	..	18	17
PM2.5 接触（超过世界卫生组织指导线的人口百分比）	..	85	62
急性呼吸道感染发病率（占五岁以下儿童的百分比）	..	..	..
腹泻发病率（占五岁以下儿童的百分比）	..	..	..
五岁以下儿童的死亡率（每千名活产儿）	..	18	6

国民账户汇编——储蓄，消耗与退化

总储蓄（占 GNI 的百分比）	..	17.7	22.2
固定资本消费（占 GNI 的百分比）	..	10.2	16.6
教育支出（占 GNI 的百分比）	..	4.9	4.8
能源消耗（占 GNI 的百分比）	..	0.9	0.3
矿产消耗（占 GNI 的百分比）	..	0.9	0.1
净森林消耗（占 GNI 的百分比）	..	0.0	0.0
二氧化碳的损害（占 GNI 的百分比）	..	1.1	0.8
空气污染的损害（占 GNI 的百分比）	..	0.2	0.1
调整后的净储蓄（占 GNI 的百分比）	..	9.4	9.1

斯洛伐克共和国

| 人口（百万） | 5.4 | 土地面积（千平方千米） | 48 | GDP（10亿美元） | 87.3 |

	经济体数据	欧洲和中亚地区组别	高收入组别
人均 GNI，世界银行图表集法（美元）	17,570	24,275	41,932
调整后的人均国民净收入（美元）	12,531	18,328	33,454
城市人口（占总人口的百分比）	53.6	70.9	81.1
农业			
农业用地面积（占土地面积的百分比）	40	29	36
灌溉地面积（占总农业用地面积的百分比）	0.9	..	..
农业生产力，以每农业工作者增加值计（2010年美元）	19,241	14,018	30,017
谷物产量（每公顷千克数）	6,039	3,910	5,919
森林和生物多样性			
森林面积（占土地面积的百分比）	40.3	38.0	28.9
森林采伐（2000—2015 年年均百分比）	-0.1	-0.1	-0.0
陆地保护区面积（占土地面积的百分比）	36.6	12.6	15.7
濒危物种，哺乳动物	4	350	527
濒危物种，鸟类	11	638	923
濒危物种，鱼类	5	1,220	2,263
濒危物种，高等植物	7	1,032	2,176
海洋			
渔业总产量（千吨）	3.2	18,438	33,549
渔获增长率（2000—2015 年年均百分比）	2.5	-0.9	-1.5
水产养殖增长率（2000—2015 年年均百分比）	2.3	2.9	2.6
海洋保护区面积（占领海面积的百分比）	0.0	13.0	23.7
珊瑚礁区域面积（平方千米）	..	..	83,900
红树林区域面积（平方千米）	..	..	15,283
能源与排放			
人均能源使用量（千克石油当量）	2,943	3,157	4,745
废物和生物质能产生的能源（占总能源量的百分比）	7.2	5.9	5.3
人均耗电量（千瓦时）	5,137	5,369	9,066
化石燃料发电量（占总量的百分比）	19.4	49.8	60.7
水力发电量（占总量的百分比）	15.5	16.6	12.0
人均二氧化碳排放量（吨）	6.2	7.3	11.0
水与卫生			
人均淡水资源（立方米）	2,325	7,850	8,733
淡水使用总量（占淡水资源总量的百分比）	4.4	7.4	9.8
农业（占淡水使用总量的百分比）	4	47	41
获得改善的水源的人口（占总人口的百分比）	100	98	100
农村（占农村人口的百分比）	100	96	99
城市（占城市人口的百分比）	100	99	100
获得改善的卫生设施的人口（占总人口的百分比）	99	93	99
农村（占农村人口的百分比）	98	89	99
城市（占城市人口的百分比）	99	95	100
环境与健康			
PM2.5 污染，年平均接触值（微克每立方米）	21	19	17
PM2.5 接触（超过世界卫生组织指导线的人口百分比）	100	89	62
急性呼吸道感染发病率（占五岁以下儿童的百分比）	..	..	..
腹泻发病率（占五岁以下儿童的百分比）	..	..	..
五岁以下儿童的死亡率（每千名活产儿）	7	11	6
国民账户汇编——储蓄，消耗与退化			
总储蓄（占 GNI 的百分比）	23.0	22.5	22.2
固定资本消费（占 GNI 的百分比）	20.8	16.1	16.6
教育支出（占 GNI 的百分比）	3.8	4.8	4.8
能源消耗（占 GNI 的百分比）	0.0	0.6	0.3
矿产消耗（占 GNI 的百分比）	0.0	0.1	0.1
净森林消耗（占 GNI 的百分比）	0.0	0.0	0.0
二氧化碳的损害（占 GNI 的百分比）	1.1	1.0	0.8
空气污染的损害（占 GNI 的百分比）	0.1	0.1	0.1
调整后的净储蓄（占 GNI 的百分比）	4.7	9.5	9.1

斯洛文尼亚

| 人口（百万） | **2.1** | 土地面积（千平方千米） | **20** | GDP（10亿美元） | **42.8** |

	经济体数据	欧洲和中亚地区组别	高收入组别
人均 GNI，世界银行图表集法（美元）	22,250	24,275	41,932
调整后的人均国民净收入（美元）	15,955	18,328	33,454
城市人口（占总人口的百分比）	49.7	70.9	81.1
农业			
农业用地面积（占土地面积的百分比）	31	29	36
灌溉地面积（占总农业用地面积的百分比）	0.3	..	..
农业生产力，以每农业工作者增加值计（2010年美元）	51,573	14,018	30,017
谷物产量（每公顷千克数）	6,481	3,910	5,919
森林和生物多样性			
森林面积（占土地面积的百分比）	62.0	38.0	28.9
森林采伐（2000—2015年年均百分比）	-0.1	-0.1	-0.0
陆地保护区面积（占土地面积的百分比）	53.6	12.6	15.7
濒危物种，哺乳动物	6	350	527
濒危物种，鸟类	8	638	923
濒危物种，鱼类	33	1,220	2,263
濒危物种，高等植物	7	1,032	2,176
海洋			
渔业总产量（千吨）	2.0	18,438	33,549
渔获增长率（2000—2015年年均百分比）	-10.6	-0.9	-1.5
水产养殖业增长率（2000—2015年年均百分比）	2.1	2.9	2.6
海洋保护区面积（占领海面积的百分比）	98.5	13.0	23.7
珊瑚礁区域面积（平方千米）	..	..	83,900
红树林区域面积（平方千米）	..	..	15,283
能源与排放			
人均能源使用量（千克石油当量）	3,236	3,157	4,745
废物和生物质能产生的能源（占总能源量的百分比）	10.2	5.9	5.3
人均耗电量（千瓦时）	6,728	5,369	9,066
化石燃料发电量（占总量的百分比）	24.3	49.8	60.7
水力发电量（占总量的百分比）	35.5	16.6	12.0
人均二氧化碳排放量（吨）	7.0	7.3	11.0
水与卫生			
人均淡水资源（立方米）	9,054	7,850	8,733
淡水使用总量（占淡水资源总量的百分比）	6.2	7.4	9.8
农业（占淡水使用总量的百分比）	0	47	41
获得改善的水源的人口（占总人口的百分比）	100	98	100
农村（占农村人口的百分比）	99	96	99
城市（占城市人口的百分比）	100	99	100
获得改善的卫生设施的人口（占总人口的百分比）	99	93	99
农村（占农村人口的百分比）	99	89	99
城市（占城市人口的百分比）	99	95	100
环境与健康			
PM2.5污染，年平均接触值（微克每立方米）	20	19	17
PM2.5接触（超过世界卫生组织指导线的人口百分比）	100	89	62
急性呼吸道感染发病率（占五岁以下儿童的百分比）	..	..	..
腹泻发病率（占五岁以下儿童的百分比）	..	..	..
五岁以下儿童的死亡率（每千名活产儿）	3	11	6
国民账户汇编——储蓄，消耗与退化			
总储蓄（占GNI的百分比）	26.1	22.5	22.2
固定资本消费（占GNI的百分比）	21.2	16.1	16.6
教育支出（占GNI的百分比）	5.4	4.8	4.8
能源消耗（占GNI的百分比）	0.0	0.6	0.3
矿产消耗（占GNI的百分比）	0.0	0.1	0.1
净森林消耗（占GNI的百分比）	0.0	0.0	0.0
二氧化碳的损害（占GNI的百分比）	1.1	1.0	0.8
空气污染的损害（占GNI的百分比）	0.1	0.1	0.1
调整后的净储蓄（占GNI的百分比）	9.1	9.5	9.1

所罗门群岛

| 人口（千） | 584 | 土地面积（千平方千米） | 28 | GDP（10亿美元） | 1.1 |

	经济体数据	东亚和太平洋地区组别	中低收入组别
人均 GNI，世界银行图表集法（美元）	1,920	9,771	2,029
调整后的人均国民净收入（美元）	1,385	7,546	1,767
城市人口（占总人口的百分比）	22.3	56.6	39.0
农业			
农业用地面积（占土地面积的百分比）	4	49	44
灌溉地面积（占总农业用地面积的百分比）	..	..	..
农业生产力，以每农业工作者增加值计（2010年美元）	..	1,657	1,614
谷物产量（每公顷千克数）	1,830	4,958	3,185
森林和生物多样性			
森林面积（占土地面积的百分比）	78.1	26.3	24.3
森林采伐（2000—2015 年年均百分比）	0.2	-0.2	0.4
陆地保护区面积（占土地面积的百分比）	2.2	15.6	12.0
濒危物种，哺乳动物	20	918	1,134
濒危物种，鸟类	25	1,097	1,199
濒危物种，鱼类	22	1,549	2,011
濒危物种，高等植物	17	3,515	3,971
海洋			
渔业总产量（千吨）	85.1	132,587	58,665
渔获增长率（2000—2015 年年均百分比）	9.2	0.9	2.4
水产养殖业增长率（2000—2015 年年均百分比）	56.3	6.5	12.0
海洋保护区面积（占领海面积的百分比）	0.9	17.0	5.0
珊瑚礁区域面积（平方千米）	5,750	203,050	128,580
红树林区域面积（平方千米）	603	67,121	68,563
能源与排放			
人均能源使用量（千克石油当量）	..	2,137	651
废物和生物质能产生的能源（占总能源量的百分比）	..	7.7	28.5
人均耗电量（千瓦时）	..	3,682	777
化石燃料发电量（占总量的百分比）	..	76.4	74.9
水力发电量（占总量的百分比）	..	15.0	14.9
人均二氧化碳排放量（吨）	0.4	6.3	1.4
水与卫生			
人均淡水资源（立方米）	78,123	4,529	3,003
淡水使用总量（占淡水资源总量的百分比）	..	11.3	18.4
农业（占淡水使用总量的百分比）	..	71	88
获得改善的水源的人口（占总人口的百分比）	81	94	90
农村（占农村人口的百分比）	77	90	87
城市（占城市人口的百分比）	93	97	94
获得改善的卫生设施的人口（占总人口的百分比）	30	77	52
农村（占农村人口的百分比）	15	64	42
城市（占城市人口的百分比）	81	87	67
环境与健康			
PM2.5 污染，年平均接触值（微克每立方米）	7	44	58
PM2.5 接触（超过世界卫生组织指导线的人口百分比）	0	97	99
急性呼吸道感染发病率（占五岁以下儿童的百分比）	..	..	..
腹泻发病率（占五岁以下儿童的百分比）	..	..	..
五岁以下儿童的死亡率（每千名活产儿）	28	17	53
国民账户汇编——储蓄，消耗与退化			
总储蓄（占 GNI 的百分比）	..	39.1	27.6
固定资本消费（占 GNI 的百分比）	8.5	20.7	9.7
教育支出（占 GNI 的百分比）	9.9	2.7	3.0
能源消耗（占 GNI 的百分比）	0.0	0.3	0.8
矿产消耗（占 GNI 的百分比）	2.8	0.2	0.3
净森林消耗（占 GNI 的百分比）	16.6	0.0	0.4
二氧化碳的损害（占 GNI 的百分比）	0.5	2.1	2.3
空气污染的损害（占 GNI 的百分比）	1.4	0.3	0.9
调整后的净储蓄（占 GNI 的百分比）	..	18.1	16.1

索马里

| 人口（百万） | **10.8** | 土地面积（千平方千米） | **627** | GDP（10亿美元） | **5.9** |

	经济体数据	撒哈拉以南非洲地区组别	低收入组别
人均 GNI，世界银行图表集法（美元）	..	1,631	619
调整后的人均国民净收入（美元）	..	1,239	497
城市人口（占总人口的百分比）	39.6	37.7	30.7
农业			
农业用地面积（占土地面积的百分比）	70	42	39
灌溉地面积（占总农业用地面积的百分比）	..	..	..
农业生产力，以每农业工作者增加值计（2010 年美元）	..	1,219	504
谷物产量（每公顷千克数）	761	1,452	1,486
森林和生物多样性			
森林面积（占土地面积的百分比）	10.1	25.7	27.4
森林采伐（2000—2015 年均百分比）	1.1	0.5	0.5
陆地保护区面积（占土地面积的百分比）	0.6	15.3	15.2
濒危物种，哺乳动物	14	918	619
濒危物种，鸟类	18	876	599
濒危物种，鱼类	29	2,023	1,156
濒危物种，高等植物	43	3,740	1,962
海洋			
渔业总产量（千吨）	30.0	7,416	3,954
渔获增长率（2000—2015 年均百分比）	1.5	1.8	2.2
水产养殖业增长率（2000—2015 年均百分比）	0.0	17.0	3.1
海洋保护区面积（占领海面积的百分比）	0.0	6.1	3.5
珊瑚礁区域面积（平方千米）	710	17,980	12,520
红树林区域面积（平方千米）	48.0	28,061	15,778
能源与排放			
人均能源使用量（千克石油当量）	..	701	..
废物和生物质能产生的能源（占总能源量的百分比）	..	57.4	79.1
人均耗电量（千瓦时）	..	497	..
化石燃料发电量（占总量的百分比）	..	64.3	..
水力发电量（占总量的百分比）	..	21.2	..
人均二氧化碳排放量（吨）	0.1	0.8	0.3
水与卫生			
人均淡水资源（立方米）	570	3,986	4,629
淡水使用总量（占淡水资源总量的百分比）	55.0	3.2	3.3
农业（占淡水使用总量的百分比）	99	81	90
获得改善的水源的人口（占总人口的百分比）	32	68	66
农村（占农村人口的百分比）	9	56	56
城市（占城市人口的百分比）	70	87	87
获得改善的卫生设施的人口（占总人口的百分比）	24	30	28
农村（占农村人口的百分比）	6	23	23
城市（占城市人口的百分比）	52	40	40
环境与健康			
PM2.5 污染，年平均接触值（微克每立方米）	20	36	39
PM2.5 接触（超过世界卫生组织指导线的人口百分比）	100	99	99
急性呼吸道感染发病率（占五岁以下儿童的百分比）	..	5	6
腹泻发病率（占五岁以下儿童的百分比）	..	14	16
五岁以下儿童的死亡率（每千名活产儿）	137	83	76
国民账户汇编——储蓄，消耗与退化			
总储蓄（占 GNI 的百分比）	..	14.4	14.7
固定资本消费（占 GNI 的百分比）	..	13.8	10.6
教育支出（占 GNI 的百分比）	1.0	3.3	3.2
能源消耗（占 GNI 的百分比）	..	1.7	0.4
矿产消耗（占 GNI 的百分比）	0.0	0.9	1.5
净森林消耗（占 GNI 的百分比）	10.6	2.3	6.6
二氧化碳的损害（占 GNI 的百分比）	0.3	1.6	1.2
空气污染的损害（占 GNI 的百分比）	..	1.2	1.7
调整后的净储蓄（占 GNI 的百分比）	..	-3.9	-3.8

南非

人口（百万）	55.0	土地面积（千平方千米）	1,213	GDP（10 亿美元）	314.6

	经济体数据	撒哈拉以南非洲地区组别	中高收入组别
人均 GNI，世界银行图表集法（美元）	6,080	1,631	8,263
调整后的人均国民净收入（美元）	4,671	1,239	6,302
城市人口（占总人口的百分比）	64.8	37.7	64.1
农业			
农业用地面积（占土地面积的百分比）	80	42	35
灌溉地面积（占总农业用地面积的百分比）	1.7	..	..
农业生产力，以每农业工作者增加值计（2010 年美元）	9,451	1,219	2,208
谷物产量（每公顷千克数）	4,894	1,452	4,104
森林和生物多样性			
森林面积（占土地面积的百分比）	7.6	25.7	34.9
森林采伐（2000—2015 年年均百分比）	0.0	0.5	0.0
陆地保护区面积（占土地面积的百分比）	8.9	15.3	15.2
濒危物种，哺乳动物	26	918	1,056
濒危物种，鸟类	46	876	1,511
濒危物种，鱼类	107	2,023	2,315
濒危物种，高等植物	116	3,740	6,808
海洋			
渔业总产量（千吨）	578	7,416	103,240
渔获增长率（2000—2015 年年均百分比）	-1.0	1.8	-0.5
水产养殖增长率（2000—2015 年年均百分比）	5.6	17.0	5.3
海洋保护区面积（占领海面积的百分比）	13.4	6.1	9.9
珊瑚礁区域面积（平方千米）	..	17,980	48,880
红树林区域面积（平方千米）	30.5	28,061	50,774
能源与排放			
人均能源使用量（千克石油当量）	2,715	701	2,192
废物和生物质能产生的能源（占总能源量的百分比）	10.5	57.4	7.3
人均耗电量（千瓦时）	4,229	497	3,495
化石燃料发电量（占总量的百分比）	93.1	64.3	71.1
水力发电量（占总量的百分比）	0.4	21.2	21.0
人均二氧化碳排放量（吨）	8.8	0.8	6.6
水与卫生			
人均淡水资源（立方米）	827	3,986	8,261
淡水使用总量（占淡水资源总量的百分比）	34.6	3.2	6.3
农业（占淡水使用量的百分比）	63	81	68
获得改善的水源的人口（占总人口的百分比）	93	68	95
农村（占农村人口的百分比）	81	56	91
城市（占城市人口的百分比）	100	87	97
获得改善的卫生设施的人口（占总人口的百分比）	66	30	80
农村（占农村人口的百分比）	61	23	67
城市（占城市人口的百分比）	70	40	87
环境与健康			
PM2.5 污染，年平均接触值（微克每立方米）	30	36	42
PM2.5 接触（超过世界卫生组织指导线的人口百分比）	100	99	95
急性呼吸道感染发病率（占五岁以下儿童的百分比）	..	5	..
腹泻发病率（占五岁以下儿童的百分比）	..	14	..
五岁以下儿童的死亡率（每千名活产儿）	41	83	19
国民账户汇编——储蓄，消耗与退化			
总储蓄（占 GNI 的百分比）	16.8	14.4	36.6
固定资本消费（占 GNI 的百分比）	14.3	13.8	18.0
教育支出（占 GNI 的百分比）	6.0	3.3	3.0
能源消耗（占 GNI 的百分比）	0.7	1.7	1.1
矿产消耗（占 GNI 的百分比）	1.1	0.9	0.4
净森林消耗（占 GNI 的百分比）	0.0	2.3	0.0
二氧化碳的损害（占 GNI 的百分比）	4.6	1.6	2.6
空气污染的损害（占 GNI 的百分比）	0.4	1.2	0.3
调整后的净储蓄（占 GNI 的百分比）	1.5	-3.9	17.2

南苏丹

| 人口（百万） | 12.3 | 土地面积（平方千米） | .. | GDP（10 亿美元） | 9.0 |

	经济体数据	撒哈拉以南非洲地区组别	低收入组别
人均 GNI，世界银行图表集法（美元）	790	1,631	619
调整后的人均国民净收入（美元）	531	1,239	497
城市人口（占总人口的百分比）	18.8	37.7	30.7
农业			
农业用地面积（占土地面积的百分比）	..	42	39
灌溉地面积（占总农业用地面积的百分比）	..	..	..
农业生产力，以每农业工作者增加值计（2010 年美元）	..	1,219	504
谷物产量（每公顷千克数）	1,254	1,452	1,486
森林和生物多样性			
森林面积（占土地面积的百分比）	..	25.7	27.4
森林采伐（2000—2015 年年均百分比）	..	0.5	0.5
陆地保护区面积（占土地面积的百分比）	20.8	15.3	15.2
濒危物种，哺乳动物	10	918	619
濒危物种，鸟类	19	876	599
濒危物种，鱼类	0	2,023	1,156
濒危物种，高等植物	15	3,740	1,962
海洋			
渔业总产量（千吨）	37.0	7,416	3,954
渔获增长率（2000—2015 年年均百分比）	..	1.8	2.2
水产养殖业增长率（2000—2015 年年均百分比）	0.0	17.0	3.1
海洋保护区面积（占海领海面积的百分比）	..	6.1	3.5
珊瑚礁区域面积（平方千米）	..	17,980	12,520
红树林区域面积（平方千米）	..	28,061	15,778
能源与排放			
人均能源使用量（千克石油当量）	59	701	..
废物和生物质能产生的能源（占总能源量的百分比）	27.8	57.4	79.1
人均耗电量（千瓦时）	39	497	..
化石燃料发电量（占总量的百分比）	99.6	64.3	..
水力发电量（占总量的百分比）	0.0	21.2	..
人均二氧化碳排放量（吨）	0.1	0.8	0.3
水与卫生			
人均淡水资源（立方米）	2,183	3,986	4,629
淡水使用总量（占淡水资源总量的百分比）	2.5	3.2	3.3
农业（占淡水使用总量的百分比）	36	81	90
获得改善的水源的人口（占总人口的百分比）	59	68	66
农村（占农村人口的百分比）	57	56	56
城市（占城市人口的百分比）	67	87	87
获得改善的卫生设施的人口（占总人口的百分比）	7	30	28
农村（占农村人口的百分比）	5	23	23
城市（占城市人口的百分比）	16	40	40
环境与健康			
PM2.5 污染，年平均接触值（微克每立方米）	32	36	39
PM2.5 接触（超过世界卫生组织指导线的人口百分比）	100	99	99
急性呼吸道感染发病率（占五岁以下儿童的百分比）	..	5	6
腹泻发病率（占五岁以下儿童的百分比）	..	14	16
五岁以下儿童的死亡率（每千名活产儿）	93	83	76
国民账户汇编——储蓄，消耗与退化			
总储蓄（占 GNI 的百分比）	-10.5	14.4	14.7
固定资本消费（占 GNI 的百分比）	11.8	13.8	10.6
教育支出（占 GNI 的百分比）	..	3.3	3.2
能源消耗（占 GNI 的百分比）	5.7	1.7	0.4
矿产消耗（占 GNI 的百分比）	0.0	0.9	1.5
净森林消耗（占 GNI 的百分比）	0.0	2.3	6.6
二氧化碳的损害（占 GNI 的百分比）	0.3	1.6	1.2
空气污染的损害（占 GNI 的百分比）	..	1.2	1.7
调整后的净储蓄（占 GNI 的百分比）	..	-3.9	-3.8

西班牙

| 人口（百万） | 46.4 | 土地面积（千平方千米） | 500 | GDP（10亿美元） | **1,192.9** |

	经济体数据	欧洲和中亚地区组别	高收入组别
人均GNI，世界银行图表集法（美元）	28,380	24,275	41,932
调整后的人均国民净收入（美元）	21,129	18,328	33,454
城市人口（占总人口的百分比）	79.6	70.9	81.1
农业			
农业用地面积（占土地面积的百分比）	53	29	36
灌溉地面积（占总农业用地面积的百分比）	14.4	..	..
农业生产力，以每农业工作者增加值计（2010年美元）	42,109	14,018	30,017
谷物产量（每公顷千克数）	3,246	3,910	5,919
森林和生物多样性			
森林面积（占土地面积的百分比）	36.8	38.0	28.9
森林采伐（2000—2015年年均百分比）	-0.5	-0.1	-0.0
陆地保护区面积（占土地面积的百分比）	28.0	12.6	15.7
濒危物种，哺乳动物	17	350	527
濒危物种，鸟类	15	638	923
濒危物种，鱼类	78	1,220	2,263
濒危物种，高等植物	216	1,032	2,176
海洋			
渔业总产量（千吨）	1,265	18,438	33,549
渔获增长率（2000—2015年年均百分比）	-0.6	-0.9	-1.5
水产养殖增长率（2000—2015年年均百分比）	-0.4	2.9	2.6
海洋保护区面积（占领海面积的百分比）	7.5	13.0	23.7
珊瑚礁区域面积（平方千米）	..	..	83,900
红树林区域面积（平方千米）	..	..	15,283
能源与排放			
人均能源使用量（千克石油当量）	2,465	3,157	4,745
废物和生物质能产生的能源（占总能源量的百分比）	6.1	5.9	5.3
人均耗电量（千瓦时）	5,356	5,369	9,066
化石燃料发电量（占总量的百分比）	38.8	49.8	60.7
水力发电量（占总量的百分比）	14.2	16.6	12.0
人均二氧化碳排放量（吨）	5.1	7.3	11.0
水与卫生			
人均淡水资源（立方米）	2,392	7,850	8,733
淡水使用总量（占淡水资源总量的百分比）	33.6	7.4	9.8
农业（占淡水使用总量的百分比）	68	47	41
获得改善的水源的人口（占总人口的百分比）	100	98	100
农村（占农村人口的百分比）	100	96	99
城市（占城市人口的百分比）	100	99	100
获得改善的卫生设施的人口（占总人口的百分比）	100	93	99
农村（占农村人口的百分比）	100	89	99
城市（占城市人口的百分比）	100	95	100
环境与健康			
PM2.5污染，年平均接触值（微克每立方米）	10	19	17
PM2.5接触（超过世界卫生组织指导线的人口百分比）	28	89	62
急性呼吸道感染发病率（占五岁以下儿童的百分比）	..	..	..
腹泻发病率（占五岁以下儿童的百分比）	..	..	..
五岁以下儿童的死亡率（每千名活产儿）	4	11	6
国民账户汇编——储蓄，消耗与退化			
总储蓄（占GNI的百分比）	21.4	22.5	22.2
固定资本消费（占GNI的百分比）	17.7	16.1	16.6
教育支出（占GNI的百分比）	4.1	4.8	4.8
能源消耗（占GNI的百分比）	0.0	0.6	0.3
矿产消耗（占GNI的百分比）	0.0	0.1	0.1
净森林消耗（占GNI的百分比）	0.0	0.0	0.0
二氧化碳的损害（占GNI的百分比）	0.6	1.0	0.8
空气污染的损害（占GNI的百分比）	0.0	0.1	0.1
调整后的净储蓄（占GNI的百分比）	7.2	9.5	9.1

斯里兰卡

人口（百万）	21.0	土地面积（千平方千米）	63	GDP（10亿美元）	82.3

	经济体数据	南亚地区组别	中低收入组别
人均 GNI，世界银行图表集法（美元）	3,800	1,535	2,029
调整后的人均国民净收入（美元）	3,570	1,365	1,767
城市人口（占总人口的百分比）	18.4	33.0	39.0
农业			
农业用地面积（占土地面积的百分比）	44	57	44
灌溉地面积（占总农业用地面积的百分比）	..	..	..
农业生产力，以每农业工作者增加值计（2010 年美元）	1,487	1,131	1,614
谷物产量（每公顷千克数）	3,802	3,083	3,185
森林和生物多样性			
森林面积（占土地面积的百分比）	33.0	17.5	24.3
森林采伐（2000—2015 年均百分比）	0.4	-0.4	0.4
陆地保护区面积（占土地面积的百分比）	23.2	6.6	12.0
濒危物种，哺乳动物	29	251	1,134
濒危物种，鸟类	16	238	1,199
濒危物种，鱼类	54	383	2,011
濒危物种，高等植物	291	752	3,971
海洋			
渔业总产量（千吨）	544	15,171	58,665
渔获增长率（2000—2015 年均百分比）	3.7	1.9	2.4
水产养殖业增长率（2000—2015 年均百分比）	15.0	7.3	12.0
海洋保护区面积（占领海面积的百分比）	1.3	2.3	5.0
珊瑚礁区域面积（平方千米）	680	15,440	128,580
红树林区域面积（平方千米）	88.8	10,343	68,563
能源与排放			
人均能源使用量（千克石油当量）	516	576	651
废物和生物质能产生的能源（占总能源量的百分比）	45.8	25.6	28.5
人均耗电量（千瓦时）	531	707	777
化石燃料发电量（占总量的百分比）	60.8	80.0	74.9
水力发电量（占总量的百分比）	36.5	11.6	14.9
人均二氧化碳排放量（吨）	0.8	1.4	1.4
水与卫生			
人均淡水资源（立方米）	2,542	1,152	3,003
淡水使用总量（占淡水资源总量的百分比）	24.5	51.6	18.4
农业（占淡水使用总量的百分比）	87	91	88
获得改善的水源的人口（占总人口的百分比）	96	92	90
农村（占农村人口的百分比）	95	91	87
城市（占城市人口的百分比）	99	95	94
获得改善的卫生设施的人口（占总人口的百分比）	95	45	52
农村（占农村人口的百分比）	97	35	42
城市（占城市人口的百分比）	88	65	67
环境与健康			
PM2.5 污染，年平均接触值（微克每立方米）	28	74	58
PM2.5 接触（超过世界卫生组织指导线的人口百分比）	100	100	99
急性呼吸道感染发病率（占五岁以下儿童的百分比）	..	..	..
腹泻发病率（占五岁以下儿童的百分比）	..	..	..
五岁以下儿童的死亡率（每千名活产儿）	10	53	53
国民账户汇编——储蓄，消耗与退化			
总储蓄（占 GNI 的百分比）	28.6	31.3	27.6
固定资本消费（占 GNI 的百分比）	6.9	10.5	9.7
教育支出（占 GNI 的百分比）	1.3	2.8	3.0
能源消耗（占 GNI 的百分比）	0.0	0.4	0.8
矿产消耗（占 GNI 的百分比）	0.0	0.1	0.3
净森林消耗（占 GNI 的百分比）	0.1	0.3	0.4
二氧化碳的损害（占 GNI 的百分比）	0.6	3.0	2.3
空气污染的损害（占 GNI 的百分比）	0.6	1.2	0.9
调整后的净储蓄（占 GNI 的百分比）	21.7	18.6	16.1

圣基茨和尼维斯

| 人口（千） | 56 | 土地面积（平方千米） | 260 | GDP（百万美元） | 876.5 |

	经济体数据	拉丁美洲和加勒比地区组别	高收入组别
人均 GNI，世界银行图表集法（美元）	15,060	8,968	41,932
调整后的人均国民净收入（美元）	..	7,249	33,454
城市人口（占总人口的百分比）	32.0	79.9	81.1
农业			
农业用地面积（占土地面积的百分比）	23	38	36
灌溉地面积（占总农业用地面积的百分比）	*13.3*	..	..
农业生产力，以每农业工作者增加值计（2010 年美元）	1,805	7,188	30,017
谷物产量（每公顷千克数）	..	4,169	5,919
森林和生物多样性			
森林面积（占土地面积的百分比）	42.3	46.3	28.9
森林采伐（2000—2015 年年均百分比）	0.0	0.4	-0.0
陆地保护区面积（占土地面积的百分比）	3.3	23.3	15.7
濒危物种，哺乳动物	2	622	527
濒危物种，鸟类	1	1,011	923
濒危物种，鱼类	29	1,642	2,263
濒危物种，高等植物	2	5,108	2,176
海洋			
渔业总产量（千吨）	100	14,416	33,549
渔获增长率（2000—2015 年年均百分比）	36.5	-3.5	-1.5
水产养殖增长率（2000—2015 年年均百分比）	0.0	7.7	2.6
海洋保护区面积（占领海面积的百分比）	0.5	15.5	23.7
珊瑚礁区域面积（平方千米）	180	20,320	83,900
红树林区域面积（平方千米）	0.68	41,330	15,283
能源与排放			
人均能源使用量（千克石油当量）	..	1,337	4,745
废物和生物质能产生的能源（占总能源量的百分比）	..	17.1	5.3
人均耗电量（千瓦时）	..	2,122	9,066
化石燃料发电量（占总量的百分比）	..	43.1	60.7
水力发电量（占总量的百分比）	..	46.5	12.0
人均二氧化碳排放量（吨）	5.1	3.0	11.0
水与卫生			
人均淡水资源（立方米）	437	22,160	8,733
淡水使用总量（占淡水资源总量的百分比）	65.0	2.4	9.8
农业（占淡水使用总量的百分比）	1	71	41
获得改善的水源的人口（占总人口的百分比）	98	95	100
农村（占农村人口的百分比）	98	84	99
城市（占城市人口的百分比）	98	97	100
获得改善的卫生设施的人口（占总人口的百分比）	..	83	99
农村（占农村人口的百分比）	..	64	99
城市（占城市人口的百分比）	..	88	100
环境与健康			
PM2.5 污染，年平均接触值（微克每立方米）	..	18	17
PM2.5 接触（超过世界卫生组织指导线的人口百分比）	..	85	62
急性呼吸道感染发病率（占五岁以下儿童的百分比）	..	..	..
腹泻发病率（占五岁以下儿童的百分比）	..	..	..
五岁以下儿童的死亡率（每千名活产儿）	11	18	6
国民账户汇编——储蓄，消耗与退化			
总储蓄（占 GNI 的百分比）	*35.2*	17.7	22.2
固定资本消费（占 GNI 的百分比）	18.6	10.2	16.6
教育支出（占 GNI 的百分比）	3.3	4.9	4.8
能源消耗（占 GNI 的百分比）	0.0	0.9	0.3
矿产消耗（占 GNI 的百分比）	0.0	0.9	0.1
净森林消耗（占 GNI 的百分比）	..	0.1	0.0
二氧化碳的损害（占 GNI 的百分比）	1.1	1.1	0.8
空气污染的损害（占 GNI 的百分比）	..	0.2	0.1
调整后的净储蓄（占 GNI 的百分比）	..	9.4	9.1

圣卢西亚

| 人口（千） | 185 | 土地面积（平方千米） | 610 | GDP（10亿美元） | 1.4 |

	经济体数据	拉丁美洲和加勒比地区组别	中高收入组别
人均 GNI，世界银行图表集法（美元）	7,350	8,968	8,263
调整后的人均国民净收入（美元）	6,858	7,249	6,302
城市人口（占总人口的百分比）	18.5	79.9	64.1
农业			
农业用地面积（占土地面积的百分比）	17	38	35
灌溉地面积（占总农业用地面积的百分比）	..	..	..
农业生产力，以每农业工作者增加值计（2010 年美元）	1,821	7,188	2,208
谷物产量（每公顷千克数）	..	4,169	4,104
森林和生物多样性			
森林面积（占土地面积的百分比）	33.3	46.3	34.9
森林采伐（2000—2015 年年均百分比）	0.3	0.4	0.0
陆地保护区面积（占土地面积的百分比）	16.9	23.3	15.2
濒危物种，哺乳动物	2	622	1,056
濒危物种，鸟类	5	1,011	1,511
濒危物种，鱼类	30	1,642	2,315
濒危物种，高等植物	6	5,108	6,808
海洋			
渔业总产量（千吨）	2.1	14,416	103,240
渔获增长率（2000—2015 年年均百分比）	0.2	-3.5	-0.5
水产养殖业增长率（2000—2015 年年均百分比）	24.3	7.7	5.3
海洋保护区面积（占领海面积的百分比）	0.2	15.5	9.9
珊瑚礁区域面积（平方千米）	160	20,320	48,880
红树林区域面积（平方千米）	1.9	41,330	50,774
能源与排放			
人均能源使用量（千克石油当量）	..	1,337	2,192
废物和生物质能产生的能源（占总能源量的百分比）	..	17.1	7.3
人均耗电量（千瓦时）	..	2,122	3,495
化石燃料发电量（占总量的百分比）	..	43.1	71.1
水力发电量（占总量的百分比）	..	46.5	21.0
人均二氧化碳排放量（吨）	2.2	3.0	6.6
水与卫生			
人均淡水资源（立方米）	1,634	22,160	8,261
淡水使用量（占淡水资源总量的百分比）	14.3	2.4	6.3
农业（占淡水使用总量的百分比）	71	71	68
获得改善的水源的人口（占总人口的百分比）	96	95	95
农村（占农村人口的百分比）	96	84	91
城市（占城市人口的百分比）	100	97	97
获得改善的卫生设施的人口（占总人口的百分比）	91	83	80
农村（占农村人口的百分比）	92	64	67
城市（占城市人口的百分比）	85	88	87
环境与健康			
PM2.5 污染，年平均接触值（微克每立方米）	14	18	42
PM2.5 接触（超过世界卫生组织指导线的人口百分比）	100	85	95
急性呼吸道感染发病率（占五岁以下儿童的百分比）	..	..	..
腹泻发病率（占五岁以下儿童的百分比）	..	..	..
五岁以下儿童的死亡率（每千名活产儿）	14	18	19
国民账户汇编——储蓄，消耗与退化			
总储蓄（占 GNI 的百分比）	*12.2*	17.7	36.6
固定资本消费（占 GNI 的百分比）	10.0	10.2	18.0
教育支出（占 GNI 的百分比）	4.8	4.9	3.0
能源消耗（占 GNI 的百分比）	0.0	0.9	1.1
矿产消耗（占 GNI 的百分比）	0.0	0.9	0.4
净森林消耗（占 GNI 的百分比）	0.0	0.1	0.0
二氧化碳的损害（占 GNI 的百分比）	0.9	1.1	2.6
空气污染的损害（占 GNI 的百分比）	0.2	0.2	0.3
调整后的净储蓄（占 GNI 的百分比）	5.5	9.4	17.2

法属圣马丁

| 人口（千） | 32 土地面积（平方千米） | 54 GDP（百万美元） | .. |

	经济体数据	拉丁美洲和加勒比地区组别	高收入组别
人均 GNI，世界银行图表集法（美元）	..	8,968	41,932
调整后的人均国民净收入（美元）	..	7,249	33,454
城市人口（占总人口的百分比）	..	79.9	81.1
农业			
农业用地面积（占土地面积的百分比）	..	38	36
灌溉地面积（占总农业用地面积的百分比）	..	..	..
农业生产力，以每农业工作者增加值计（2010 年美元）	..	7,188	30,017
谷物产量（每公顷千克数）	..	4,169	5,919
森林和生物多样性			
森林面积（占土地面积的百分比）	18.4	46.3	28.9
森林采伐（2000—2015 年年均百分比）	0.0	0.4	-0.0
陆地保护区面积（占土地面积的百分比）	..	23.3	15.7
濒危物种，哺乳动物	2	622	527
濒危物种，鸟类	0	1,011	923
濒危物种，鱼类	29	1,642	2,263
濒危物种，高等植物	3	5,108	2,176
海洋			
渔业总产量（千吨）	0.09	14,416	33,549
渔获增长率（2000—2015 年年均百分比）	..	-3.5	-1.5
水产养殖业增长率（2000—2015 年年均百分比）	..	7.7	2.6
海洋保护区面积（占领海面积的百分比）	..	15.5	23.7
珊瑚礁区域面积（平方千米）	..	20,320	83,900
红树林区域面积（平方千米）	..	41,330	15,283
能源与排放			
人均能源使用量（千克石油当量）	..	1,337	4,745
废物和生物质能产生的能源（占总能源的百分比）	..	17.1	5.3
人均耗电量（千瓦时）	..	2,122	9,066
化石燃料发电量（占总量的百分比）	..	43.1	60.7
水力发电量（占总量的百分比）	..	46.5	12.0
人均二氧化碳排放量（吨）	..	3.0	11.0
水与卫生			
人均淡水资源（立方米）	..	22,160	8,733
淡水使用总量（占淡水资源总量的百分比）	..	2.4	9.8
农业（占淡水使用总量的百分比）	..	71	41
获得改善的水源的人口（占总人口的百分比）	..	95	100
农村（占农村人口的百分比）	..	84	99
城市（占城市人口的百分比）	..	97	100
获得改善的卫生设施的人口（占总人口的百分比）	..	83	99
农村（占农村人口的百分比）	..	64	99
城市（占城市人口的百分比）	..	88	100
环境与健康			
PM2.5 污染，年平均接触值（微克每立方米）	..	18	17
PM2.5 接触（超过世界卫生组织指导线的人口百分比）	..	85	62
急性呼吸道感染发病率（占五岁以下儿童的百分比）	..	..	..
腹泻病发病率（占五岁以下儿童的百分比）	..	..	..
五岁以下儿童的死亡率（每千名活产儿）	..	18	6
国民账户汇编——储蓄，消耗与退化			
总储蓄（占 GNI 的百分比）	..	17.7	22.2
固定资本消费（占 GNI 的百分比）	..	10.2	16.6
教育支出（占 GNI 的百分比）	..	4.9	4.8
能源消耗（占 GNI 的百分比）	..	0.9	0.3
矿产消耗（占 GNI 的百分比）	..	0.9	0.1
净森林消耗（占 GNI 的百分比）	..	0.1	0.0
二氧化碳的损害（占 GNI 的百分比）	..	1.1	0.8
空气污染的损害（占 GNI 的百分比）	..	0.2	0.1
调整后的净储蓄（占 GNI 的百分比）	..	9.4	9.1

圣文森特和格林纳丁斯

人口（千）	109	土地面积（平方千米）	390	GDP（百万美元）	737.7

	经济体数据	拉丁美洲和加勒比地区组别	中高收入组别
人均 GNI，世界银行图表集法（美元）	6,630	8,968	8,263
调整后的人均国民净收入（美元）	5,294	7,249	6,302
城市人口（占总人口的百分比）	50.6	79.9	64.1
农业			
农业用地面积（占土地面积的百分比）	26	38	35
灌溉地面积（占总农业用地面积的百分比）			
农业生产力，以每农业工作者增加值计（2010 年美元）	3,961	7,188	2,208
谷物产量（每公顷千克数）	24,486	4,169	4,104
森林和生物多样性			
森林面积（占土地面积的百分比）	69.2	46.3	34.9
森林采伐（2000—2015 年年均百分比）	-0.3	0.4	0.0
陆地保护区面积（占土地面积的百分比）	22.5	23.3	15.2
濒危物种，哺乳动物	2	622	1,056
濒危物种，鸟类	2	1,011	1,511
濒危物种，鱼类	29	1,642	2,315
濒危物种，高等植物	5	5,108	6,808
海洋			
渔业总产量（千吨）	26.4	14,416	103,240
渔获增长率（2000—2015 年年均百分比）	1.0	-3.5	-0.5
水产养殖业增长率（2000—2015 年年均百分比）	..	7.7	5.3
海洋保护区面积（占领海面积的百分比）	1.2	15.5	9.9
珊瑚礁区域面积（平方千米）	140	20,320	48,880
红树林区域面积（平方千米）	0.90	41,330	50,774
能源与排放			
人均能源使用量（千克石油当量）	..	1,337	2,192
废物和生物质能产生的能源（占总能源量的百分比）	..	17.1	7.3
人均耗电量（千瓦时）	..	2,122	3,495
化石燃料发电量（占总量的百分比）	..	43.1	71.1
水力发电量（占总量的百分比）	..	46.5	21.0
人均二氧化碳排放量（吨）	1.9	3.0	6.6
水与卫生			
人均淡水资源（立方米）	914	22,160	8,261
淡水使用总量（占淡水资源总量的百分比）	8.5	2.4	6.3
农业（占淡水使用总量的百分比）	0	71	68
获得改善的水源的人口（占总人口的百分比）	95	95	95
农村（占农村人口的百分比）	95	84	91
城市（占城市人口的百分比）	95	97	97
获得改善的卫生设施的人口（占总人口的百分比）	..	83	80
农村（占农村人口的百分比）	..	64	67
城市（占城市人口的百分比）	..	88	87
环境与健康			
PM2.5 污染，年平均接触值（微克每立方米）	14	18	42
PM2.5 接触（超过世界卫生组织指导线的人口百分比）	100	85	95
急性呼吸道感染发病率（占五岁以下儿童的百分比）	..	..	..
腹泻发病率（占五岁以下儿童的百分比）	..	..	..
五岁以下儿童的死亡率（每千名活产儿）	18	18	19
国民账户汇编——储蓄，消耗与退化			
总储蓄（占 GNI 的百分比）	-3.1	17.7	36.6
固定资本消费（占 GNI 的百分比）	21.1	10.2	18.0
教育支出（占 GNI 的百分比）	5.2	4.9	3.0
能源消耗（占 GNI 的百分比）	0.0	0.9	1.1
矿产消耗（占 GNI 的百分比）	0.0	0.9	0.4
净森林消耗（占 GNI 的百分比）	0.0	0.1	0.0
二氧化碳的损害（占 GNI 的百分比）	0.9	1.1	2.6
空气污染的损害（占 GNI 的百分比）	0.2	0.2	0.2
调整后的净储蓄（占 GNI 的百分比）	-17.3	9.4	17.2

苏丹

| 人口（千） | **40.2** | 土地面积（千平方千米） | **2,376**ᵇ | GDP（10亿美元） | **97.2** |

	经济体数据	撒哈拉以南非洲地区组别	中低收入组别
人均 GNI，世界银行图表集法（美元）	1,920	1,631	2,029
调整后的人均国民净收入（美元）	1,936	1,239	1,767
城市人口（占总人口的百分比）	33.8	37.7	39.0
农业			
农业用地面积（占土地面积的百分比）	29ᵇ	42	44
灌溉地面积（占总农业用地面积的百分比）	2.2ᵇ	..	..
农业生产力，以每农业工作者增加值计（2010年美元）	2,600ᵇ	1,219	1,614
谷物产量（每公顷千克数）	683	1,452	3,185
森林和生物多样性			
森林面积（占土地面积的百分比）	8.1ᵇ	25.7	24.3
森林采伐（2000—2015年年均百分比）	2.7	0.5	0.4
陆上保护区面积（占土地面积的百分比）	1.7	15.3	12.0
濒危物种，哺乳动物	13	918	1,134
濒危物种，鸟类	23	876	1,199
濒危物种，鱼类	24	2,023	2,011
濒危物种，高等植物	16	3,740	3,971
海洋			
渔业总产量（千吨）	37.5	7,416	58,665
渔获增长率（2000—2015年年均百分比）	1.9ᵇ	1.8	2.4
水产养殖业增长率（2000—2015年年均百分比）	10.6ᵇ	17.0	12.0
海洋保护区面积（占领海面积的百分比）	0.0	6.1	5.0
珊瑚礁区域面积（平方千米）	2,720ᵇ	17,980	128,580
红树林区域面积（平方千米）	9.8ᵇ	28,061	68,563
能源与排放			
人均能源使用量（千克石油当量）	375	701	651
废物和生物质能产生的能源（占总能源量的百分比）	63.1	57.4	28.5
人均耗电量（千瓦时）	159	497	777
化石燃料发电量（占总量的百分比）	21.7	64.3	74.9
水力发电量（占总量的百分比）	78.3	21.2	14.9
人均二氧化碳排放量（吨）	0.3	0.8	1.4
水与卫生			
人均淡水资源（立方米）	102	3,986	3,003
淡水使用总量（占淡水资源总量的百分比）	673.3	3.2	18.4
农业（占淡水使用总量的百分比）	96	81	88
获得改善的水源的人口（占总人口的百分比）	56	68	90
农村（占农村人口的百分比）	50	56	87
城市（占城市人口的百分比）	66	87	94
获得改善的卫生设施的人口（占总人口的百分比）	24	30	52
农村（占农村人口的百分比）	13	23	42
城市（占城市人口的百分比）	44	40	67
环境与健康			
PM2.5 污染，年平均接触值（微克每立方米）	50	36	58
PM2.5 接触（超过世界卫生组织指导线的人口百分比）	100	99	99
急性呼吸道感染发病率（占五岁以下儿童的百分比）	..	5	..
腹泻发病率（占五岁以下儿童的百分比）	..	14	..
五岁以下儿童的死亡率（每千名活产儿）	70	83	53
国民账户汇编——储蓄，消耗与退化			
总储蓄（占 GNI 的百分比）	6.5	14.4	27.6
固定资本消费（占 GNI 的百分比）	9.0	13.8	9.7
教育支出（占 GNI 的百分比）	2.2	3.3	3.0
能源消耗（占 GNI 的百分比）	0.4	1.7	0.8
矿产消耗（占 GNI 的百分比）	1.8	0.9	0.3
净森林消耗（占 GNI 的百分比）	0.6	2.3	0.4
二氧化碳的损害（占 GNI 的百分比）	0.6	1.6	2.3
空气污染的损害（占 GNI 的百分比）	2.4	1.2	0.9
调整后的净储蓄（占 GNI 的百分比）	-6.2	-3.9	16.1

苏里南

| 人口（千） | 543 | 土地面积（千平方千米） | 156 | GDP（10 亿美元） | 5.2 |

	经济体数据	拉丁美洲和加勒比地区组别	中高收入组别
人均 GNI，世界银行图表集法（美元）	9,360	8,968	8,263
调整后的人均国民净收入（美元）	7,024	7,249	6,302
城市人口（占总人口的百分比）	66.0	79.9	64.1
农业			
农业用地面积（占土地面积的百分比）	1	38	35
灌溉地面积（占总农业用地面积的百分比）	..	..	..
农业生产力，以每农业工作者增加值计（2010 年美元）	14,011	7,188	2,208
谷物产量（每公顷千克数）	4,433	4,169	4,104
森林和生物多样性			
森林面积（占土地面积的百分比）	98.3	46.3	34.9
森林采伐（2000—2015 年年均百分比）	0.0	0.4	0.0
陆地保护区面积（占土地面积的百分比）	14.7	23.3	15.2
濒危物种，哺乳动物	9	622	1,056
濒危物种，鸟类	9	1,011	1,511
濒危物种，鱼类	30	1,642	2,315
濒危物种，高等植物	27	5,108	6,808
海洋			
渔业总产量（千吨）	44.7	14,416	103,240
渔获增长率（2000—2015 年年均百分比）	4.1	-3.5	-0.5
水产养殖业增长率（2000—2015 年年均百分比）	-6.7	7.7	5.3
海洋保护区面积（占领海面积的百分比）	22.9	15.5	9.9
珊瑚礁区域面积（平方千米）	..	20,320	48,880
红树林区域面积（平方千米）	510	41,330	50,774
能源与排放			
人均能源使用量（千克石油当量）	1,282	1,337	2,192
废物和生物质能产生的能源（占总能源量的百分比）	6.8	17.1	7.3
人均耗电量（千瓦时）	3,697	2,122	3,495
化石燃料发电量（占总量的百分比）	37.7	43.1	71.1
水力发电量（占总量的百分比）	62.3	46.5	21.0
人均二氧化碳排放量（吨）	3.9	3.0	6.6
水与卫生			
人均淡水资源（立方米）	83,930	22,160	8,261
淡水使用总量（占淡水资源总量的百分比）	0.6	2.4	6.3
农业（占淡水使用总量的百分比）	70	71	68
获得改善的水源的人口（占总人口的百分比）	95	95	95
农村（占农村人口的百分比）	88	84	91
城市（占城市人口的百分比）	98	97	97
获得改善的卫生设施的人口（占总人口的百分比）	79	83	80
农村（占农村人口的百分比）	61	64	67
城市（占城市人口的百分比）	88	88	87
环境与健康			
PM2.5 污染，年平均接触值（微克每立方米）	18	18	42
PM2.5 接触（超过世界卫生组织指导线的人口百分比）	100	85	95
急性呼吸道感染发病率（占五岁以下儿童的百分比）	..	..	..
腹泻发病率（占五岁以下儿童的百分比）	..	..	..
五岁以下儿童的死亡率（每千名活产儿）	21	18	19
国民账户汇编——储蓄，消耗与退化			
总储蓄（占 GNI 的百分比）	51.3	17.7	36.6
固定资本消费（占 GNI 的百分比）	12.8	10.2	18.0
教育支出（占 GNI 的百分比）	3.4	4.9	3.0
能源消耗（占 GNI 的百分比）	1.6	0.9	1.1
矿产消耗（占 GNI 的百分比）	11.2	0.9	0.4
净森林消耗（占 GNI 的百分比）	0.0	0.1	0.0
二氧化碳的损害（占 GNI 的百分比）	1.3	1.1	2.6
空气污染的损害（占 GNI 的百分比）	0.2	0.2	0.3
调整后的净储蓄（占 GNI 的百分比）	27.7	9.4	17.2

斯威士兰

| 人口（百万） | 1.3 | 土地面积（千平方千米） | 17 | GDP（10亿美元） | 4.1 |

	经济体数据	撒哈拉以南非洲地区组别	中低收入组别
人均 GNI，世界银行图表集法（美元）	3,280	1,631	2,029
调整后的人均国民净收入（美元）	2,531	1,239	1,767
城市人口（占总人口的百分比）	21.3	37.7	39.0
农业			
农业用地面积（占土地面积的百分比）	71	42	44
灌溉地面积（占总农业用地面积的百分比）	..	..	..
农业生产力，以每农业工作者增加值计（2010年美元）	2,688	1,219	1,614
谷物产量（每公顷千克数）	936	1,452	3,185
森林和生物多样性			
森林面积（占土地面积的百分比）	34.1	25.7	24.3
森林采伐（2000—2015年年均百分比）	-0.8	0.5	0.4
陆地保护区面积（占土地面积的百分比）	4.0	15.3	12.0
濒危物种，哺乳动物	8	918	1,134
濒危物种，鸟类	13	876	1,199
濒危物种，鱼类	4	2,023	2,011
濒危物种，高等植物	11	3,740	3,971
海洋			
渔业总产量（千吨）	0.17	7,416	58,665
渔获增长率（2000—2015年年均百分比）	1.8	1.8	2.4
水产养殖业增长率（2000—2015年年均百分比）	2.5	17.0	12.0
海洋保护区面积（占领海面积的百分比）	0.0	6.1	5.0
珊瑚礁区域面积（平方千米）	..	17,980	128,580
红树林区域面积（平方千米）	..	28,061	68,563
能源与排放			
人均能源使用量（千克石油当量）	..	701	651
废物和生物质产生的能源（占总能源量的百分比）	..	57.4	28.5
人均耗电量（千瓦时）	..	497	777
化石燃料发电量（占总量的百分比）	..	64.3	74.9
水力发电量（占总量的百分比）	..	21.2	14.9
人均二氧化碳排放量（吨）	0.9	0.8	1.4
水与卫生			
人均淡水资源（立方米）	2,080	3,986	3,003
淡水使用总量（占淡水资源总量的百分比）	39.5	3.2	18.4
农业（占淡水使用量的百分比）	97	81	88
获得改善的水源的人口（占总人口的百分比）	74	68	90
农村（占农村人口的百分比）	69	56	87
城市（占城市人口的百分比）	94	87	94
获得改善的卫生设施的人口（占总人口的百分比）	58	30	52
农村（占农村人口的百分比）	56	23	42
城市（占城市人口的百分比）	63	40	67
环境与健康			
PM2.5污染，年平均接触值（微克每立方米）	22	36	58
PM2.5接触（超出世界卫生组织指导值的人口百分比）	100	99	99
急性呼吸道感染发病率（占五岁以下儿童的百分比）	..	5	..
腹泻发病率（占五岁以下儿童的百分比）	..	14	..
五岁以下儿童的死亡率（每千名活产儿）	61	83	53
国民账户汇编——储蓄，消耗与退化			
总储蓄（占GNI的百分比）	24.6	14.4	27.6
固定资本消费（占GNI的百分比）	15.3	13.8	9.7
教育支出（占GNI的百分比）	9.2	3.3	3.0
能源消耗（占GNI的百分比）	0.0	1.7	0.8
矿产消耗（占GNI的百分比）	0.0	0.9	0.3
净森林消耗（占GNI的百分比）	1.9	2.3	0.4
二氧化碳的损害（占GNI的百分比）	0.8	1.6	2.3
空气污染的损害（占GNI的百分比）	1.7	1.2	0.9
调整后的净储蓄（占GNI的百分比）	14.4	-3.9	16.1

瑞典

| 人口（百万） | 9.8 | 土地面积（千平方千米） | 407 | GDP（10 亿美元） | 495.7 |

	经济体数据	欧洲和中亚地区组别	高收入组别
人均 GNI，世界银行图表集法（美元）	57,900	24,275	41,932
调整后的人均国民净收入（美元）	43,114	18,328	33,454
城市人口（占总人口的百分比）	85.8	70.9	81.1
农业			
农业用地面积（占土地面积的百分比）	7	29	36
灌溉地面积（占总农业用地面积的百分比）	1.7	..	..
农业生产力，以每农业工作者增加值计（2010 年美元）	73,062	14,018	30,017
谷物产量（每公顷千克数）	5,647	3,910	5,919
森林和生物多样性			
森林面积（占土地面积的百分比）	68.9	38.0	28.9
森林采伐（2000—2015 年年均百分比）	0.0	-0.1	-0.0
陆地保护区面积（占土地面积的百分比）	14.8	12.6	15.7
濒危物种，哺乳动物	1	350	527
濒危物种，鸟类	8	638	923
濒危物种，鱼类	15	1,220	2,263
濒危物种，高等植物	4	1,032	2,176
海洋			
渔业总产量（千吨）	225	18,438	33,549
渔获增长率（2000—2015 年年均百分比）	-3.0	-0.9	-1.5
水产养殖业增长率（2000—2015 年年均百分比）	6.3	2.9	2.6
海洋保护区面积（占领海面积的百分比）	10.5	13.0	23.7
珊瑚礁区域面积（平方千米）	..	..	83,900
红树林区域面积（平方千米）	..	..	15,283
能源与排放			
人均能源使用量（千克石油当量）	4,966	3,157	4,745
废物和生物质能产生的能源（占总能源量的百分比）	23.7	5.9	5.3
人均耗电量（千瓦时）	13,480	5,369	9,066
化石燃料发电量（占总量的百分比）	1.1	49.8	60.7
水力发电量（占总量的百分比）	41.5	16.6	12.0
人均二氧化碳排放量（吨）	4.6	7.3	11.0
水与卫生			
人均淡水资源（立方米）	17,636	7,850	8,733
淡水使用总量（占淡水资源总量的百分比）	1.6	7.4	9.8
农业（占淡水使用总量的百分比）	4	47	41
获得改善的水源的人口（占总人口的百分比）	100	98	100
农村（占农村人口的百分比）	100	96	99
城市（占城市人口的百分比）	100	99	100
获得改善的卫生设施的人口（占总人口的百分比）	99	93	99
农村（占农村人口的百分比）	100	89	99
城市（占城市人口的百分比）	99	95	100
环境与健康			
PM2.5 污染，年平均接触值（微克每立方米）	6	19	17
PM2.5 接触（超过世界卫生组织指导线的人口百分比）	0	89	62
急性呼吸道感染发病率（占五岁以下儿童的百分比）	..	..	..
腹泻发病率（占五岁以下儿童的百分比）	..	..	..
五岁以下儿童的死亡率，每千名活产儿	3	11	6
国民账户汇编——储蓄，消耗与退化			
总储蓄（占 GNI 的百分比）	28.4	22.5	22.2
固定资本消费（占 GNI 的百分比）	16.2	16.1	16.6
教育支出（占 GNI 的百分比）	7.1	4.8	4.8
能源消耗（占 GNI 的百分比）	0.0	0.6	0.3
矿产消耗（占 GNI 的百分比）	0.1	0.1	0.1
净森林消耗（占 GNI 的百分比）	0.0	0.0	0.0
二氧化碳的损害（占 GNI 的百分比）	0.3	1.0	0.8
空气污染的损害（占 GNI 的百分比）	0.0	0.1	0.1
调整后的净储蓄（占 GNI 的百分比）	19.0	9.5	9.1

瑞士

| 人口（百万） | 8.3 | 土地面积（千平方千米） | 40 | GDP（10亿美元） | 670.8 |

	经济体数据	欧洲和中亚地区组别	高收入组别
人均GNI，世界银行图表集法（美元）	84,550	24,275	41,932
调整后的人均国民净收入（美元）	65,641	18,328	33,454
城市人口（占总人口的百分比）	73.9	70.9	81.1
农业			
农业用地面积（占土地面积的百分比）	39	29	36
灌溉地面积（占总农业用地面积的百分比）	2.2	..	..
农业生产力，以每农业工作者增加值计（2010年美元）	31,847	14,018	30,017
谷物产量（每公顷千克数）	6,725	3,910	5,919
森林和生物多样性			
森林面积（占土地面积的百分比）	31.7	38.0	28.9
森林采伐（2000—2015年年均百分比）	-0.3	-0.1	-0.0
陆地保护区面积（占土地面积的百分比）	9.9	12.6	15.7
濒危物种，哺乳动物	3	350	527
濒危物种，鸟类	6	638	923
濒危物种，鱼类	9	1,220	2,263
濒危物种，高等植物	4	1,032	2,176
海洋			
渔业总产量（千吨）	3.6	18,438	33,549
渔获增长率（2000—2015年年均百分比）	1.3	-0.9	-1.5
水产养殖业增长率（2000—2015年年均百分比）	2.5	2.9	2.6
海洋保护区面积（占领海面积的百分比）	0.0	13.0	23.7
珊瑚礁区域面积（平方千米）	..	..	83,900
红树林区域面积（平方千米）	..	..	15,283
能源与排放			
人均能源使用量（千克石油当量）	3,060	3,157	4,745
废物和生物质能产生的能源（占总能源量的百分比）	9.6	5.9	5.3
人均耗电量（千瓦时）	7,520	5,369	9,066
化石燃料发电量（占总量的百分比）	0.8	49.8	60.7
水力发电量（占总量的百分比）	54.3	16.6	12.0
人均二氧化碳排放量（吨）	5.0	7.3	11.0
水与卫生			
人均淡水资源（立方米）	4,934	7,850	8,733
淡水使用总量（占淡水资源总量的百分比）	5.0	7.4	9.8
农业（占淡水使用总量的百分比）	8	47	41
获得改善的水源的人口（占总人口的百分比）	100	98	100
农村（占农村人口的百分比）	100	96	99
城市（占城市人口的百分比）	100	99	100
获得改善的卫生设施的人口（占总人口的百分比）	100	93	99
农村（占农村人口的百分比）	100	89	99
城市（占城市人口的百分比）	100	95	100
环境与健康			
PM2.5污染，年平均接触值（微克每立方米）	13	19	17
PM2.5接触（超过世界卫生组织指导线的人口百分比）	100	89	62
急性呼吸道感染发病率（占五岁以下儿童的百分比）	..	..	..
腹泻发病率（占五岁以下儿童的百分比）	..	..	..
五岁以下儿童的死亡率（每千名活产儿）	4	11	6
国民账户汇编——储蓄，消耗与退化			
总储蓄（占GNI的百分比）	34.3	22.5	22.2
固定资本消费（占GNI的百分比）	20.8	16.1	16.6
教育支出（占GNI的百分比）	4.6	4.8	4.8
能源消耗（占GNI的百分比）	0.0	0.6	0.3
矿产消耗（占GNI的百分比）	0.0	0.1	0.1
净森林消耗（占GNI的百分比）	0.0	0.1	0.1
二氧化碳的损害（占GNI的百分比）	0.2	1.0	0.8
空气污染的损害（占GNI的百分比）	0.1	0.1	0.1
调整后的净储蓄（占GNI的百分比）	17.8	9.5	9.1

叙利亚

| 人口（百万） | 18.5 | 土地面积（千平方千米） | 184 | GDP（10亿美元） | .. |

	经济体数据	中东和北非地区组别	中低收入组别
人均GNI，世界银行图表集法（美元）	..	8,229	2,029
调整后的人均国民净收入（美元）	..	6,251	1,767
城市人口（占总人口的百分比）	57.7	64.2	39.0
农业			
农业用地面积（占土地面积的百分比）	76	33	44
灌溉地面积（占总农业用地面积的百分比）	9.4	..	..
农业生产力，以每农业工作者增加值计（2010年美元）	1,064	6,275	1,614
谷物产量（每公顷千克数）	2,299	3,185	
森林和生物多样性			
森林面积（占土地面积的百分比）	2.7	2.1	24.3
森林采伐（2000—2015年年均百分比）	-0.9	-0.8	0.4
陆地保护区面积（占土地面积的百分比）	0.7	11.7	12.0
濒危物种，哺乳动物	16	224	1,134
濒危物种，鸟类	18	279	1,199
濒危物种，鱼类	51	610	2,011
濒危物种，高等植物	13	290	3,971
海洋			
渔业总产量（千吨）	6.6	4,857	58,665
渔获增长率（2000—2015年年均百分比）	-3.1	2.0	2.4
水产养殖业增长率（2000—2015年年均百分比）	-6.5	9.4	12.0
海洋保护区面积（占领海面积的百分比）	0.6	3.8	5.0
珊瑚礁区域面积（平方千米）	..	15,470	128,580
红树林区域面积（平方千米）		513	68,563
能源与排放			
人均能源使用量（千克石油当量）	575	2,365	651
废物和生物质能产生的能源（占总能源量的百分比）	0.1	0.6	28.5
人均耗电量（千瓦时）	971	2,906	777
化石燃料发电量（占总量的百分比）	86.2	96.3	74.9
水力发电量（占总量的百分比）	13.8	2.6	14.9
人均二氧化碳排放量（吨）	1.9	6.0	1.4
水与卫生			
人均淡水资源（立方米）	380	555	3,003
淡水使用总量（占淡水资源总量的百分比）	235.0	138.4	18.4
农业（占淡水使用总量的百分比）	88	85	88
获得改善的水源的人口（占总人口的百分比）	90	93	90
农村（占农村人口的百分比）	87	89	87
城市（占城市人口的百分比）	92	96	94
获得改善的卫生设施的人口（占总人口的百分比）	96	91	52
农村（占农村人口的百分比）	95	87	42
城市（占城市人口的百分比）	96	93	67
环境与健康			
PM2.5污染，年平均接触值（微克每立方米）	42	61	58
PM2.5接触（超过世界卫生组织指导值的人口百分比）	100	100	99
急性呼吸道感染病率（占五岁以下儿童的百分比）	..	..	..
腹泻发病率（占五岁以下儿童的百分比）	..	..	..
五岁以下儿童的死亡率（每千名活产儿）	13	23	53
国民账户汇编——储蓄，消耗与退化			
总储蓄（占GNI的百分比）	..	24.7	27.6
固定资本消费（占GNI的百分比）	..	9.9	9.7
教育支出（占GNI的百分比）	2.6	5.2	3.0
能源消耗（占GNI的百分比）	..	4.7	0.8
矿产消耗（占GNI的百分比）	..	0.0	0.3
净森林消耗（占GNI的百分比）	..	0.1	0.0
二氧化碳的损害（占GNI的百分比）	..	2.1	2.3
空气污染的损害（占GNI的百分比）	..	0.2	0.9
调整后的净储蓄（占GNI的百分比）	..	12.9	16.1

塔吉克斯坦

| 人口（百万） | 8.5 | 土地面积（千平方千米） | 139 | GDP（10亿美元） | 7.9 |

	经济体数据	欧洲和中亚地区组别	中低收入组别
人均GNI，世界银行图表集法（美元）	1,280	24,275	2,029
调整后的人均国民净收入（美元）	980	18,328	1,767
城市人口（占总人口的百分比）	26.8	70.9	39.0
农业			
农业用地面积（占土地面积的百分比）	34	29	44
灌溉地面积（占总农业用地面积的百分比）	14.7	..	..
农业生产力，以每农业工作者增加值计（2010年美元）	1,939	14,018	1,614
谷物产量（每公顷千克数）	3,168	3,910	3,185
森林和生物多样性			
森林面积（占土地面积的百分比）	3.0	38.0	24.3
森林采伐（2000—2015年年均百分比）	-0.0	-0.1	0.4
陆地保护区面积（占土地面积的百分比）	21.9	12.6	12.0
濒危物种，哺乳动物	7	350	1,134
濒危物种，鸟类	15	638	1,199
濒危物种，鱼类	5	1,220	2,011
濒危物种，高等植物	12	1,032	3,971
海洋			
渔业总产量（千吨）	1.6	18,438	58,665
渔获增长率（2000—2015年年均百分比）	13.9	-0.9	2.4
水产养殖业增长率（2000—2015年年均百分比）	11.7	2.9	12.0
海洋保护区面积（占领海面积的百分比）	0.0	13.0	5.0
珊瑚礁区域面积（平方千米）	..	..	128,580
红树林区域面积（平方千米）	..	..	68,563
能源与排放			
人均能源使用量（千克石油当量）	338	3,157	651
废物和生物质能产生的能源（占总能源量的百分比）	0.0	5.9	28.5
人均耗电量（千瓦时）	1,492	5,369	777
化石燃料发电量（占总量的百分比）	2.9	49.8	74.9
水力发电量（占总量的百分比）	97.1	16.6	14.9
人均二氧化碳排放量（吨）	0.4	7.3	1.4
水与卫生			
人均淡水资源（立方米）	7,650	7,850	3,003
淡水使用总量（占淡水资源总量的百分比）	18.1	7.4	18.4
农业（占淡水使用总量的百分比）	91	47	88
获得改善的水源的人口（占总人口的百分比）	74	98	90
农村（占农村人口的百分比）	67	96	87
城市（占城市人口的百分比）	93	99	94
获得改善的卫生设施的人口（占总人口的百分比）	95	93	52
农村（占农村人口的百分比）	96	89	42
城市（占城市人口的百分比）	94	95	67
环境与健康			
PM2.5污染，年平均接触值（微克每立方米）	50	19	58
PM2.5接触（超过世界卫生组织指导线的人口百分比）	100	89	99
急性呼吸道感染发病率（占五岁以下儿童的百分比）	1	..	..
腹泻发病率（占五岁以下儿童的百分比）	15	..	..
五岁以下儿童的死亡率（每千名活产儿）	45	11	53
国民账户汇编——储蓄，消耗与退化			
总储蓄（占GNI的百分比）	8.7	22.5	27.6
固定资本消费（占GNI的百分比）	12.1	16.1	9.7
教育支出（占GNI的百分比）	3.7	4.8	3.0
能源消耗（占GNI的百分比）	0.0	0.6	0.8
矿产消耗（占GNI的百分比）	1.2	0.1	0.3
净森林消耗（占GNI的百分比）	0.0	0.0	0.4
二氧化碳的损害（占GNI的百分比）	1.2	1.0	2.3
空气污染的损害（占GNI的百分比）	0.4	0.1	0.9
调整后的净储蓄（占GNI的百分比）	-6.5	9.5	16.1

坦桑尼亚

人口（百万）	53.5	土地面积（千平方千米） 886	GDP（10亿美元） 45.6

	经济体数据	撒哈拉以南非洲地区组别	低收入组别
人均GNI，世界银行图表集法（美元）	920	1,631	619
调整后的人均国民净收入（美元）	785	1,239	497
城市人口（占总人口的百分比）	31.6	37.7	30.7
农业			
农业用地面积（占土地面积的百分比）	45	42	39
灌溉地面积（占总农业用地面积的百分比）	..	..	..
农业生产力，以每农业工作者增加值计（2010年美元）	564	1,219	504
谷物产量（每公顷千克数）	1,678	1,452	1,486
森林和生物多样性			
森林面积（占土地面积的百分比）	52.0	25.7	27.4
森林采伐（2000—2015年均百分比）	0.8	0.5	0.5
陆地保护区面积（占土地面积的百分比）	32.0	15.3	15.2
濒危物种，哺乳动物	38	918	619
濒危物种，鸟类	47	876	599
濒危物种，鱼类	176	2,023	1,156
濒危物种，高等植物	602	3,740	1,962
海洋			
渔业总产量（千吨）	383	7,416	3,954
渔获增长率（2000—2015年均百分比）	0.9	1.8	2.2
水产养殖增长率（2000—2015年均百分比）	15.7	17.0	3.1
海洋保护区面积（占领海面积的百分比）	18.2	6.1	3.5
珊瑚礁区域面积（平方千米）	3,580	17,980	12,520
红树林区域面积（平方千米）	1,287	28,061	15,778
能源与排放			
人均能源使用量（千克石油当量）	479	701	..
废物和生物质产生的能源（占总能源量的百分比）	84.7	57.4	79.1
人均耗电量（千瓦时）	100	497	..
化石燃料发电量（占总量的百分比）	57.7	64.3	..
水力发电量（占总量的百分比）	41.6	21.2	..
人均二氧化碳排放量（吨）	0.2	0.8	0.3
水与卫生			
人均淡水资源（立方米）	1,621	3,986	4,629
淡水使用总量（占淡水资源总量的百分比）	6.2	3.2	3.3
农业（占淡水使用总量的百分比）	89	81	90
获得改善的水源的人口（占总人口的百分比）	56	68	66
农村（占农村人口的百分比）	46	56	56
城市（占城市人口的百分比）	77	87	87
获得改善的卫生设施的人口（占总人口的百分比）	16	30	28
农村（占农村人口的百分比）	8	23	23
城市（占城市人口的百分比）	31	40	40
环境与健康			
PM2.5污染，年平均接触值（微克每立方米）	23	36	39
PM2.5接触（超过世界卫生组织指导线的人口百分比）	100	99	99
急性呼吸道感染发病率（占五岁以下儿童的百分比）	4	5	6
腹泻发病率（占五岁以下儿童的百分比）	15	14	16
五岁以下儿童的死亡率（每千名活产儿）	49	83	76
国民账户汇编——储蓄，消耗与退化			
总储蓄（占GNI的百分比）	22.9	14.4	*14.7*
固定资本消费（占GNI的百分比）	7.4	13.8	10.6
教育支出（占GNI的百分比）	3.7	3.3	3.2
能源消耗（占GNI的百分比）	0.1	1.7	0.4
矿产消耗（占GNI的百分比）	1.7	0.9	1.5
净森林消耗（占GNI的百分比）	0	2.3	6.6
二氧化碳的损害（占GNI的百分比）	0.9	1.6	1.2
空气污染的损害（占GNI的百分比）	1.0	1.2	1.7
调整后的净储蓄（占GNI的百分比）	15.7	-3.9	-3.8

泰国

人口（百万）	68.0	土地面积（千平方千米）	511	GDP（10 亿美元）	395.2

	经济体数据	东亚和太平洋地区组别	中高收入组别
人均 GNI，世界银行图表集法（美元）	5,720	9,771	8,263
调整后的人均国民净收入（美元）	4,395	7,546	6,302
城市人口（占总人口的百分比）	50.4	56.6	64.1
农业			
农业用地面积（占土地面积的百分比）	43	49	35
灌溉地面积（占总农业用地面积的百分比）	..	..	..
农业生产力，以每农业工作者增加值计（2010 年美元）	2,109	1,657	2,208
谷物产量（每公顷千克数）	3,144	4,958	4,104
森林和生物多样性			
森林面积（占土地面积的百分比）	32.1	26.3	34.9
森林采伐（2000—2015 年年均百分比）	0.2	-0.2	0.0
陆地保护区面积（占土地面积的百分比）	18.8	15.6	15.2
濒危物种，哺乳动物	56	918	1,056
濒危物种，鸟类	51	1,097	1,511
濒危物种，鱼类	106	1,549	2,315
濒危物种，高等植物	150	3,515	6,808
海洋			
渔业总产量（千吨）	2,590	132,587	103,240
渔获增长率（2000—2015 年年均百分比）	-3.7	0.9	-0.5
水产养殖业增长率（2000—2015 年年均百分比）	1.3	6.5	5.3
海洋保护区面积（占领海面积的百分比）	5.2	17.0	9.9
珊瑚礁区域面积（平方千米）	2,130	203,050	48,880
红树林区域面积（平方千米）	2,484	67,121	50,774
能源与排放			
人均能源使用量（千克石油当量）	1,990	2,137	2,192
废物和生物质能产生的能源（占总能源量的百分比）	19.1	7.7	7.3
人均耗电量（千瓦时）	2,566	3,682	3,495
化石燃料发电量（占总量的百分比）	90.9	76.4	71.1
水力发电量（占总量的百分比）	3.2	15.0	21.0
人均二氧化碳排放量（吨）	4.5	6.3	6.6
水与卫生			
人均淡水资源（立方米）	3,315	4,529	8,261
淡水使用总量（占淡水资源总量的百分比）	25.5	11.3	6.3
农业（占淡水使用总量的百分比）	90	71	68
获得改善的水源的人口（占总人口的百分比）	98	94	95
农村（占农村人口的百分比）	98	90	91
城市（占城市人口的百分比）	98	97	97
获得改善的卫生设施的人口（占总人口的百分比）	93	77	80
农村（占农村人口的百分比）	96	64	67
城市（占城市人口的百分比）	90	87	87
环境与健康			
PM2.5 污染，年平均接触值（微克每立方米）	26	44	42
PM2.5 接触（超过世界卫生组织指导线的人口百分比）	100	97	95
急性呼吸道感染发病率（占五岁以下儿童的百分比）	..	..	..
腹泻发病率（占五岁以下儿童的百分比）	..	..	..
五岁以下儿童的死亡率（每千名活产儿）	12	17	19
国民账户汇编——储蓄，消耗与退化			
总储蓄（占 GNI 的百分比）	33.8	39.1	36.6
固定资本消费（占 GNI 的百分比）	19.2	20.7	18.0
教育支出（占 GNI 的百分比）	4.2	2.7	3.0
能源消耗（占 GNI 的百分比）	0.6	0.3	1.1
矿产消耗（占 GNI 的百分比）	0.0	0.2	0.4
净森林消耗（占 GNI 的百分比）	0.5	0.0	0.0
二氧化碳的损害（占 GNI 的百分比）	2.5	2.1	2.6
空气污染的损害（占 GNI 的百分比）	0.2	0.3	0.3
调整后的净储蓄（占 GNI 的百分比）	14.8	18.1	17.2

东帝汶

人口（百万）	**1.2**	土地面积（千平方千米）	**15**	GDP（10亿美元）	**1.4**

	经济体数据	东亚和太平洋地区组别	中低收入组别
人均GNI，世界银行图表集法（美元）	2,290	9,771	2,029
调整后的人均国民净收入（美元）	2,243	7,546	1,767
城市人口（占总人口的百分比）	32.8	56.6	39.0
农业			
农业用地面积（占土地面积的百分比）	26	49	44
灌溉地面积（占总农业用地面积的百分比）	..	..	..
农业生产力（以每农业工作者增加值计（2010年美元）	489	1,657	1,614
谷物产量（每公顷千克数）	2,923	4,958	3,185
森林和生物多样性			
森林面积（占土地面积的百分比）	46.1	26.3	24.3
森林采伐（2000—2015年均百分比）	1.4	-0.2	0.4
陆地保护区面积（占土地面积的百分比）	8.7	15.6	12.0
濒危物种，哺乳动物	5	918	1,134
濒危物种，鸟类	6	1,097	1,199
濒危物种，鱼类	8	1,549	2,011
濒危物种，高等植物	1	3,515	3,971
海洋			
渔业总产量（千吨）	4.8	132,587	58,665
渔获增长率（2000—2015年均百分比）	-0.8	0.9	2.4
水产养殖业增长率（2000—2015年均百分比）	..	6.5	12.0
海洋保护区面积（占领海面积的百分比）	3.8	17.0	5.0
珊瑚礁区域面积（平方千米）	..	203,050	128,580
红树林区域面积（平方千米）	18.0	67,121	68,563
能源与排放			
人均能源使用量（千克石油当量）	..	2,137	651
废物和生物质能产生的能源（占总能源量的百分比）	..	7.7	28.5
人均耗电量（千瓦时）	..	3,682	777
化石燃料发电量（占总量的百分比）	..	76.4	74.9
水力发电量（占总量的百分比）	..	15.0	14.9
人均二氧化碳排放量（吨）	0.4	6.3	1.4
水与卫生			
人均淡水资源（立方米）	7,098	4,529	3,003
淡水使用总量（占淡水资源总量的百分比）	14.3	11.3	18.4
农业（占淡水使用总量的百分比）	91	71	88
获得改善的水源的人口（占总人口的百分比）	72	94	90
农村（占农村人口的百分比）	61	90	87
城市（占城市人口的百分比）	95	97	94
获得改善的卫生设施的人口（占总人口的百分比）	41	77	52
农村（占农村人口的百分比）	27	64	42
城市（占城市人口的百分比）	69	87	67
环境与健康			
PM2.5污染，年平均接触值（微克每立方米）	19	44	58
PM2.5接触（超过世界卫生组织指导线的人口百分比）	98	97	99
急性呼吸道感染发病率（占五岁以下儿童的百分比）	2	..	..
腹泻发病率（占五岁以下儿童的百分比）	16	..	..
五岁以下儿童的死亡率（每千名活产儿）	53	17	53
国民账户汇编——储蓄，消耗与退化			
总储蓄（占GNI的百分比）	43.9	39.1	27.6
固定资本消费（占GNI的百分比）	2.7	20.7	9.7
教育支出（占GNI的百分比）	2.9	2.7	3.0
能源消耗（占GNI的百分比）	0.0	0.3	0.8
矿产消耗（占GNI的百分比）	0.0	0.2	0.3
净森林消耗（占GNI的百分比）	0.0	0.0	0.4
二氧化碳的损害（占GNI的百分比）	0.5	2.1	2.3
空气污染的损害（占GNI的百分比）	0.6	0.3	0.9
调整后的净储蓄（占GNI的百分比）	..	18.1	16.1

多哥

人口（百万）	7.3	土地面积（千平方千米）	54	GDP（10亿美元）	4.1

	经济体数据	撒哈拉以南非洲地区组别	低收入组别
人均 GNI，世界银行图表集法（美元）	540	1,631	619
调整后的人均国民净收入（美元）	357	1,239	497
城市人口（占总人口的百分比）	40.0	37.7	30.7
农业			
农业用地面积（占土地面积的百分比）	70	42	39
灌溉地面积（占总农业用地面积的百分比）	..	..	..
农业生产力，以每农业工作者增加值计（2010年美元）	929	1,219	504
谷物产量（每公顷千克数）	1,153	1,452	1,486
森林和生物多样性			
森林面积（占土地面积的百分比）	3.5	25.7	27.4
森林采伐（2000—2015年年均百分比）	6.1	0.5	0.5
陆地保护区面积（占土地面积的百分比）	25.0	15.3	15.2
濒危物种，哺乳动物	12	918	619
濒危物种，鸟类	11	876	599
濒危物种，鱼类	35	2,023	1,156
濒危物种，高等植物	12	3,740	1,962
海洋			
渔业总产量（千吨）	21.6	7,416	3,954
渔获增长率（2000—2015年年均百分比）	-0.2	1.8	2.2
水产养殖业增长率（2000—2015年年均百分比）	7.4	17.0	3.1
海洋保护区面积（占领海面积的百分比）	2.8	6.1	3.5
珊瑚礁区域面积（平方千米）	..	17,980	12,520
红树林区域面积（平方千米）	10.9	28,061	15,778
能源与排放			
人均能源使用量（千克石油当量）	464	701	..
废物和生物质能产生的能量（占总能源量的百分比）	79.7	57.4	79.1
人均耗电量（千瓦时）	155	497	..
化石燃料发电量（占总量的百分比）	12.0	64.3	..
水力发电量（占总量的百分比）	84.5	21.2	..
人均二氧化碳排放量（吨）	0.3	0.8	0.3
水与卫生			
人均淡水资源（立方米）	1,616	3,986	4,629
淡水使用总量（占淡水资源总量的百分比）	1.5	3.2	3.3
农业（占淡水使用总量的百分比）	45	81	90
获得改善的水源的人口（占总人口的百分比）	63	68	66
农村（占农村人口的百分比）	44	56	56
城市（占城市人口的百分比）	91	87	87
获得改善的卫生设施的人口（占总人口的百分比）	12	30	28
农村（占农村人口的百分比）	3	23	23
城市（占城市人口的百分比）	25	40	40
环境与健康			
PM2.5污染，年平均接触值（微克每立方米）	33	36	39
PM2.5接触（超过世界卫生组织指导线的人口百分比）	100	99	99
急性呼吸道感染发病率（占五岁以下儿童的百分比）	3	5	6
腹泻发病率（占五岁以下儿童的百分比）	15	14	16
五岁以下儿童的死亡率（每千名活产儿）	78	83	76
国民账户汇编——储蓄，消耗与退化			
总储蓄（占GNI的百分比）	2.0	14.4	14.7
固定资本消费（占GNI的百分比）	7.3	13.8	10.6
教育支出（占GNI的百分比）	5.3	3.3	3.2
能源消耗（占GNI的百分比）	0.0	1.7	0.4
矿产消耗（占GNI的百分比）	13.2	0.9	1.5
净森林消耗（占GNI的百分比）	9.2	2.3	6.6
二氧化碳的损害（占GNI的百分比）	2.2	1.6	1.2
空气污染的损害（占GNI的百分比）	2.1	1.2	1.7
调整后的净储蓄（占GNI的百分比）	-23.2	-3.9	-3.8

汤加

| 人口（千） | 106 | 土地面积（平方千米） | 720 | GDP（百万美元） | 435.1 |

	经济体数据	东亚和太平洋地区组别	中低收入组别
人均 GNI，世界银行图表集法（美元）	4,280	9,771	2,029
调整后的人均国民净收入（美元）	3,791	7,546	1,767
城市人口（占总人口的百分比）	23.7	56.6	39.0
农业			
农业用地面积（占土地面积的百分比）	46	49	44
灌溉地面积（占总农业用地面积的百分比）	..	..	..
农业生产力，以每农业工作者增加值计（2010 年美元）	6,465	1,657	1,614
谷物产量（每公顷千克数）		4,958	3,185
森林和生物多样性			
森林面积（占土地面积的百分比）	12.5	26.3	24.3
森林采伐（2000—2015 年年均百分比）	0.0	-0.2	0.4
陆地保护区面积（占土地面积的百分比）	15.9	15.6	12.0
濒危物种，哺乳动物	2	918	1,134
濒危物种，鸟类	5	1,097	1,199
濒危物种，鱼类	14	1,549	2,011
濒危物种，高等植物	4	3,515	3,971
海洋			
渔业总产量（千吨）	1.8	132,587	58,665
渔获增长率（2000—2015 年年均百分比）	-5.4	0.9	2.4
水产养殖业增长率（2000—2015 年年均百分比）	-18.8	6.5	12.0
海洋保护区面积（占领海面积的百分比）	9.6	17.0	5.0
珊瑚礁区域面积（平方千米）	1,500	203,050	128,580
红树林区域面积（平方千米）	3.4	67,121	68,563
能源与排放			
人均能源使用量（千克石油当量）	..	2,137	651
废物和生物质能产生的能源（占总能源量的百分比）	..	7.7	28.5
人均耗电量（千瓦时）	..	3,682	777
化石燃料发电量（占总量的百分比）	..	76.4	74.9
水力发电量（占总量的百分比）	..	15.0	14.9
人均二氧化碳排放量（吨）	2.0	6.3	1.4
水与卫生			
人均淡水资源（立方米）	..	4,529	3,003
淡水使用总量（占淡水资源总量的百分比）	..	11.3	18.4
农业（占淡水使用总量的百分比）	..	71	88
获得改善的水源的人口（占总人口的百分比）	100	94	90
农村（占农村人口的百分比）	100	90	87
城市（占城市人口的百分比）	100	97	94
获得改善的卫生设施的人口（占总人口的百分比）	91	77	52
农村（占农村人口的百分比）	89	64	42
城市（占城市人口的百分比）	98	87	67
环境与健康			
PM2.5 污染，年平均接触值（微克每立方米）	4	44	58
PM2.5 接触（超过世界卫生组织指导线的人口百分比）	0	97	99
急性呼吸道感染发病率（占五岁以下儿童的百分比）	..	..	..
腹泻发病率（占五岁以下儿童的百分比）	..	..	..
五岁以下儿童的死亡率（每千名活产儿）	17	17	53
国民账户汇编——储蓄，消耗与退化			
总储蓄（占 GNI 的百分比）	22.6	39.1	27.6
固定资本消费（占 GNI 的百分比）	8.4	20.7	9.7
教育支出（占 GNI 的百分比）	2.9	2.7	3.0
能源消耗（占 GNI 的百分比）	0.0	0.3	0.8
矿产消耗（占 GNI 的百分比）	0.0	0.2	0.3
净森林消耗（占 GNI 的百分比）	0.0	0.0	0.4
二氧化碳的损害（占 GNI 的百分比）	1.6	2.1	2.3
空气污染的损害（占 GNI 的百分比）	0.3	0.3	0.9
调整后的净储蓄（占 GNI 的百分比）	15.4	18.1	16.1

特立尼达和多巴哥

人口（百万）	1.4	土地面积（千平方千米）	5.1	GDP（10亿美元）	23.6

	经济体数据	拉丁美洲和加勒比地区组别	高收入组别
人均 GNI，世界银行图表集法（美元）	17,640	8,968	41,932
调整后的人均国民净收入（美元）	11,801	7,249	33,454
城市人口（占总人口的百分比）	8.4	79.9	81.1
农业			
农业用地面积（占土地面积的百分比）	11	38	36
灌溉地面积（占总农业用地面积的百分比）	9.3	..	..
农业生产力，以每农业工作者增加值计（2010年美元）	2,277	7,188	30,017
谷物产量（每公顷千克数）	1,320	4,169	5,919
森林和生物多样性			
森林面积（占土地面积的百分比）	45.7	46.3	28.9
森林采伐（2000—2015年年均百分比）	-0.0	0.4	-0.0
陆地保护区面积（占土地面积的百分比）	32.5	23.3	15.7
濒危物种，哺乳动物	2	622	527
濒危物种，鸟类	5	1,011	923
濒危物种，鱼类	35	1,642	2,263
濒危物种，高等植物	2	5,108	2,176
海洋			
渔业总产量（千吨）	12.7	14,416	33,549
渔获增长率（2000—2015年年均百分比）	-0.8	-3.5	-1.5
水产养殖业增长率（2000—2015年年均百分比）	-9.4	7.7	2.4
海洋保护区面积（占领海面积的百分比）	3.0	15.5	23.7
珊瑚礁区域面积（平方千米）	<100	20,320	83,900
红树林区域面积（平方千米）	65.7	41,330	15,283
能源与排放			
人均能源使用量（千克石油当量）	14,447	1,337	4,745
废物和生物质能产生的能源（占总能源量的百分比）	0.1	17.1	5.3
人均耗电量（千瓦时）	7,134	2,122	9,066
化石燃料发电量（占总量的百分比）	100.0	43.1	60.7
水力发电量（占总量的百分比）	0.0	46.5	12.0
人均二氧化碳排放量（吨）	34.5	3.0	11.0
水与卫生			
人均淡水资源（立方米）	2,835	22,160	8,733
淡水使用总量（占淡水资源总量的百分比）	10.0	2.4	9.8
农业（占淡水使用总量的百分比）	4	71	41
获得改善的水源的人口（占总人口的百分比）	95	95	100
农村（占农村人口的百分比）	95	84	99
城市（占城市人口的百分比）	95	97	100
获得改善的卫生设施的人口（占总人口的百分比）	92	83	99
农村（占农村人口的百分比）	92	64	99
城市（占城市人口的百分比）	92	88	100
环境与健康			
PM2.5 污染，年平均接触值（微克每立方米）	14	18	17
PM2.5 接触（超过世界卫生组织指导线的人口百分比）	100	85	62
急性呼吸道感染发病率（占五岁以下儿童的百分比）	..	..	..
腹泻发病率（占五岁以下儿童的百分比）	..	18	6
五岁以下儿童的死亡率（每千名活产儿）	20	18	6
国民账户汇编——储蓄，消耗与退化			
总储蓄（占 GNI 的百分比）	28.2	17.7	22.2
固定资本消费（占 GNI 的百分比）	23.2	10.2	16.6
教育支出（占 GNI 的百分比）	2.9	4.9	4.8
能源消耗（占 GNI 的百分比）	6.2	0.9	0.3
矿产消耗（占 GNI 的百分比）	0.0	0.9	0.1
净森林消耗（占 GNI 的百分比）	0.0	0.1	0.0
二氧化碳的损害（占 GNI 的百分比）	6.3	1.1	0.8
空气污染的损害（占 GNI 的百分比）	0.1	0.2	0.1
调整后的净储蓄（占 GNI 的百分比）	-8.8	9.4	9.1

突尼斯

人口（百万）	11.3	土地面积（千平方千米）	155	GDP（10 亿美元）	43.0

	经济体数据	中东和北非地区组别	中低收入组别
人均 GNI，世界银行图表集法（美元）	3,930	8,229	2,029
调整后的人均国民净收入（美元）	2,940	6,251	1,767
城市人口（占总人口的百分比）	66.8	64.2	39.0
农业			
农业用地面积（占土地面积的百分比）	65	33	44
灌溉地面积（占总农业用地面积的百分比）	3.9	..	..
农业生产力，以每农业工作者增加值计（2010 年美元）	5,244	6,275	1,614
谷物产量（每公顷千克数）	1,756	2,299	3,185
森林和生物多样性			
森林面积（占土地面积的百分比）	6.7	2.1	24.3
森林采伐（2000—2015 年年均百分比）	-1.5	-0.8	0.4
陆地保护区面积（占土地面积的百分比）	5.4	11.7	12.0
濒危物种，哺乳动物	14	224	1,134
濒危物种，鸟类	10	279	1,199
濒危物种，鱼类	39	610	2,011
濒危物种，高等植物	7	290	3,971
海洋			
渔业总产量（千吨）	133	4,857	58,665
渔获增长率（2000—2015 年年均百分比）	1.5	2.0	2.4
水产养殖业增长率（2000—2015 年年均百分比）	16.0	9.4	12.0
海洋保护区面积（占领海面积的百分比）	2.7	3.8	5.0
珊瑚礁区域面积（平方千米）	..	15,470	128,580
红树林区域面积（平方千米）	..	513	68,563
能源与排放			
人均能源使用量（千克石油当量）	945	2,365	651
废物和生物质能产生的能源（占总能源量的百分比）	10.2	0.6	28.5
人均耗电量（千瓦时）	1,446	2,906	777
化石燃料发电量（占总量的百分比）	96.0	96.3	74.9
水力发电量（占总量的百分比）	0.3	2.6	14.9
人均二氧化碳排放量（吨）	2.5	6.0	1.4
水与卫生			
人均淡水资源（立方米）	377	555	3,003
淡水使用总量（占淡水资源总量的百分比）	78.8	138.4	18.4
农业（占淡水使用总量的百分比）	80	85	88
获得改善的水源的人口（占总人口的百分比）	98	93	90
农村（占农村人口的百分比）	93	89	87
城市（占城市人口的百分比）	100	96	94
获得改善的卫生设施的人口（占总人口的百分比）	92	91	52
农村（占农村人口的百分比）	80	87	42
城市（占城市人口的百分比）	97	93	67
环境与健康			
PM2.5 污染，年平均接触值（微克每立方米）	45	61	58
PM2.5 接触（超过世界卫生组织指导线的人口百分比）	100	100	99
急性呼吸道感染发病率（占五岁以下儿童的百分比）	..	..	..
腹泻发病率（占五岁以下儿童的百分比）	..	..	..
五岁以下儿童的死亡率（每千名活产儿）	14	23	53
国民账户汇编——储蓄，消耗与退化			
总储蓄（占 GNI 的百分比）	12.4	24.7	27.6
固定资本消费（占 GNI 的百分比）	18.3	9.9	9.7
教育支出（占 GNI 的百分比）	5.9	5.2	3.0
能源消耗（占 GNI 的百分比）	1.5	4.7	0.8
矿产消耗（占 GNI 的百分比）	0.4	0.0	0.3
净森林消耗（占 GNI 的百分比）	0.3	0.1	0.4
二氧化碳的损害（占 GNI 的百分比）	2.1	0.2	2.3
空气污染的损害（占 GNI 的百分比）	0.3	0.2	0.9
调整后的净储蓄（占 GNI 的百分比）	-4.6	12.9	16.1

土耳其

| 人口（百万） | 78.7 | 土地面积（千平方千米） | 770 | GDP（10亿美元） | 717.9 |

	经济体数据	欧洲和中亚地区组别	中高收入组别
人均 GNI，世界银行图表集法（美元）	9,950	24,275	8,263
调整后的人均国民净收入（美元）	8,375	18,328	6,302
城市人口（占总人口的百分比）	73.4	70.9	64.1
农业			
农业用地面积（占土地面积的百分比）	50	29	35
灌溉地面积（占总农业用地面积的百分比）	13.5	..	..
农业生产力，以每农业工作者增加值计（2010年美元）	9,735	14,018	2,208
谷物产量（每公顷千克数）	2,832	3,910	4,104
森林和生物多样性			
森林面积（占土地面积的百分比）	15.2	38.0	34.9
森林采伐（2000—2015年年均百分比）	-0.9	-0.1	0.0
陆地保护区面积（占土地面积的百分比）	0.2	12.6	15.2
濒危物种，哺乳动物	18	350	1,056
濒危物种，鸟类	20	638	1,511
濒危物种，鱼类	131	1,220	2,315
濒危物种，高等植物	104	1,032	6,808
海洋			
渔业总产量（千吨）	671	18,438	103,240
渔获增长率（2000—2015年年均百分比）	-1.0	-0.9	-0.5
水产养殖业增长率（2000—2015年年均百分比）	7.7	2.9	5.3
海洋保护区面积（占领海面积的百分比）	0.4	13.0	9.9
珊瑚礁区域面积（平方千米）	..	..	48,880
红树林区域面积（平方千米）	..	..	50,774
能源与排放			
人均能源使用量（千克石油当量）	1,568	3,157	2,192
废物和生物质能产生的能源（占总能源量的百分比）	2.9	5.9	7.3
人均耗电量（千瓦时）	2,836	5,369	3,495
化石燃料发电量（占总量的百分比）	79.0	49.8	71.1
水力发电量（占总量的百分比）	16.1	16.6	21.0
人均二氧化碳排放量（吨）	4.2	7.3	6.6
水与卫生			
人均淡水资源（立方米）	2,928	7,850	8,261
淡水使用总量（占淡水资源总量的百分比）	18.5	7.4	6.3
农业（占淡水使用总量的百分比）	81	47	68
获得改善的水源的人口（占总人口的百分比）	100	98	95
农村（占农村人口的百分比）	100	96	91
城市（占城市人口的百分比）	100	99	97
获得改善的卫生设施的人口（占总人口的百分比）	95	93	80
农村（占农村人口的百分比）	86	89	67
城市（占城市人口的百分比）	98	95	87
环境与健康			
PM2.5 污染，年平均接触值（微克每立方米）	36	19	42
PM2.5 接触（超过世界卫生组织指导线的人口百分比）	100	89	95
急性呼吸道感染发病率（占五岁以下儿童的百分比）	..	..	..
腹泻发病率（占五岁以下儿童的百分比）	..	..	..
五岁以下儿童的死亡率（每千名活产儿）	14	11	19
国民账户汇编——储蓄，消耗与退化			
总储蓄（占 GNI 的百分比）	14.3	22.5	36.6
固定资本消费（占 GNI 的百分比）	6.8	16.1	18.0
教育支出（占 GNI 的百分比）	2.6	4.8	3.0
能源消耗（占 GNI 的百分比）	0.0	0.6	1.1
矿产消耗（占 GNI 的百分比）	0.1	0.1	0.4
净森林消耗（占 GNI 的百分比）	0.0	0.0	0.0
二氧化碳的损害（占 GNI 的百分比）	1.5	1.0	2.6
空气污染的损害（占 GNI 的百分比）	0.2	0.1	0.3
调整后的净储蓄（占 GNI 的百分比）	8.3	9.5	17.2

土库曼斯坦

| 人口（百万） | 5.4 | 土地面积（千平方千米） | 470 | GDP（10亿美元） | 35.9 |

	经济体数据	欧洲和中亚地区组别	中高收入组别
人均 GNI，世界银行图表集法（美元）	7,380	24,275	8,263
调整后的人均国民净收入（美元）	3,662	18,328	6,302
城市人口（占总人口的百分比）	50.0	70.9	64.1
农业			
农业用地面积（占土地面积的百分比）	72	29	35
灌溉地面积（占总农业用地面积的百分比）	..	..	..
农业生产力，以每农业工作者增加值计（2010年美元）	3,633	14,018	2,208
谷物产量（每公顷千克数）	2,627	3,910	4,104
森林和生物多样性			
森林面积（占土地面积的百分比）	8.8	38.0	34.9
森林采伐（2000—2015年年均百分比）	0.0	-0.1	0.0
陆地保护区面积（占土地面积的百分比）	3.2	12.6	15.2
濒危物种，哺乳动物	10	350	1,056
濒危物种，鸟类	20	638	1,511
濒危物种，鱼类	11	1,220	2,315
濒危物种，高等植物	4	1,032	6,808
海洋			
渔业总产量（千吨）	15.0	18,438	103,240
渔获增长率（2000—2015年年均百分比）	1.4	-0.9	-0.5
水产养殖业增长率（2000—2015年年均百分比）	-5.3	2.9	5.3
海洋保护区面积（占领海面积的百分比）	0.0	13.0	9.9
珊瑚礁区域面积（平方千米）	..	..	48,880
红树林区域面积（平方千米）	..	..	50,774
能源与排放			
人均能源使用量（千克石油当量）	5,040	3,157	2,192
废物和生物质能产生的能源（占总能源量的百分比）	0.0	5.9	7.3
人均耗电量（千瓦时）	2,759	5,369	3,495
化石燃料发电量（占总量的百分比）	100.0	49.8	71.1
水力发电量（占总量的百分比）	0.0	16.6	21.0
人均二氧化碳排放量（吨）	12.8	7.3	6.6
水与卫生			
人均淡水资源（立方米）	265	7,850	8,261
淡水使用总量（占淡水资源总量的百分比）	1,989.3	7.4	6.3
农业（占淡水使用总量的百分比）	94	47	68
获得改善的水源的人口（占总人口的百分比）	..	98	95
农村（占农村人口的百分比）	..	96	91
城市（占城市人口的百分比）	..	99	97
获得改善的卫生设施的人口（占总人口的百分比）	..	93	80
农村（占农村人口的百分比）	..	89	67
城市（占城市人口的百分比）	..	95	87
环境与健康			
PM2.5污染，年平均接触值（微克每立方米）	31	19	42
PM2.5接触（超过世界卫生组织指导线的人口百分比）	100	89	95
急性呼吸道感染发病率（占五岁以下儿童的百分比）	..	..	..
腹泻发病率（占五岁以下儿童的百分比）	..	..	..
五岁以下儿童的死亡率（每千名活产儿）	51	11	19
国民账户汇编——储蓄，消耗与退化			
总储蓄（占GNI的百分比）	..	22.5	36.6
固定资本消费（占GNI的百分比）	16.6	16.1	18.0
教育支出（占GNI的百分比）	2.3	4.8	3.0
能源消耗（占GNI的百分比）	5.1	0.6	1.1
矿产消耗（占GNI的百分比）	0.0	0.1	0.4
净森林消耗（占GNI的百分比）	0.0	0.0	0.0
二氧化碳的损害（占GNI的百分比）	6.1	1.0	2.6
空气污染的损害（占GNI的百分比）	0.5	0.1	0.3
调整后的净储蓄（占GNI的百分比）	..	9.5	17.2

特克斯和凯科斯群岛

| 人口（千） | 34 | 土地面积（平方千米） | 950 | GDP（百万美元） | .. |

	经济体数据	拉丁美洲和加勒比地区组别	高收入组别
人均 GNI，世界银行图表集法（美元）	..	8,968	41,932
调整后的人均国民净收入（美元）	..	7,249	33,454
城市人口（占总人口的百分比）	92.2	79.9	81.1
农业			
农业用地面积（占土地面积的百分比）	1	38	36
灌溉地面积（占总农业用地面积的百分比）	..	..	..
农业生产力，以每农业工作者增加值计（2010 年美元）	..	7,188	30,017
谷物产量（每公顷千克数）	..	4,169	5,919
森林和生物多样性			
森林面积（占土地面积的百分比）	36.2	46.3	28.9
森林采伐（2000—2015 年年均百分比）	0.0	0.4	-0.0
陆地保护区面积（占土地面积的百分比）	44.4	23.3	15.7
濒危物种，哺乳动物	2	622	527
濒危物种，鸟类	2	1,011	923
濒危物种，鱼类	29	1,642	2,263
濒危物种，高等植物	9	5,108	2,176
海洋			
渔业总产量（千吨）	2.8	14,416	33,549
渔获增长率（2000—2015 年年均百分比）	-4.7	-3.5	-1.5
水产养殖业增长率（2000—2015 年年均百分比）	..	7.7	2.6
海洋保护区面积（占领海面积的百分比）	1.0	15.5	23.7
珊瑚礁区域面积（平方千米）	730	20,320	83,900
红树林区域面积（平方千米）	236	41,330	15,283
能源与排放			
人均能源使用量（千克石油当量）	..	1,337	4,745
废物和生物质能产生的能源（占总能源量的百分比）	..	17.1	5.3
人均耗电量（千瓦时）	..	2,122	9,066
化石燃料发电量（占总量的百分比）	..	43.1	60.7
水力发电量（占总量的百分比）	..	46.5	12.0
人均二氧化碳排放量（吨）	6.0	3.0	11.0
水与卫生			
人均淡水资源（立方米）	..	22,160	8,733
淡水使用总量（占淡水资源总量的百分比）	..	2.4	9.8
农业（占淡水使用总量的百分比）	..	71	41
获得改善的水源的人口（占总人口的百分比）	..	95	100
农村（占农村人口的百分比）	..	84	99
城市（占城市人口的百分比）	..	97	100
获得改善的卫生设施的人口（占总人口的百分比）	..	83	99
农村（占农村人口的百分比）	..	64	99
城市（占城市人口的百分比）	..	88	100
环境与健康			
PM2.5 污染，年平均接触值（微克每立方米）	..	18	17
PM2.5 接触（超过世界卫生组织指导线的人口百分比）	..	85	62
急性呼吸道感染发病率（占五岁以下儿童的百分比）	..	..	..
腹泻发病率（占五岁以下儿童的百分比）	..	..	..
五岁以下儿童的死亡率（每千名活产儿）	..	18	6
国民账户汇编——储蓄，消耗与退化			
总储蓄（占 GNI 的百分比）	..	17.7	22.2
固定资本消费（占 GNI 的百分比）	..	10.2	16.6
教育支出（占 GNI 的百分比）	..	4.9	4.8
能源消耗（占 GNI 的百分比）	..	0.9	0.3
矿产消耗（占 GNI 的百分比）	..	0.9	0.1
净森林消耗（占 GNI 的百分比）	..	0.1	0.0
二氧化碳的损害（占 GNI 的百分比）	..	1.1	0.8
空气污染的损害（占 GNI 的百分比）	..	0.2	0.1
调整后的净储蓄（占 GNI 的百分比）	..	9.4	9.1

人口（千）	**10** 土地面积（平方千米）	**30** GDP（百万美元）	**32.7**

	经济体数据	东亚和太平洋地区组别	中高收入组别
人均 GNI，世界银行图表集算法（美元）	6,230	9,771	8,263
调整后的人均国民净收入（美元）	..	7,546	6,302
城市人口（占总人口的百分比）	59.7	56.6	64.1
农业			
农业用地面积（占土地面积的百分比）	60	49	35
灌溉地面积（占总农业用地面积的百分比）	..	..	..
农业生产力，以每农业工作者增加值计（2010 年美元）	6,966	1,657	2,208
谷物产量（每公顷千克数）	..	4,958	4,104
森林和生物多样性			
森林面积（占土地面积的百分比）	33.3	26.3	34.9
森林采伐（2000—2015 年年均百分比）	0.0	-0.2	0.0
陆地保护区面积（占土地面积的百分比）	2.4	15.6	15.2
濒危物种，哺乳动物	1	918	1,056
濒危物种，鸟类	1	1,097	1,511
濒危物种，鱼类	12	1,549	2,315
濒危物种，高等植物	0	3,515	6,808
海洋			
渔业总产量（千吨）	6.1	132,587	103,240
渔获增长率（2000—2015 年年均百分比）	18.2	0.9	-0.5
水产养殖增长率（2000—2015 年年均百分比）	..	6.5	5.3
海洋保护区面积（占领海面积的百分比）	0.3	17.0	9.9
珊瑚礁区域面积（平方千米）	710	203,050	48,880
红树林区域面积（平方千米）	0.40	67,121	50,774
能源与排放			
人均能源使用量（千克石油当量）	..	2,137	2,192
废物和生物质能产生的能源（占总能源量的百分比）	..	7.7	7.3
人均耗电量（千瓦时）	..	3,682	3,495
化石燃料发电量（占总量的百分比）	..	76.4	71.1
水力发电量（占总量的百分比）	..	15.0	21.0
人均二氧化碳排放量（吨）	..	6.3	6.6
水与卫生			
人均淡水资源（立方米）	..	4,529	8,261
淡水使用总量（占淡水资源总量的百分比）	..	11.3	6.3
农业（占淡水使用总量的百分比）	..	71	68
获得改善的水源的人口（占总人口的百分比）	98	94	95
农村（占农村人口的百分比）	97	90	91
城市（占城市人口的百分比）	98	97	97
获得改善的卫生设施的人口（占总人口的百分比）	83	77	80
农村（占农村人口的百分比）	80	64	67
城市（占城市人口的百分比）	86	87	87
环境与健康			
PM2.5 污染，年平均接触值（微克每立方米）	..	44	42
PM2.5 接触（超过世界卫生组织指导线的人口百分比）	..	97	95
急性呼吸道感染发病率（占五岁以下儿童的百分比）	..	..	..
腹泻发病率（占五岁以下儿童的百分比）	..	..	..
五岁以下儿童的死亡率（每千名活产儿）	27	17	19
国民账户汇编——储蓄，消耗与退化			
总储蓄（占 GNI 的百分比）	..	39.1	36.6
固定资本消费（占 GNI 的百分比）	4.7	20.7	18.0
教育支出（占 GNI 的百分比）	..	2.7	3.0
能源消耗（占 GNI 的百分比）	..	0.3	1.1
矿产消耗（占 GNI 的百分比）	0.0	0.2	0.4
净森林消耗（占 GNI 的百分比）	..	0.0	0.0
二氧化碳的损害（占 GNI 的百分比）	..	2.1	2.6
空气污染的损害（占 GNI 的百分比）	..	0.3	0.3
调整后的净储蓄（占 GNI 的百分比）	..	18.1	17.2

乌干达

人口（百万）	**39.0**	土地面积（千平方千米）	**201**	GDP（10亿美元）	**27.5**

	经济体数据	撒哈拉以南非洲地区组别	低收入组别
人均 GNI，世界银行图表集法（美元）	700	1,631	619
调整后的人均国民净收入（美元）	490	1,239	497
城市人口（占总人口的百分比）	16.1	37.7	30.7
农业			
农业用地面积（占土地面积的百分比）	72	42	39
灌溉地面积（占总农业用地面积的百分比）	0.1	..	..
农业生产力，以每农业工作者增加值计（2010 年美元）	469	1,219	504
谷物产量（每公顷千克数）	2,019	1,452	1,486
森林和生物多样性			
森林面积（占土地面积的百分比）	10.4	25.7	27.4
森林采伐（2000—2015 年年均百分比）	4.1	0.5	0.5
陆地保护区面积（占土地面积的百分比）	16.0	15.3	15.2
濒危物种，哺乳动物	29	918	619
濒危物种，鸟类	25	876	599
濒危物种，鱼类	57	2,023	1,156
濒危物种，高等植物	52	3,740	1,962
海洋			
渔业总产量（千吨）	514	7,416	3,954
渔获增长率（2000—2015 年年均百分比）	4.0	1.8	2.2
水产养殖业增长率（2000—2015 年年均百分比）	39.2	17.0	3.1
海洋保护区面积（占领海面积的百分比）	0.0	6.1	3.5
珊瑚礁区域面积（平方千米）	..	17,980	12,520
红树林区域面积（平方千米）	..	28,061	15,778
能源与排放			
人均能源使用量（千克石油当量）	..	701	..
废物和生物质能产生的能源（占总能源量的百分比）	..	57.4	79.1
人均耗电量（千瓦时）	..	497	..
化石燃料发电量（占总量的百分比）	..	64.3	..
水力发电量（占总量的百分比）	..	21.2	..
人均二氧化碳排放量（吨）	0.1	0.8	0.3
水与卫生			
人均淡水资源（立方米）	1,032	3,986	4,629
淡水使用总量（占淡水资源总量的百分比）	1.6	3.2	3.3
农业（占淡水使用总量的百分比）	41	81	90
获得改善的水源的人口（占总人口的百分比）	79	68	66
农村（占农村人口的百分比）	76	56	56
城市（占城市人口的百分比）	96	87	87
获得改善的卫生设施的人口（占总人口的百分比）	19	30	28
农村（占农村人口的百分比）	17	23	23
城市（占城市人口的百分比）	29	40	40
环境与健康			
PM2.5 污染，年平均接触值（微克每立方米）	60	36	39
PM2.5 接触（超过世界卫生组织指导线的人口百分比）	100	99	99
急性呼吸道感染发病率（占五岁以下儿童的百分比）	15	5	6
腹泻发病率（占五岁以下儿童的百分比）	23	14	16
五岁以下儿童的死亡率（每千名活产）	55	83	76
国民账户汇编——储蓄，消耗与退化			
总储蓄（占 GNI 的百分比）	17.0	14.4	14.7
固定资本消费（占 GNI 的百分比）	14.3	13.8	10.6
教育支出（占 GNI 的百分比）	2.0	3.3	3.2
能源消耗（占 GNI 的百分比）	0.0	1.7	0.4
矿产消耗（占 GNI 的百分比）	0.0	0.9	1.5
净森林消耗（占 GNI 的百分比）	13.6	2.3	6.6
二氧化碳的损害（占 GNI 的百分比）	0.6	1.6	1.2
空气污染的损害（占 GNI 的百分比）	1.7	1.2	1.7
调整后的净储蓄（占 GNI 的百分比）	−5.2	−3.9	−3.8

乌克兰

人口（百万）	45.2	土地面积（千平方千米）	579	GDP（10亿美元）	90.6

	经济体数据	欧洲和中亚地区组别	中低收入组别
人均 GNI，世界银行图表集法（美元）	2,640	24,275	2,029
调整后的人均国民净收入（美元）	1,805	18,328	1,767
城市人口（占总人口的百分比）	69.7	70.9	39.0
农业			
农业用地面积（占土地面积的百分比）	71	29	44
灌溉地面积（占总农业用地面积的百分比）	0.8	..	..
农业生产力，以每农业工作者增加值计（2010年美元）	6,310	14,018	1,614
谷物产量（每公顷千克数）	4,399	3,910	3,185
森林和生物多样性			
森林面积（占土地面积的百分比）	16.7	38.0	24.3
森林采伐（2000—2015年年均百分比）	-0.1	-0.1	0.4
陆地保护区面积（占土地面积的百分比）	4.0	12.6	12.0
濒危物种，哺乳动物	10	350	1,134
濒危物种，鸟类	18	638	1,199
濒危物种，鱼类	24	1,220	2,011
濒危物种，高等植物	18	1,032	3,971
海洋			
渔业总产量（千吨）	142	18,438	58,665
渔获增长率（2000—2015年年均百分比）	-7.6	-0.9	2.4
水产养殖业增长率（2000—2015年年均百分比）	-2.3	2.9	12.0
海洋保护区面积（占领海面积的百分比）	10.7	13.0	5.0
珊瑚礁区域面积（平方千米）	..	..	128,580
红树林区域面积（平方千米）	..	..	68,563
能源与排放			
人均能源使用量（千克石油当量）	2,334	3,157	651
废物和生物质能产生的能源（占能源总量的百分比）	1.8	5.9	28.5
人均耗电量（千瓦时）	3,419	5,369	777
化石燃料发电量（占总量的百分比）	45.8	49.8	74.9
水力发电量（占总量的百分比）	4.7	16.6	14.9
人均二氧化碳排放量（吨）	6.0	7.3	1.4
水与卫生			
人均淡水资源（立方米）	1,217	7,850	3,003
淡水使用总量（占淡水资源总量的百分比）	27.0	7.4	18.4
农业（占淡水使用总量的百分比）	30	47	88
获得改善的水源的人口（占总人口的百分比）	96	98	90
农村（占农村人口的百分比）	98	96	87
城市（占城市人口的百分比）	96	99	94
获得改善的卫生设施的人口（占总人口的百分比）	96	93	52
农村（占农村人口的百分比）	93	89	42
城市（占城市人口的百分比）	97	95	67
环境与健康			
PM2.5污染，年平均接触值（微克每立方米）	19	19	58
PM2.5接触（超过世界卫生组织指导线的人口百分比）	100	89	99
急性呼吸道感染发病率（占五岁以下儿童的百分比）	..	..	..
腹泻发病率（占五岁以下儿童的百分比）	..	..	..
五岁以下儿童的死亡率（每千名活产儿）	9	11	53
国民账户汇编——储蓄，消耗与退化			
总储蓄（占 GNI 的百分比）	15.1	22.5	27.6
固定资本消费（占 GNI 的百分比）	12.5	16.1	9.7
教育支出（占 GNI 的百分比）	6.6	4.8	3.0
能源消耗（占 GNI 的百分比）	0.9	0.6	0.8
矿产消耗（占 GNI 的百分比）	0.1	0.1	0.3
净森林消耗（占 GNI 的百分比）	0.0	0.0	0.4
二氧化碳的损害（占 GNI 的百分比）	7.2	1.0	2.3
空气污染的损害（占 GNI 的百分比）	0.1	0.1	0.9
调整后的净储蓄（占 GNI 的百分比）	0.6	9.5	16.1

阿拉伯联合酋长国

人口（百万）	9.2	土地面积（千平方千米）	84	GDP（10亿美元）	370.3

	经济体数据	中东和北非地区组别	高收入组别
人均GNI，世界银行图表集法（美元）	43,090	8,229	41,932
调整后的人均国民净收入（美元）	35,848	6,251	33,454
城市人口（占总人口的百分比）	85.5	64.2	81.1
农业			
农业用地面积（占土地面积的百分比）	5	33	36
灌溉地面积（占总农业用地面积的百分比）	12.5	..	..
农业生产力，以每农业工作者增加值计（2010年美元）	18,784	6,275	30,017
谷物产量（每公顷千克数）	41,908	2,299	5,919
森林和生物多样性			
森林面积（占土地面积的百分比）	3.9	2.1	28.9
森林采伐（2000—2015年年均百分比）	-0.3	-0.8	-0.0
陆地保护区面积（占土地面积的百分比）	18.6	11.7	15.7
濒危物种，哺乳动物	8	224	527
濒危物种，鸟类	12	279	923
濒危物种，鱼类	17	610	2,263
濒危物种，高等植物	0	290	2,176
海洋			
渔业总产量（千吨）	73.8	4,857	33,549
渔获增长率（2000—2015年年均百分比）	-2.4	2.0	-1.5
水产养殖业增长率（2000—2015年年均百分比）	..	9.4	2.6
海洋保护区面积（占领海面积的百分比）	21.0	3.8	23.7
珊瑚礁区域面积（平方千米）	1,190	15,470	83,900
红树林区域面积（平方千米）	68.2	513	15,283
能源与排放			
人均能源使用量（千克石油当量）	7,756	2,365	4,745
废物和生物质能产生的能源（占总能源量的百分比）	0.1	0.6	5.3
人均耗电量（千瓦时）	11,245	2,906	9,066
化石燃料发电量（占总量的百分比）	99.7	96.3	60.7
水力发电量（占总量的百分比）	0.0	2.6	12.0
人均二氧化碳排放量（吨）	18.7	6.0	11.0
水与卫生			
人均淡水资源（立方米）	17	555	8,733
淡水使用总量（占淡水资源总量的百分比）	2,665.3	138.4	9.8
农业（占淡水使用总量的百分比）	83	85	41
获得改善的水源的人口（占总人口的百分比）	100	93	100
农村（占农村人口的百分比）	100	89	99
城市（占城市人口的百分比）	100	96	100
获得改善的卫生设施的人口（占总人口的百分比）	98	91	99
农村（占农村人口的百分比）	95	87	99
城市（占城市人口的百分比）	98	93	100
环境与健康			
PM2.5污染，年平均接触值（微克每立方米）	64	61	17
PM2.5接触（超过世界卫生组织指导线的人口百分比）	100	100	62
急性呼吸道感染发病率（占五岁以下儿童的百分比）	..	..	..
腹泻病率（占五岁以下儿童的百分比）	..	..	..
五岁以下儿童的死亡率（每千名活产儿）	7	23	6
国民账户汇编——储蓄，消耗与退化			
总储蓄（占GNI的百分比）	..	24.7	22.2
固定资本消费（占GNI的百分比）	8.2	9.9	16.6
教育支出（占GNI的百分比）	..	5.2	4.8
能源消耗（占GNI的百分比）	3.2	4.7	0.3
矿产消耗（占GNI的百分比）	0.0	0.0	0.1
净森林消耗（占GNI的百分比）	0.0	0.1	0.0
二氧化碳的损害（占GNI的百分比）	1.5	2.1	0.8
空气污染的损害（占GNI的百分比）	0.3	0.2	0.1
调整后的净储蓄（占GNI的百分比）	..	12.9	9.1

英国

| 人口（百万） | 65.1 | 土地面积（千平方千米） | 242 | GDP（10亿美元） | 2,861.1 |

	经济体数据	欧洲和中亚地区组别	高收入组别
人均GNI，世界银行图表集法（美元）	43,700	24,275	41,932
调整后的人均国民净收入（美元）	37,441	18,328	33,454
城市人口（占总人口的百分比）	82.6	70.9	81.1
农业			
农业用地面积（占土地面积的百分比）	71	29	36
灌溉地面积（占总农业用地面积的百分比）	0.3	..	..
农业生产力，以每农业工作者增加值计（2010年美元）	42,799	14,018	30,017
谷物产量（每公顷千克数）	7,697	3,910	5,919
森林和生物多样性			
森林面积（占土地面积的百分比）	13.0	38.0	28.9
森林采伐（2000—2015年年均百分比）	-0.4	-0.1	-0.0
陆地保护区面积（占土地面积的百分比）	28.4	12.6	15.7
濒危物种，哺乳动物	5	350	527
濒危物种，鸟类	8	638	923
濒危物种，鱼类	47	1,220	2,263
濒危物种，高等植物	16	1,032	2,176
海洋			
渔业总产量（千吨）	912	18,438	33,549
渔获增长率（2000—2015年年均百分比）	-0.4	-0.9	-1.5
水产养殖业增长率（2000—2015年年均百分比）	2.1	2.9	2.6
海洋保护区面积（占领海面积的百分比）	17.2	13.0	23.7
珊瑚礁区域面积（平方千米）	..	..	83,900
红树林区域面积（平方千米）	..	..	15,283
能源与排放			
人均能源使用量（千克石油当量）	2,777	3,157	4,745
废物和生物质能产生的能源（占总能源量的百分比）	5.1	5.9	5.3
人均耗电量（千瓦时）	5,130	5,369	9,066
化石燃料发电量（占总量的百分比）	60.8	49.8	60.7
水力发电量（占总量的百分比）	1.8	16.6	12.0
人均二氧化碳排放量（吨）	7.1	7.3	11.0
水与卫生			
人均淡水资源（立方米）	2,244	7,850	8,733
淡水使用总量（占水资源总量的百分比）	5.7	7.4	9.8
农业（占淡水使用总量的百分比）	13	47	41
获得改善的水源的人口（占总人口的百分比）	100	98	100
农村（占农村人口的百分比）	100	96	99
城市（占城市人口的百分比）	100	99	100
获得改善的卫生设施的人口（占总人口的百分比）	99	93	99
农村（占农村人口的百分比）	100	89	99
城市（占城市人口的百分比）	99	95	100
环境与健康			
PM2.5污染，年平均接触值（微克每立方米）	12	19	17
PM2.5接触（超过世界卫生组织指导线的人口百分比）	90	89	62
急性呼吸道感染发病率（占五岁以下儿童的百分比）	..	..	..
腹泻发病率（占五岁以下儿童的百分比）	..	..	..
五岁以下儿童的死亡率（每千名活产儿）	4	11	6
国民账户汇编——储蓄，消耗与退化			
总储蓄（占GNI的百分比）	13.1	22.5	22.2
固定资本消费（占GNI的百分比）	13.3	16.1	16.6
教育支出（占GNI的百分比）	5.4	4.8	4.8
能源消耗（占GNI的百分比）	0.3	0.6	0.3
矿产消耗（占GNI的百分比）	0.0	0.1	0.1
净森林消耗（占GNI的百分比）	0.0	0.1	0.1
二氧化碳的损害（占GNI的百分比）	0.5	1.0	0.8
空气污染的损害（占GNI的百分比）	0.1	0.1	0.1
调整后的净储蓄（占GNI的百分比）	4.3	9.5	9.1

美国

| 人口（百万） | 321.4 | 土地面积（千平方千米） | 9,147 | GDP（10亿美元） | 18,036.6 |

	经济体数据	北美地区组别	高收入组别
人均GNI，世界银行图表集法（美元）	55,980	55,117	41,932
调整后的人均国民净收入（美元）	48,683	47,319	33,454
城市人口（占总人口的百分比）	81.6	81.6	81.1
农业			
农业用地面积（占土地面积的百分比）	45	26	36
灌溉地面积（占总农业用地面积的百分比）	5.5	..	..
农业生产力，以每农业工作者增加值计（2010年美元）	78,224	78,898	30,017
谷物产量（每公顷千克数）	7,638	6,867	5,919
森林和生物多样性			
森林面积（占土地面积的百分比）	33.9	36.0	28.9
森林采伐（2000—2015年年均百分比）	-0.1	-0.1	-0.0
陆地保护区面积（占土地面积的百分比）	13.9	11.6	15.7
濒危物种，哺乳动物	35	53	527
濒危物种，鸟类	77	93	923
濒危物种，鱼类	249	318	2,263
濒危物种，高等植物	462	480	2,176
海洋			
渔业总产量（千吨）	5,471	6,522	33,549
渔获增长率（2000—2015年年均百分比）	0.4	0.1	-1.5
水产养殖业增长率（2000—2015年年均百分比）	-0.5	0.3	2.6
海洋保护区面积（占领海面积的百分比）	31.7	16.4	23.7
珊瑚礁区域面积（平方千米）	1,250	1,620	83,900
红树林区域面积（平方千米）	3,030	3,030	15,283
能源与排放			
人均能源使用量（千克石油当量）	6,949	7,042	4,745
废物和生物质能产生的能源（占总能源量的百分比）	4.7	4.8	5.3
人均耗电量（千瓦时）	12,973	13,230	9,066
化石燃料发电量（占总量的百分比）	67.5	61.2	60.7
水力发电量（占总量的百分比）	6.1	12.9	12.0
人均二氧化碳排放量（吨）	16.4	16.1	11.0
水与卫生			
人均淡水资源（立方米）	8,836	15,991	8,733
淡水使用总量（占淡水资源总量的百分比）	17.2	9.3	9.8
农业（占淡水使用总量的百分比）	36	34	41
获得改善的水源的人口（占总人口的百分比）	99	99	100
农村（占农村人口的百分比）	98	98	99
城市（占城市人口的百分比）	99	99	100
获得改善的卫生设施的人口（占总人口的百分比）	100	100	99
农村（占农村人口的百分比）	100	100	99
城市（占城市人口的百分比）	100	100	100
环境与健康			
PM2.5污染，年平均接触值（微克每立方米）	8	8	17
PM2.5接触（超过世界卫生组织指导线的人口百分比）	9	8	62
急性呼吸道感染发病率（占五岁以下儿童的百分比）	..	..	..
腹泻发病率（占五岁以下儿童的百分比）	..	..	..
五岁以下儿童的死亡率（每千名活产儿）	7	6	6
国民账户汇编——储蓄，消耗与退化			
总储蓄（占GNI的百分比）	18.7	18.8	22.2
固定资本消费（占GNI的百分比）	15.3	15.5	16.6
教育支出（占GNI的百分比）	5.1	5.0	4.8
能源消耗（占GNI的百分比）	0.1	0.1	0.3
矿产消耗（占GNI的百分比）	0.0	0.1	0.1
净森林消耗（占GNI的百分比）	0.0	0.0	0.0
二氧化碳的损害（占GNI的百分比）	0.8	0.9	0.8
空气污染的损害（占GNI的百分比）	0.1	0.1	0.1
调整后的净储蓄（占GNI的百分比）	7.4	7.3	9.1

乌拉圭

人口（百万）	**3.4**	土地面积（千平方千米）	**175**	GDP（10亿美元）	**53.4**

	经济体数据	拉丁美洲和加勒比地区组别	高收入组别
人均 GNI，世界银行图表集法（美元）	15,720	8,968	41,932
调整后的人均国民净收入（美元）	12,612	7,249	33,454
城市人口（占总人口的百分比）	95.3	79.9	81.1
农业			
农业用地面积（占土地面积的百分比）	83	38	36
灌溉地面积（占总农业用地面积的百分比）	1.4	..	..
农业生产力，以每农业工作者增加值计（2010年美元）	18,471	7,188	30,017
谷物产量（每公顷千克数）	4,003	4,169	5,919
森林和生物多样性			
森林面积（占土地面积的百分比）	10.5	46.3	28.9
森林采伐（2000—2015年年均百分比）	-2.0	0.4	-0.0
陆地保护区面积（占土地面积的百分比）	2.7	23.3	15.7
濒危物种，哺乳动物	10	622	527
濒危物种，鸟类	22	1,011	923
濒危物种，鱼类	40	1,642	2,263
濒危物种，高等植物	22	5,108	2,176
海洋			
渔业总产量（千吨）	59.7	14,416	33,549
渔获增长率（2000—2015年年均百分比）	-4.2	-3.5	-1.5
水产养殖增长率（2000—2015年年均百分比）	6.0	7.7	2.6
海洋保护区面积（占领海面积的百分比）	1.8	15.5	23.7
珊瑚礁区域面积（平方千米）	..	20,320	83,900
红树林区域面积（平方千米）	..	41,330	15,283
能源与排放			
人均能源使用量（千克石油当量）	1,378	1,337	4,745
废物和生物质能产生的能源（占总能源量的百分比）	36.5	17.1	5.3
人均耗电量（千瓦时）	3,068	2,122	9,066
化石燃料发电量（占总量的百分比）	9.1	43.1	60.7
水力发电量（占总量的百分比）	74.2	46.5	12.0
人均二氧化碳排放量（吨）	2.2	3.0	11.0
水与卫生			
人均淡水资源（立方米）	26,963	22,160	8,733
淡水使用总量（占淡水资源总量的百分比）	4.0	2.4	9.8
农业（占淡水使用总量的百分比）	87	71	41
获得改善的水源的人口（占总人口的百分比）	100	95	100
农村（占农村人口的百分比）	94	84	99
城市（占城市人口的百分比）	100	97	100
获得改善的卫生设施的人口（占总人口的百分比）	96	83	99
农村（占农村人口的百分比）	93	64	99
城市（占城市人口的百分比）	97	88	100
环境与健康			
PM2.5 污染，年平均接触值（微克每立方米）	11	18	17
PM2.5 接触（超过世界卫生组织指导线的人口百分比）	86	85	62
急性呼吸道感染发病率（占五岁以下儿童的百分比）	..	..	..
腹泻发病率（占五岁以下儿童的百分比）	10	18	..
五岁以下儿童的死亡率（每千名活产儿）	10	18	6
国民账户汇编——储蓄，消耗与退化			
总储蓄（占 GNI 的百分比）	16.4	17.7	22.2
固定资本消费（占 GNI 的百分比）	14.5	10.2	16.6
教育支出（占 GNI 的百分比）	4.3	4.9	4.8
能源消耗（占 GNI 的百分比）	0.0	0.9	0.3
矿产消耗（占 GNI 的百分比）	0.1	0.9	0.0
净森林消耗（占 GNI 的百分比）	1.1	0.1	0.0
二氧化碳的损害（占 GNI 的百分比）	0.5	1.1	0.8
空气污染的损害（占 GNI 的百分比）	0.1	0.2	0.1
调整后的净储蓄（占 GNI 的百分比）	4.5	9.4	9.1

乌兹别克斯坦

| 人口（百万） | 31.3 | 土地面积（千平方千米） | 425 | GDP（10亿美元） | 66.7 |

	经济体数据	欧洲和中亚地区组别	中低收入组别
人均GNI，世界银行图表集法（美元）	2,160	24,275	2,029
调整后的人均国民净收入（美元）	1,962	18,328	1,767
城市人口（占总人口的百分比）	36.4	70.9	39.0
农业			
农业用地面积（占土地面积的百分比）	63	29	44
灌溉地面积（占总农业用地面积的百分比）	..	..	..
农业生产力，以每农业工作者增加值计（2010年美元）	3,777	14,018	1,614
谷物产量（每公顷千克数）	4,831	3,910	3,185
森林和生物多样性			
森林面积（占土地面积的百分比）	7.6	38.0	24.3
森林采伐（2000—2015年年均百分比）	-0.0	-0.1	0.4
陆地保护区面积（占土地面积的百分比）	3.4	12.6	12.0
濒危物种，哺乳动物	10	350	1,134
濒危物种，鸟类	20	638	1,199
濒危物种，鱼类	7	1,220	2,011
濒危物种，高等植物	17	1,032	3,971
海洋			
渔业总产量（千吨）	59.9	18,438	58,665
渔获增长率（2000—2015年年均百分比）	13.8	-0.9	2.4
水产养殖增长率（2000—2015年年均百分比）	13.3	2.9	12.0
海洋保护区面积（占领海面积的百分比）	0.0	13.0	5.0
珊瑚礁区域面积（平方千米）	..	..	128,580
红树林区域面积（平方千米）	..	..	68,563
能源与排放			
人均能源使用量（千克石油当量）	1,419	3,157	651
废物和生物质能产生的能源（占总能源量的百分比）	0.0	5.9	28.5
人均耗电量（千瓦时）	1,645	5,369	777
化石燃料发电量（占总量的百分比）	78.6	49.8	74.9
水力发电量（占总量的百分比）	21.4	16.6	14.9
人均二氧化碳排放量（吨）	3.4	7.3	1.4
水与卫生			
人均淡水资源（立方米）	531	7,850	3,003
淡水使用总量（占淡水资源总量的百分比）	342.7	7.4	18.4
农业（占淡水使用总量的百分比）	90	47	88
获得改善的水源的人口（占总人口的百分比）	87	98	90
农村（占农村人口的百分比）	81	96	87
城市（占城市人口的百分比）	99	99	94
获得改善的卫生设施的人口（占总人口的百分比）	100	93	52
农村（占农村人口的百分比）	100	89	42
城市（占城市人口的百分比）	100	95	67
环境与健康			
PM2.5污染，年平均接触值（微克每立方米）	40	19	58
PM2.5接触（超过世界卫生组织指导线的人口百分比）	100	89	99
急性呼吸道感染发病率（占五岁以下儿童的百分比）	..	..	..
腹泻发病率（占五岁以下儿童的百分比）	..	..	..
五岁以下儿童的死亡率（每千名活产儿）	39	11	53
国民账户汇编——储蓄，消耗与退化			
总储蓄（占GNI的百分比）	..	22.5	27.6
固定资本消费（占GNI的百分比）	4.2	16.1	9.7
教育支出（占GNI的百分比）	9.4	4.8	3.0
能源消耗（占GNI的百分比）	2.9	0.6	0.8
矿产消耗（占GNI的百分比）	2.6	0.1	0.3
净森林消耗（占GNI的百分比）	0.0	0.0	0.4
二氧化碳的损害（占GNI的百分比）	4.5	1.0	2.3
空气污染的损害（占GNI的百分比）	0.6	0.1	0.9
调整后的净储蓄（占GNI的百分比）	..	9.5	16.1

| 人口（千） | **265** | 土地面积（千平方千米） | **12** | GDP（百万美元） | **742.4** |

	经济体数据	东亚和太平洋地区组别	中低收入组别
人均 GNI，世界银行图表集法（美元）	3,170	9,771	2,029
调整后的人均国民净收入（美元）	2,881	7,546	1,767
城市人口（占总人口的百分比）	26.1	56.6	39.0
农业			
农业用地面积（占土地面积的百分比）	15	49	44
灌溉地面积（占总农业用地面积的百分比）	..	..	..
农业生产力，以每农业工作者增加值计（2010 年美元）	4,299	1,657	1,614
谷物产量（每公顷千克数）	614	4,958	3,185
森林和生物多样性			
森林面积（占土地面积的百分比）	36.1	26.3	24.3
森林采伐（2000—2015 年均百分比）	0.0	-0.2	0.4
陆地保护区面积（占土地面积的百分比）	4.2	15.6	12.0
濒危物种，哺乳动物	7	918	1,134
濒危物种，鸟类	9	1,097	1,199
濒危物种，鱼类	17	1,549	2,011
濒危物种，高等植物	10	3,515	3,971
海洋			
渔业总产量（千吨）	75.6	132,587	58,665
渔获增长率（2000—2015 年均百分比）	0.5	0.9	2.4
水产养殖增长率（2000—2015 年均百分比）	..	6.5	12.0
海洋保护区面积（占领海面积的百分比）	0.0	17.0	5.0
珊瑚礁区域面积（平方千米）	4,110	203,050	128,580
红树林区域面积（平方千米）	20.5	67,121	68,563
能源与排放			
人均能源使用量（千克石油当量）	..	2,137	651
废物和生物质能产生的能源（占总能源量的百分比）	..	7.7	28.5
人均耗电量（千瓦时）	..	3,682	777
化石燃料发电量（占总量的百分比）	..	76.4	74.9
水力发电量（占总量的百分比）	..	15.0	14.9
人均二氧化碳排放量（吨）	0.4	6.3	1.4
水与卫生			
人均淡水资源（立方米）	38,627	4,529	3,003
淡水使用总量（占淡水资源总量的百分比）	..	11.3	18.4
农业（占淡水使用总量的百分比）	..	71	88
获得改善的水源的人口（占总人口的百分比）	95	94	90
农村（占农村人口的百分比）	93	90	87
城市（占城市人口的百分比）	99	97	94
获得改善的卫生设施的人口（占总人口的百分比）	58	77	52
农村（占农村人口的百分比）	55	64	42
城市（占城市人口的百分比）	65	87	67
环境与健康			
PM2.5 污染，年平均接触值（微克每立方米）	9	44	58
PM2.5 接触（超过世界卫生组织指导线的人口百分比）	0	97	99
急性呼吸道感染发病率（占五岁以下儿童的百分比）	..	..	..
腹泻发病率（占五岁以下儿童的百分比）	..	..	..
五岁以下儿童的死亡率（每千名活产儿）	28	17	53
国民账户汇编——储蓄，消耗与退化			
总储蓄（占 GNI 的百分比）	29.5	39.1	27.6
固定资本消费（占 GNI 的百分比）	8.5	20.7	9.7
教育支出（占 GNI 的百分比）	5.0	2.7	3.0
能源消耗（占 GNI 的百分比）	0.0	0.3	0.8
矿产消耗（占 GNI 的百分比）	0.0	0.2	0.3
净森林消耗（占 GNI 的百分比）	0.0	0.0	0.4
二氧化碳的损害（占 GNI 的百分比）	0.4	2.1	2.3
空气污染的损害（占 GNI 的百分比）	1.4	0.3	0.9
调整后的净储蓄（占 GNI 的百分比）	24.3	18.1	16.1

委内瑞拉

人口（百万）	31.1	土地面积（千平方千米）	882	GDP（10亿美元）	371.3

	经济体数据	拉丁美洲和加勒比地区组别	中高收入组别
人均 GNI，世界银行图表集法（美元）	11,780	8,968	8,263
调整后的人均国民净收入（美元）	10,987	7,249	6,302
城市人口（占总人口的百分比）	89.0	79.9	64.1
农业			
农业用地面积（占土地面积的百分比）	24	38	35
灌溉地面积（占总农业用地面积的百分比）	..	..	..
农业生产力，以每农业工作者增加值计（2010年美元）	29,892	7,188	2,208
谷物产量（每公顷千克数）	4,074	4,169	4,104
森林和生物多样性			
森林面积（占土地面积的百分比）	52.9	46.3	34.9
森林采伐（2000—2015 年年均百分比）	0.3	0.4	0.0
陆上保护区面积（占土地面积的百分比）	53.9	23.3	15.2
濒危物种，哺乳动物	35	622	1,056
濒危物种，鸟类	44	1,011	1,511
濒危物种，鱼类	43	1,642	2,315
濒危物种，高等植物	82	5,108	6,808
海洋			
渔业总产量（千吨）	260	14,416	103,240
渔获增长率（2000—2015 年年均百分比）	-2.6	-3.5	-0.5
水产养殖增长率（2000—2015 年年均百分比）	2.3	7.7	5.3
海洋保护区面积（占领海面积的百分比）	16.8	15.5	9.9
珊瑚礁区域面积（平方千米）	480	20,320	48,880
红树林区域面积（平方千米）	3,569	41,330	50,774
能源与排放			
人均能源使用量（千克石油当量）	2,271	1,337	2,192
废物和生物质能产生的能源（占总能源量的百分比）	1.1	17.1	7.3
人均耗电量（千瓦时）	2,661	2,122	3,495
化石燃料发电量（占总量的百分比）	31.7	43.1	71.1
水力发电量（占总量的百分比）	68.3	46.5	21.0
人均二氧化碳排放量（吨）	6.1	3.0	6.6
水与卫生			
人均淡水资源（立方米）	26,227	22,160	8,261
淡水使用总量（占淡水资源总量的百分比）	2.8	2.4	6.3
农业（占淡水使用总量的百分比）	74	71	68
获得改善的水源的人口（占总人口的百分比）	93	95	95
农村（占农村人口的百分比）	78	84	91
城市（占城市人口的百分比）	95	97	97
获得改善的卫生设施的人口（占总人口的百分比）	94	83	80
农村（占农村人口的百分比）	70	64	67
城市（占城市人口的百分比）	98	88	87
环境与健康			
PM2.5 污染，年平均接触值（微克每立方米）	24	18	42
PM2.5 接触（超过世界卫生组织指导线的人口百分比）	100	85	95
急性呼吸道感染发病率（占五岁以下儿童的百分比）	..	..	..
腹泻发病率（占五岁以下儿童的百分比）	..	..	..
五岁以下儿童的死亡率（每千名活产儿）	15	18	19
国民账户汇编——储蓄，消耗与退化			
总储蓄（占 GNI 的百分比）	19.6	17.7	36.6
固定资本消费（占 GNI 的百分比）	6.2	10.2	18.0
教育支出（占 GNI 的百分比）	6.5	4.9	3.0
能源消耗（占 GNI 的百分比）	1.2	0.9	1.1
矿产消耗（占 GNI 的百分比）	0.1	0.1	0.4
净森林消耗（占 GNI 的百分比）	0.0	0.1	0.0
二氧化碳的损害（占 GNI 的百分比）	1.4	1.1	2.6
空气污染的损害（占 GNI 的百分比）	0.2	0.2	0.3
调整后的净储蓄（占 GNI 的百分比）	17.1	9.4	17.2

越南

| 人口（百万） | 91.7 | 土地面积（千平方千米） | 310 | GDP（10亿美元） | 193.6 |

	经济体数据	东亚和太平洋地区组别	中低收入组别
人均 GNI，世界银行图表集法（美元）	1,990	9,771	2,029
调整后的人均国民净收入（美元）	1,736	7,546	1,767
城市人口（占总人口的百分比）	33.6	56.6	39.0
农业			
农业用地面积（占土地面积的百分比）	35	49	44
灌溉地面积（占总农业用地面积的百分比）	..	..	..
农业生产力，以每农业工作者增加值计（2010年美元）	806	1,657	1,614
谷物产量（每公顷千克数）	5,578	4,958	3,185
森林和生物多样性			
森林面积（占土地面积的百分比）	47.6	26.3	24.3
森林采伐（2000—2015年年均百分比）	-1.6	-0.2	0.4
陆地保护区面积（占土地面积的百分比）	6.5	15.6	12.0
濒危物种，哺乳动物	55	918	1,134
濒危物种，鸟类	46	1,097	1,199
濒危物种，鱼类	80	1,549	2,011
濒危物种，高等植物	204	3,515	3,971
海洋			
渔业总产量（千吨）	6,208	132,587	58,665
渔获增长率（2000—2015年年均百分比）	3.6	0.9	2.4
水产养殖业增长率（2000—2015年年均百分比）	13.5	6.5	12.0
海洋保护区面积（占领海面积的百分比）	1.8	17.0	5.0
珊瑚礁区域面积（平方千米）	1,270	203,050	128,580
红树林区域面积（平方千米）	1,056	67,121	68,563
能源与排放			
人均能源使用量（千克石油当量）	668	2,137	651
废物和生物质能产生的能源（占总能源量的百分比）	25.3	7.7	28.5
人均耗电量（千瓦时）	1,439	3,682	777
化石燃料发电量（占总量的百分比）	58.4	76.4	74.9
水力发电量（占总量的百分比）	41.5	15.0	14.9
人均二氧化碳排放量（吨）	1.7	6.3	1.4
水与卫生			
人均淡水资源（立方米）	3,961	4,529	3,003
淡水使用总量（占淡水资源总量的百分比）	22.8	11.3	18.4
农业（占淡水使用总量的百分比）	95	71	88
获得改善的水源的人口（占总人口的百分比）	98	94	90
农村（占农村人口的百分比）	97	90	87
城市（占城市人口的百分比）	99	97	94
获得改善的卫生设施的人口（占总人口的百分比）	78	77	52
农村（占农村人口的百分比）	70	64	42
城市（占城市人口的百分比）	94	86	67
环境与健康			
PM2.5污染，年平均接触值（微克每立方米）	28	44	58
PM2.5接触（超过世界卫生组织指导线的人口百分比）	100	97	99
急性呼吸道感染发病率（占五岁以下儿童的百分比）	..	..	..
腹泻发病率（占5岁以下儿童的百分比）	..	..	..
五岁以下儿童的死亡率（每千名活产儿）	22	17	53
国民账户汇编——储蓄，消耗与退化			
总储蓄（占GNI的百分比）	28.8	39.1	27.6
固定资本消费（占GNI的百分比）	12.3	20.7	9.7
教育支出（占GNI的百分比）	5.4	2.7	3.0
能源消耗（占GNI的百分比）	0.9	0.3	0.8
矿产消耗（占GNI的百分比）	0.1	0.2	0.3
净森林消耗（占GNI的百分比）	0.0	0.0	0.1
二氧化碳的损害（占GNI的百分比）	2.9	2.1	2.3
空气污染的损害（占GNI的百分比）	0.3	0.3	0.9
调整后的净储蓄（占GNI的百分比）	17.7	18.1	16.1

美属维尔京群岛

人口（千）	104	土地面积（平方千米）	350	GDP（百万美元）	3.8

	经济体数据	拉丁美洲和加勒比地区组别	高收入组别
人均 GNI，世界银行图表集法（美元）	..	8,968	41,932
调整后的人均国民净收入（美元）	..	7,249	33,454
城市人口（占总人口的百分比）	95.3	79.9	81.1
农业			
农业用地面积（占土地面积的百分比）	11	38	36
灌溉地面积（占总农业用地面积的百分比）	..	..	..
农业生产力，以每农业工作者增加值计（2010 年美元）	..	7,188	30,017
谷物产量（每公顷千克数）	..	4,169	5,919
森林和生物多样性			
森林面积（占土地面积的百分比）	50.3	46.3	28.9
森林采伐（2000—2015 年年均百分比）	1.0	0.4	-0.0
陆地保护区面积（占土地面积的百分比）	15.3	23.3	15.7
濒危物种，哺乳动物	1	622	527
濒危物种，鸟类	1	1,011	923
濒危物种，鱼类	27	1,642	2,263
濒危物种，高等植物	12	5,108	2,176
海洋			
渔业总产量（千吨）	0.39	14,416	33,549
渔获增长率（2000—2015 年年均百分比）	-9.4	-3.5	-1.5
水产养殖增长率（2000—2015 年年均百分比）	..	7.7	2.6
海洋保护区面积（占领海面积的百分比）	2.0	15.5	23.7
珊瑚礁区域面积（平方千米）	200	20,320	83,900
红树林区域面积（平方千米）	2.6	41,330	15,283
能源与排放			
人均能源使用量（千克石油当量）	..	1,337	4,745
废物和生物质能产生的能源（占总能源量的百分比）	..	17.1	5.3
人均耗电量（千瓦时）	..	2,122	9,066
化石燃料发电量（占总量的百分比）	..	43.1	60.7
水力发电量（占总量的百分比）	..	46.5	12.0
人均二氧化碳排放量（吨）	..	3.0	11.0
水与卫生			
人均淡水资源（立方米）	..	22,160	8,733
淡水使用总量（占淡水资源总量的百分比）	..	2.4	9.8
农业（占淡水使用总量的百分比）	..	71	41
获得改善的水源的人口（占总人口的百分比）	100	95	100
农村（占农村人口的百分比）	100	84	99
城市（占城市人口的百分比）	100	97	100
获得改善的卫生设施的人口（占总人口的百分比）	96	83	99
农村（占农村人口的百分比）	96	64	99
城市（占城市人口的百分比）	96	88	100
环境与健康			
PM2.5 污染，年平均接触值（微克每立方米）	16	18	17
PM2.5 接触（超过世界卫生组织指导线的人口百分比）	100	85	62
急性呼吸道感染发病率（占五岁以下儿童的百分比）	..	..	..
腹泻发病率（占五岁以下儿童的百分比）	..	..	..
五岁以下儿童的死亡率（每千名活产儿）	..	18	6
国民账户汇编——储蓄，消耗与退化			
总储蓄（占 GNI 的百分比）	..	17.7	22.2
固定资本消费（占 GNI 的百分比）	..	10.2	16.6
教育支出（占 GNI 的百分比）	9.4	4.9	4.8
能源消耗（占 GNI 的百分比）	..	0.9	0.3
矿产消耗（占 GNI 的百分比）	..	0.9	0.1
净森林消耗（占 GNI 的百分比）	..	0.1	0.0
二氧化碳的损害（占 GNI 的百分比）	..	1.1	0.8
空气污染的损害（占 GNI 的百分比）	..	0.2	0.1
调整后的净储蓄（占 GNI 的百分比）	..	9.4	9.1

西岸和加沙

人口（百万）	4.4	土地面积（千平方千米）	6.0	GDP（10亿美元）	12.7

	经济体数据	中东和北非地区组别	中低收入组别
人均 GNI，世界银行图表集法（美元）	3,090	8,229	2,029
调整后的人均国民净收入（美元）	..	6,251	1,767
城市人口（占总人口的百分比）	75.3	64.2	39.0
农业			
农业用地面积（占土地面积的百分比）	50	33	44
灌溉地面积（占总农业用地面积的百分比）	5.6	..	..
农业生产力，以每农业工作者增加值计（2010年美元）	3,802	6,275	1,614
谷物产量（每公顷千克数）	1,851	2,299	3,185
森林和生物多样性			
森林面积（占土地面积的百分比）	1.5	2.1	24.3
森林采伐（2000—2015年年均百分比）	-0.1	-0.8	0.4
陆地保护区面积（占土地面积的百分比）	..	11.7	12.0
濒危物种，哺乳动物	3	224	1,134
濒危物种，鸟类	13	279	1,199
濒危物种，鱼类	2	610	2,011
濒危物种，高等植物	3	290	3,971
海洋			
渔业总产量（千吨）	3.5	4,857	58,665
渔获增长率（2000—2015年年均百分比）	1.4	2.0	2.4
水产养殖业增长率（2000—2015年年均百分比）	..	9.4	12.0
海洋保护区面积（占领海面积的百分比）	..	3.8	5.0
珊瑚礁区域面积（平方千米）	..	15,470	128,580
红树林区域面积（平方千米）	..	513	68,563
能源与排放			
人均能源使用量（千克石油当量）	..	2,365	651
废物和生物质产生的能源（占总能源量的百分比）	..	0.6	28.5
人均耗电量（千瓦时）	..	2,906	777
化石燃料发电量（占总量的百分比）	..	96.3	74.9
水力发电量（占总量的百分比）	..	2.6	14.9
人均二氧化碳排放量（吨）	0.6	6.0	1.4
水与卫生			
人均淡水资源（立方米）	189	555	3,003
淡水使用总量（占淡水资源总量的百分比）	51.5	138.4	18.4
农业（占淡水使用总量的百分比）	45	85	88
获得改善的水源的人口（占总人口的百分比）	58	93	90
农村（占农村人口的百分比）	82	89	87
城市（占城市人口的百分比）	51	96	94
获得改善的卫生设施的人口（占总人口的百分比）	92	91	52
农村（占农村人口的百分比）	90	87	42
城市（占城市人口的百分比）	93	93	67
环境与健康			
PM2.5污染，年平均接触值（微克每立方米）	21	61	58
PM2.5接触（超过世界卫生组织指导线的人口百分比）	100	100	99
急性呼吸道感染发病率（占五岁以下儿童的百分比）	..	..	..
腹泻发病率（占五岁以下儿童的百分比）	..	..	..
五岁以下儿童的死亡率（每千名活产儿）	21	23	53
国民账户汇编——储蓄，消耗与退化			
总储蓄（占GNI的百分比）	1.9	24.7	27.6
固定资本消费（占GNI的百分比）	9.9	9.9	9.7
教育支出（占GNI的百分比）	..	5.2	3.0
能源消耗（占GNI的百分比）	0.0	4.7	0.8
矿产消耗（占GNI的百分比）	0.0	0.0	0.3
净森林消耗（占GNI的百分比）	..	0.1	0.4
二氧化碳的损害（占GNI的百分比）	0.4	2.1	2.3
空气污染的损害（占GNI的百分比）	..	0.2	0.9
调整后的净储蓄（占GNI的百分比）	..	12.9	16.1

也门

人口（百万）	26.8	土地面积（千平方千米）	528	GDP（10亿美元）	37.7

	经济体数据	中东和北非地区组别	中低收入组别
人均GNI，世界银行图表集法（美元）	1,140	8,229	2,029
调整后的人均国民净收入（美元）	1,284	6,251	1,767
城市人口（占总人口的百分比）	34.6	64.2	39.0
农业			
农业用地面积（占土地面积的百分比）	45	33	44
灌溉地面积（占总农业用地面积的百分比）	..	..	..
农业生产力，以每农业工作者增加值计（2010年美元）	1,090	6,275	1,614
谷物产量（每公顷千克数）	963	2,299	3,185
森林和生物多样性			
森林面积（占土地面积的百分比）	1.0	2.1	24.3
森林采伐（2000—2015年年均百分比）	0.0	-0.8	0.4
陆地保护区面积（占土地面积的百分比）	0.8	11.7	12.0
濒危物种，哺乳动物	9	224	1,134
濒危物种，鸟类	18	279	1,199
濒危物种，鱼类	32	610	2,011
濒危物种，高等植物	162	290	3,971
海洋			
渔业总产量（千吨）	160	4,857	58,665
渔获增长率（2000—2015年年均百分比）	2.2	2.0	2.4
水产养殖业增长率（2000—2015年年均百分比）	..	9.4	12.0
海洋保护区面积（占领海面积的百分比）	3.6	3.8	5.0
珊瑚礁区域面积（平方千米）	700	15,470	128,580
红树林区域面积（平方千米）	9.3	513	68,563
能源与排放			
人均能源使用量（千克石油当量）	324	2,365	651
废物和生物质能产生的能源（占总能源量的百分比）	1.3	0.6	28.5
人均耗电量（千瓦时）	217	2,906	777
化石燃料发电量（占总量的百分比）	100.0	96.3	74.9
水力发电量（占总量的百分比）	0.0	2.6	14.9
人均二氧化碳排放量（吨）	1.0	6.0	1.4
水与卫生			
人均淡水资源（立方米）	80	555	3,003
淡水使用总量（占淡水资源总量的百分比）	169.8	138.4	18.4
农业（占淡水使用总量的百分比）	91	85	88
获得改善的水源的人口（占总人口的百分比）	55	93	90
农村（占农村人口的百分比）	47	89	87
城市（占城市人口的百分比）	72	96	94
获得改善的卫生设施的人口（占总人口的百分比）	53	91	52
农村（占农村人口的百分比）	34	87	42
城市（占城市人口的百分比）	93	93	67
环境与健康			
PM2.5污染，年平均接触值（微克每立方米）	53	61	58
PM2.5接触（超过世界卫生组织指导线的人口百分比）	100	100	99
急性呼吸道感染发病率（占五岁以下儿童的百分比）	12	..	..
腹泻发病率（占5岁以下儿童的百分比）	31	..	..
五岁以下儿童的死亡率（每千名活产儿）	42	23	53
国民账户汇编——储蓄，消耗与退化			
总储蓄（占GNI的百分比）	-5.4	24.7	27.6
固定资本消费（占GNI的百分比）	4.9	9.9	9.7
教育支出（占GNI的百分比）	3.6	5.2	3.0
能源消耗（占GNI的百分比）	0.4	4.7	0.8
矿产消耗（占GNI的百分比）	0.0	0.0	0.3
净森林消耗（占GNI的百分比）	0.0	0.1	0.4
二氧化碳的损害（占GNI的百分比）	1.5	2.1	2.3
空气污染的损害（占GNI的百分比）	..	0.2	0.9
调整后的净储蓄（占GNI的百分比）	..	12.9	16.1

赞比亚

人口（百万）	16.2	土地面积（千平方千米）	743	GDP（10亿美元）	21.2

	经济体数据	撒哈拉以南非洲地区组别	中低收入组别
人均 GNI，世界银行图表集法（美元）	1,490	1,631	2,029
调整后的人均国民净收入（美元）	960	1,239	1,767
城市人口（占总人口的百分比）	40.9	37.7	39.0
农业			
农业用地面积（占土地面积的百分比）	32	42	44
灌溉地面积（占总农业用地面积的百分比）	..		
农业生产力，以每农业工作者增加值计（2010年美元）	517	1,219	1,614
谷物产量（每公顷千克数）	2,755	1,452	3,185
森林和生物多样性			
森林面积（占土地面积的百分比）	65.4	25.7	24.3
森林采伐（2000—2015年年均百分比）	0.3	0.5	0.4
陆地保护区面积（占土地面积的百分比）	37.9	15.3	12.0
濒危物种，哺乳动物	12	918	1,134
濒危物种，鸟类	18	876	1,199
濒危物种，鱼类	20	2,023	2,011
濒危物种，高等植物	20	3,740	3,971
海洋			
渔业总产量（千吨）	106	7,416	58,665
渔获增长率（2000—2015年年均百分比）	1.5	1.8	2.4
水产养殖业增长率（2000—2015年年均百分比）	11.9	17.0	12.0
海洋保护区面积（占领海面积的百分比）	0.0	6.1	5.0
珊瑚礁区域面积（平方千米）	..	17,980	128,580
红树林区域面积（平方千米）	..	28,061	68,563
能源与排放			
人均能源使用量（千克石油当量）	*631*	701	651
废物和生物质能产生的能源（占总能源量的百分比）	78.9	57.4	28.5
人均耗电量（千瓦时）	703	497	777
化石燃料发电量（占总量的百分比）	2.8	64.3	74.9
水力发电量（占总量的百分比）	97.2	21.2	14.9
人均二氧化碳排放量（吨）	0.3	0.8	1.4
水与卫生			
人均淡水资源（立方米）	5,101	3,986	3,003
淡水使用总量（占淡水资源总量的百分比）	2.0	3.2	18.4
农业（占淡水使用总量的百分比）	73	81	88
获得改善的水源的人口（占总人口的百分比）	65	68	90
农村（占农村人口的百分比）	51	56	87
城市（占城市人口的百分比）	86	87	94
获得改善的卫生设施的人口（占总人口的百分比）	44	30	52
农村（占农村人口的百分比）	36	23	42
城市（占城市人口的百分比）	56	40	67
环境与健康			
PM2.5污染，年平均接触值（微克每立方米）	27	36	58
PM2.5接触（超过世界卫生组织指导线的人口百分比）	100	99	99
急性呼吸道感染发病率（占五岁以下儿童的百分比）	4	5	..
腹泻发病率（占五岁以下儿童的百分比）	16	14	..
五岁以下儿童的死亡率（每千名活产儿）	64	83	53
国民账户汇编——储蓄，消耗与退化			
总储蓄（占GNI的百分比）	30.3	14.4	27.6
固定资本消费（占GNI的百分比）	16.8	13.8	9.7
教育支出（占GNI的百分比）	1.1	3.3	3.0
能源消耗（占GNI的百分比）	0.0	1.7	0.8
矿产消耗（占GNI的百分比）	5.7	0.9	0.3
净森林消耗（占GNI的百分比）	0.0	2.3	0.4
二氧化碳的损害（占GNI的百分比）	0.6	1.6	2.3
空气污染的损害（占GNI的百分比）	1.6	1.2	0.9
调整后的净储蓄（占GNI的百分比）	6.6	-3.9	16.1

津巴布韦

| 人口(百万) | 15.6 土地面积(千平方千米) | 387 GDP(10亿美元) | 14.4 |

	经济体数据	撒哈拉以南非洲地区组别	低收入组别
人均GNI,世界银行图表集法(美元)	860	1,631	619
调整后的人均国民净收入(美元)	755	1,239	497
城市人口(占总人口的百分比)	32.4	37.7	30.7
农业			
农业用地面积(占土地面积的百分比)	42	42	39
灌溉地面积(占总农业用地面积的百分比)	..	..	..
农业生产力,以每农业工作者增加值计(2010年美元)	422	1,219	504
谷物产量(每公顷千克数)	541	1,452	1,486
森林和生物多样性			
森林面积(占土地面积的百分比)	36.4	25.7	27.4
森林采伐(2000—2015年年均百分比)	1.9	0.5	0.5
陆上保护区面积(占土地面积的百分比)	26.6	15.3	15.2
濒危物种,哺乳动物	9	918	619
濒危物种,鸟类	17	876	599
濒危物种,鱼类	3	2,023	1,156
濒危物种,高等植物	17	3,740	1,962
海洋			
渔业总产量(千吨)	21.1	7,416	3,954
渔获增长率(2000—2015年年均百分比)	-1.5	1.8	2.2
水产养殖业增长率(2000—2015年年均百分比)	11.2	17.0	3.1
海洋保护区面积(占领海面积的百分比)	0.0	6.1	3.5
珊瑚礁区域面积(平方千米)	..	17,980	12,520
红树林区域面积(平方千米)	..	28,061	15,778
能源与排放			
人均能源使用量(千克石油当量)	*758*	701	..
废物和生物质能产生的能源(占总能源量的百分比)	*63.1*	57.4	79.1
人均耗电量(千瓦时)	543	497	..
化石燃料发电量(占总量的百分比)	44.4	64.3	..
水力发电量(占总量的百分比)	54.2	21.2	..
人均二氧化碳排放量(吨)	0.9	0.8	0.3
水与卫生			
人均淡水资源(立方米)	804	3,986	4,629
淡水使用总量(占淡水资源总量的百分比)	29.1	3.2	3.3
农业(占淡水使用总量的百分比)	82	81	90
获得改善的水源的人口(占总人口的百分比)	77	68	66
农村(占农村人口的百分比)	67	56	56
城市(占城市人口的百分比)	97	87	87
获得改善的卫生设施的人口(占总人口的百分比)	37	30	28
农村(占农村人口的百分比)	31	23	23
城市(占城市人口的百分比)	49	40	40
环境与健康			
PM2.5污染,年平均接触值(微克每立方米)	23	36	39
PM2.5接触(超过世界卫生组织指导线的人口百分比)	100	99	99
急性呼吸道感染发病率(占五岁以下儿童的百分比)	4	5	6
腹泻发病率(占5岁以下儿童的百分比)	17	14	16
五岁以下儿童的死亡率(每千名活产儿)	71	83	76
国民账户汇编——储蓄,消耗与退化			
总储蓄(占GNI的百分比)	1.0	14.4	*14.7*
固定资本消费(占GNI的百分比)	12.1	13.8	10.6
教育支出(占GNI的百分比)	1.9	3.3	3.2
能源消耗(占GNI的百分比)	0.2	1.7	0.4
矿产消耗(占GNI的百分比)	2.6	0.9	1.5
净森林消耗(占GNI的百分比)	0.0	2.3	6.6
二氧化碳的损害(占GNI的百分比)	3.3	1.6	1.2
空气污染的损害(占GNI的百分比)	0.9	1.2	1.7
调整后的净储蓄(占GNI的百分比)	-16.1	-3.9	-3.8

注 释

a. 指无冰雪覆盖的地区。

b. 包括南苏丹。

词汇表

获得改善的卫生设施的人口：指使用改善的卫生设施的人口所占百分比。改善的卫生设施可以确保人免于接触排泄物。这类设施包括冲水马桶（及管道下水系统、化粪池、旱厕）、通风改进型旱厕、有盖板的旱厕、堆肥厕所。（世界卫生组织/联合国儿童基金会水供给与卫生联合监督项目；数据为 2015 年）

获得改善的水源：从改善的水源获得饮用水的人口百分比。改善的水源包括室内自来水（如接入家庭建筑物、用地或院落的自来水），以及其他改善的水源（公共水龙头及水管、管井、有保护的掘井、有保护的泉、雨水收集。（世界卫生组织/联合国儿童基金会水供给与卫生联合监督项目；数据为 2015 年）

急性呼吸道感染发病率：五岁以下儿童在调查前两周内患有急性呼吸道感染的百分比。（国际功能、残疾和健康分类；数据为 2008—2014 年间最近的可获数据）

调整后的人均国民净收入：等于国民收入减去固定资本消费、能源消耗、矿产消耗和净森林消耗，再除以年中人口数。（世界银行；数据为 2015 年）

调整后的净储蓄：等于总储蓄减去固定资本消费、能源消耗、矿产消耗和净森林消耗，以及二氧化碳的损害和空气污染的损害。（世界银行；数据为 2015 年）

灌溉地面积：指有目的地以水灌溉的农业用地，包括以受控漫灌方式灌溉的土地。（粮农组织；数据为 2014 年）

农业用地面积：指耕地、有永久作物的土地以及永久牧场。耕地包括联合国粮农组织界定的有临时性作物的土地（间作仅计算一次）、供收割或放牧的临时草场、商品菜园或普通菜园、临时休耕地。不包括因耕作方式转变而放弃的土地。有永久作物的土地是指有长期占用土地的作物且每次收获后不需要重新补种的土地，例如可可、咖啡、橡胶。这一类别包括种植花卉灌木、果树、藤蔓的土地，但不包括获取木材的林地。永久牧场是指用于 5 年及 5 年以上放牧活动的土地，包括天然牧场和人工种植牧场。（粮农组织；数据为 2014 年）

农业生产力：以 2010 年美元计算的农业增加值与农业工作

词汇表

者数量的比。农业生产力以每单位投入的增加值计算。农业增加值包括林业和渔业,因此不能简单理解为土地生产力。(粮农组织和世界银行;数据为 2014 年)

空气污染的损害:经济体中居民接触环境中 PM2.5、臭氧以及使用固体燃料进行家庭烹饪产生的 PM2.5 带来的损害。以过早死亡带来的劳动收入损失计。(污染带来的损害来自卫生计量与评估研究所的 2015 年全球疾病负担研究;数据为 2015 年)

水产养殖业增长率:是所指时期内水产养殖业产出的指数变化。水产养殖业指养殖水生生物,包括鱼类、软体动物、甲壳动物、水生植物。水产养殖业产出特指来自水产养殖业活动的产出,其目标是最终收获用于消费。(粮农组织;数据为 2000—2015 年)

渔获增长率:是所指时期内渔获产出的指数变化。渔获产出指一个经济体所有商业、工业、休闲、维持生存等目的的捕鱼活动捕捞上岸的渔获总量。(粮农组织;数据为 2000—2015 年)

二氧化碳的损害:根据世界银行对碳社会成本的指导意见,以 2015 年的排放量 30 美元(按 2014 年美元计算)每吨二氧化碳当量乘以二氧化碳排放吨数计算。(世界银行估计;数据为 2015 年)

人均二氧化碳排放量:二氧化碳排放量除以年中人口数。(二氧化碳信息分析中心、世界银行及联合国;数据为 2013 年)

谷物产量:每公顷土地收获的谷物千克数,包括小麦、水稻、玉米、大麦、燕麦、黑麦、粟米、高粱、荞麦及其他杂粮。产量数据仅指干谷物收获量。用作干草或青贮饲料的谷物不计算在内。FAO 按照自然年计算谷物产量。大多数年末收获的谷物计入下一年。(粮农组织;数据为 2014 年)

固定资本消费:生产过程中使用的资本的重置价值。(联合国、经济合作与发展组织、佩恩世界表[Feenstra, Inklaar, and Timmler 2015],缺失的数据由世界银行工作人员估计;数据为 2015 年)

词汇表

珊瑚礁区域：一个经济体珊瑚礁区域的面积，珊瑚礁是由物理结构（珊瑚）及其上的生物有机体共同界定的浅海生态环境。（见《世界珊瑚礁地图》*The World Atlas of Coral Reefs* [2001]，联合国环境规划署—世界保育监察中心）

森林采伐：自然林区域永久性改作其他用途，包括转为耕地、永久性农业用地、牧场、拓居地、基础设施建设。不包括进行采伐但准备重植的面积，也不包括采集薪柴、酸沉降、林火等导致的森林退化面积。（粮农组织；数据为2000—2015年）

腹泻发病率：五岁以下儿童在调查前两周内患有腹泻的百分比。（国际功能、残疾和健康分类；数据为2008—2014年间最近的可获数据）

教育支出：目前教育方面的公共业务开支，包括工资，不包括建筑物及设备的资本投资。（联合国；根据最近可获数据的年份推断2015年数据）

人均耗电量：发电站、热电综合厂的发电量减去输变电损耗及热电综合厂自身用电量，加上进口电量，减去出口电量，再除以年中人口数。（国际能源署；数据为2014年）

水力发电量：水力发电占总发电量的百分比。（国际能源署；数据为2014年）

化石燃料发电量：利用煤、石油、天然气发电量占总发电量的百分比。（国际能源署；数据为2014年）

能源消耗：能源资源存量价值与剩余储备寿命的比。包括原油、天然气、煤。（细节见2011年世界银行的报告；数据为2015年）

废物和生物质能产生的能源：来自固体生物质、液体生物质、沼气、工业废物、城市废物的能源占总能耗的百分比。（国际能源署；数据为2014年）

人均能源使用量：指表观消费量，等于国内产能加进口和存量变化，减出口和供给用于国际运输的船舶、飞行器的燃料。（国际能源署；数据为2014年）

词汇表

渔业总产量：一个经济体所有商业、工业、休闲、维持生存等目的的捕鱼活动捕捞上岸的渔获总量，也包括所有水产养殖活动的产出总量。（粮农组织；数据为 2015 年）

森林面积：自然林或人工种植的立木覆盖的地区，无论其是否为生产性的。（粮农组织；数据为 2015 年）

淡水使用，农业：灌溉和畜牧业生产所需淡水占淡水使用总量的百分比。（世界资源研究所；数据来自多个年份；详见《2017 年世界发展指标》主数据集）

淡水使用总量：用水总量，但不包括水存储地点的蒸发损失。包括以咸水淡化为主要水源的国家的咸水淡化厂产出的淡水。用水总量可能超过国内可更新水资源的百分之百，因为从其他国家流入的河流没有计算在内，也因为从不可更新的地下含水层从抽取的水或咸水淡化厂产出的水被计算在内，或是因为水的重复使用规模很大。（粮农组织；世界资源研究所；数据来自多个年份；详见《2017 年世界发展指标》"来源与方法"部分）

GDP：国内生产总值，衡量在给定经济体境内为最终使用而生产的全部商品和服务，而不论其归属权为国内还是国外。以购买者价格（市场价格）计算的 GDP 是一个经济体内所有居民及非居民生产者创造的增加值总和，加上所有未包含在产品价值中的税（减去所有补贴）。GDP 的计算不包括无形资产的减值或自然资源的消耗及退化。（世界银行，经济合作与发展组织，联合国；数据为 2015 年）

GNI：GDP 加上来自国外的净初级收入（雇员报酬和财产收入）。人均 GNI 以美元现值计，利用世界银行图表集法转换（见《2017 年世界发展指标》"来源与方法"部分）。（世界银行，经济合作与发展组织，联合国；数据为 2015 年）

人均 GNI：GNI 除以年中人口数。

总储蓄：GNI 减去总消费，加上净现汇。（世界银行，经济合作与发展组织；数据为 2015 年）

人均淡水资源：国内可更新淡水资源，包括国内降水产生的河流径流以及地下水，不包括从他国流入的河流径流，

词汇表

除以年中人口数。(根据 2014 年粮农组织报告的数据)

土地面积：一个经济体的土地总面积，不包括内陆水体以下的面积、领海的大陆架、专属经济区。大多数情况下内陆水体的定义指主要河流湖泊。(粮农组织；数据为 2015 年)

红树林区域面积：一个经济体的红树林区域总面积，红树林包括多种植物，如乔木、灌木、棕榈、蕨类等，生长在热带及亚热带的咸水潮间带，例如河口湾和海岸线上。(见 2010 年出版的《世界红树林地图集》[The World Atlas of Mangroves]，国际红树林生态系统协会，大自然保护协会，粮农组织，联合国环境规划署世界保育监察中心)

海洋保护区面积：通过法律或其他有效手段加以保护的全部或部分潮间带或潮下带（包括其上的水体及相关动植物、历史及文化特征）封闭环境。(联合国环境规划署及世界保育监察中心，世界资源研究所汇编；数据为 2014 年)

矿产消耗：矿产资源存量价值与剩余储备寿命的比。包括铝土、铜、铁、铅、镍、磷酸盐、锡、金、银及锌。(详见世界银行，2011；数据为 2015 年)

净森林消耗：单位资源租金乘以超过自然生长量的工业原木采集量。如果增长超过采集，则此值为零。(粮农组织和世界银行估计自然生长量；数据为 2015 年)

PM2.5 接触（超过世界卫生组织指导线的人口百分比）：经济体中生活在 PM2.5 年均值大于 10 微克每立方米环境中的人口比例，指导线值是世界卫生组织提出的观察到的 PM2.5 接触产生有害健康的影响下限。(数据来源见 van Donkelaar et al [2016]，GBD 2015 [2016]，Shaddick et al [2016]；数据为 2015 年)

PM2.5 污染，年平均接触值：经济体中人口接触的 PM2.5 均值，PM2.5 可以进入呼吸道深处，严重损害健康。接触值在城市和农村按人口加权分别计算年均值。(数据来源见 van Donkelaar et al [2016]，GBD 2015 [2016]，Shaddick et al [2016]；数据为 2015 年)

人口（百万）：年中全体居民数的估计值，不论其是否有合法公民身份。不包括非永久定居的难民，他们通常算作来

词汇表

源国的人口。（联合国人口署，各国统计部门，欧盟统计局，联合国统计司，美国统计局，世界银行；数据为2015年年中估值）

陆地保护区面积：面积至少1000公顷的全部或部分受保护的区域，例如国家公园、自然纪念地、自然保护区、野生动物保护区；受保护的地景或海景；科学保护区。包括世界自然保护联盟保护区等级 I 至 VI 级的区域。（联合国环境规划署及世界保育监察中心，世界资源研究所汇编；数据为2014年）

濒危物种，鸟类：世界自然保护联盟认定濒危等级为濒危、易危、稀有、脱离危险、未确定的鸟类物种数。指繁育地或越冬地在经济体内的鸟类。（世界保育监察中心和世界自然保护联盟；数据为2016年）

濒危物种，鱼类：世界自然保护联盟认定濒危等级为濒危、易危、稀有、脱离危险、未确定的鱼类（鱼总纲内的冷血水生脊椎动物）物种数。（世界保育监察中心和世界自然保护联盟；数据为2016年）

濒危物种，高等植物：世界自然保护联盟认定濒危等级为濒危、易危、稀有、脱离危险、未确定的本地维管束植物物种数。（世界保育监察中心和世界自然保护联盟；数据为2016年）

濒危物种，哺乳动物：世界自然保护联盟认定濒危等级为濒危、易危、稀有、脱离危险、未确定的哺乳动物（包括鲸类和海豚）物种数。（世界保育监察中心和世界自然保护联盟；数据为2016年）

5岁以下儿童的死亡率：给定年份内每千名活产儿在5岁以前死亡的比率。（联合国儿童死亡评估联合小组；数据为2015年）

城市人口：经济体内生活在被定义为城市区域的年中人口数。（联合国，数据为2015年）

FAO (Food and Agriculture Organization of the UN). 2016. *The State of World Fisheries and Aquaculture 2016 (SOFIA)*. Rome: FAO.

Feenstra, Robert C., Robert Inklaar, and Marcel P. Timmer. 2015. "The Next Generation of the Penn World Table." [www.ggdc.net/pwt].

GBD 2015 Risk Factors Collaborators, "Global, regional, and national comparative risk assessment of 79 behavioural, environmental and occupational, and metabolic risks or clusters of risks, 1990–2015: a systematic analysis for the Global Burden of Disease Study 2015," *Lancet* 388 (2016): 1659–724.

Institute for Health Metrics and Evaluation. 2016. Global Burden of Disease Study 2015 data. University of Washington, Seattle. [https://www.healthdata.org/gbd/data].

Mele, Gianluca. 2014. "Mauritania: Counting on Natural Wealth for a Sustainable Future." Policy Research Working Paper; No. 6887. World Bank, Washington, DC. https://openknowledge.worldbank.org/handle/10986/18798

Shaddick, G., M.L. Thomas, A. Jobling, M. Brauer, A. van Donkelaar, R. Burnett, H.H. Chang, A. Cohen, R. Van Dingenen, C. Dora, S. Gumy, Y. Liu, R.V. Martin, L.A. Waller, J. West, J.V. Zidek, A. Prüss-Ustün, "Data Integration Model for Air Quality: A Hierarchical Approach to the Global Estimation of Exposures to Ambient Air Pollution," submitted to *Journal of the Royal Statistical Society*, 26 September 2016.

van Donkelaar, A., R.V. Martin, M. Brauer, N.C. Hsu, R.A. Kahn, R.C. Levy, A. Lyapustin, A.M. Sayer, D.M. Winker, "Global Estimates of Fine Particulate Matter using a Combined Geophysical-Statistical Method with Information from Satellites, Models, and Monitors," *Environ. Sci. Technol* 50, no. 7 (2016): 3762–3772.

World Bank; Food and Agriculture Organization. 2009. *The Sunken Billions: The Economic Justification for Fisheries Reform*. Agriculture and Rural Development. World Bank. https://openknowledge.worldbank.org/handle/10986/2596

World Bank. 2011. *The Changing Wealth of Nations: Measuring Sustainable Development in the New Millennium*. Washington, D.C.: World Bank.

World Bank. 2017a. *The Sunken Billions Revisited: Progress and Challenges in Global Marine Fisheries*. Environment and Development. Washington, DC: World Bank. https://openknowledge.worldbank.org/handle/10986/24056

World Bank. 2017b. *World Development Indicators 2017*. Washington, D.C.: World Bank.

World Bank. Forthcoming. *The Changing Wealth of Nations 2017*. Washington, D.C.: World Bank.

图书在版编目（CIP）数据

2017年世界绿色数据手册/世界银行著；中国财政经济出版社组织翻译．—北京：中国财政经济出版社，2018.4

书名原文：Little Green Data Book 2017

ISBN 978-7-5095-8167-4

Ⅰ.①2… Ⅱ.①世…②中… Ⅲ.①绿色经济—经济发展—统计数据—世界—2017—手册 Ⅳ.①F113.3-62

中国版本图书馆CIP数据核字（2018）第059827号

责任编辑：孙　腾

2017年世界绿色数据手册

中国财政经济出版社 出版

URL：http://www.cfeph.cn

E-mail：cfeph@cfeph.cn

（版权所有　翻印必究）

社址：北京市海淀区阜成路甲28号　邮政编码：100142

发行处电话：010-88191537　财经书店电话：64033436

北京时捷印刷有限公司印刷　各地新华书店经销

787×1092毫米　24开　10.5印张　235 000字

2018年4月第1版　2018年4月北京第1次印刷

定价：28.00元

图字：01-2018-1849

ISBN 978-7-5095-8167-4

（图书出现印装问题，本社负责调换）

本社质量投诉电话：010-88190744

打击盗版举报热线：010-88191661　QQ：2242791300